KB121784

# 모후의 반역
## — 광해군대 대비폐위논쟁과 효치국가의 탄생

# 모후의 반역 – 광해군대 대비폐위논쟁과 효치국가의 탄생

**초판 1쇄 인쇄** 2021년 5월 3일
**초판 1쇄 발행** 2021년 5월 12일

**지은이** 계승범
**펴낸이** 정순구
**책임편집** 조수정
**기획편집** 조원식 정윤경
**마케팅** 황주영

**출력** 블루엔
**용지** 한서지업사
**인쇄** 한영문화사
**제본** 한영제책사

**펴낸곳** (주) 역사비평사
**등록** 제300-2007-139호 (2007.9.20)
**주소** 10497 : 경기도 고양시 덕양구 화중로 100(비젼타워21) 506호
**전화** 02-741-6123~5
**팩스** 02-741-6126
**홈페이지** www.yukbi.com
**이메일** yukbi88@naver.com



ISBN 978-89-7696-445-8 93910

# 모후의 반역

## 광해군대 대비폐위논쟁과 효치국가의 탄생

계승범 지음

率一國以孝
以孝理國
以孝事君
則忠

역사비평사

# 차례

## 4장. 영창대군 제거의 후유증과 제1차 폐위 논쟁, 1613~1615



## 5장. 생모 추숭: 공성왕후와 인목대비, 1610~1617



## 6장. 제2차 폐위 논쟁과 광해군의 복안, 1617~1618

## 7장. 중국 사례 인용과 논쟁의 성격



## 8장. 반정의 명분과 폐모론의 강화

## 책머리에

이율배반이라는 말이 있다. 두 가지 규정이나 가치가 서로 충돌할 때 흔히 사용하는 표현이다. 서로 모순관계에 있는 두 명제에서 어느 한쪽이 참이라면 다른 한쪽은 거짓이어야 한다. 그런데도 두 명제 모두 독자적으로는 참일 수 있다. 이럴 때 이율배반이라고 한다.

신라 화랑의 세속오계에 나오는 임전무퇴臨戰無退와 살생유택殺生有擇은 상호 모순일 수 있다. 피비린내 나는 단말마의 백병전에서 물러서지 않기 위해서는 살생유택을 생각할 겨를조차 없다. 내가 살기 위해서는 내 앞의 적을 무조건 죽여야만 한다. 그래서 임전무퇴와 살생유택을 동시에 둘 다 완벽하게 만족시킬 방법은 솔직히 없다. 하지만 따로 떼어서 보면 각기 화랑을 화랑답게 만든 훌륭한 가치라는 점도 분명하다. 개별적으로는 둘 다 참이다. 그래서 이율배반이다.

조선 후기 천주교 신자들의 순교도 이율배반 사례이다. 기해박해(1839) 때 처형당한 정하상丁夏祥(1795~1839)은 심문받을 당시 "천주교인이 부모에게 효도하고 임금에게 충성하며 나쁜 짓을 하지도 않았는데, 왜 나라에서 천주교인을 박해하느냐"고 심문관에게 되물었다. 그러면서도 부모보다 위에 있는 이가 임금이며, 임금보다 위에 있는 이가 천주임을 당당하게 밝혔다. 그는 "지금 임금이 천주를 거역하고 신자를 핍박하니, 자신은 더 상위의 존재인 천주에게 순종할 수밖에 없다"면서 형장의 이슬로 사라지기를 마다하지 않았다. 천주에 대한 순종과 군주를 향한 충성은 각기 보면 둘 다 중요한 가치다. 문제는 그 두 개의 가치 속 권위가 현실에서 충돌할 때 발생한다. 그래서 이율배반적이다.

조선시대에는 유교적 가치가 독점적으로 지배적 권위를 누렸지만, 그럼에도 불구하고 이율배반은 얼마든지 나타날 수 있었다. 유교의 양대 핵심 가치가 충과 효임은 두말할 나위도 없다. 국가에서 가정에 이르기까지 조선은 충효를 기반으로 엄격한 사회질서를 구축하였다. 국가사회의 인간관계에서 정점에는 국왕이 있었다. 한 집안의 인간관계에서 최고 어른은 부모였다. 비단 유교 사회가 아닐지라도 군주에게 충성하고 부모를 공경하라는 가치를 강조하지 않은 문명권은 역사상 없다. 정도의 차이가 있을 뿐이다. 그만큼 충과 효는 인류 역사상 사회질서를 유지하는 기본 가치였다. 충도 참이요, 효도 참이다.

그런데 충과 효 또한 현실의 정치무대에서는 얼마든지 충돌할 수 있었다. 이를테면 국왕인 자식에게 부모가 반역을 꾀한 사례를 들 수 있다. 멀리 세계사로 떠날 일도 없이, 홍선대원군(1820~1898)을 보자. 그의 서장자인 이재선李載先(?~1881) 역모 사건을 종결할 때, 고종의 생부가 아니었다면 홍선대원군은 아마도 사형을 면치 못하였을 것이다. 친자인 고종의 폐위를 도모한 반역에 능동적으로 간여했음이 명백했기 때문이다.

이 책의 핵심 주제인 인목대비 폐위 논쟁도 같은 맥락의 사례다. 국왕을 저주하고 부친의 역모에 내응한 대비(모후)를 자식인 국왕은 어떻게 처결해야 할까? 충을 생각하자면, 나중에 정상참작을 해줄지언정 반역보다 중한 죄가 없으니 우선 죄를 묻지 않을 수 없을 것이다. 하지만 "자식으로서 부모에게 효도하기는커녕 어떻게 어머니를 처벌할 수 있는가"라는 반론도 얼마든지 가능하다. 그래서 이율배반이다.

이런 점에서 볼 때, 새롭게 유교 사회를 추구하던 조선왕조에서 충과 효의 충돌 문제는 그저 일회성 소동으로 끝날 일이 아니었다. 충을 우선하건 효를 더 중시하건 일단 어떤 식으로든 결론이 나면, 그것이 바로 주요 전례前例가 되어 후대의 유사한 논쟁에 계속 불려 나오는 구조였기 때문이다. 특히 다른 문명권에 비해 전례를 지나치리만치 중시하던 유교 사회 조선에서는 어떤 결론으로 정리되더라도 그 여운을 짙게 드리웠다. 이런 경험이 하나둘씩 쌓이면서 충과 효의 관계 설정도 그만큼 조금씩 변하며 진화하였다.

조선의 역사에서 충과 효가 정면으로 충돌한 가장 대표적인 사례는 광해군 재위(1608~1623) 중에 발생하였다. 인목대비가 아들 영창대군을 옹립하려던 부친 김제남金悌男(1562~1613)의 역모에 내응했다는 혐의를 받은 데 이어 실제로 저주 행위를 했다는 선고까지 받으면서 문제가 불거졌다. 모후가 반역죄를 범한 셈인데, 그렇다면 국왕 광해군은 자식으로서 인목대비를 어떻게 처리했어야 할까? 조선왕조에서 유사한 전례를 찾을 수 있었을까? 중국에는 어떤 사례들이 쌓여 있었을까?

내용과 상황 전개가 워낙 극적이다 보니, 인목대비 문제는 역사적 고찰에 앞서 문학의 소재로 널리 회자하였다. '자식에게 핍박받은 어미'라는 소재는 그 자체로 이미 충분히 매력적이었다. 『계축일기』는 인목대비 사안을 문학적으로 소비하는 천혜의 보고 역할을 하였다. 그 덕분에 대중에게도 매우 낯익다. 역사학계도 광해군의 모후 핍박을 패륜으로 보는 데 동의하였다. 단지, 폐모론廢母論은 대북 계열이 주도했을 뿐이며 그 과정에서 광해군은 당쟁에 희생당한 국왕으로 '면죄부'를 주는 인식이 통설처럼 유통되었다. 명과 후금 사이에서 '중립 외교'를 펼친 현군 광해군을 패륜이라는 늪에서 구해내기 위해 경주한 결과이다. 다른 한편, 최근에는 광해군이 폐위당할 만했다는 반대 해석까지 나오는 상황인데, 그 바탕에는 역시 패륜이라는 공통분모를 깔고 있다.

광해군은 정녕 패륜을 저질렀을까? 패륜이란 무엇인가? 17세기 초 조선 사회에서 인목대비를 논죄한 광해군의 행위는 무조건 패륜이었을까? 주자학 범주 안에서 논쟁조차 불가능할 정도로 완전한 패륜이었을까? 정말로 이론의 여지가 없는 패륜이라면, 당대의 국왕 광해군도 그 점을 모를 리 없었을 텐데, 그는 왜 굳이 그런 패륜을 스스로 자행했을까? 만일 주자학의 잣대로 볼 때 패륜이 아니라 정당한 법의 집행이었다면, 왜 후대의 역사가들은 한목소리로 그것을 패륜으로 간주하고는 토론의 여지조차 완전히 봉쇄하였을까?

더 나아가, 인목대비 폐위 논쟁은 그저 한때의 일회성 소동으로 끝났을까? 충효라는 가치 위에 세워진 조선왕조의 심장부에서 발생한 충효 논쟁은 정말 아무런 여파도 남기지 않았을까? 조선왕조 500년이라는 장기 진화 과정에서 이 논쟁의 전후 맥락은 무엇이었을까? 어떤 이정표를 세웠을까? 논쟁 이후의 조선 사회는 이전의 조선 사회에 비해 어떻게 얼마나 달라졌을까? 역사가라면 당연히 가질 만한 문제의식이다. 하지만 현재 학계에서는 이런 일련의 질문에 아무런 답이 없으며 학문적 관심도 보이지 않는다.

이 책에서는 17세기 초에 발생한 인목대비 폐위 논쟁을 마냥 패륜이라는 후대의 시각으로 재단하는 접근법을 거부한다. 이 논쟁을 조선 사회의 장기 진화 맥락에서 발생한 중대 이정표와도 같은 사건으로 새롭게 해석한다. 역사가 현재와 과거의 대화이듯이, 현재의 시각만으로 역사를 해석할 수는 없다. 그렇다고 당대의 시각으로만 역사를 조명할 수도 없다. 그 둘을 겸해야 한다. 그래야 역사는 자기중심의 웅변이 아니라 현재를 설명하는 살아있는 학문이 될 것이다. 이 책은 바로 이런 취지로 진행한 연구의 조그만 결과물이다.

이 책의 아이디어는 21세기에 접어들 때부터 내 머리를 채우기 시작했고, 2006년 워싱턴대학교에서 취득한 박사학위논문인 *In the Shadow of the Father*를 통해 일부 모습을 갖추었다. 박사학위논문은 크게 세 개의 기둥으로 구성하였는데, 이 책의 내용은 그 가운데 하나에 기초하였다. 그럴지라도 학위논문에서는 미처 갖지 못했던 문제의식과 역사적 해석을 대거 새롭게 추가하였다. 내용도 대폭 손질하고, 자료도 한층 보강하였다. 대비폐위 논쟁을 통해 조선왕조의 본질에 최대한 접근하고, 그 결과물을 이론화하여 거대 담론을 제시하였다. 이 책의 약 30% 정도는 국내 학계에서 이미 개별 논문으로 발표한 내용이지만, 책으로 집필하는 과정에서 완성도를 높이기 위해 일일이 손질하고 보강하였다.

일반 학술논문은 세 명의 심사를 받지만, 저서는 그렇지 않다. 국내 인문학계의 크나큰 문제이자 약점이다. 인문학 학술 원고를 제대로 심사하여 출판 여부를 결정하는 출판사는 한 손으로 꼽기도 민망할 지경이다. 그래서 이 책의 원고를 출판 전에 한국사, 동양사, 서양사를 전공하신 몇몇 선생께 보여드리고 논평을 받았다. 이정철 선생(경북대), 남호현 선생(공군사관학교), 주채영 선생(유원대), 허부문 선생(서강대)께 이 지면을 통해 깊이 감사드린다. 다만 혹시라도 이 책의 내용 가운데 어떤 문제가 있다면, 그것은 오로지 저자의 몫이다.

아울러, 이 책의 출간을 결정하고 물심양면으로 지원을 아끼지 않은 역사비평사 정순구 대표와 여러 차례 교열 과정에서 전문가의 내공을 여실히 보여준 조수정 선생께 깊은 감사를 드린다. 조 선생과는 2014년 『중종의 시대』 출간을 통해 인연을 맺었는데, 그때 교열 솜씨에 탄복한 기억이 지금도 새롭다. 이 책을 또 맡아주어 저자인 나로서는 그저 마음이 편하며 고마울 따름이다. 이 두 분의 관심과 땀방울이 없었다면, 이 책은 세상의 책방 진열대 근처에도 가지 못한 채 컴퓨터 파일로 묻혀 있을 뻔하였다.

이 책이 그저 그런 또 하나의 종이 낭비가 아니라 시대를 고민하는 다양한 역사학도들에게 조금이나마 학문적 소통의 찬거리를 제공할 수 있기를 소망한다.

2021년 4월

계승범

# 1장. 프롤로그

## : 17세기 초 인목대비 폐위 논쟁의 중요성

자식이 어머니를 핍박하고 심지어 처벌하는 일은 어떤 문명권일지라도 상상하기 힘들다. 정도의 차이는 있을지언정 부모에 대한 자식의 순종적 태도를 강조하지 않는 문명은 인류 역사상 존재하지 않았다. 굳이 유교사회가 아니라 해도, 또한 신분의 고하를 막론하고, 이는 동서고금 어느 문명권에나 적용할 수 있는 보편적 현상이다.

그렇지만 정치무대에서는 모자 관계에 앞서는 변수가 종종 개입하였다. 그것은 바로 권력 그 자체를 향한 제어하기 힘든 인간의 욕망 때문이었다. 유교와 무관한 유럽이나 메나(MENA, 중동과 북아프리카 지역) 지역에서도 태후(Queen Dowager)가 개입한 왕위 계승 충돌 사례가 적지 않다. 그런데 왕위 계승 투쟁이 끝난 후 어머니뻘의 패배자를 바로 처형하기는 쉽지 않았다.

중국 역사에는 모자간의 정치적 충돌 사례가 일일이 거론하기 힘들 정도로 풍부한 편이다. 특히 유로-메나 문명권과 달리 외척의 발호가 일상적이던 중국에서는 태후가 일부 환관이나 친정 세력을 등에 업고 황제를 내쫓으려 한 사건이 적지 않았다. 중국의 사례가 전근대 한국사에서도 중요한 이유는 어떤 논쟁에서 주도권을 잡기 위해 자기에게 유리한 중국의 유사 선례를 경쟁적으로 인용하는 경향이 매우 강했기 때문이다. 중국의 사례를 얼마나 숙지하고 있는지가 조선의 정치무대에서는 대단히 중요하였다. 권위의 원천을 장악하는 지름길이 바로 중국 역사와 유교 경전에 대한 해박한 지식이었기 때문이다.

특히 전통시대 동아시아의 중국은 주변 나라들보다 압도적 우위에 서 있는 유일한 선진 문물의 본산이었다. 물이 위에서 아래로 흐르듯이, 문화에도 높낮이가 있어 중원의 선진 문물은 대개 200~300년의 시차를 두고 한반도로 흘러들었다. 한반도에서 어떤 사안이 발생할 때면, 조정 신료와 유생들은 거의 예외 없이 중국에서 비슷한 사례가 어떻게 결말을 보았는지 살피는 데 주력하였다. 따라서 비록 동아시아의 동쪽 한반도에서 17세기 초에 발생한 논쟁일지라도, 그것과 유사한 중국 사례를 전수조사하여 분석할 필요는 더없이 지대하다.

다만 중국은 워낙 거대한 나라였기에, 꽤 비슷한 사안이라고 해도 시대 분위기나 정국의 동향에 따라 다른 결과를 낸 경우가 적지 않았다. 바로 이 점이 조선시대 각종 논쟁의 성격을 규명하고자 할 때 비교사적 접근이 필요한 까닭이다. 겉으로는 유사한 사안으로 보이지만 국가 간의 역사적 경험이나 시대 상황에 따라 그 해석과 결론은 얼마든지 다를 수 있다. 조선은 소중화小中華로 불릴 만큼 중국과 비슷하면서도 그 속을 들여다보면 중국과는 꽤 다른 문명을 일구었다. 역사가는 바로 그런 '다름'을 통해 다양한 역사상을 읽어내는 사람이다.

조선은 명실공히 유교국가였다. 따라서 통치 이념과 구조는 충효에 기초하였다. 유교는 다양한 인간관계의 본질과 명분名分에 따른 관계를 천명한 규범 또는 이념이라 할 수 있다. 모든 인간관계는 의義에 기초하는데, 집안에서 지켜야 할 관계, 곧 의의 최고 대상이 바로 부모이다.[1] 이를 개념화한 것이 효孝이다. 국가사회에서의 관계, 곧 의를 지켜야 할 최고의 대상은 군주인데, 이 본질이 바로 충忠이다. 따라서 충과 효는 의라는 같은 부모에서 태어난 이란성쌍둥이라 할 수 있다. 원론적으로는 같지만 각론에서는 사뭇 다른 성격의 관계이기 때문이다. 이 충효 이념을 통해 조선왕조는 통치 구조를 정비하고 사회질서를 구축하였다. 이런 조선왕조에서 충효 의리를 솔선수범해야 할 군주가 되레 스스로 어미를 처벌하는 일은 단순한 윤리 문제를 넘어 통치 이념의 기반을 흔들 수 있는 파괴력을 지닌 사안이었다.

그런데 아무리 특정 이념이 강력하게 작동할지라도 상황에 따라서는 그것을 뒤집을 수 있는 논리 역시 늘 존재하기 마련이다. 인류 역사에서 불변하는 절대적 가치는 없기 때문이다. 이 책에서 다룰 충과 효의 충돌 문제도 예외가 아니다. 모자 사이의 의리(효)가 아무리 중요하다지만 군신 간의 의리(충)도 막중하였다. 따라서 이 두 핵심 가치가 충돌할 때는 순수한 원리 해석보다는 당시 정국의 동향이라는 변수가 결과를 크게 좌우하였다. 또한 다양한 충돌 사례가 장기간에 걸쳐 켜켜이 쌓이면서 충과 효 가운데 어느 가치가 더 중요한지에 대한 이론적 토대도 점차 모습을 갖춰 갔다.

이것이 바로 이 책을 통해 17세기 초 조선의 심장부에서 발생한 인목대비 폐위 논쟁을 살펴보는 이유다. 대비 처벌 문제를 놓고 폐위론자와 폐

---

1 오륜에서는 부자지간의 윤리를 친親으로 제시했지만, 자식이 부모에 효도하며 섬겨야 하는 원리를 고려하면 친의 기저에 절대적 의義가 깔려 있다고 봐야 할 것이다. 삼강에서 강조한 부위자강父爲子綱을 볼 때 더욱 그러하다.

위반대론자는 약 10년에 걸쳐 치열하게 싸웠다. 처음에는 계축옥사(1613)와 폐위 정청(1617~1618)을 통해 폐위론자가 반대론자를 숙청하면서 승리하는 듯하였다. 그러나 계해정변(인조반정, 1623)이 성공하면서 상황은 극적으로 돌변하였다. 정변을 반정反正으로 명명한 점만 보아도 이 논쟁의 이념성과 폭력성을 여실히 알 수 있다.

논쟁의 최종 승부를 가른 결정적 요인은 역사상 전례에 대한 객관적인 해석 문제가 아니었다. 계축옥사를 시작으로 약 5년에 걸쳐 폐위론자들은 반대론자들을 거의 일망타진하다시피 정계에서 축출하였다. 그로부터 다시 불과 5년 후에 발생한 정변(반정)을 계기로 이번에는 폐위반대론자들이 폐위론자들을 사실상 정계에서 발본색원해버렸다. 이처럼 논쟁의 승부는 무력을 동원한 폭력적 정치 행위로 결판을 보았다. 이런 극적 반전을 겪으면서 조선왕조의 지배 이념도 충보다는 효를 앞세우는 쪽으로 확실하게 진화하였다. 충과 효에 기초한 유교국가 조선왕조의 본질 자체에까지 장기적 영향을 끼친 셈이다.

이 책에서는 바로 이런 점에 주목하여, 광해군 대 조정을 뜨겁게 달군 인목대비 폐위 논쟁을 단순히 일회성의 패륜 논쟁으로 보지 않고, 조선왕조의 장기 변환이라는 통시적 맥락에서 새롭게 조명하고자 한다. 어떤 논쟁으로 중앙정부가 10년 가까이 피로 얼룩진 혈투를 벌였다면, 그것은 단순한 정쟁이라기보다는 조선왕조의 본질 문제와 연동되었을 가능성이 크다. 따라서 이 책에서는 인목대비 폐위 논쟁을 계기로 조선왕조가 어떤 성격의 나라로 새롭게 진화했는지에 대한 거시적 담론을 도출하고자 한다.

# 01

## 인목대비 폐위 논쟁 관련 기존 연구 검토

인목대비 폐위 논쟁은 '폐모론'으로 널리 알려져 있다. 광해군 대의 정치사를 다루는 연구에서는 어떤 식으로든 이 사안을 언급한다. 광해군과 인목대비 사이의 기구한 악연은 그 내용이 워낙 극적이라 오래전부터 다양한 장르의 극으로 만들어져서 대중에게도 익숙하다. 이렇다 보니 폐위 논쟁의 시말을 살핀 연구가 학계에 적지 않을 것 같지만, 현실은 전혀 그렇지 않다. 매우 놀랍게도 논쟁 과정을 종합적으로 천착한 논문이 한 편도 없다. 다른 주제를 논하면서 부수적으로 간략하게 다루었을 뿐이다.

하지만 폐위 논쟁을 부분적으로 언급한 연구 속에서도 이 논쟁을 보는 학계의 시각이나 경향은 유의미하게 읽어낼 수 있다. 국사편찬위원회가 온라인으로 제공하는 『한국사연구휘보』에서 '인목대비'나 '폐모' 등의 단어로 검색한 후 일일이 실제 내용을 살펴서 추리면, 인목대비 폐위 문제를 아주 간략히 언급한 일부 초기 논문을 포함해도 열 편 남짓에 불과하다. 이들의 기술 경향은 크게 여섯 가지로 나누어 볼 수 있다.

첫째, 폐모는 광해군의 의도가 아니었으며 당쟁의 산물이라는 인식이다. 이런 경향은 광해군의 현실적 외교 노선을 칭송하는 반면 국내 정치의 실패는 북인 탓으로 돌린 1930년대의 초기 연구에서 두드러졌다. 대표적으로 홍희는 폐모살제廢母殺弟를 광해군의 잘못이 아닌 대북 세력의 잘못으로 치부함으로써 광해군이 당쟁 때문에 아깝게 희생되었다고 극구 변호하였다.[2] 이런 평가는 해방 후 이병도가 그대로 계승하여[3] 국내 학계의 통설로 자리 잡았다. 그렇지만 이런 수정주의적 노력은 선악이라는 중세적 흑백논리에서 벗어나지 못하였다. 300년이 넘도록 '악惡'으로 각인된 광해군을 '현賢'으로, 지고의 선이던 인조반정을 '오誤'로 바꾸는 수준에 머물렀다. 실상 별다른 논증도 거치지 않은 채 그저 광해군은 폐위 논쟁과 무관하다며 면죄부를 준 견해에 불과하다. 그런데도 이런 인식 경향은 내용에 좀 더 살을 붙여 확대재생산의 길을 걸었다.[4]

둘째, 폐위 논쟁을 당쟁 구도의 시각에서 살핀 정치사 연구가 있다. 이런 접근은 '붕당정치' 학설이 등장한 1980년대에 시작하여 주로 1990년대에 주류를 형성하였다.[5] 그렇지만 연구자들의 주 관심이나 분석 틀이 붕당 간의 역학 구도였으므로, 폐위 논쟁 자체에 주목하기보다는 다른 옥사들

---

2 洪熹, 「廢主 光海君論」, 『青丘學叢』 20, 1935.

3 이병도, 「광해군의 대후금 정책」, 『국사상의 제문제』 1, 국사편찬위원회, 1959.

4 대표적으로 김용숙, 「계축일기 연구: 광해군의 성격 분석을 주로」, 『논문집』 7, 숙명여자대학교, 1968; 김명수, 「《연려실기술》의 「광해군 조」 서술에 대한 검토」, 국민대학교 교육대학원 석사학위논문, 1987 참조.

5 예를 들어 김명수, 「《연려실기술》의 「광해군 조」 서술에 대한 검토」, 1987; 지두환, 「선조·광해군 대 대동법 논의」, 『한국학논총』 19, 1997; 어혜순, 「광해군과 대북세력의 정치운영 연구」, 연세대학교 교육대학원 석사학위논문, 1999; 김돈, 「조선 중기 사림의 공론과 그 구현 형태: 광해군 대의 초야언론을 중심으로」, 『국사관논총』 86, 1999; 이희환, 「광해군 대의 정국과 이이첨」, 『전북사학』 38, 2011 등 참조.

처럼 대북 세력이 다른 붕당을 축출하는 맥락에서 부분적으로 다루었다. 따라서 대비 폐위를 둘러싼 이론 논쟁을 다룬 내용은 지극히 파편적이다.

셋째, 특정 인물에 중점을 두어 그가 폐위 논쟁에서 어떤 태도를 보였는지를 살핀 연구가 있다. 이 또한 연구 관심을 특정 개인에 둔 탓에 폐위 논쟁의 본질은 건드리지 못하였다. 연구 대상 인물로는 당시 대북의 영수라 할 수 있는 정인홍鄭仁弘(1535~1623)이 압도적인데, 대체로 그가 역적에 대한 처벌은 강조하면서도 인목대비를 폐위하는 데는 찬성하지 않았음을 부각하였다.[6] 특정 인물보다는 폐위 찬반양론의 인물군을 토역討逆 정국과 관련하여 대립적으로 살핀 연구도 있다.[7] 그런가 하면, 유근柳根(1549~1627)의 삶을 다루면서 그가 인목대비의 폐위에 반대하고 폐위 정청에도 불참했음을 드러낸 연구도 있다.[8] 이들 연구는 폐위 논쟁을 일부 다루기는 했으나 연구 관심 자체가 인물이었으므로 역시 관련 내용은 매우 파편적이며 지엽적이다.

넷째, 패륜이라는 시각에서 폐모 문제를 다룬 연구도 무시할 수 없다. 이런 시각은 조선 후기는 물론이고 근대를 지나 현재에 이르기까지 가장 일반적인 흐름이다. 하지만 대개 자식이 어미를 핍박하고 처벌한 것을 성토하는 데 그친 수준이다. 광해군을 옹호하는 쪽에서도 폐위 논쟁을 대북

---

6 권인호, 「내암 정인홍의 지치주의적 학문경향성과 개혁사상」, 『남명학연구논총』 6, 1998; 윤정, 「조선 후기 정계의 정인홍 인식과 그 정치적 함의」, 『진단학보』 100, 2005; 오이환, 「대북정권 시기의 정인홍」, 경상대학교 인문학연구소 엮음, 『동북아문화의 과거와 현재』, 박이정, 2010.

7 이희환, 「광해군 대의 정국과 이이첨」, 2011.

8 류승주, 「西坰 柳根의 관계교유인맥과 인조반정세력 연구」, 『한국인물사연구』 18, 2012.

이 자행한 일로 치부하고 광해군의 무관함을 말할 뿐이지 인목대비에 대한 핍박 자체가 패륜이라는 시각은 같다. 정작 그런 폐모론의 전말을 깊이 있게 연구한 글은 하나도 없다. 인조반정이라는 결과론적 프리즘을 통해 그 이전에 벌어진 논쟁의 성격을 단순하게 재단했을 뿐이다. 그나마 학술 논문의 형태로는 인목대비의 서궁 유폐를 부위자강父爲子綱이라는 삼강의 가치를 범한, 그래서 천륜에 어그러진 행동으로 규정하고 광해군의 폐위를 정당화한 연구가 하나 있다.[9] 하지만 이 또한 반정이라는 결과론적 안경을 쓴 채 이전의 논쟁을 함부로 재단하였다. 당시 폐위 논쟁의 본질은 군위신강君爲臣綱과 부위자강이 충돌할 때 무엇을 우선할 것인지에 대한 다툼이었는데, 후자만 종교 수준의 당위론처럼 강조함으로써 논쟁 자체를 단순화하여 몰역사적으로 해석해버렸다.

다섯째, 『계축일기』를 주요 자료로 삼아 폐위 문제를 다룬 연구이다. 이런 연구는 국문학계가 주도하였는데, 대표적으로 정은임의 연구를 꼽을 만하다. 그는 폐위 논쟁의 발단부터 인목대비 유폐에 이르기까지 『광해군일기』를 주 자료로 삼되 『계축일기』와 『연려실기술』도 적절히 활용하였다.[10] 다만 어떤 설명 틀을 갖추었다기보다는 폐위 논쟁의 발발에서 유폐에 이르는 과정을 그 나름대로 재구성한 것에 가깝다. 당시 정국의 역학관계, 논쟁의 추이나 논점에 대한 정치한 분석은 별로 없다. 국문학계에는 『계축일기』와 관련하여 폐위 문제를 다룬 연구가 제법 있지만, 연구 내용과 방법론은 대동소이하므로 여기서는 일일이 소개하지 않는다. 한편 역

9 지두환, 「조선시대 정치사와 삼강」, 『동방사상과 문화』 1, 동방사상문화학회, 2007.

10 정은임, 『계축일기 연구』, 국학자료원, 2015, 244~271쪽.

사학 기반으로 『계축일기』를 자료로 활용한 연구도 있는데,[11] 이 또한 일부 내용을 극히 지엽적으로 활용한 정도에 그쳤다.

여섯째, 폐위 논쟁의 성격을 충과 효의 우선순위 문제로 규정한 간략한 연구가 있다.[12] 인목대비 폐위 문제를 다루면서도 그 논쟁의 성격에 관심을 보인 연구가 거의 없다시피 한 실정을 고려할 때, 이 연구는 그 자체만으로도 의미가 있다. 다만 충과 효의 문제를 마치 화두처럼 툭 던져놓고는 실제 내용이 없다. 단순한 견해 피력에 그친 셈이다. 또한 "당시 사림사회의 분위기에서 우선 덕목은 역시 효였다"라고 하여 정변(반정) 이후 조선 후기의 시각을 논쟁에 그대로 투사한 점은 통설을 그대로 따른 결과일 뿐, 새로운 면은 없다.

학술 연구뿐만 아니라 대중 교양서에서도 인목대비 폐위 문제를 적지 않게 다루었다. 그렇지만 두어 개를 제외하면 내용이 조잡하거나 오류가 적지 않은 탓에 굳이 지면을 할애하면서까지 검토할 가치는 없다. 괜찮은 두어 개에 해당하는 저서도[13] 그 내용을 보면 이미 발표한 연구 내용을 쉽게 풀어 쓴 글이지, 폐위 문제와 관련하여 새로운 시각이나 해석을 제공하지는 않았다. 따라서 여기에 반복해 소개할 필요는 없다.

이상으로 인목대비 폐위 문제를 다룬 기존 연구를 검토하였다. 그 공통적인 약점, 다른 말로 이 책의 문제의식은 이렇다. 첫째, 이들 기존 연구만으로는 갖가지 굴곡을 겪으며 전개된 인목대비 폐위 논쟁의 전말이나

---

11 이순구, 「『계축일기』에 나타난 궁중생활상」, 『사학연구』 55·56, 1998.

12 한명기, 「폭군인가 현군인가: 광해군 다시 읽기」, 『역사비평』 44, 1998.

13 한명기, 『광해군: 탁월한 외교정책을 펼친 군주』, 역사비평사, 2000; 정은임, 『인목왕후와 인현왕후』, 채륜, 2012.

논점의 근거 등을 종합적으로 파악할 수 없다. 지엽적이거나 파편적인 기술뿐이기 때문이다. 폐위 논쟁 과정을 궁구한 변변한 논문조차 아직 없는 실정이야말로 이런 문제점을 잘 보여준다.

둘째, 논쟁의 한복판에 서 있는 국왕에 거의 주목하지 않았다. 폐위 논쟁을 당쟁의 산물이라며 광해군을 변호하건, 이와는 정반대로 폐모의 책임을 물어 광해군을 정죄하건, 모두 정작 국왕 광해군이 어떤 복안을 갖고 논쟁에 개입했는지에는 관심을 기울이지 않았다. 국왕이 너무 어리거나 무식하지 않은 한 왕조국가에서 국왕의 존재는 아무리 강조해도 지나치지 않다. 아무리 소심한 국왕이 보위에 앉아 있을지라도 그의 결재 없이는 나랏일을 무엇 하나 제대로 집행할 수 없기 때문이다. 하물며 국왕 광해군이 직접 관련된 인목대비 폐위 논쟁을 다루면서 당사자 중의 당사자인 국왕의 존재를 등한시한 점은 치명적이다.

셋째, 정변(반정) 이후 강고하게 형성된 패륜적 시각에서 이전의 폐위 논쟁을 재단한 점이다. 논쟁이 폭력을 동반한 숙청으로 결말을 본 이후 자연스레 형성된 선악의 이분법적 시각으로 논쟁 과정을 반추한 것이다. 비유하자면, 근대라는 색안경을 쓰고 전근대 역사를 일방적으로 재단하는 '근대주의자'의 시각과도 같다. 이런 연구 시각이 몰역사적이라는 점은 이를 나위도 없이 자명하다. 충과 효가 충돌할 때 어느 가치를 더 우선할 것인지의 문제는 시대 상황에 따라 늘 가변적이었으며, 그런 충돌 경험이 하나둘씩 쌓여가면서 충효에 대한 인식도 계속 진화하며 변하기 마련이다. 따라서 '모후 핍박은 무조건 패륜'이라는 후대의 시각을 잠시 보류하고, 논쟁 당시의 상황으로 직접 들어가 찬찬히 살필 필요가 있다.

넷째, 인목대비 폐위 논쟁이 조선왕조의 진화 과정에서 어떤 역사적 의미를 갖는지에 대한 거시적이고도 종합적인 담론 생산이 전혀 없다. 심하게 말하면, 정치적 당쟁거리로 소비하거나 문학 장르의 소재로 활용하는 정도에 그친 상태이다. 왕조국가에서 어떤 논쟁이 몇 년에 걸쳐 중앙의 정치무대뿐만 아니라 온 나라를 격랑으로 몰아넣었다면, 그것은 단순한 일회성 논쟁일 수 없다. 무엇인가 왕조의 가치 기준이 변하는 전환기적 논쟁일 가능성이 크다. 특히 논쟁이 폭력(반정)을 통해 극적으로 결말났을 뿐 아니라, 그 결과가 조선 후기 내내 절대 진리처럼 뿌리를 내린 점에서 더욱 그렇다. 요컨대 인목대비 폐위 논쟁을 그저 광해군이나 대북 세력의 패륜이라는 단발적 사건으로 간주하기보다는 그 논쟁에 담겨 있는 조선왕조의 가치 변화 문제를 통시적이면서 거시적으로 조명할 필요가 있다.

# 02

## 이 책의 구성과 내용

이 책의 구성과 내용은 다음과 같이 꾸몄다.

먼저, 「2장. 세자 광해군: 용상을 향한 멀고도 험한 길, 1592~1608」은 이 책의 배경을 제공하는 글이다. 여기서는 광해군이 어떤 환경에서 성장하여 우여곡절 끝에 즉위했는지를 구체적으로 살핀다. 세자 시절 광해군이 겪은 숱한 부정적 경험이야말로 즉위 후 그의 정치적 행보에 어떤 식으로든 영향을 끼쳤을 것이기 때문이다. 더 자세히 보자면, 애초부터 자신을 싫어한 부왕 선조와의 불편한 관계, 적자도 장자도 아니라며 어떻게든 세자 지위를 흔드는 데 혈안이 된 부왕과 그 일부 추종 세력들의 압박, 장자가 아니라는 이유로 세자 책봉 주청을 무려 다섯 차례에 걸쳐 끝내 거절한 명나라에 대한 원망과 분노, 영창대군의 탄생으로 인한 세자 지위의 불안정성 고조 등, 세자 광해군의 처지에서 정국의 숨 가쁜 소용돌이를 살피고 그 본질을 분석할 것이다.

「3장. 국왕 광해군의 왕위 계승 경쟁자 제거, 1608~1613」에서는 태생적으로 광해군의 정적이 될 수밖에 없었던 임해군과 영창대군을 광해군이 순차적으로 제거하는 과정과 그에 따른 조정 논쟁, 그리고 광해군의 단호한 태도를 논증적으로 고찰한다. 어떤 식으로든 왕위 계승 경쟁 구도에 연루된 자라면, 그는 최후의 승리자로 왕위에 오른 새 국왕의 은덕을 바라는 것 외에는 목숨을 부지할 길이 사실상 요원하였다. 새 국왕이 은전을 베풀면 살 것이요, 분란의 씨앗을 제거하리라 마음먹으면 생을 마감할 수밖에 없었다. 정치무대에서 비일비재한 이런 구도는 동서고금의 문명권을 초월하여 지극히 일반적인 현상이었다. 여기서는 광해군이 임해군과 영창대군을 제거한 방법을 그의 복안과 관련하여 천착할 것이다.

4~6장은 몇 년에 걸쳐 조정을 뜨겁게 달군 인목대비 폐위 논쟁의 경과를 단계별로 다루되 당쟁 구도라는 기존의 설명 틀을 보류하고, 국왕 광해군의 생각을 중심에 두고 살필 것이다. 논쟁의 핵심 당사자인 국왕의 존재가 워낙 중요한 독립(X)변수이기 때문이다. 먼저 「4장. 영창대군 제거의 후유증과 제1차 폐위 논쟁, 1613~1615」에서는 계축옥사(1613) 과정에서 역모의 불똥이 인목대비에게로 튄 상황 및 사건의 확대에 잠시 '브레이크'를 건 광해군의 의도를 파헤친다. 이를 통해 인목대비를 처리하는 문제에 광해군이 어떤 장기적 복안을 갖고 접근했는지 면밀하게 고찰한다.

「5장. 생모 추숭: 공성왕후와 인목대비, 1610~1617」에서는 인목대비와의 모자 관계를 최대한 희석하기 위해 광해군이 집요하게 추진한 생모의 왕후 추숭追崇 과정을 고찰한다. 모자 관계가 약해질수록 인목대비에 대한 처벌 강도는 강해질 수 있는데, 광해군에게 이 함수관계는 분명하였다. 그런데 아무런 대안도 없이 인목대비와의 모자 관계를 부정할 수는 없었다. 이 세상에 어미 없는 자식은 있을 수 없기 때문이다. 이에 광해군이 주목한 것이 바로 후궁으로 죽은 생모를 부왕 선조의 두 번째 왕비로 추숭하는 작업이었다. 생모가 빈에서 비로 격상되면, 적자가 아니라는 자신의 아킬레스건을 자연스레 극복할 수 있었기 때문이다. 생모가 공성왕후로 명나라 황제의 추봉追封을 받음으로써 추숭 작업이 마무리되자마자 광해군은 인목대비를 향한 공격을 본격화하였다. 5장에서는 7년에 걸친 생모 추숭 과정이야말로 인목대비를 공격하기 위한 광해군의 치밀한 사전 작업이라는 맥락에서 그 내용을 천착한다.

「6장. 제2차 폐위 논쟁과 광해군의 복안, 1617~1618」에서는 인목대비를 유폐하는 과정을 광해군의 복안에 중점을 두어 살펴본다. 이병도 등이 이끈 초기 연구는 광해군의 역할을 최대한 축소하고 모든 책임을 북인에게 돌리는 경향이 농후하였다. 후세대 연구자들도 광해군의 의도와 역할에는 별로 주목하지 않은 채, 대개 붕당 간의 알력, 곧 당쟁 구도로 접근하였다. 그렇지만 당시의 정황을 꼼꼼히 들여다보면, 폐위론을 주도하며 막전 막후에서 시시콜콜 조종한 장본인이 바로 국왕이었음을 간파할 수 있다. 광해군은 태조의 둘째 부인이었던 신덕왕후神德王后(?~1396)의 사례를 참고하는 등 부왕의 왕비(대비)를 자식(왕)이 사실상 폐위한 역사적 사례를 치밀하게 학습하였다. 6장에서는 이런 광해군의 태도를 고찰하여 폐위론이 그의 치밀한 계획에 기초한 정치 행위였음을 논증한다.

「7장. 중국 사례 인용과 논쟁의 성격」에서는 대비 폐위론자와 폐위반대론자가 각기 자신의 주장이 중국의 전례에 부합함을 강조하기 위해 인용한 중국의 역사 사례들을 일일이 추적하여 비교하고 해석한다. 지금까지는 학계나 대중 모두 폐위론을 패륜으로 간주하는 데에만 매우 익숙하였고, 그 결과 윤리적 정죄만이 난무하였다. 그렇다 보니 논쟁의 성격과 의미를 파악하는 데 필수적인 이론적 근거는 거의 살피지 않았다. 폐위론자와 폐위반대론자가 상대방을 공격하고 자신의 논리를 강화하기 위해 활용한 다양한 역사적 사례와 그 해석의 타당성 여부 등에는 문제의식조차 보이지 않았다. 7장은 바로 이런 치명적 공백을 채우기 위해 준비하였다. 이를 통해 논쟁의 성격과 그것이 조선왕조의 장기 진화 과정에서 갖는 역사적 중요성을 '충에 대한 효의 완승'이라는 맥락에서 해석할 것이다. 이런 분석 결과가 바로 이 책의 부제목에 노출한 '효치국가孝治國家의 탄생'이라는 담론의 바탕이다.

「8장. 반정의 명분과 폐모론의 강화」에서는 정변(반정)을 계기로 상황이 완전히 뒤바뀌어 충보다 효가 압도적 우위를 점하는 과정을 구체적으로 확인한다. 먼저 정변 성공 직후 반포한 반정교서反正教書의 구성과 내용을 세밀하게 살펴, 정변 주도 세력이 공식적으로 내건 거사의 제일 명분이 구성 배치상으로는 폐모廢母, 분량 면에서는 배명背明에 대한 응징이었음을 확인할 것이다. 이 양대 명분은 매우 중요한데, 교서를 통해 정식으로 천명한 이상 인조 정권이나 후대의 어떤 왕도 그 명분에서 자유롭기는 어려웠을 것이기 때문이다. 다음으로는 두 차례 호란을 겪으면서 양대 명분 중 배명의 간판을 조용히 내리고 폐모가 사실상 반정의 유일한 명분으로 강력하게 부상하는 정황을 고찰한다. 우리 귀에 익숙한 폐모 담론이 사실은 후대에 만든 불가피한 기억 조작의 산물이었음을, 그래서 실제보다 훨씬 더 과장되었음을 고증하여 확인할 것이다.

결론부에 해당하는 마지막은 「9장. 에필로그: 충의 관념화와 효치국가의 탄생」이다. 여기에서는 인목대비 폐위 논쟁의 극단적인 종결로 조선 사회에서 이후 충이라는 가치가 점차 형해화한 데 비해 효의 가치는 더욱 올라간 흐름을 추적한다. 이런 통시적 접근을 통해, 17세기 전반의 10년 동안 온 나라를 격론의 소용돌이로 몰아넣었던 인목대비 폐위 논쟁이 조선왕조의 전체 진화 과정에서 갖는 역사적 중요성과 의미를 '효치국가의 탄생'이라는 담론으로 마무리한다. End

# 2장. 세자 광해군

: 용상을 향한 멀고도 험한 길, 1592~1608

광해군은 순탄하게 즉위한 왕이 아니다. 즉위 전에는 이를 나위도 없고 즉위 후에도 자신의 왕좌와 종묘사직을 겨냥한 안팎의 숱한 장애물을 제거하고 왕위를 유지하였다. 그러나 한 조카가 주도한 내부의 도전을 막지 못하고 권좌에서 쫓겨났다. 광해군이 느낀 왕위의 불안과 비극적 종국은 당시 조선왕조가 처한 제반 상황 속에서 광해군이 몸소 겪은 경험의 산물이었다. 그 경험은 약 16년(1592~1608)에 달하는 그의 세자 시절에 이루어졌다. 특히 세자로서 경험한 모든 일은 광해군이 왕위에 오른 후에도 그의 국내외 정책과 정국 운영에 영향을 끼쳤다는 점에서 중요하다.

현재 광해군의 재위 기간(1608~1623)을 다룬 연구는 제법 다양하고 풍부하지만, 광해군이라는 인물 자체에 주목한 연구는 거의 없다. 특히 그의 세자 시절 16년 전체를 놓고 그가 겪은 경험을 통해 광해군이라는 인물을 이해하고 그 내면까지 들여다보려는 시도는 거의 없었다. 광해군을 집중 조명한 대중 교양서 두 종이 있으나, 저자의 필요에 따라 광해군을 호명해낸, 그래서 결과적으로 광해군이 아니라 저자 자신이 사실상 주인공이 되

어 광해군을 활용한 면이 강하다.[1]

광해군을 비교적 제대로 다룬 일부 연구도 국왕으로서 광해군의 재위 기간을 연구 대상으로 삼았을 뿐, 왕위에 오르기 전의 광해군을 천착한 논문은 별로 없다.[2] 한 인물의 사고와 가치관에 연속성이 매우 강한 점을 인정한다면, 국왕 광해군을 제대로 이해하기 위해서는 세자 때의 광해군에게도 관심을 기울일 필요가 있다. 세자로서 경험한 모든 것이 그의 성격과 사고방식에 어떤 식으로든 일정한 영향을 주었을 것이 자명하기 때문이다.

이런 문제의식에 기초해, 2장에서는 광해군이 즉위하기 이전에 어떤 정치 환경에서 성장했고 어떤 과정을 밟아 세자에 책봉되었으며, 책봉 후에도 끊임없이 내부의 다양한 도전에 시달린 실상과 이유를 고찰하려 한다. 또한 이런 과정을 통해 자연스레 형성되었을 광해군의 성격과 즉위 후에 그가 보인 정치 행위를 서로 관련지어 해석할 것이다.

---

1 한명기, 『광해군: 탁월한 외교정책을 펼친 군주』, 역사비평사, 2000; 오항녕, 『광해군: 그 위험한 거울』, 너머북스, 2012 참조. 한명기가 1930년대 이나바 이와키치稻葉岩吉 이래 광해군에 대한 긍정적 재평가 추세를 계승했다면, 오항녕은 그런 재평가를 전면 비판하고 광해군을 내정과 외정에서 모두 실패한 군주라는 '본래의 위치'로 되돌렸다. 두 책 모두 광해군에 대한 대중의 관심과 이해의 증대에 기여하였다. 다만 모두 광해군을 피고석에 두고 저자가 각각 변호사와 검사의 역할을 하며 쓴 대중서이기에, 과연 두 책의 내용이 사실과 어느 정도 부합하는가에 대해서는 논란의 여지가 있다. 이 두 책에 대한 종합 비평으로는 계승범, 「광해군, 두 개의 상반된 평가」, 『한국사학사학보』 32, 2015 참조.

2 광해군의 세자 시절을 궁구한 필자의 논문(계승범, 「세자 광해군: 용상을 향한 멀고도 험한 길」, 『한국인물사연구』 20, 2013)이 사실상 유일하다. 본서 2장은 바로 이 논문에 기초하여 내용을 크게 보강하였다. 한편, 세자 광해군의 분조分朝 활동을 연구한 남도영의 논문(「임진왜란시 광해군의 활동 연구」, 『국사관논총』 9, 1989)이 있지만, 특정 시기만 다룬 한계가 있는 데다 광해군의 출중함을 너무 과장한 면이 있다. 분조 관련 최근의 사례 연구로는 조인희·최윤오, 「임진왜란기 分朝 구성원의 행적에 관한 고찰—공신 선정 문제를 중심으로」, 『역사와 실학』 73, 2020 참조.

# 01

## 세자 책봉 과정

광해군은 1575년(선조 8)에 선조(r. 1567~1608)의 둘째 아들로 태어났다. 어머니는 선조의 첫 후궁인 공빈 김씨이며, 형 임해군이 있었다. 공빈 김씨는 광해군을 낳고 산후병으로 고생하다가 2년 만에 죽었다.[3] 이 바람에 광해군은 형 임해군과 함께 의인왕후 밑에서 자랐다.

선조는 두 명의 왕비와 공빈 김씨를 포함한 여섯 후궁 사이에서 대군 한 명과 군 열세 명, 공주 한 명과 옹주 열 명 등 모두 14명의 아들과 11명의 딸을 낳았다.[4] 유일한 적자인 영창대군은 선조가 죽기 불과 2년 전에 태어났다. 그때는 셋째 아들 의안군과 넷째 아들 신성군이 이미 사망한 후

---

3 『선조수정실록』 11권, 10년 5월 1일 무자(3). 간지 뒤 괄호 안 숫자는 해당 기사의 순서를 가리킨다. 이 책에서는 이하 모두 같은 방식으로 표기한다.

4 『선원록璿源錄』 권50, 「선조대왕종친록宣祖大王宗親錄」 및 「원종대왕종친록元宗大王宗親錄」. 아울러, 지두환, 『(조선의 왕실 14-1) 선조대왕과 친인척—왕과 비』, 역사문화, 2002; 지두환, 『(조선의 왕실 14-2) 선조대왕과 친인척—선조 후궁』, 역사문화, 2002 참조.

〈표 1〉 선조의 왕자들

| 비빈 | 왕자 | 참고: 주요 손자 |
|---|---|---|
| 의인왕후 | – | |
| 공빈 김씨 | ①임해군(1572~1609) | |
| | ②광해군(1575~1641) | ⓑ폐세자(1596~1623) |
| 인빈 김씨 | ③의안군(1577~1588) | |
| | ④신성군(1579~1592) | |
| | ⑤정원군(1580~1619) | ⓐ능양정(1595~1649) |
| | | ⓒ능원정(1598~1656) |
| | | ⓓ능창정(1599~1615) |
| | ⑧의창군(1589~1647) | |
| 순빈 김씨 | ⑥순화군(1580~1607) | |
| 정빈 민씨 | ⑦인성군(1588~1628) | |
| | ⑫인흥군(1604~1651) | |
| 정빈 홍씨 | ⑨경창군(1596~1644) | |
| 온빈 한씨 | ⑩홍안군(1598~1624) | |
| | ⑪경평군(1600~1673) | |
| | ⑭영성군(1606~1649) | |
| 인목왕후 | ⑬영창대군(1606~1614) | |

『선원록』에서 배열 순서는 대군 – 공주 – 군 – 옹주 순이지만, 여기서는 왕자만 추려 생모 및 나이순으로 배열하였다. 단, 동복형제는 생모와 함께 묶었다.

였지만, 그래도 선조에게는 11명의 군이 있었다. 그 가운데 여섯 명은 관례를 올리는 나이인 15세를 넘어 성인으로 성장한 상태였다. 세자 광해군은 무려 32세였다. 당시 명나라에서 광해군의 세자 책봉을 계속 거부하던 상황을 고려할 때, 대군의 뒤늦은 탄생은 불안한 정국과 맞물리며 광해군의 세자 지위를 흔들 수 있는 여건을 제공하였다. 이해를 돕기 위해, 『선

원록璿源錄』을 토대로 선조의 왕자들을 〈표 1〉에 정리하였다.[5]

〈표 1〉에서 14명의 왕자 가운데 선조 사후에 정치적 이유로 처형을 당했거나 유배 이상의 판결을 받은 자는 모두 여섯 명이다. 선조 재위 중에 이미 요절한 세 명(③④⑥)을 제외한다면, 11명 중에서 절반에 가까운 다섯 명(①②⑦⑩⑬)이 정치적으로 숙청당했음을 뜻한다.[6]

유배를 가지는 않았지만 ⑤정원군이 사실상 가택연금 수준으로 감시받았던 점을 고려하면, 절반이 넘는 왕자가 정치적 격랑에 휩쓸린 셈이다. 이 사실은 선조 사후에 왕자들의 신변이 일상처럼 늘 위험에 노출되었으며, 광해군과 인조의 왕위도 그만큼 불안했음을 시사한다. 이미 즉위했을지라도 왕위를 노릴 수 있는 잠재적 도전자들에 대한 견제가 당시 국왕의 제일 관심사였음을 쉽게 짐작할 수 있다. 광해군은 바로 이런 정치 현실의 한복판에 있었다. 게다가 그는 장자도 적자도 아니었다. 그는 전쟁이라는 비상시국에 힘입어 세자로 임명은 받았지만, 장자 임해군이 엄연히 생존해 있을 뿐만 아니라 나중에 적자 영창대군까지 태어나는 상황에 둘러싸여 있었다. 왕위를 향한 그의 노정은 이처럼 멀고도 험난하였다.

광해군이 세자의 물망에 오른 이유는 선조에게 아직 대군이 없었고, 장자 임해군의 악행이 심했기 때문이다. 대군은 없이 군들이 성장해가는 상황에서 의인왕후의 임신을 기대하기 어렵다고 판단한 조정 신료들은 세자 책봉 문제를 조심스레 거론하기 시작하였다. 국왕이란 신하들이 먼저

---

5 『선원록』 권50, 「宣祖大王宗親錄」 및 「元宗大王宗親錄」.

6 ① 임해군과 ⑬ 영창대군은 광해군에게 제거되었고, ② 광해군은 조카 능양정(인조)에 의해 폐위되었다. 이 내용은 본서에서 상세히 다룬다. ⑩ 홍안군은 이괄의 난(1624) 때 옹립되었다가 평정 후 처형되었고, ⑦ 인성군은 1628년(인조 6) 대북 계열이 주도한 유효립柳孝立 역모 사건에서 왕으로 추대받은 일 때문에 처형당했다.

후계자를 거론하는 것을 본능적으로 싫어하기 마련이었다. 실제로, 왕이 스스로 후계자 문제를 꺼내지 않았는데도 먼저 거론한 신하를 처벌하는 일이 있었다. 그렇지만 『대학연의大學衍義』에서 국본國本을 정하는 일을 중요시했으므로,[7] 국왕이 후사 없이 연로해질 때면 세자 책봉 문제는 조정의 큰 현안으로 떠오를 수밖에 없었다. 한 예로, 명종(r. 1545~1567)이 후사 없이 중병에 걸렸을 때, 중신들은 만일의 사태에 대비하여 누구를 후계자로 추대해야 좋을지 의논하였다. 그런데 병에서 회복한 명종이 그 사실을 알고는 진노하였다. 그때 신료들은 바로 『대학연의』의 내용을 근거로 자신들의 사전 논의를 정당화하여 명종의 노여움을 진정시킬 수 있었다.[8]

왕위를 이을 세자가 유교적 소양을 갖춘 군주가 되도록 일찍부터 교육시키는 것을 중시하던 유학자 신료들로서는 적자가 태어나기를 무작정 기다리기도 쉽지 않았다. 적자를 마냥 기다리며 후계자를 정하지 않고 있다가 결국 왕이 죽은 뒤에 후사를 결정한다면, 새 왕은 세자 교육을 전혀 받지 못한 상태에서 보위에 오를 것이기 때문이었다. 의인왕후가 9년째 불임이던 1578년(선조 11)에 일부 신료는 벌써 세자 책봉을 염두에 둔 왕자 교육의 필요성을 경연 석상에서 강조하였다.[9] 이때 선조는 27세, 의인왕후는 24세였다. 모두 20대의 나이인데, 경연에서 후계자 문제를 거론한 것은 지나친 면이 있다. 하지만 당시 선조 부부는 혼인한 지 10년째였고, 선조는 그동안 후궁의 몸에서 임해군·광해군·의안군 등 세 왕자를 낳은 상태였다. 따라서 왕비가 불임이라는 추정은 이미 궁중 안팎에 자자했을 것이

7 『대학연의大學衍義』 권41 「齊家之要三 定國本」.

8 『연려실기술』 권12 「宣祖入承大統」.

9 『선조수정실록』 12권, 11년 9월 1일 기유(2).

다. 이때 임해군은 일곱 살, 광해군은 네 살이었다.

왕자(君)들은 계속 성장해가는 반면 왕비의 불임이 장기화하자, 세자 책봉 문제는 다시 현안으로 부상했다. 그런데 세자로 물망에 오른 인물은 장자 임해군이 아니라 차자 광해군이었다. 임해군의 끝없는 비행 때문이었다. 왕자들 가운데 임해군 및 다섯째 아들 정원군과 여섯째 아들 순화군은 비리와 악행으로 갖가지 문제를 일으켜 평판이 나빴다. 순화군은 여러 차례에 걸친 살인 및 재물 강탈 등의 행위로 말미암아 선조 재위 시에 이미 위리안치 처벌을 받았다.[10] 정원군도 비슷한 행실로 여러 차례 탄핵을 받았다.[11]

특히 장자 임해군의 악행이 가장 심했다. 그는 수많은 궁노를 거느렸으며, 살인과 납치뿐만 아니라 공사 노비를 마음대로 빼앗고 민간의 재산을 약탈하는 등 민폐가 극심하여 경외京外에 걸쳐 큰 불만을 샀다.[12] 왜란 발발 직후 조정이 서울을 버리고 황망히 피란길에 올랐을 때 성난 백성들이 임해군의 호화 저택을 불태워버렸을 정도였다. 대군이 없는 상황에서 장자로 왕위 계승 서열상 가장 유리한 위치에 있었음에도 임해군은 자신의 일탈 행위로 말미암아 조정 신료들의 지지를 잃고 일반 백성의 원성까

---

**10** 『선조실록』 151권, 35년 6월 11일 신축(1).

**11** 『연려실기술』 권18 「河原君家事」; 『선조실록』 92권, 30년 9월 22일 기유(7).

**12** 실록에는 임해군의 악행 기사가 대단히 많다. 광해군 때 간행한 『선조실록』에만 그런 기록이 있다면 광해군 대 실록청에서 임해군의 비행을 다분히 과장했을 가능성도 생각해볼 만하다. 그렇지만 광해군을 몰아내고 인조가 즉위한 뒤 임해군을 복권시킨 후 편찬한 『선조수정실록』에서도 임해군의 악행을 상세히 기록한 점으로 미루어, 임해군 관련 기사 내용은 대체로 사실로 보인다. 대표적인 기록으로는 『선조실록』 131권, 33년 11월 25일 을축(1); 151권, 35년 6월 11일 신축(1); 『선조수정실록』 23권, 22년 4월 1일 정축(2); 40권, 39년 9월 1일 정묘(1) 등.

지 높이 샀다.

장자 임해군의 성품이 크게 문제되자, 신료들의 관심은 자연스레 광해군에게 쏠렸다. 광해군은 어려서부터 사려가 깊고 효심이 남달랐으며,[13] 장성해서도 학문을 좋아하고 총명하다고 널리 인정받았다. 이런 성품으로 그는 자주 세자의 물망에 올랐다.[14] 그런데도 대군의 탄생 가능성을 완전히 배제할 수 없는 상황이고 군들도 아직 어린 탓에, 건저建儲 문제가 본격적으로 조정 논의에 오르지는 못했다.

하지만 의인왕후가 20년 가까이 임신하지 못하자, 세자 책봉 논의는 바로 다시 비등하였다. 조정 신료들 사이에서는 대군이 없으면 군이라도 빨리 세자로 책봉하여 종묘사직을 튼튼히 해야 한다는 여론이 일었다. 그즈음 신료들은 동인과 서인으로 원수처럼 갈린 상태였는데, 세자 책봉 문제를 놓고 서로 '삳바' 싸움을 벌였다. 1588년(선조 21)에 서인 계열 전前 좌랑 조헌趙憲(1544~1592)과 동인 계열 부제학 윤국형尹國馨(1543~1611)은 경쟁적으로 세자 책봉의 당위성을 피력하였다.[15] 윤국형은 다음 해에도 승지로서 세자 책봉 문제를 재론했다가 상주목사로 좌천당했는데,[16] 목사 재

---

13 『公私見聞錄』. "宣廟將擇儲, 試問於諸王子曰, 饌品之中, 何物爲上. 光海對曰, 鹽也. 上問其故. 光海曰, 調和百味非鹽 則不成矣. 上又問 汝輩所不足者何事. 光海曰, 只以母之早死爲痛耳. 上奇其對 …" 이 책에서는 세종대왕기념사업회에서 1983년에 국역본과 영인본을 함께 묶어 출판한 것을 참고하였다. 해당 원문은 영인본 12쪽 참조.

14 광해군의 뛰어난 성품은 『선조실록』과 『선조수정실록』 모두 인정하고 있다. 『선조실록』 26권, 25년 4월 28일 정사(4); 『선조수정실록』 26권, 25년 4월 14일 계묘(21), 5월 1일 경신(17) 등.

15 『선조실록』 22권, 21년 1월 5일 기축(1); 『선조수정실록』 21권, 21년 4월 1일 갑인(2).

16 『선조수정실록』 23권, 22년 4월 1일 정축(2). 윤국형의 문집인 『문소만록聞韶漫錄』에는 상주목사로 좌천된 뒤의 감회가 적혀 있다(『문소만록』 판본: 『대동야승大東野乘』

임 중에도 속히 세자를 세우라고 거듭 상소하였다.[17]

그 뒤로 1591년(선조 24)에는 3정승인 북인 계열 영의정 이산해李山海(1539~1609), 서인 계열 좌의정 정철鄭澈(1536~1593), 남인 계열 우의정 유성룡柳成龍(1542~1607) 및 남인 계열 부제학 이성중李誠中(1539~1593) 등이 세자를 하루바삐 결정하도록 선조에게 함께 건의하기로 합의하기에 이르렀다.[18] 그런데 함께 건의하기로 약속한 날 이산해가 병을 이유로 출근하지 않았고, 유성룡과 정철 등만 선조를 알현하였다. 약속대로 정철이 먼저 세자 책봉 문제를 거론하였다. 그러나 선조가 크게 진노하자, 유성룡은 입을 다물고 정철을 옹호해주지 않았다. 이 일을 계기로 정철 등 다수의 서인이 정계에서 쫓겨났다.[19]

선조는 세자 책봉 문제가 조정의 주요 안건으로 오르는 것 자체를 싫어했으며, 심지어 발론자를 좌천시키는 등 강한 불만을 표하곤 했다. 선조가 후계자 선정에 반대 의사를 거듭 분명히 표명한 이유로는 대략 세 가지가 기록으로 전한다. 그 하나는 세자를 책봉한 후에 대군이 태어난다면

---

권55: IV권 146쪽). 여기서는 경인서림에서 1969년에 인쇄본을 네 권으로 묶어 출판한 『대동야승』을 참고하였다. 로마자 숫자는 해당 원문이 실린 권을 가리킨다.

**17** 『선조실록』 23권, 22년 1월 25일 계유(1).

**18** 『선조수정실록』 25권, 24년 2월 1일 무진(1).

**19** 『연려실기술』과 『당의통략黨議通略』은 이 사건을 북인 이산해의 음모에 서인 정철이 걸려들고 남인 유성룡은 슬그머니 빠진 것으로 기술하였다(『燃藜室記述』 권14 「辛卯時事」; 『黨議通略』[조선광문회, 1912], 9쪽도 아울러 참조). 하지만 그런 개연성을 인정한다고 해도 그것을 사실로 수용하기는 어렵다. 이 두 기록은 모두 이 사건의 최대 피해자인 정철의 후손이 편집한 『송강집松江集』의 연보年譜 기사를 그대로 인용하였기 때문이다(『松江集』 권3, 「年譜」 辛卯 19년 公五十六歲). 참고로, 서인이 주도하여 편찬한 『선조수정실록』의 관련 기사에는 이산해가 병이 났다며 불참했다는 내용만 보인다(『선조수정실록』 24권, 24년 2월 1일 무진(1) 참조).

문제가 복잡해지기 때문,[20] 또 하나는 선조가 넷째 아들 신성군을 총애하였기 때문,[21] 마지막으로 왕이 가만히 있는데 신하들이 먼저 후계자 문제에 개입하는 것에 대한 정치적 견제 때문[22]이라는 것이다. 특히 정철의 건의에 대하여 선조가 "(이렇게) 내가 살아있는데 어찌 (벌써) 세자 책봉을 운운하는가"라면서 진노했다는 기록은[23] 후사 문제와 관련하여 신료들의 동태에 예민할 수밖에 없던 국왕의 심리를 잘 보여준다.

이런 상황에서 발발한 임진왜란은 세자 책봉 여론을 다시 불러일으키는 결정적 계기로 작용하였다. 전쟁 발발 직후부터 세자 책봉을 촉구하는 상소가 줄을 잇던 차에 연이은 패전으로 도성을 포기하고 북쪽으로 피란해야 하는 다급한 상황에 내몰리자, 만일에 대비하여 세자를 속히 정해야 한다는 여론이 다시금 강하게 일었다. 승지와 사관까지도 합세하여 강력히 건의하였다. 영의정 이산해와 좌의정 유성룡 이하 모든 대신도 한목소리로 선조를 압박하였다. 상황이 상황인지라 선조도 이번에는 신료들의 요구를 거부할 수만은 없었다. 마침내 선조는 신료들에게 누구를 세자로 책봉할 것인가 물었고, 신료들은 그 결정은 왕이 내려야지 신하들이 건의할 성질이 아니라고 응답하였다. 이런 식의 질문과 응답이 서너 차례 오가면서 밤이 깊도록 결정이 나지 않았다. 결국 신료들의 강경한 태도에 밀린 선조는 그제야 총명하고 학문에 힘쓰는 광해군을 세자로 삼는 것이 어떤

---

20 『운암잡록雲巖雜錄』(『대동야승』 권55: Ⅳ권 143~144쪽).

21 『黨議通略』 9쪽.

22 『연려실기술』 권14 「辛卯時事」.

23 『연려실기술』 권14 「辛卯時事」.

가 물었고, 모든 신료는 이구동성으로 환영하였다.[24] 신료들의 생각이 모두 광해군에게 모아져 있음을 선조도 익히 알고 있었기에 나온 결말이었다. 이렇게 군신 간의 합의에 따라 광해군은 조선의 세자가 되었다.

날이 밝자 광해군은 바로 책봉을 받고 백관의 하례를 받음으로써 조선의 왕세자 지위에 올랐다. 그렇지만 24시간도 채 지나지 않은 다음 날 새벽에 선조를 따라 도성에서 나와 피란길을 떠나야 했다. 책봉 사실을 전국에 알리는 세자책봉교서를 작성할 겨를조차 없었다. 이 교서는 여드레 뒤 평양에서 겨우 반포할 수 있었다.[25] 보통의 세자들처럼 동궁에 거하며 세자 교육을 받을 기회는 처음부터 불가능하였다. 오히려 선조를 대신하여 전쟁터를 누비며 무군撫軍 활동을 벌여야 했다.

광해군이 세자로 결정된 과정은 이후 그의 앞날을 이해하는 데 중요하다. 적자도 장자도 아닌 일반 군들 가운데서 후계자를 세워야 할 때 출생 서열은 그다지 중요하지 않았다. 선조의 즉위는 그 좋은 예다. 명종에게는 일곱 명의 이복 형(군)이 있었는데, 그중 막내 형이 덕흥군德興君이었다. 명종이 후사 없이 죽자, 다음 왕위를 이은 사람은 덕흥군의 세 아들 중 막내인 하성정河城正 이균李鈞, 곧 선조였다.[26] 이균이 사촌 형들과 친형 두 명을 제치고 서열을 뛰어넘어 왕위에 오를 수 있었던 결정적 이유는, 그가 명종의 총애를 받았다는 점을 들어 명종 비 인순왕후仁順王后(1532~1575)가 후계자로 지명했기 때문이다. 성종(r. 1469~1494)의 즉위 사례도 비슷하

---

24 『선조실록』 26권, 25년 4월 28일 정사(4).

25 『선조실록』 26권, 25년 4월 29일 무오(1), 30일 기미(1), 5월 8일 정묘(9). 교서의 전체 내용은 『선조수정실록』 26권, 25년 5월 1일 경신(17) 참조.

26 『연려실기술』 권12 「宣祖入承大統」.

였다.

광해군의 경우도 마찬가지였다. 세자 책봉에는 그의 어진 성품과 잠재 능력에 대한 조정 신료들의 인정 및 그것을 국왕이 수용한 점이 결정적으로 작용하였다. 이는 세자 광해군의 정통성이 유교적 종법보다는 급박한 상황에 따른 군신 간의 합의에 기초했음을 알려준다. 따라서 광해군의 세자 지위는 이후 정국의 변화에 따라, 이를테면 왕의 마음이 바뀐다거나 군신 간의 합의에 금이 간다면 언제라도 흔들릴 수 있었다.

조선 사회는 아무리 중자衆子나 서자庶子가 더 총명하더라도 적장자가 대를 잇는 것을 당연하게 받아들인 유교 사회였다. 충분히 수긍할 만한 이유 없이 이런 원칙을 따르지 않는다면, 조선이든 중국이든 비록 왕(황제)이라 해도 신료들의 강한 반발을 감수해야 했다. 한 예로, 명나라의 만력제萬曆帝(r. 1572~1620)도 선조처럼 적자가 없었는데, 그는 셋째 아들 주상순朱常洵을 총애하여 태자로 삼으려 했다. 그러나 장자를 태자로 세워야 한다는 예부의 반대에 부딪혀 10년이 넘도록 후계자를 결정하지 못하다가, 결국 1601년 예부의 뜻대로 장자인 주상락朱常洛(태창제泰昌帝, r. 1620)을 태자로 결정하였다.[27]

상황은 다소 다르지만, 인조(r. 1623~1649) 때 조선에서도 국왕의 선호와 종법의 취지가 서로 어긋나는 바람에 조정이 시끄러웠던 적이 있다. 북경에서 풀려나 귀국한 소현세자(1612~1645)가 얼마 지나지 않아 급사했을 때 그의 적장자인 원손元孫 이석철李石鐵은 열 살이었다. 다수의 신료는 종법에 따라 소현세자의 맏아들을 세손으로 세워야 한다고 주장하였다.

---

27 Ray Huang, "The Lung-ch'ing and Wanli Reigns, 1567~1620," *The Cambridge History of China: The Ming Dynasty, 1368~1644*, Vol. 7, New York: Cambridge University Press, 1988, pp. 516~517.

그러나 인조는 신료들의 반대를 무릅쓰고 자신의 차자인 봉림대군(효종, r. 1649~1659)을 세자로 책봉하였다. 이후 왕위 계승 문제를 둘러싼 분란의 소지를 아예 없애려는 차원에서 옥사를 일으켜 소현세자의 처 강빈姜嬪을 처형하고, 세 아들 곧 인조 자신의 적손 셋은 모두 제주도로 유배하였다. 이석철과 바로 아래 동생은 유배지에서 각각 13세와 9세의 나이로 죽었다.[28] 이 사건은 인조 사후에 즉위한 효종의 정통성 문제가 걸린 예송논쟁의 원인遠因이 되어 훗날 피의 정쟁을 반복해 일으키는 불씨로 작용하였다.

요컨대 장자일 경우에는 설령 부왕의 신임을 받지 못하더라도 종법을 중시하는 신료들의 강력한 후원을 받을 수 있었다. 하지만 광해군은 장자 임해군을 제치고 세자 자리에 올랐으므로, 그의 지위를 튼튼하게 받쳐줄 제일 요소는 종법이 아니라 부왕 선조의 후원일 수밖에 없었다. 이 점은 선조가 나중에 어떤 이유로든 광해군을 견제한다면 세자의 지위가 위험에 처할 수 있음을 시사한다. 또한 세자 광해군에 대한 왕의 견제가 심해질지라도 명의 주상락(태창제) 경우처럼 조정 신료들의 강력한 지지를 기대하기 어려울 것임을 시사한다. 따라서 세자 광해군의 정통성은 정국의 미세한 변화에도 쉽게 흔들릴 수 있었다.

---

**28** 소현세자 직계가족의 숙청에 대해서는 김용덕, 「소현세자 연구」, 『사학연구』 18, 1964를, 이 문제를 종법 차원에서 다룬 연구로는 이영춘, 『조선 후기 왕위계승 연구』, 집문당, 1998, 179~212쪽 참조.

# 02

## 세자 광해군과 국왕 선조

전쟁 발발 보름 만에 피란처의 선정을 놓고 조정의 논의가 분분했는데, 국왕 선조의 요동 망명 여부가 쟁점이었다. 거의 모든 신료가 국내 피란을 당연시한 반면에 선조는 처음부터 명나라로 내부內附, 곧 요동 망명을 고집하였다. 소극적이나마 선조에 동의를 표한 신료는 도승지 이항복李恒福(1556~1618)뿐이었다. 3정승인 유성룡, 최흥원崔興源(1529~1603), 윤두수尹斗壽(1533~1601)와 이하 대신들은 국왕이 영토 밖으로 나가면 국가를 포기하는 것이라며 이구동성으로 만류하였다.[29] 반대 목소리가 높아지자, 선조의 요동 망명 계획은 일단 수면 아래로 가라앉았다.

그렇지만 6월 중순에 평양까지 위험해지자 선조는 이제 국내에는 피할

---

29 『선조수정실록』 26권, 25년 5월 1일 경신(1). 이항복과 윤두수가 서인이고, 유성룡이 남인임은 잘 알려진 사실이다. 최흥원은 『선조실록』에서 극찬한 점으로 보아 동인 계열인 것 같다. 『선조수정실록』에서는 최흥원의 모호한 태도를 언급하면서도 대체로 호평한 점을 고려하면, 그는 동인 계열이면서 다른 신료들과 척을 지지 않고 중도적 태도를 유지한 인물로 보인다(『선조실록』 159권, 36년 2월 16일 계묘(3); 『선조수정실록』 37권, 36년 2월 1일 무자(3) 참조).

곳이 없다면서 다시 망명 의중을 강하게 드러냈다. 신료들은 다시 거세게 반대하였다. 반대 근거는 ①아직 국내에서 항전할 수 있는 형편이기 때문, ②왕이 국경 밖으로 나가면 인심이 완전히 흩어질 것이기 때문, ③상황이 더 나빠지면 그때 망명해도 늦지 않을 것이기 때문, ④왕이 영토를 버리고 가면 종묘사직이 다 무너질 것이기 때문, ⑤요동의 인심이 험악하여 왕의 안전을 보장할 수 없기 때문, ⑥명 황제가 받아주지 않을 가능성이 있기 때문 등이었다.[30] 이는 왕으로서 망명할 생각만 하지 말고 적극적으로 나서서 싸움을 독려하고 민심을 수습하는 데 주력하라는 신료들의 압력이었다. 그러나 선조는 국내에서 왜적의 손에 죽느니 차라리 요동으로 건너가 천자의 땅에서 죽겠다며 망명 의사를 굽히지 않았다.[31] 사태가 워낙 다급하고 국내 피란처에 대한 의견도 분분한 탓에 신료들은 선조의 망명 의지를 꺾을 수 없었다. 마침내 영변에 머물던 중 분조分朝를 실행에 옮겨, 선조는 행궁 신료들을 이끌고 박천을 향해, 세자 광해군은 종묘사직의 신주를 받들고 강계 방면으로 출발하였다.[32]

이 분조는 대체로 선조의 망명을 전제로 한 비상조치였다. 그 때문에 국왕의 자리가 빌 때를 대비하여 분조를 이끌 세자 광해군의 지위를 분명히 해둘 필요가 있었다. 이에, 이미 요동 망명을 굳게 결심한 선조는 아예 세자에게 양위하겠다고 선언하였다.[33]

그즈음 조야에는 국정을 그르친 책임을 물어 선조의 양위를 당연하게

---

30 『선조실록』 27권, 25년 6월 13일 신축(5·6·7).

31 『선조실록』 27권, 25년 6월 13일 신축(7).

32 『선조실록』 27권, 25년 6월 14일 임인(5).

33 『선조실록』 27권, 25년 6월 13일 신축(8).

받아들이는 분위기가 형성되어 있었다. 선조의 선위 전교를 받은 영의정 최흥원은 다음과 같이 조정의 중지를 전하며 양위를 만류하였다.

> 어젯밤의 선위 전교는 세상 형세가 모두 당연하게 여깁니다. 그러나 대신들이 따르지 않으므로 사람들은 모두 신들에게 허물을 돌려씌웁니다. 사안이 중하고 어려워, 신들은 (선위 전교를) 함부로 따를 수 없습니다.[34]

그의 발언 중에서 밑줄 친 내용을 통해, 선위를 당연시하는 차원을 넘어 그것을 촉구하다시피 들끓던 민심의 실상을 간파할 수 있다. 심지어 유성룡(남인)과 정철(서인) 등 몇몇 조정 대신은 선조에게 직접 양위를 건의하려고 계획을 세우기까지 하였다.[35] 그렇지만 선조가 아직 국내에 머물고 있는 한, 신하로서 선위 발표에 선뜻 찬성하며 나서는 것은 매우 위험한 일이었다. 결국 선조의 양위 발표는 한 차례 가벼운 소동으로 끝났다.

양위가 이루어지지 않은 상태에서 분조를 지휘하는 세자 광해군은 권섭국사權攝國事라는 지위를 부여받았는데, 이는 공식 직함은 아니었다. 실록에 '자령혼권섭국사玆令琿權攝國事'라고[36] 쓰인 구절은 '광해군(琿)으로 하여금 임시로(權) 국사를 대신 담당하도록(攝) 명한다'라고 해석할 수 있다. 조선에는 본래 권지국사權知國事라는 직함이 있었다. 권지국사는 명과 조

34 『선조실록』 27권, 25년 6월 14일 임인(2). "… 昨夜內禪之教, 物情皆以爲當然, 而大臣不爲承順, 故人皆歸咎臣等矣. 臣等以事體重難, 不敢承順矣. …"

35 『기재사초寄齋史草』, 「임진일록壬辰日錄」 권2(『대동야승』 권52: Ⅳ권 69쪽).

36 『선조수정실록』 26권, 25년 6월 1일 기축(21).

공·책봉 관계에 있는 조선의 왕이 명 황제의 책봉을 받기 전까지 외교 무대에서 쓰던 공식 명칭이었다. 조선의 모든 왕은 즉위 후 중국 황제의 책봉을 받기 전까지 외교 서신에서 자신을 권지국사로 불렀다. 왕으로 아직 책봉받지 않은 상태에서 명 황제에게 올리는 국서(표문)에 스스로 왕을 칭할 수는 없었기 때문이다. 선조가 광해군에게 사용한 권섭국사라는 표현은 직접 맡아 담당한다는 의미의 '지知'를 대신 맡아 담당한다는 의미의 '섭攝'으로 고쳤을 뿐, 왕을 가리키는 권지국사를 연상시키기에 충분하다. 아직 선조가 양위하지 않았기 때문에 '지' 대신 '섭'을 썼을 뿐이다. 명칭으로만 보면 세자 광해군은 마치 '세자 섭정(Prince Regent)'의 지위를 획득한 것처럼 보인다.

그러나 세자 광해군의 실제 위상은 그에 크게 못 미쳤다. 분조가 선조의 행궁에 강하게 예속됨으로써[37] 세자의 권섭국사라는 지위가 오히려 무색하였다. 그 제일 원인은 평양의 일본군이 북진하지 않으면서 전선이 소강상태를 유지한 데 더해, 명나라의 참전 가능성이 점차 커짐에 따라 선조의 망명 계획이 사실상 백지화되었기 때문이다. 조선에 가장 먼저 들어온 명군은 요동성 유격 장군 사유史儒와 원임참장原任參將 곽몽징郭夢徵이 거느린 기병 1,000명이었다. 이들은 분조를 결정한 지 불과 사흘 뒤인 6월 17일에 압록강을 건너와서 선조를 만났으며, 황제가 하사한 군자금 은 2만 냥도 전달하였다.[38] 다시 이틀 후에는 이들의 상관인 부총병副摠兵 조승훈祖承訓도 기병 1,300여 명을 이끌고 조선으로 들어왔다.[39]

---

**37** 남도영, 「임진왜란시 광해군의 활동 연구」, 『국사관논총』 9, 1989.

**38** 『선조실록』 27권, 25년 6월 18일 병오(4), 24일 임자(2).

**39** 『선조실록』 27권, 25년 6월 20일 무신(4).

이런 상황이면 망명을 전제로 설치한 분조도 그 필요성이 현저히 감소할 수밖에 없었다. 망명 계획을 철회한 선조에게는 분조야말로 자신의 통치력을 심각하게 침해할 수 있는 특별 기구 이상도 이하도 아니었다. 실제로 분조를 시행한 지 두 달이 지나도록 세자 광해군은 어떤 교서나 인장도 받지 못한 채 분조를 이끌었다.[40] 국가 섭정의 중대 임무를 맡기면서 관인官印을 주지 않은 사실은 분조(세자)를 대하는 행궁(선조)의 태도가 결코 우호적이지 않았음을 잘 보여준다.

행궁과 분조의 어색한 공존은 신하들의 처신에도 어려움을 초래하였다. 그들은 행궁의 선조와 분조의 광해군 사이에서 어느 쪽에 합류해야 앞으로 유리할지 계산하기에 바빴다. 망명을 전제로 분조를 설치할 당시는 전황도 위급했지만 선조의 권위가 가장 떨어졌을 때였다. 그때 선조는 자신을 따라 요동으로 망명할 지원자를 모집했는데, 도승지에서 병조판서로 자리를 옮긴 이항복을 비롯해 승지 홍진洪進, 이조참의 이괵李碅, 무신 한연韓淵 등 겨우 대여섯 명만 자원하였다.[41] 이에 충격을 받은 선조는 지원하지 않은 신료들 가운데 특별히 더 지목하여 차출하였다. 하지만 지목받은 신료들 가운데 우의정 유홍兪泓(1524~1594)처럼 명을 받들지 않고 세자

40 『선조실록』 29권, 25년 8월 1일 무자(9).

41 『선조수정실록』 26권, 25년 6월 1일 기축(18); 『백사집白沙集』 別集 권4, 13쪽(민족문화추진회의 1999년 '한국문집총간韓國文集叢刊' 출판본). 홍진은 정여립과 교유하다가 기축옥사 이전에 절교했는데, 『선조실록』에서는 악평을 받고 『광해군일기』(이 책에서 전거로 든 『광해군일기』는 모두 중초본中草本이다)에서는 극찬을 받은 점으로(『선조수정실록』 23권, 22년 10월 1일; 『선조실록』 129권, 33년 9월 15일 을묘; 『광해군일기』 110권, 8년 12월 7일 계묘) 보아 서인 또는 남인 계열이었던 것 같다. 이괵은 서인 계열의 황정욱·황혁 부자를 심하게 탄핵한 점과(『선조실록』 41권, 26년 8월 19일 경자) 『선조실록』의 평이 매우 좋은 점으로(『선조실록』 42권, 26년 9월 2일 계축) 미루어 북인 계열로 보인다. 한연의 당색은 확인하기 어렵다.

를 따른 자도 적지 않았다.[42]

전황이 호전되고 선조의 망명 가능성이 희박해지자 상황은 급변하였다. 전쟁 초기에 도주했다가 뒤늦게 행궁에 합류한 이들 가운데는 자신의 과오를 상쇄하고 선조에 대한 충성을 드러내기 위해 아예 분조 폐지를 들먹이는 자까지 나타났다. 두 번씩이나 몰래 도주해 호종하지 않은 전력 때문에 양사의 집중 탄핵을 받았던 이홍로李弘老(1560~1608)는 분조 폐지의 핵심 이유를 정령政令이 두 곳에서 각기 나오기 때문에 문제가 심각하다고 글을 올렸다.[43] 이런 발언을 통해 그는 분조에 대한 선조의 견제 심리를 의도적으로 부추겼다. 당시 분조가 거의 모든 사안을 행궁에 일일이 보고하고 승인을 받아 처리하던 점을 고려할 때, 이홍로의 상소는 분조에 대한 선조의 견제 심리를 최대한 이용하여 선조에게 자신의 충성심을 보여주기 위한 언동이었다. 호종하지 않은 탓에 그 무렵 권력에서 소외된 자들 가운데는 이홍로처럼 처신한 이가 꽤 있었다.

행궁의 이런 분위기 때문에 분조의 세자는 늘 불안해했다.[44] 광해군이 불안해했다는 실록의 기사는 사실로 보인다. 나중에 광해군은 즉위하자마자 선조 말년에 자신의 왕위 계승을 방해했던 유영경柳永慶(1550~1608) 일파를 숙청했는데, 이홍로도 이때 함께 사사하였다. 광해군이 이홍로를 특별히 죽이려 한 첫째 이유는 바로 1592년(선조 25)에 분조를 폐지해야 한

---

**42** 『선조실록』 27권, 25년 6월 15일 계묘(8); 『연려실기술』 권15 「임진왜란대가서수壬辰倭亂大駕西狩」, 4권 654쪽. 유홍은 본래 서인이지만 기축옥사 때는 옥사의 확대에 반대하며 중도적인 입장을 취하였다(『선조수정실록』 25권, 24년 7월 1일 갑자(5); 강주진, 『이조당쟁사 연구』, 서울대학교출판부, 1971, 65~74쪽).

**43** 『선조실록』 29권, 25년 8월 7일 갑오(4), 21일 무신(1); 10월 30일 병진(1).

**44** 『선조수정실록』 26권, 25년 11월 1일 정사(14).

다는 발언 때문이었다.[45] 광해군은 16년 전에 선조에게 올린 이홍로의 상소를 잊지 않고 있다가, 즉위한 뒤 곧바로 그를 처형해버린 것이다.

행궁의 심한 견제에도 불구하고 광해군의 분조 활동은 전쟁 초기의 흩어진 민심을 진정시키고 다시 규합하는 성과를 올렸다. 전투에 직접 개입하지는 않았지만 권섭국사 신분으로 세자 광해군은 당시 일본군이 점거한 평양보다 더 남쪽인 강원도의 이천伊川까지 내려가서 의병장들을 격려하고, 평양성 외곽의 성천까지 접근하는 등 항전 의지를 보임으로써 민심을 수습하는 데 크게 이바지하였다.[46] 국왕의 파천으로 인해 동요하는 민심을 가라앉히는 데 분조의 활동이 일조하였음은 분조의 형편을 보고하러 행궁에 도착한 교리 이상의李尙毅와 선조의 대화 속에도 잘 드러난다.[47] 광해군의 분조 활동에 고무되어 순변사 이일李鎰(1538~1601)이 군사 3,000을 이끌고 분조에 합류하는 등 분조는 문무관 100여 명과 독자적인 군대를 갖춘 조직으로 발전하였다.[48] 광해군은 경기 지역의 의병장 김천일金千鎰(1537~1593)에게 친서를 내려 의병 활동을 특별히 격려하고, 각 도의 의병장들에게도 일일이 글을 내려 항전을 고무하였다.[49] 그뿐 아니라 각 도의 관원에게 지시 사항을 보내서 조정과 지방의 교신을 다시 가능하게 하였

---

45 『광해군일기』 8권, 즉위년 9월 12일 병신(1).

46 분조의 이동 경로와 활동에 대해서는 이형석, 『임진전란사』 상, 임진전란사간행위원회, 1974, 382~384쪽; 남도영, 「임진왜란시 광해군의 활동 연구」, 『국사관논총』 9, 1989 참조. 분조의 인원 구성과 규모에 대해서는 조인희·최윤오, 「임진왜란기 分朝 구성원의 행적에 관한 고찰—공신 선정 문제를 중심으로」, 『역사와 실학』 73, 2020 참조.

47 『선조실록』 29권, 25년 8월 5일 임진(2).

48 『선조실록』 29권, 25년 8월 5일 임진(2).

49 『난중잡록亂中雜錄』 「壬辰 下」(『대동야승』 권26: II권 287쪽).

다.[50] 하지만 늘 행궁의 눈치를 봐야 했기에 업무 처리나 군사작전이 신속하게 이루어지지 못했으며, 전황을 당장 역전시키기에도 역부족이었다. 오히려 때때로 일본군의 공격을 피해 다녀야 하는 형편에 처하기도 했다.[51]

그 뒤 조선 수군의 활약, 여러 의병의 활동, 명의 본격적인 개입 등으로 전황이 호전되면서 분조는 설치된 지 6개월 만에 평안도 정주에서 행궁과 합류하였다. 그러자 필요성을 상실한 분조를 폐지해야 한다는 여론이 또다시 일어났다. 이제 누구도 분조의 필요성을 말하지 않았으며 서로 앞다퉈 폐지를 입에 올렸다. 그렇지만 정작 선조가 반대하여 분조 문제는 한 달 이상이나 조정의 뜨거운 감자로 남았다. 선조는 자신의 건강이 안 좋고 동궁은 이미 그 능력을 인정받았으니 권섭국사의 임무를 계속 수행하는 것이 타당하다는 논리를 내세웠다.[52] 하지만 선조의 말을 그대로 믿기는 어렵다. 왜냐하면 선조의 분조유지론은 광해군에 대한 견제의 의미가 더 컸으며, 전쟁 기간에 무려 20여 차례나 반복한 양위 소동과 밀접한 관련이 있었기 때문이다. 그런데 논쟁 중이던 1593년 2월에 선조는 행궁을 가산嘉山으로 옮겨버렸고, 광해군은 묘사廟社를 받들며 정주에 남았다.[53] 그 결과 분조는 환도가 이루어진 11월 중순까지 9개월을 더 존속하였다.

이 시기에 분조의 활동은 없었다. 유일한 임무라면 묘사를 받든 것이었다. 이 기간에 광해군의 하루 일과는 시강원에서 학습하고 아침저녁으

---

50 『선조수정실록』 26권, 25년 7월 1일 무오(20).

51 『난중잡록』 「壬辰 下」(『대동야승』 II권 287쪽).

52 『선조실록』 34권, 26년 1월 25일 경진(8), 26일 신사(5·6·7).

53 『선조실록』 35권, 26년 2월 17일 임인(1).

로 부왕 선조를 문안하는 일이 전부였다. 조선의 신료들은 세자의 임무를 정치에 관여하지 않고 오로지 학문과 문안에 전념하는 것에 두었는데,[54] 전황이 소강상태에 빠지자 세자 광해군의 임무도 바로 학문과 문안으로 바뀌었다. 정주에서 가산까지는 10여 킬로미터 거리인데, 세자 광해군은 선조에게 문안하기 위해 그 길을 한 달가량이나 매일 오갔다. 이에 선조는 "거리도 멀고 학문에 힘쓸 시간도 없을 테니 아침이나 저녁에 한 번만 문안하거나 아예 하루 걸러서 문안하라"고[55] 말할 정도였다. 그러나 건강이 곧 악화된 광해군은 학업과 문안마저 제대로 수행하기 힘들 지경이었다. 병세는 4월에 이미 심하였으며,[56] 다소의 차도를 보이기는 했지만 한양에 돌아오는 11월까지도 전염병과 풍토병 등이 계속 겹치면서 증상이 호전되지 않았다.[57] 이렇듯 분조가 행궁에 합류하고도 9개월간 더 존재했지만 이렇다 할 활동은 없었다. 권섭국사는 이름뿐이었고, 선조와 신료들이 광해군에게 기대한 것은 학문과 문안에만 전념하는 세자 본연의 임무였다. 그런데 세자 광해군은 그 기본 임무마저 건강 때문에 제대로 수행하지 못하였다.

광해군이 세자에 책봉된 것은 전쟁이라는 돌발 상황에 절대적으로 힘입은 결과였다. 하지만 전쟁 초기의 급박한 상황에서 탄생한 분조는 광해군의 정치적 처신을 난처하게 만들었으며, 부왕 선조의 견제 심리를 격하

---

54 신명호, 『조선의 왕: 조선시대 왕과 왕실문화』, 가람기획, 1999, 40~42쪽.

55 『선조실록』 36권, 26년 3월 17일 임신(1).

56 『선조실록』 37권, 26년 4월 18일 임인(2).

57 이 시기 세자의 병환을 알려주는 실록 기사가 특히 많은데, 몇 개만 제시하면 다음과 같다. 『선조실록』 39권, 26년 6월 13일 병신(3); 40권, 26년 7월 26일 무인(14); 43권, 26년 10월 27일 정미(5).

게 불러일으켰다. 분조 활동을 계기로 광해군은 선조의 통치권 일부를 대신 행사하였고, 그 과정에서 선조의 정치적 견제가 필연적으로 뒤따랐다.

광해군에 대한 선조의 견제는 피란으로 실추된 자신의 권위를 회복하는 문제와 불가분의 관계에 있었다. 피란을 결정한 이후 선조의 권위는 비참할 정도로 실추하였다. 피란 도중에 백성들로부터 직접적인 무시와 모욕을 당했고,[58] 모든 책임이 왕에게 있으니 깊이 반성하고 솔선수범하라는 대간의 질책을 감수해야 했다.[59] 유생들로부터는 아예 세자에게 양위하고 물러나라는 노골적인 상소까지 받았다.[60] 이런 상황에서 선조는 본능적으로 자신의 왕위를 지키고 권위를 회복하려는 노력을 기울였는데, 그것은 광해군에게 왕위를 넘겨주겠다는 양위 소동으로 나타났다. 양위 소동을 통해 선조는 자신에 대한 신료들의 충성심을 수시로 점검하며 권력 누수를 막고자 하였다.

선조는 전쟁 발발 이후 한 해에도 몇 번씩 양위 소동을 일으켰다. 양위 소동을 일으킨 전후의 상황을 잘 분석해보면 일관된 공통점을 발견할 수 있다. 이해를 돕기 위해 〈표 2〉를 만들었다. 『조선왕조실록』 DB를 이용하여 내선內禪, 선위禪位, 전위傳位, 양위讓位, 사위辭位, 퇴위退位, 사퇴辭退, 섭정攝政 등의 단어를 입력해 원문으로 검색한 후, 선조의 양위 소동과 관계되면 앞뒤의 기사들을 하나하나 추적해서 확인하고 작성하였다.

〈표 2〉에 보이듯, 선조는 재위 기간 중 모두 21차례에 걸쳐 세자에게

---

58 『선조수정실록』 26권, 25년 4월 14일 계묘(29). 전쟁 초기의 민심 이반 현상은 최영희, 『임진왜란 중의 사회동태: 의병을 중심으로』, 한국연구원, 1975, 3~23쪽 참조.

59 『선조실록』 25권, 25년 5월 9일 무진(2).

60 『선조실록』 32권, 25년 11월 7일 계해(3).

### 〈표 2〉 선조의 양위 소동(1592~1607)

| 번호 | 소동 기간 | | 선조의 주장 | 광해군의 형편 | 양위 소동 (직)전의 주요 상황 |
|---|---|---|---|---|---|
| 1 | 25년(1592) | 6. 13~14. | 양위 | 호종扈從 | ①요동 망명을 전제로 분조 설치 |
| 2 | | 10. 19~11. 8. | 양위 | 분조 활동 | ①양위 요구 상소 쇄도 ②성혼이 행궁을 방문하자 선조의 신경이 예민해짐 |
| 3 | 26년(1593) | 1. 13~2. 17. | 섭정 | 분조 활동 | ①분조가 정주에서 행궁과 합류 ②분조 폐지 여론 비등 |
| 4 | | 8. 30~9. 8. | 양위 | 분조, 병환 | ①조속한 환도 여론 비등 ②명군 일부 철수 시작 ③경략 송응창이 광해군을 하삼도 총독으로 삼으라고 추천 |
| 5 | | 9. 19~20. | 양위 | 분조, 병환 | ①환도 여론 비등 ②천둥 벼락 |
| 6 | | 11. 16. | 양위 | 분조, 병환 | ①경략 송응창이 조선 군신의 무능을 모욕적인 언사로 질타 |
| 7 | | 윤11. 12~12. 1. | 양위 | 무군사撫軍司 활동 | ①정치를 똑바로 하라는 내용의 칙서 도착 ② 명과 일본의 비밀 접촉 ③무군사 활동 위해 광해군 남행 |
| 8 | 27년(1594) | 4. 4~5. | 양위 | 무군사 활동 | ①일본 측의 오만한 편지 공개 |
| 9 | | 5. 27~6. 3. | 양위 | 무군사 활동 | ①종전 교섭 건으로 명·조선 사이 불편 ②국내에서도 종전 찬성론 대두 ③지진 |
| 10 | | 7. 9. | 양위 | 무군사 활동 | ①정치를 제대로 하라는 대간의 시무책 |
| 11 | | 9. 18~20. | 섭정 | 한양 동궁 | ①명군 도독부 철수 ②강화 조건으로 일본이 조선의 4도 요구 |
| 12 | 28년(1595) | 1. 18~19. | 섭정 | 동궁 | ①강화 교섭에 대한 선조의 불만 고조 ② 광해군의 세자 책봉 거절됨 |
| 13 | | 3. 27~4. 4. | 군무 전담 | 동궁 | ①부왕(선조)의 실패를 아들이 만회하라는 내용의 칙서를 광해군이 직접 받음 |

| | | | | | |
|---|---|---|---|---|---|
| 14 | 29년(1596) | 8. 27~윤8. 29. | 섭정 | 동궁 | ①의병장 김덕령 처형 ②일본 사절단이 한양을 경유하여 명에 들어가는 문제로 논란 ③강원도에 큰 홍수 |
| 15 | 30년(1597) | 9. 1~6. | 양위 | 동궁 | ① 정유재란 발생, 조선 수군 참패, 남원 함락 ②선조의 실정을 질책하는 군문 형개의 자문 도착 |
| 16 | | 11. 8~10. | 양위 | 동궁 | ①조선 군신을 문책하는 칙서 도착 |
| 17 | 31년(1598) | 2. 25. | 양위 | 동궁 | ①울산 탈환 실패 ②명군 철수 움직임 |
| 18 | | 9. 23~28. | 양위 | 동궁 | ①정응태丁應泰의 참소 파동 |
| 19 | 32년(1599) | 4. 11~15. | 양위 | 동궁 | ①종전 후 명군 대거 철수 중 |
| 20 | 36년(1603) | 1. 14. | 양위 | 동궁 | ①천재지변 |
| 21 | 40년(1607) | 10. 11. | 섭정 | 동궁 | ①선조 위독 |

양위하거나 섭정을 맡기겠다는 의사를 밝혔다. 그 가운데 18차례는 전쟁 기간에 있었는데, 사례 19번의 경우도 전쟁의 마무리 과정과 밀접한 관계가 있으므로 전쟁 기간에 포함해도 무방하다. 마지막 21번은 선조가 죽기 넉 달 전 위독한 상황에서 나온 것이므로 '소동'으로 보기는 어렵다. 따라서 선조의 양위 소동은 사실상 전쟁 기간에 집중적으로 발생한 셈이다.

선조의 양위 소동은 정말 양위를 하겠다는 것이 아니라 어떤 목적을 달성하기 위한 수단이었다. 선조가 양위 소동을 일으킬 때의 상황과 배경을 정리해보면 그런 결론을 얻을 수 있다. 배경 상황은 크게 다섯 가지로 정리할 수 있다. 첫째, 국왕의 권한이 세자에게 일부 넘어갈지도 모른다는 불안감을 느꼈을 때(1, 2, 3, 4, 7, 13번) 선조는 양위나 섭정 의사를 밝혀 정국을 타개하고자 하였다. 둘째, 명이나 신료들로부터 무능과 실정으로 질책을 받은 경우에도(6, 7, 10, 15, 16, 18번) 소동을 일으켰다. 셋째, 일본과의 강화 협상에 반대하는 자신의 의사가 명 조정에 의해 무시당했을 때도(8,

9, 11, 12, 14번) 소동을 일으켰다. 넷째, 빨리 환도하라는 여론이 일어날 때나 명군明軍 철수 등 도성의 치안 상태 및 자신의 신변 안전에 불안을 느낄 때도(4, 5, 11, 17, 19번) 소동을 일으켰다.[61] 다섯째, 천재지변이 일어나 인심이 뒤숭숭할 때도(5, 9, 14, 20번) 양위 의사를 밝히는 경향이 있었다. 결국 이 다섯 가지를 종합하면, 선조는 자신의 안전과 권위에 위기를 느낄 때마다 양위 소동을 일으켰다는 공통점을 발견할 수 있다.

선조가 내세운 양위론은 겉으로는 자기 책임과 잘못을 인정하고 왕위에서 물러나겠다는 의사 표현이지만, 실상 조정 신료들에게 국왕과 세자 가운데 택일하라는 으름장과 다름없었다. 당시 국정을 그르친 책임을 물어 선조의 양위를 당연한 것으로 받아들이는 분위기는 이미 형성되어 있었다.[62] 그렇지만 재야의 유생과 달리 조정의 신하로서 국왕의 양위교서를 받고 그 자리에서 즉각 반긴다는 의사를 밝힐 자는 아무도 없었다. 양위를 환영한다고 섣불리 말했다가 막상 양위를 하지 않을 경우에는 정치생명이 매우 위험해질 수 있기 때문이었다. 어쩌면 죽임을 당할지도 모를 일이었다.[63] 따라서 비록 마음속으로는 선조의 양위를 당연하게 여길지라도 그것을 조정에서 공개적으로 피력하기는 어려웠다. 선조가 노린 것은 바로 이

---

61 서울 환도를 앞두고 치안 부재인 도성에서 정변이나 소요가 발생할지 몰라 불안해하던 선조의 심리 상태에 대해서는 한명기, 『임진왜란과 한중관계』, 역사비평사, 1999, 6~77쪽 참조.

62 『선조실록』 27권, 25년 6월 14일 임인(2); 『寄齋史草』 「壬辰日錄 二」(『대동야승』 권52: Ⅳ권 69쪽).

63 한 예로, 태종(r. 1400~1418)은 왕비 원경왕후(1365~1420)의 친형제이자 정사공신인 민무구閔無咎(?~1410)와 민무질閔無疾(?~1410) 형제를 처형하였다. 그들의 죄목은 태종이 예전에 양위 의사를 밝힐 때 반색했다는 이유였다. 『태종실록』 14권, 7년 7월 10일 신유(2); 『연려실기술』 권2 「閔無咎獄」.

점이었다.

실제로 선조는 양위할 의사가 전혀 없었다. 흥미롭게도 선조는 자신이 양위론을 펼 때 광해군의 형편상 양위가 현실적으로 어려운 시기를 고려해 소동을 일으키곤 하였다. 〈표 2〉의 1~10번까지 경우는 모두 광해군이 분조 또는 무군사撫軍司를 거느리고 외지에 나가 있거나 병석에 있는 상황이었다. 이 기간에는 설사 양위를 결정하더라도 그 실행이 사실상 불가능하였다. 양위의 실현 가능성이 가장 컸던 때는 3번의 경우로, 세자 광해군이 선조와 함께 있으면서 건강도 양호하던 유일한 시기였다. 그런데 다른 때와 달리 선조는 이때 양위에서 섭정으로 말을 바꾸었다. 이를 우연으로 간주하기에는 너무 공교롭다. 그 다음 사례들을 살펴보면 선조의 의도를 더욱 분명히 알 수 있다. 광해군이 무군사 활동을 마치고 한양으로 돌아오자,[64] 선조는 더 이상 양위를 주장하지 않고 섭정으로 다시 말을 바꾼 것이다. 그뿐 아니라 정유재란이 발생하여 다시 사태가 급박해지기 전까지는 소동을 일으키는 빈도도 확연히 줄었다.

선조의 의중을 충분히 간파한 신료들이 선조의 양위를 만류한 논리 중 하나는 광해군이 아직 황제의 책봉을 받지 못한 상황에서 양위부터 할 수 없다는 것이었다.[65] 이는 당시 명의 내정간섭을 심하게 받던 현실을 감안할 때 타당한 지적이었다. 그런데 선조는 세자 책봉을 주청하는 일에 매우 부정적이었다. 심지어 책봉 주청은 급한 일이 아니라며 막기까지 할 정도였다.[66] 〈표 2〉의 9번 시기에 일으킨 양위 소동은 선조의 속마음이 무엇이

---

64 『선조실록』 54권, 27년 8월 25일 경오(1).

65 『선조실록』 51권, 27년 6월 3일 경술(3).

66 『선조실록』 46권, 26년 12월 20일 기사(14).

었는지를 극명하게 보여준다. 선조의 양위 발표에 대해 신료들이 황제로부터 세자 책봉을 먼저 받는 것이 일의 순서라고 하자, 선조는 왜 아직도 책봉 주청을 하지 않았느냐며 반문하였다. 이에 신료들이 일찍이 누차 건의하였으나 상께서 천천히 하라고 했기 때문에 아직 못한 것이라 답하자, 선조는 슬그머니 화제를 바꾸었다.[67] 이런 대화가 오고간 뒤에도 선조가 세자 책봉 주청을 위한 어떤 조치도 취하지 않았음은 물론이다.

선조는 양위 소동 중에 의도적으로 앞뒤가 맞지 않는 언행을 일삼아 양위 의사가 없음을 사실상 드러내곤 하였다. 이는 자신의 양위 의사를 신료들이 혹시라도 진심으로 받아들이는 것을 방지하기 위한 전략이었다. 동궁에게 양위하라는 유생 남이순南以順과 송희록宋希祿의 상소가 올라오자, 선조는 왜적의 섬멸이 급선무니 왜적을 섬멸한 후에 양위하겠다고 답하면서 승정원에도 이런 뜻을 다들 알고 있으라며 전교하였다.[68] 당장은 양위할 의사가 없음을 분명히 한 셈이다. 그런데 바로 다음 날 선위하겠다는 의사를 대신들에게 밝혔다.[69] 이런 상황에서 선조의 양위 의사를 반긴다고 감히 말할 수 있는 신료는 없었다.

영의정 유성룡이 상께서 진실로 세자의 섭정을 원한다면 먼저 세자를 정무에 참석시켜 실무를 익히게 한 후 섭정교서를 내리는 것이 순서라고 했을 때도 선조는 그 건의는 거절한 채 양위만을 고집하였다.[70] 양위하겠다고 큰소리치면서도 신료들의 양위준비론(세자의 조회 참석 및 책봉 주청)

---

**67** 『선조실록』 51권, 27년 6월 3일 경술(3).

**68** 『선조실록』 32권, 25년 11월 7일 계해(3).

**69** 『선조실록』 32권, 25년 11월 8일 갑자(3).

**70** 『선조실록』 55권, 27년 9월 20일 을미(4).

은 의도적으로 무시한 것이다. 그런가 하면 경연에서 수찬 정경세鄭經世(1563~1633)가 주상께서 이미 누차 양위 의사를 밝혔으므로 이제 백성들은 왜적이 물러가는 즉시 당연히 양위하는 것으로 알고 있다고 말했을 때, 선조는 아무런 말도 하지 않음으로써[71] 양위의 뜻이 없음을 드러냈다.

선조는 세자 광해군이 출중하므로 빨리 양위하겠다고 발표하면서도, 다른 한편으로는 세자에게 정치적 부담을 주고 그 지위를 흔드는 조치를 동시에 취하였다. 이를 통해 자신의 진심이 무엇인지 신하들이 잘 알 수 있도록 하였다. 명의 독촉으로 세자 광해군은 환도한 지 불과 보름 만에 무군撫軍의 임무를 띠고 남쪽으로 내려가야 했다. 이때 예조에서는 무군사를 이끌 세자 광해군의 인신印信을 '왕세자지보王世子之寶'로 해야 한다고 했으며, 승정원은 '왕세자지보'를 '왕세자지인'으로 바꾸는 것은 괜찮지만 '광해군지인光海君之印'으로 하는 것은 부당하다고 회계하였다. 광해군은 이미 세자인데 세자의 인장을 쓰지 않는다면 의례에 맞지 않을뿐더러 명나라 예부와 명 장수들도 광해군을 세자로 부르고 있으니 마땅히 '왕세자지인'을 사용해야 한다는 것이었다. 하지만 선조는 황제의 책봉이 아직 없으므로 '광해군지인'으로 하도록 지시하였다.[72] 이뿐만이 아니었다. 반란죄로 붙잡힌 송유진宋儒眞 일당의[73] 진술 가운데 세자를 새 왕으로 세워 대통을 잇게 한다면 백성에게 이로울 것이라는 내용이 있었다. 당시 문사낭청問事郎廳은 그 내용을 공초에 적지 않고 누락시켰다. 이 사실을 알아챈

---

71 『선조실록』 67권, 28년 9월 17일 병술(1).

72 『선조실록』 45권, 26년 윤11월 19일 기해(10).

73 이 사건은 '송유진의 난'으로 알려졌는데, 이에 대해서는 이장희, 「임진왜란 중 민간 반란에 대하여」, 『향토서울』 32, 1968 참조.

선조는 진노하여, 세자를 추대하려 했다는 공초를 반드시 기록하라고 엄명하였다.[74]

이렇듯 선조는 겉으로는 양위를 거듭 거론하는 동시에 세자 광해군을 궁지에 몰아넣는 조치 또한 집요하였다. 신하들도 선조의 속마음을 잘 간파하고 있었다. 영의정 유성룡은 선조의 진의를 확인하기 위해 시험하기도 하였다.[75] 홍문관에서는 선조가 실정의 책임을 지지 않고 회피하기 위한 방편으로 양위 소동을 일으키는 것이라고 노골적으로 지적하였다.[76] 일년에도 몇 차례씩 지루하게 반복하는 선조의 양위 소동에 신료들도 어느덧 면역이 되어갔다.

문제는 세자 광해군이었다. 그를 무엇보다 괴롭힌 것은 선조의 양위 소동 그 자체였다. 부왕 선조가 선위교서를 내릴 때마다 세자는 열흘이고 보름이고 매일 땅에 엎드려 식사도 거르면서 전교를 거두어달라고 읍소하였다. 그렇게 함으로써 부왕 선조에게는 절대 충성을, 신료들에게는 겸양과 효성 같은 유교 덕목을 실천적으로 보여줘야 했다. 광해군으로서는 선조에게 세자를 폐위할 만한 어떤 사소한 구실도 제공해서는 안 되는 상황이었기 때문이다. 국가비상사태를 맞아 군신 간의 합의에 따라 황급히 세자로 책봉된 광해군으로서는 그렇게 하는 것이 세자 지위를 유지할 수 있는 유일한 길이었다. 건국 초와 같이 왕자들이 사병을 거느리지 않았던 이 시기의 세자가 조선에서 할 수 있는 일은 그것뿐이었다.

결국, 임진왜란이라는 비상사태에 힘입어 세자가 되었지만 그 과정에

---

**74** 『선조실록』 47권, 27년 1월 25일 갑진(2).

**75** 『선조실록』 47권, 27년 1월 6일 을유(3).

**76** 『선조실록』 67권, 28년 9월 20일 기축(4).

서 부왕 선조의 지지를 받지 못한 광해군은 줄곧 선조의 심한 견제를 받았다. 가시적인 큰 전과를 올린 것은 아닐지라도 전쟁이라는 비상시국에서 세자 광해군이 국토를 이리저리 직접 돌아다니며 보여준 분조 및 무군 활동은 조야의 큰 호응을 얻었다. 반면에, 왜군이 아직 가까이 접근하지도 않았는데 하루라도 빨리 요동으로 망명하려는 주장을 굽히지 않았던 선조는 양위를 요구하는 유생들의 상소 및 명 황제의 질책을 여러 번 받는 등 왕의 위신을 크게 잃었다. 전쟁과 분조를 계기로 형성된 선조와 광해군의 이런 긴장 관계는 전쟁이 끝난 뒤에도 필연적으로 세자 광해군에 대한 선조의 강한 견제를 초래하였다. 선조의 견제가 심해질수록 광해군의 세자 지위도 그만큼 더 불안해졌다.

조선 사회에서 왕세자의 지위를 튼튼하게 해주는 요소는 크게 네 가지를 들 수 있다. ①왕의 신임, ②종법상의 정통성, ③신료들의 지지, ④명 황제의 책봉이었다. 이 네 가지 요소는 서로 밀접한 관계에 있다. 왕이 신임하고 종법상으로도 문제가 없다면 신료들의 지지도 쉽게 받을 수 있었다. 왕이 후원하지만 종법상 문제가 있을 경우에는 신료들의 반대에 부딪히기도 했다. 태조(r. 1392~1398)가 출생 서열을 무시하고 막내 이방석李芳碩(1382~1398)을 세자로 삼자, 이방원李芳遠(1367~1422) 등 다른 왕자들이 정변을 일으켜 이방석을 죽이고 태조까지 왕위에서 물러나게 한 사건은 좋은 예다. 그렇지만 종법상 문제가 있더라도 명 황제는 조선의 국내 정치 상황을 인정하여 책봉해주는 것이 관례였다.[77] 이렇듯 이 네 가지 요소는

77 태종은 적장자 양녕대군(1394~1462)을 행실이 그르다는 이유로 세자에서 폐위하고 셋째 아들 충녕대군(1397~1450)을 세자로 삼은 뒤 바로 책봉 주청사를 명에 파견하였다. 명 황제는 이에 대해 아무런 이의도 제기하지 않고 책봉해주었다(『태종실록』 35권, 18년 6월 3일 임오(1), 9일 무자(1); 『明史』 320, 「列傳」 208, 外國一 朝鮮〔臺北:

긴밀한 관련이 있는데, 굳이 가장 중요한 요인을 꼽는다면 왕의 신임이자 후원일 것이다.

광해군은 이 네 가지 요소 중에서 ① 왕의 신임과 ④ 명 황제의 책봉 두 가지 면에서 매우 취약하였다. 다른 왕자들에 비해 총명하고 행실이 바르며 학문을 좋아한다는 장점을 두루 인정받았지만, 부왕의 총애를 받지 못하는 세자의 길은 험난할 수밖에 없었다. 이런 광해군에게 큰 희망이라면 그것은 바로 ④ 명 황제의 책봉을 받는 일이었다. 전쟁을 계기로 조선에 대한 명의 내정간섭이 심해진 상황을 고려할 때, 황제의 책봉이 갖는 정치적 의미는 그 어느 때보다 클 수밖에 없었다. 그러나 광해군은 명 황제로부터 무려 다섯 번이나 거절당하며 끝내 책봉을 받지 못했다. 그 결과 세자 광해군의 지위는 오히려 더 위험한 상황으로 내몰렸다. 이런 상황 전개에는 선조도 일조하였다. 선조는 광해군이 명 황제의 책봉을 받는 것을 결코 원하지 않았기 때문이다.

조선왕조 역사에서 명 황제로부터 세자 책봉을 끝내 거절당한 사례는 광해군이 유일하였다. 광해군은 16년 동안 세자로 있었는데, 그동안 다섯 차례에 걸쳐 명 황제에게 책봉을 청했으나 모두 거절당하였다. 책봉 주청 논의 과정을 한눈에 파악할 수 있도록 『선조실록』과 『연려실기술』에서 관련 기사들을 모아 〈표 3〉으로 정리하였다.

〈표 3〉에 따르면, 조선 조정에서는 광해군이 세자로 임명된 1592년부터 인목왕후가 영창대군을 출산한 1606년까지 세자 광해군의 책봉 주청을 꾸준히 논의하였으며, 모두 다섯 차례에 걸쳐 주청사를 파견하였다. 그

---

國防硏究院明史編纂委員會, 1963], 3653면 4행 참조). 광해군 이전까지는 명 황제가 종법상의 문제를 이유로 조선국 세자의 책봉을 거절한 적이 한 번도 없었다.

〈표 3〉 광해군의 세자 책봉 주청 논의 상황과 그 결과(1592~1608)

| 번호 | 서기 | 실록 전거 | 발론자 | 신료의 주장 | 선조의 태도 | 결과 — 주청사 |
|---|---|---|---|---|---|---|
| 1 | 1592 | 25. 8. 19. | 비변사 | 진주사 편에 주청하자. | 필요성은 인정한다. | |
| 2 | 1593 | 26. 5. 8. | 대신 | 서울 수복 사은사 편에 주청하자. | 서울 수복에 대해서만 사은하라. | |
| 3 | | 26. 12. 20. | 비변사 | | 양위가 더 급한데 왜 세자 책봉 주청을 말하는가? | |
| 4 | 1594 | 27. 7. 15.~7. 15. | 대신 | 정녕 양위를 원한다면, 세자 책봉 주청부터 실시해야 한다. | | 실패 — 윤근수 (28. 1. 15) |
| 5 | 1595 | 28. 1. 15. | 비변사 | 중국 조정이 입장立長의 원칙을 밝히려는 차원에서 형식적으로 한 번 거절한 것 같으니 즉각 다시 보내야 한다. | | 실패 — 한준 (28. 9. 29) |
| 6 | | 28. 9. 30. | 선조 | 서두른다고 우리를 의심하는 것 같으니 잠시 기다리며 상황을 보자. 주청사가 아직 귀국도 안 했는데, 어찌 또 보내나? | 즉각 다시 주청하라. | 실패 — 한응인 (29. 5. 20) |
| 7 | 1596 | 29. 8. 1. | 선조 | 책봉 같은 중차대한 일을 일개 장수에게 부탁함은 부당하다. | 군문에 부탁하라. | |
| 8 | 1598 | 31. 12. 10.~12. 13. | 선조 | 정식으로 주청사를 보내야 사체에 맞는다. | 군문·경리에게 부탁하되 주청사는 상황을 봐가면서 천천히 하라. | |
| 9 | 1601 | 34. 3. 19. | 이항복 | 주청사 파견이 급선무다. | 천천히 하라. 또한 광해군은 현재 상중이다. | |
| 10 | | 34. 겨울* | 예조 | 주청사를 보내야 한다. | 왕비 책봉보다 세자 책봉 주청을 먼저 주장하는 이유가 무엇인가? | |

| 11 | 1602 | 35. 4. 14.~ 4. 23. | 예조 | 명에서 황태자를 결정했고 세자(광해군)의 상례도 끝났으니, 이제 주청사를 보내야 한다. | 조사詔使가 나오면 민력이 고갈된다. 몇 년 더 기다려라. 왕비 간택이 더 긴급하다. | 실패—김신원 (36. 5. 16) |
|---|---|---|---|---|---|---|
| 12 | 1603 | 36. 6. 23. | 예조 | 예부의 충고에 따라, 온 백성의 이름으로 다시 주청해야 한다. | | 실패—이정귀 (37. 윤9. 26) |
| 13 | 1606 | 39. 4. 14.~ 4. 16. | 백관 이항복 | 이번에 나온 사신 일행은 모두 과관科官이니, 그들에게 선처를 부탁해보자. | 광해군이 천명을 받았다면 군이 애쓰지 않아도 왕이 될 터이니, 무익한 일이다. | |

* 『연려실기술』 권18, 「光海嗣位」. "辛丑冬 禮曹復請遣使請封 上以爲壼位久虛 而不請冊妃 先爲此請 何也 時懿仁王后 上仙已經年故也 朝庭始知 上意不屬於光海." 이 내용은 선조 34년(1601) 겨울철 실록 기사에서는 찾을 수 없다. 이긍익이 연도나 계절을 착각했을 수도 있고, 실록에서 기록을 누락했을 가능성도 있다. 어떤 경우라도 〈표 3〉의 전체 흐름에 영향을 줄 정도는 아니다.

런데 주청 논의와 관련하여 한 가지 특징을 발견할 수 있다. 그것은 바로 선조가 주청에 매우 미온적이거나 반대하는 태도를 보였다는 점이다. 거의 모든 주청 논의를 신료들이 적극적으로 제기하는 형국이다. 이는 광해군을 세자로 결정하는 과정에서 나타난 현상과 매우 흡사하다.

광해군이 세자로 임명받은 지 2년이 지나도록 주청은 이루어지지 않았는데, 그것은 오로지 선조의 반대 때문이었다(1, 2, 3번). 신료들이 네 번째로 강력하게 건의해서야 선조는 겨우 동의했는데(4번), 그것은 선조가 둔 일종의 자충수 때문이었다. 이때까지 모두 아홉 차례나 양위 소동을 일으킨 선조는 1594년(선조 27) 7월에 열 번째 소동을 일으켰다.[78]

이에 대신들은 아직 황제의 책봉을 받지 못한 세자에게 양위할 수는

---

78 『선조실록』 53권, 27년 7월 9일 을유(3). 이 책 55쪽의 〈표 2〉 참조.

없으니 정말로 양위를 원한다면 세자 책봉부터 먼저 주청하는 것이 일의 순서라고 맞받아쳤다.[79] 또다시 주청사 파견을 거부한다면 선조로서는 자신의 양위 발표가 그야말로 '쇼'가 되는 상황에 처한 꼴이었다. 마침내 선조는 마지못해 주청을 허락하였다.[80]

이후 두 차례의 주청이 연이어 실패하자 선조는 갑자기 광해군의 세자 책봉 문제에 적극성을 보였다(6번). 두 번째 주청마저 실패했다는 소식을 접한 조정에서는 첫 번째 주청이 실패하자마자 바로 두 번째 주청을 했던 까닭에 너무 서두른다고 북경에서 의심하는 것 같으니, 이번에는 좀 기다리면서 상황을 지켜보자는 분위기가 지배적이었다. 그러나 선조는 이전의 미온적 태도와 달리 명에서 의심하더라도 속히 다시 주청해야 한다고 주장하였다. 이에 비변사는 두 번째 주청사가 아직 귀국하지도 않았는데 어떻게 지금 당장 다른 주청사를 또 파견하는가라고 반문하면서, 잠시 사세를 관망하는 편이 낫다고 대응하였다.[81] 이런 논쟁은 두 달이 넘도록 이어졌는데, 결국 선조의 주장대로 세 번째 주청사를 파견하였다. 결과는 역시 마찬가지였다.

6번에 보이는 선조의 적극성은 그의 진심이 아니었다. 그것은 주문奏聞의 내용을 놓고 벌어진 논의를 통해 알 수 있다. 명 예부에서 광해군의 세자 승인을 두 번이나 거절한 이유는 광해군이 장자가 아니라는 것이었으므로, 예조에서는 장자 임해군의 비행과 악행을 매우 상세하게 첨가하여 주문을 새로 작성하였다. 임해군에게 후계자의 자질이 없음을 크게 강

---

**79** 『선조실록』 53권, 27년 7월 10일 병술(1·2).

**80** 『선조실록』 53권, 27년 7월 15일 신묘(2·3).

**81** 『선조실록』 67권, 28년 9월 30일 기해(2·4).

조합으로써 광해군이 실질적인 장자임을 나타내기 위한 전략이었다. 그런데 선조는 임해군에 대한 험담이 너무 노골적이니, 부덕함이 많아 후사를 맡길 수 없다는 식의 추상적인 표현으로 바꿀 것을 특별히 지시하였다.[82] 이뿐만 아니라 이전의 주문에서 이미 장자 임해군이 질병으로 인해 심성을 잃었다고 썼음에도 불구하고, 선조는 명의 사신이나 장수들을 접견할 때마다 임해군에게 수행토록 하여[83] 임해군의 건강에 별다른 문제가 없음을 명나라 사람들에게 대놓고 보여주곤 하였다.

종전을 전후하여 선조는 주청사를 파견하기보다는 명나라 장수들에게 개인적으로 부탁하자는 쪽으로 주장을 바꿔 사실상 주청사 파견을 방해하였다(7, 8번). 대신들은 세자 책봉같이 중요한 사안을 일개 무장에게 부탁하는 것은 부당하며 주청사를 직접 파견해야 한다고 맞섰지만, 선조의 뜻을 꺾을 수는 없었다.

명군이 완전히 철수한 이후에도 선조는 여러 가지 구실을 붙여 주청사 파견을 막았다(9, 10, 11번). 특히 세자 책봉보다 왕비를 새로 간택하고 책봉하는 일이 더 급선무라면서 노골적으로 반대하였다(10, 11번). 11번의 경우에 결국 윤허했는데, 이는 새로 맞이한 계비 인목왕후의 책봉 주청사를 파견할 때 신료들의 압력에 못 이겨 세자 책봉 주청도 함께 겸한 것이었다. 그동안 선조가 세자 책봉 주청을 반대한 주 논리는 왕비의 책봉이 더 급하다는 이유였는데,[84] 왕비의 책봉 주청사를 파견하는 마당에 세자 책봉 주청을 계속 반대할 명분이 없었기 때문이다.

---

82 『선조실록』 70권, 28년 12월 16일 갑자(3).

83 『선조실록』 95권, 30년 12월 1일 정사(2).

84 『선조실록』 149권, 35년 4월 22일 계축(2·3).

12번의 경우도 이미 왕비의 책봉을 받은 이상 세자 책봉 주청에 반대할 구실을 찾기 어려웠기 때문이다. 이때 선조는 임해군의 성품과 행동을 아주 나쁘게 서술한 예조의 주문 내용에 대해 또다시 강한 불쾌감을 나타내며 조목조목 수정하도록 명하였다.[85] 명 예부에서 광해군의 세자 책봉 승인을 계속 거부하는 이유가 장자 임해군의 존재 때문이라는 사실은 세상이 다 아는 일이었다. 그런데도 임해군의 성품을 나쁘게 적지 말라는 선조의 요구는, 마지못해 예조의 주청 요구는 들어주겠지만 명으로부터 주청이 또 거절당하기 원한다는 의사 표현이나 다름없었다.

이렇듯 세자 광해군의 책봉 주청에 대해서 선조는 초지일관 매우 부정적이었다. 그 이유는 두말할 필요도 없이 세자 책봉이 정작 이루어질 경우에 발생할 후폭풍을 두려워했기 때문이다. 명 황제의 세자 책봉이 정말 이루어지면 선조의 양위 소동은 말 그대로 한바탕 소란으로 끝날 일이 아니라 실제로 세자 광해군에게 양위를 해야 하는 상황으로 발전할 가능성이 매우 높았다. 세자 책봉 주청을 지나칠 정도로 방해한 선조의 의중은 바로 그런 까닭에서 연유하였다.[86]

선조가 광해군을 아무리 미워하고 견제했을지라도 세자를 쉽게 바꿀 수는 없었다. 비록 비상시국에 황급히 책봉하고 명 황제의 승인도 받지 못했지만, 이미 왕명으로 광해군의 세자책봉교서를 전국에 반포한 지 오래였다. 조선에서 광해군의 세자 지위를 의심하는 사람은 아무도 없었다. 광

85 『선조실록』 163권, 36년 6월 9일 갑오(2).

86 세자 광해군의 책봉 주청 사례 및 그 의미에 대해서는 계승범, 「임진왜란 중 조명관계의 실상과 조공책봉관계의 본질」, 『한국사학사학보』 26, 2012에 상세하다.

해군이 조선의 세자임은 명나라 관리들도 다 아는 사실이었다.[87] 또한 광해군은 여러 왕자들 중 가장 행실이 바르고 총명하여 신료들의 지지를 받아서 세자로 결정되었고, 이후에도 세자의 품위를 손상하는 행위로 트집 잡힐 만한 일이 전혀 없었으므로, 현실적으로 세자 광해군을 폐위할 명분을 찾기도 어려웠다.

따라서 세자 책봉 주청사 파견을 계속 반대한 선조의 진정한 의도가 세자의 교체까지는 아니었던 것 같다. 명에서 광해군의 세자 책봉 승인을 거부하는 상황을 적절히 이용하여 광해군에 대한 견제의 강도를 높임으로써 자신의 권력 누수 현상을 최대한 막으려 한 듯하다. 전쟁 기간 중 양위 여론이 조야에 널리 퍼진 상황을 이미 경험한 선조로서는, 세자 광해군이 명 황제의 승인까지 받는다면 더욱더 양위 여론이 하늘을 찌를 것이고, 양위까지는 가지 않더라도 권력의 무게중심이 광해군 쪽으로 옮겨갈 것이라 판단하였다. 선조는 바로 이런 상황을 막고자 한 것이다. 요컨대 선조가 광해군의 세자 책봉 주청과 관련하여 보여준 부정적 태도는 양위 소동을 통해 드러낸 그의 의중과 일맥상통하는 것이었다.

만약 선조에게 진정으로 세자를 바꿀 의도가 있었다면, 그는 세자 광해군을 폐위할 만한 분명한 명분과 함께 확실한 대안(세자로 삼을 만한 인물)도 제시할 수 있어야 했다. 하지만 그때까지 종법상으로 내세울 만한 대안인 장자 임해군은 갖가지 악행으로 이미 인심을 잃었을 뿐 아니라 포로로 잡혔던 전력 때문에 선불리 대안으로 내놓기 어려웠다.[88] 세자 광해

87 『연려실기술』 권18, 「光海嗣位」.

88 포로로 잡히기 전까지 임해군이 함경도 일대에서 벌인 활동을 높게 평가한 연구도 있다(신명호, 「임진왜란 중 선조 직계가족의 피난과 항전」, 『군사』 81, 2011). 하지만 특정 자료에 의존하거나 추정이 적지 않으며, 무엇보다 임해군이 하였다는 민심 수

군의 행실에도 문제가 없었기에 폐위의 구실을 찾기도 만만치 않았다. 따라서 거의 유일한 대안은 대군大君의 탄생이었다. 대군이 태어난다면 종법상의 문제를 거론해볼 수 있는 하나의 빌미가 될 수 있었기 때문이다. 선조의 속마음이 무엇이었든 간에, 불임의 의인왕후가 1600년에 세상을 뜨자 선조는 한 처녀를 새 왕비로 맞아들였다. 대군이 탄생할 가능성은 마침내 현실로 다가왔다.

---

습이나 근왕勤王, 항전의 실질적 효과가 무엇이었는지 모호하다. 국가비상사태를 맞아 한 왕자가 함경도로 피란하여 그곳 관원들에게 어떤 지시를 하였다고 하여 그것을 곧 그의 실제 공적功績으로 간주하기는 어렵다.

# 03

## 세자 광해군과 대군 영창

의인왕후는 31년(1569~1600) 동안 선조의 왕비로 살았지만 자식 없이 1600년(선조 33) 여름에 고열로 급사했다.[89] 생모의 얼굴조차 모르는 광해군을 친자식처럼 돌봐준 사람은 의인왕후였다. 선조가 세자 결정을 계속 미룰 때 속히 광해군을 세자로 정해 종사를 안정시켜야 한다고 권한 이도 의인왕후였다.[90] 세자 광해군이 선조의 노골적인 견제를 받던 상황에서 의인왕후는 살아있는 것만으로도 광해군에게 확실한 보호막이 되어주었다. 의인왕후가 살아있는 한 선조는 다른 왕비를 맞을 수 없고, 불임의 의인왕후에게서 대군의 탄생을 기대하는 것도 불가능했기 때문이다. 이런 의인왕후의 죽음은 세자 광해군에게 크나큰 위기로 다가왔다.

의인왕후의 갑작스런 죽음으로 선조는 세자를 바꿀 수 있는 현실적 가능성에 대하여 그 나름대로 생각해본 것 같다. 의인왕후의 죽음을 계기로

---

89 『선조실록』 126권, 33년 6월 27일 무술(2·3).

90 『光海朝日記(一)』(『대동야승』 권40: Ⅲ권 220~221쪽).

광해군을 더욱더 냉대하였기 때문이다. 의인왕후가 죽고 1년쯤 지났을 무렵 예조에서는 세자 책봉 주청을 다시 건의하였다. 그러자 선조는 왕비의 자리가 오래 비어 있는데도 새 왕비의 간택은 청하지 않고 세자 책봉 주청을 먼저 거론하는 이유가 무엇이냐면서 불쾌한 감정을 숨기지 않았다.[91] 이후 새 왕비의 간택 준비가 일사천리로 진행되어 간택을 위한 금혼령이 내려졌다.[92] 석 달 후에 이조좌랑 김제남金悌男(1562~1613)의 딸을 계비로 삼았다.[93] 이 새 왕비가 훗날 인목대비로 유명해진 인목왕후(1584~1632)이다. 4개월 후에는 왕비 책봉 의식을 거행하고 백관의 하례를 받았으며, 다시 9개월 뒤에는 황제의 책봉도 받았다.[94]

한 달 후에는 공주를 생산하였고, 곧 두 번째 임신을 했으나 이번에는 사산이었다.[95] 인목왕후의 임신 사실이 알려질 때마다 뒤숭숭해지던 조정 분위기는 대군 탄생이 아니라는 소식에 조용히 가라앉곤 했지만 불씨는 여전하였다. 50대 중반의 선조가 나이로는 거의 손녀뻘인 중전의 처소를 매우 자주 방문했기 때문이다. 아니나 다를까 인목왕후는 곧 또다시 임신하여 마침내 대군을 출산하였다.[96] 이 왕자가 바로 영창대군永昌大君(1606~1614)으로, 재위 39년 만에 선조가 본 첫 적자, 곧 대군이었다. 이때는 선조가 죽기 불과 2년 전이었다.

---

91 『光海朝日記(一)』(『대동야승』 권40: Ⅲ권 204쪽).

92 『선조실록』 143권, 34년 11월 10일 갑진(1).

93 『선조수정실록』 36권, 35년 윤2월 24일 정사(4).

94 『선조실록』 152권, 35년 7월 13일 임신(1·12), 14일 계유(1·2); 161권, 36년 4월 27일 계축(3·4).

95 『선조실록』 162권, 36년 5월 19일 갑술(5); 181권, 37년 11월 17일 계사(1).

96 『선조실록』 197권, 39년 3월 6일 갑술(2).

부왕 선조의 견제 때문에 그렇지 않아도 불안하던 세자 광해군의 지위가 영창대군의 탄생으로 더 불안해진 점에 대해서는 학계에서 이의를 달지 않는다. 그런데 그 근본 이유를 구체적으로 밝힌 연구는 별로 없다. '적자' 영창대군이 '서자' 광해군보다 종법상 상위에 있기 때문이라고 간단히 설명하는 선에서 그치는 경우가 대부분이다.[97] 하지만 이런 이해는 치밀한 고증을 거치지 않은 채 당연히 그럴 것이라는 고정관념의 산물일 뿐이다. 재고가 필요하다.

선조가 대군이 없어 광해군을 세자로 삼았는데 이후 계비의 몸에서 영창대군이 태어난 경우는 어떤 양반이 적자가 없어 서자를 후사로 세웠다가 뒤늦게 후처의 몸에서 적자가 태어난 경우와 같다. 이럴 때 서자에게 이미 부여한 장자권을 취소하고 새로 태어난 적자에게 장자권을 부여할 것인지의 문제를 놓고 16세기에 몇몇 쟁송과 논쟁이 있었다. 그 판결 추세로 미루어 본다면 광해군과 영창대군 사이의 종법상 서열을 추론할 수 있다.

먼저 입후立後 문제와 관련해, 아들이 없어 동종同宗의 조카를 양자로 들인 후에는 비록 나중에 친자가 태어나더라도 파계罷繼하지 않고 친자를 중자衆子로 취급하는 경향이 16세기 후반 선조 대에 이르러 대세로 굳어지고 있었음에 주목할 필요가 있다. 1553년(명종 8), 새로 태어난 적자를 장자로 삼고 양자는 중자로 취급해야 한다는 판결이 『대명률大明律』에 근거하여 나왔으나, 선조 대에는 그 법령의 부당성을 지적하는 논의가 비등해졌다. 마침내 1580년(선조 13), 양자의 장자권을 그대로 인정하고 새로

97 예를 들어, 이영춘, 『조선 후기 왕위계승 연구』, 집문당, 1998, 117쪽; 이범직, 「조선 후기 왕실구조 연구: 인조 대를 중심으로」, 『국사관논총』 80, 1998, 283쪽 등을 참조.

태어난 적자를 중자로 삼아야 한다는 판결이 났다. 이는 『대명률』에서 벗어난 인식으로, 이런 변화 과정에는 이이李珥(1536~1584) 같은 석학의 견해가 큰 영향력을 발휘하였다. 16세기 후반은 입후 후에 친자가 태어나더라도 이미 정해진 부자의 의리를 바꿀 수 없으니 친자를 중자로 삼아야 한다는 종법 관습이 정착하던 시기였다.[98] 그 뒤 인조(r. 1623~1649) 때에는 양자의 장자권 불변을 아예 법령으로 만들어 반포함으로써 선조 대 이래의 판례들을 법제화하였다. 1662년(현종 3)에는 이 법령대로 판결이 이루어졌다.[99] 이를 통해 보건대, 법적 절차를 밟아 정식으로 장자권을 부여한 아들(양자)이 있으면 비록 나중에 적자가 태어나더라도 그 양자의 장자권을 계속 인정해줘야 한다는 인식이 1580년을 전후하여 이미 조선 사회에 널리 퍼져 있었음을 알 수 있다. 시간이 흐르면서 그러한 인식은 더욱 강해져 17세기 전반에는 법제화를 통해 더욱 강고해졌다.

요컨대, 적자가 없어 서자(친자)를 입후했다가 뒤늦게 적자가 태어난 경우에도 파계하지 않고 적자를 중자로 취급하는 것이 추세였다. 15~16세기 내내 적자가 없을 때 서자로 입후한 사례는 계속 이어졌고, 이런 첩자승중妾子承重을 당연시하던 분위기를 간과하지 말아야 한다. 적자가 없이 서자만 있는 경우에 서자를 후계자로 삼을지 양자를 들일지는 아비의 결정에 따랐는데,[100] 이때도 입후자에게 특별한 문제가 없는 한 이미 국가의

---

**98** 지두환, 『조선전기 의례연구: 성리학 정통론을 중심으로』, 서울대학교출판부, 1994, 55~59쪽.

**99** Mark Peterson, *Korean Adoption and Inheritance: Case Studies in the Creation of a Classic Confucian Society*, Ithaca: East Asian Program, Cornell University, 1996, pp. 151~154. (김혜정 옮김, 『조선 중기 입양제와 상속제의 변화』, 일조각, 2000, 178~183쪽)

**100** 『경국대전』 입후조入後條에는 적자와 서자가 모두 없는 경우에만 양자의 입후를 허용

승인을 받은 결정은 번복할 수 없다는 것이 16세기 후반의 대세였다.

이를 종합해보면 16세기 후반에는 입후의 결정을 번복해서는 안 된다는 인식이 지배적이었고, 적자가 없는 경우에 서자에게도 입후의 법적 권한이 분명히 존재했음을 알 수 있다. 이를 광해군과 영창대군의 사례에 적용해보면, 뒤늦게 영창대군이 태어났더라도 이미 합법적으로 세자로 공인받은 광해군의 지위에는 아무런 영향을 줄 수 없었다는 결론이 나온다. 비유하자면, 가장인 선조가 광해군에게 이미 부여한 장자권을 취소하고 영창대군에게 장자권을 주게 해달라고 '소송'을 제기할 수는 있겠지만, 당시의 판례로 볼 때 선조가 이길 가능성은 거의 없었다. 요컨대, 영창대군의 탄생으로 세자 광해군의 지위가 불안해진 것은 사실이지만 그 근본 이유를 종법 문제로 설명하는 것은 적절치 않다.

왕실의 경우에 한 번 세운 세자를 단지 적자가 아니라는 이유로 바꾼다는 것은 상상하기 힘들었다. 당시 사람들도 이 점을 잘 알고 있었다. 만일 훗날 정비正妃에게서 왕자(적자)가 탄생했다는 이유로 세자 지위를 뒤바꾸어야 한다면, 너무나도 심한 국가적 혼란을 초래할 것이기 때문이다. 이미 국내에서 행한 세자 책례 때 확정한 군신의 의리에도 심각한 문제가 되는 사안이었다.[101] 즉, 백관이 세자 광해군에게 이미 하례를 올린 이상

---

했다. 그러나 적서 차별이 신분제와 본격적으로 맞물리던 16세기에는 서자가 있음에도 가격家格의 하락을 막기 위해 양자를 입후하려는 현실적 청원이 많았고, 당사자인 아비의 의사를 존중해서 양자로 후계를 삼도록 허락하는 경우가 있었다. 박경, 『조선 전기의 입양과 가족제도』, 혜안, 2011, 201~204쪽.

101 『선조실록』 158권, 36년 1월 28일 을유(3). "全有亨前後疏三道, 踏啓字而下 … 是以, 古之人君, 雖無正嫡, 立庶子爲嫡, 而旣得民心之歸向, 則他日正嫡, 雖出於正位, 不爲改易也. 蓋旣以立嗣, 則君臣之分, 已定於禮經, 固不可變易, 而又從而得民心之歸向, 則爲社稷宗廟計者, 其可改易乎. …"

그 군신 관계는 영원하다는 것이었다. 그러므로 영창대군의 탄생으로 세자 광해군이 위협을 느꼈다면, 그것은 영창대군의 종법상 서열이 광해군보다 상위이기 때문이 아니라, 비록 광해군이 '소송'에서는 이길지라도 그런 소송을 당할 수도 있는 처지가 되었기 때문이다. 아무리 소송에서 법적으로 이긴다고 해도 소송을 당하는 것 자체로 세자(다음 국왕)의 권위에는 이미 돌이키기 어려운 상처가 생길 수밖에 없다.

광해군의 세자 지위를 위협한 결정적 요인은 종법보다는 정치적인 문제였다.[102] 그것은 바로 세자 광해군에 대한 선조의 지나친 견제 및 선조의 그런 의중을 감지한 일부 신료들의 재빠른 움직임 때문이었다. 이런 움직임은 선조가 인목왕후를 계비로 맞이할 때부터 조심스럽게 태동하기 시작했으며 영창대군이 태어나자 좀 더 구체적인 모습을 띠었다. 선조는 새 왕비의 책봉을 계기로 세자 광해군을 더 심하게 홀대하였다. 세자 광해군이 문안을 드리러 와도 선조는 문밖에서 돌려보내기 일쑤였다.[103] 황제의 책봉을 받지 못했으므로 세자가 아니니 앞으로는 문안하러 오지 말라는 극언도 되풀이하였다.[104]

선조의 이런 태도는 조정 내에서 영창대군을 새 후계자로 옹립하려는 움직임을 암암리에 조장하는 데 기여했다. 후계자 문제로 고민하는 선조의 속마음을 알아채고 발 빠르게 움직인 인물은 유영경柳永慶(1550~1608)이었다. 유영경은 본래 동인이었으나 이후 북인, 소북의 당색을 지닌 인물

---

102 당시 사람들도 광해군의 세자 지위가 위험해진 근본 이유를 종법 문제보다는 붕당 발생에 따른 정치적 알력 때문으로 보았다. 『선조실록』 158권, 36년 1월 28일 을유(3) 참조.

103 『선조실록』 154권, 35년 9월 22일 신사(1).

104 『정무록丁戊錄』 「영상유영경가율領相柳永慶加律」(『대동야승』 권58: Ⅳ권 245쪽).

이다. 그가 권력의 실세로 처음 등장한 것은 1602년(선조 35) 이조판서가 되면서부터였는데, 1604년에 그의 아들 유정량柳廷亮(1591~1663)이 정휘옹주貞徽翁主(1593~1653)와 결혼하여 선조의 부마가 되고 자신은 영의정이 된 후로는 외척을 중심으로 독자 세력을 구축하였다. 당시 사람들은 이들을 유당柳黨이라 일컬었으며, 유당은 선조 재위(1567~1608) 마지막 4년간 권력을 전횡하다시피 하였다.[105] 그들은 자연히 왕위 계승 문제에 깊이 개입하였다.

영창대군이 태어난 바로 그날 예조에서는 대신들의 뜻이라며 백관이 대군의 탄생을 진하陳賀하게 하자고 선조에게 건의하여 윤허를 받았다.[106] 재위 39년 만의 첫 대군 탄생이므로 백관이 모두 함께 경하해야 한다는 말이었다. 이때의 정국은 영의정 유영경이 주도하고 있었으므로, 대신들의 뜻이란 곧 유영경 또는 유당의 뜻이었음이 분명하다. 그런데 세자가 엄연히 있는 상황에서 대군의 탄생을 백관이 축하하는 것은 좋지 않다는 일부 신료의 반대로 결국 진하는 실행에 옮기지 못하였다.[107]

유당이 진하 계획을 취소한 것은 진하가 갖는 정치적 부담이 너무 컸기 때문이었다. 유당은 세종(r. 1418~1450) 때 다섯째 아들 광평대군廣平大君(1425~1444), 일곱째 아들 평원대군平原大君(1427~1445), 여덟째 아들 영응대군永膺大君(1434~1467)이 태어났을 때 백관이 진하한 것을 전례로 삼

---

105 이태진, 『조선 후기의 정치와 군영제 변천』, 한국연구원, 1985, 73~77쪽; 구덕회, 「선조대 후반(1594~1608) 정치체제의 재편과 정국의 동향」, 『한국사론』 20, 서울대학교 국사학과, 1988.

106 『선조실록』 197권, 39년 3월 6일 갑술(2·3).

107 『정무록』 「領相柳永慶加律」(『대동야승』 권58: Ⅳ권 245쪽).

을 수 있다고 선조에게 보고하였다.[108] 하지만 매우 궁색하기 짝이 없었으며 하나의 사례로 침소봉대하는 보고였다. 왜냐하면 세종 때의 사례가 예외에 속할 정도로 다른 전례가 없었기 때문이다. 왕자 탄생을 축하하는 백관의 진하는 원자元子와 원손元孫에게만 가능했으며,[109] 영창대군 탄생 전까지 이 같은 전례는 이미 많이 쌓여 있었다.[110] 원자는 왕의 적장자라는 의미로, 장차 세자에 책봉되어 왕위를 계승할 아들에 대한 호칭이었다. 다시 말해 예비 세자를 가리키는 명칭이었다.

영창대군의 탄생에 백관이 진하해야 한다는 유당의 주장에는 매우 심각한 의미가 담겨 있었다. 원자 탄생의 경우에만 행하는 백관 진하를 영창대군 탄생을 기념해 거행하자는 주장은 곧 세자 광해군의 지위를 직접 위협하는 정치 공세였다. 그런 내막을 다 알고 있을 선조가 진하 건의를 지체하지 않고 바로 윤허한 점 또한 세자 광해군에게는 매우 큰 위협일 수밖에 없었다.

선조가 광해군을 심히 홀대하고 신료들도 선조의 의중을 감지했을지라도, 세자 광해군을 대신할 대안이 없는 상태에서는 신료들 가운데 어느 누구도 광해군의 세자 지위를 의심할 수 없었다. 이런 상황에서 일어난 유당의 진하 파동은 비록 취소되기는 했지만 선조의 '허락'하에 영창대군에게 정치적 무게를 실어줄 행사를 공개적으로 열겠다는 노골적인 시도였

---

**108** 『선조실록』 197권, 39년 3월 6일 갑술(3).

**109** 원자가 탄생하면 7일 뒤에 백관이 진하하고 사면령을 반포하는 것이 전례였다. 『현종개수실록』 6권, 2년 8월 19일 을축(1) 참조.

**110** 『연산군일기』 28권, 3년 12월 19일 병술(1); 『중종실록』 21권, 10년 2월 26일 갑인(1); 『명종실록』 11권, 6년 5월 29일 병진(2) 참조. 모두 원자 탄생을 경하하기 위해 백관이 진하하고 사면령을 반포한 사례이다.

다. 광해군 쪽에서 보면, 세자의 지위를 받쳐주는 네 가지 요소, 곧 ①왕의 신임, ②종법상 정통성, ③신료들의 지지, ④명 황제의 책봉 가운데서 이제 ③신료들의 지지에도 심각한 균열이 발생했음을 의미하는 중대 사건이었다.

선조는 세자를 바꾸는 문제에 대해 결국 단안을 내리지 못한 것 같다. 광해군을 심하게 무시하고 모욕하기는 했지만 세자를 교체하려는 구체적 시도는 없었기 때문이다. 그럴 수밖에 없었던 근본 이유로는 영창대군이 너무 어린 점, 광해군이 이미 세자인 이상 종법상으로도 영창대군은 광해군보다 아래에 있는 점, 그리고 세자 광해군의 성품이나 언행에 전혀 흠잡을 데가 없어 폐위의 명분을 찾을 수 없는 점 등을 꼽을 수 있다. 선조의 유일한 공격 무기는 세자 광해군이 명 황제의 책봉을 받지 못했다는 것뿐이었다. 하지만 그것 하나만으로 세자 광해군이 이미 10년 넘게 공식적으로 확보하고 있던 장자권(왕위 계승권)을 부정하기는 어려웠다. 그런 전례도 전혀 없었다.

따라서 선조가 광해군을 아무리 미워했어도 그것이 곧 세자 교체를 염두에 둔 계획적인 행동이라 보기는 어렵다. 파천과 분조로 인해 이미 '돌아올 수 없는 다리'를 건넌 선조가 세자(다음 국왕) 광해군을 무조건 미워하고 어떻게든 제어하려던 감정적 행동으로 이해해야 할 것이다. 그런 식으로 세자 광해군을 자신의 권위 아래에 확실하게 잡아둘 수만 있다면 선조로서는 만족할 만한 결과였다. 『정무록丁戊錄』의 저자 황유첨黃有詹도 유영경 등의 행동에 의심쩍은 점은 있지만 그들이 세자를 바꾸기 위한 구체적 계획을 세운 증거는 없다고 기술했는데,[111] 당시 상황을 고려할 때 타

**111** 『정무록』「戊申黨籍」(『대동야승』 권58: Ⅳ권 247쪽).

당성이 매우 높은 진술이다.

진하 파동이 있고서 1년 반 정도 지난 1607년(선조 40) 초겨울에 선조가 위독해지는 사태가 발생하였다. 약 1년 전부터 좋지 않던 병세가 갑자기 나빠졌다. 며칠 뒤 잠시 회복했을 때, 자신의 병세가 예사롭지 않다고 느낀 선조는 세자에게 전위하겠다는 교서를 내렸다.[112] 그런데 이때 교서를 받은 유당 계열의 3정승, 승정원, 사관 등이 선조의 교서를 비밀로 하고 조정에 즉각 알리지 않은 사실이 드러나면서 정국은 큰 소용돌이 속으로 빠져들었다.

전위교서를 즉시 공개하지 않은 행위에 대해 사헌부는 아무리 비밀이더라도 삼사조차 모르게 한 것에 문제를 제기하였다.[113] 당시 사헌부 관원 6인 가운데 북인 계열의 집의 유희분柳希奮(1564~1623)과 장령 유경종柳慶宗(1565~1623)을 제외하고는 모두 유당이었다.[114] 유당이 장악하고 있는 사헌부에서 굳이 유영경의 행위를 문제 삼은 것은 유희분과 유경종이 주도한 탄핵 움직임을 내부에서 저지할 수 없었기 때문인 것 같다.[115] 다만 담당 사관의 파직에 국한하여 처벌을 논한 것은 이 사안이 유영경에게까지 번지는 상황을 막기 위한 방책이었다.

유영경 등을 탄핵할 좋은 빌미를 잡았음에도 이렇다 할 성과가 없자, 장령 유경종과 사간 송석경宋錫慶(1560~1637)은 선조의 병세가 1년 가까이

---

112 『정무록』 丁未十月十三日(『대동야승』 권58: Ⅳ권 225쪽).

113 『정무록』 府啓(『대동야승』 권58: Ⅳ권 226쪽).

114 『정무록』 丁未年(『대동야승』 권58: Ⅳ권 225~227쪽).

115 조선시대의 양사, 곧 사헌부와 사간원 내에서 위계질서는 중요하지 않았다. 정두희, 『조선시대의 대간 연구』, 일조각, 1994, 65~66쪽.

호전되지 않았다는 것을 이유로 내세워 어의御醫를 치죄하라고 논했는데, 이는 약방도제조藥房都提調를 겸하던 영의정 유영경에게 책임을 묻는 우회적 공격이었다.[116] 그러나 결과는 유경종과 송석경의 파직이었다.[117]

그로부터 두 달 뒤 경상도 합천에 낙향해 있던 대북 계열 정인홍鄭仁弘(1536~1623)이 올린 상소로 정국은 다시 요동쳤다. 그는 장문의 상소에서 유영경 등의 죄를 논하고 왕의 처신을 질책하였다. 그는 유영경 등이 왕의 전위교서를 공개하지 않고 자기들 선에서 마음대로 처리한 것은 세자를 업신여기고 두 마음을 품은 증거이니 응당 참수해야 한다고 목소리를 높였다. 또한 세자의 지위가 이렇게까지 위협당하고 있는데도 그저 보고만 있는 왕의 의도는 도대체 무엇이냐고 묻는 등[118] 매우 강한 어조로 선조를 몰아붙였다.

이 상소로 조정이 발칵 뒤집혔다. 3정승, 삼사, 승정원 등 유당 세력은 정인홍이 왕과 세자 사이를 이간질한다면서 벌떼처럼 일어나 처벌을 요구하였다.[119] 선조도 진노하여 정인홍은 세자에게 충성을 다한다고 여길지 모르나 실상은 불충하는 짓이며, 황제의 책봉을 받지 못한 광해군은 세자가 아니라고 극언하였다.[120] 이런 상황에서 세자 광해군이 할 수 있는 일이란 정인홍의 불충을 지적하며 대죄하는 것뿐이었다.[121] 이 파동

---

116 『정무록』 先是(『대동야승』 권58: IV권 236쪽).

117 『선조실록』 218권, 40년 11월 22일 신해(3·5).

118 『정무록』 戊申(『대동야승』 권58: IV권 228~230쪽).

119 『정무록』(『대동야승』 권58: IV권 230~233쪽).

120 『선조실록』 220권, 41년 1월 22일 경술(5).

121 『선조실록』 220권, 41년 1월 25일 계축(3).

은 정인홍과 그 배후로 지목받은 이이첨李爾瞻(1560~1623) 및 이경전李慶全(1567~1644) 등을 유배하는 선에서[122] 진정되는 듯하였다. 그런데 며칠 뒤 선조가 갑자기 사망하였고, 세자 광해군은 바로 이튿날 즉위하였다.[123] 멀고도 험한 길을 돌고 돌아 마침내 용상에 앉은 것이다.

---

**122** 『선조실록』 220권, 41년 1월 26일 갑인(3).

**123** 『선조실록』 221권, 41년 2월 1일 무오(8·16); 『광해군일기』 1권, 즉위년 2월 2일 기미(9·10).

## 04

# 세자 때 경험의 의미

광해군의 세자 지위가 불안해진 이유는 몇 가지 요인이 복합적으로 작용했기 때문이었다. 여기에는 종법 문제보다 부왕 선조의 과도한 견제와 홀대 및 그로 인해 일부 신료들(유당)이 친영창대군 노선을 걷는 등 정치적 요인에 더 큰 원인이 있었다. 설상가상으로 세자 책봉 주청이 다섯 차례나 거절되어 끝내 명 황제의 책봉을 받지 못한 점도 광해군에게는 매우 불리하였다. 선조와 유당이 광해군의 세자 지위를 흔들기 위해 적자가 아니라는 종법 문제보다는 황제의 책봉을 받지 못한 점을 집요하게 공격한 사실은 당시 세자 광해군의 진짜 약점이 무엇이었는지 여실히 보여준다.

광해군의 성격도 대범하다거나 과단성 있는 것과는 거리가 멀었다. 그저 독서를 좋아하고 사색을 즐기는 성격이었다. 16년 동안 세자인 자신을 둘러싸고 벌어진 극도의 정치적 혼란 속에서 상황을 돌파하기 위해 정작 광해군이 주체적으로 할 수 있는 일은 거의 없었다. 사실상 유일하게 할 수 있었던 일은 조정의 분위기와 선조의 기분을 살피는 '눈치'뿐이었다. 이런 경험은 그를 더욱 방어적이고 조심성 있는 성격으로 만들었다. 자신의 말을 따르지 않는 신료들을 직접 불러다 눈앞에 세워놓고 혼내면서 휘어잡는 기질과는 거리가 멀었다. 즉위 후에도 광해군은 여러 복잡한 사안을 풀기 위해 신료들과 대면하기보다는 승정원을 통해 문서로 논쟁하고 홀로 결정을 내리는 경향이 강했다. 이런 정치 스타일은 타고난 성격 외에도 세자 시절의 경험이 그대로 이어진 불안감과 불신감의 결과로 보인다.

여기에 더해 명이 세자 광해군의 책봉을 기어이 거절한 점도 향후 광해군의 정책에 영향을 주었을 가능성이 크다. 명군의 참전을 계기로 조선에 대한 명의 내정간섭이 극심했고 조선의 의존도 역시 거의 절대적이던 당시 상황을 고려할 때,[124] 거듭된 책봉 거절은 광해군에게 매우 심각한 정치적 부담을 떠안겼고, 지울 수 없는 마음의 상처를 남겼다. 명 조정은 광해군이 왕위에 오른 후에도 승인을 거부하는가 하면, 조선의 왕위 계승 실상을 직접 조사하겠다면서 조사調使를 파견해 임해군과 대질심문을 해보겠다는 등 끝까지 고압적이면서 모욕적이었다. 명의 이런 태도는 당시 명의 내부 사정과 맞물려 복합적으로 발생한 결과이지만, 광해군에게는 회복되기 힘든 큰 상처로 남았다.

장기적으로 볼 때, 명나라에서 광해군에 대한 승인을 계속 거부한 것은 큰 실책이었다. 왜냐하면 불과 10여 년 뒤 후금의 공격으로 곤경에 처한 명나라가 조선의 도움을 원했을 때, 명나라를 도와주기는커녕 후금의 누르하치와 우호적 대화를 추구한 장본인이 바로 명에 대해 감정이 좋을 리 없는 국왕 광해군이었기 때문이다.[125]

---

124 계승범, 「임진왜란 중 조명관계의 실상과 조공책봉관계의 본질」, 『한국사학사학보』 26, 2012.

125 광해군 외교 노선의 종합적 고찰로는 계승범, 『조선시대 해외파병과 한중관계』, 푸른역사, 2009, 165~211쪽 참조.

광해군 재위 기간(1608~1623)에 조정을 달군 양대 논쟁 중 하나는 인목대비 폐위 논쟁이고, 다른 하나는 명과 후금 사이에서 조선이 취할 외교 노선을 놓고 벌어진 논쟁이었다. 영창대군 살해와 인목대비 유폐로 이어진 소용돌이 정국의 한복판에서 국왕 광해군이 내린 결정들은 왜란을 계기로 크게 실추된 왕실의 권위와 스스로의 안전을 도모하기 위해 그의 성격에 맞게 취한 선택이었다. 국왕 광해군이 황제의 징병 칙서를 받지 않고 오히려 후금과 대화를 추구한 것은 현명한 외교를 능동적으로 추구했다기보다는 명으로부터 이미 마음이 떠난 그가 외부(후금)의 위협에서 종묘사직을 지켜내기 위해 선택한 자구책이었다. 이런 문제의식을 염두에 두고 이제 국왕 광해군의 정치를 살펴보자. End

# 3장. 국왕 광해군의 왕위 계승 경쟁자 제거, 1608~1613

16년 동안이나 세자로 있었는데도 명 황제의 책봉을 받지 못한 채 즉위한 광해군이 왕위의 안정에 온 신경을 쏟는 것은 당연하였다. 즉위 후에도 승인을 거부당한 일은 광해군에게는 지울 수 없는 상처로 남았다. 조선의 어느 세자나 왕도 명 황제의 책봉을 받는 문제와 관련하여 이렇게 수모를 당한 전례가 없었다. 이에 더하여 광해군에게는 자신의 왕권을 현실적으로 받쳐줄 만한 강력한 친위대나 중국처럼 환관 조직도 없었다. 임해군과 영창대군의 존재를 무시해도 좋을 만큼 정국이 순탄하지도 않았다. 임해군과 영창대군 문제를 확실하게 해결하지 않고 왕위를 안정시키는 데는 기본적으로 한계가 있었다. 왕위에 불안을 느끼는 상태에서는 어떤 통치 행위도 제대로 힘을 발휘하기 힘들었다. 그 때문에 새 국왕 광해군의 최우선책은 임해군과 영창대군을 정치적으로 영원히 제거하는 일이었다. 이것이야말로 그가 즉위 후 가장 먼저 해결해야 할 사안이었다.

어떤 왕자를 정치적으로 제거한다는 것은 그를 죽인다는 의미였다. 유배를 보내더라도 그가 살아있는 한 정국의 변화에 따라 언제든 정치무대에 복귀할 가능성은 늘 활짝 열려 있었다. 그렇지만 인仁·덕德·은恩 등의 가치를 중시한 유교국가에서는 왕조차 형제를 죽이는 일이 그렇게 간단하지만은 않았다. 국왕도 그러한 도덕적 가치를 쉽게 무시할 수는 없었다. 예외가 하나 있는데, 그것은 그 형제가 반역을 꾀하였을 경우다. 어떤 왕족이 역모에 연루되었다면 아무리 그가 왕의 친형제라도 처벌을 피할 길은 없었다. 왕조국가에서 신하의 제일 덕목이 충忠임은 두말할 나위 없는 핵심 가치였기 때문이다. 따라서 충이라는 규범을 직접 범했다면, 그가 누구든 상관없이 유교적 범주 안에서 얼마든지 처벌할 수 있었다.

그런데 역모 사건이 빈번한 정치 현장에서는 충과 효, 또는 법法과 은恩의 가치가 서로 충돌하는 일이 잦았다. 이런 상충이 가능한 이유는 공적 가치인 충이 사적 가치인 효제孝悌에 우선해야 한다는 논리와, 인륜의 근본이 효에서 시작하므로 효는 사적 가치가 아니라 사회의 질서를 유지하는 공적 가치라는 논리 모두에 일리가 있었기 때문이다. 그리하여 최종 결정은 이론 논쟁보다는 당시의 정치 상황에 따라 좌우되곤 하였다. 이를테면 역모 사건의 규모, 왕자의 역모 가담 정도, 역모 사건의 진실성, 국왕의 속내, 왕권의 강도, 정치 세력 간의 역학 관계 등이 최종 결정을 내리는 데 복합적인 변수로 작용하였다.

광해군의 즉위를 전후하여 조선의 정치무대는 당쟁이 매우 심하였다. 이런 현실은 임해군과 영창대군을 제거하고 싶은 광해군에게는 유리하면서도 또한 불리할 수 있는 양면성으로 다가왔다. 붕당 간의 정쟁이 심하다는 것은 한편으로 광해군이 특정 붕당의 지원을 받아 두 왕자를 정치적으로 제거하는 데 충분히 도움이 될 수 있다는 의미였다. 하지만 다른 한편으로는 상대 붕당에서 그 역모 사건의 진상에 끊임없이 의문을 제기하고 정치 쟁점화한다면, 정적 제거 자체보다 그 후유증을 처리하는 일이 더 어려울 수도 있었다. 붕당 발생 전에는 역모 사건의 진상에 아무리 의문이 많아도 국왕이 주도하여 당사자를 제거하고 나면 그 후유증도 거의 없었고 이내 잠잠해졌다. 하지만 붕당이 발생한 후에는 상황이 달라졌다. 누구나 다 인정할 수밖에 없는 객관적인 증거를 제시하지 못하는 한, 역모 사건으로 피해를 입은 붕당에서는 그 사건의 진상에 대해 끊임없이 문제를 제기하였기 때문이다. 네 차례의 사화로 피해를 입은 '사림'에 대한 복권운동이 100년 가까이 지속되고 결국 성공한 사실은 그 좋은 예다.[1] 기축옥사(1589) 때 역적으로 몰려 죽임을 당한 정개청鄭介清(1529~1590)의 복권 문제가 300년 가까이 이어진 것도 비슷한 사례다.[2] 그러므로 조정에 적대적 붕당들이 상존하는 현실에서 광해군이 임해군과 영창대군을 제거하는 문제는 간단하지 않았다.

임해군과 영창대군의 존재, 특히 매년 쑥쑥 커가는 영창대군은 존재 자체로 광해군에게 충분한 위협이었다. 광해군이 이들의 정치적 제거를 계획한 것은 왕조국가에서는 당연하였다. 광해군이 아닌 다른 어떤 인물이 보위에 올랐다고 해도 그냥 무시하거나 포용할 사안은 아니었다. 다만

---

1 여기서 '사림파' 대신에 '사림'이라는 용어를 선택한 이유는 당시 사림士林이 특정 정치 세력의 범주를 훨씬 넘어서는 개념이었기 때문이다. 필자는 몇 년 전에 '사림파'의 대체 개념으로 '사림운동' 학설을 학계에 보고하였다. 이에 대해서는 계승범, 『중종의 시대: 조선의 유교화와 사림운동』, 역사비평사, 2014, 155~195쪽 참조.

2 정개청은 동인과 서인의 알력이 심하던 선조 때 동인 계열 인물이었다. 그는 정여립鄭汝立(1546~1589)의 역모에 가담했다는 죄목으로 체포된 뒤 고문 후유증으로 유배 도중에 죽었다. 계해정변(인조반정, 1623)을 계기로 북인이 붕당으로서의 의미를 거의 상실하였음에도 지방의 북인들은 끊임없이 정개청을 모시는 서원을 세우며 그의 복권을 청원하였다. 이에 대해서는 『기축록속己丑錄續』(『대동야승』 권18: II권 65~98쪽) 및 정개청에 대한 최근 연구인 이정철, 「정개청 옥사와 그 배경」, 『역사학연구』 61, 2016 참조.

광해군으로서는 자신이 처한 상황을 두루 고려하면서 일을 추진할 필요가 있었다. 16년간 세자로 있으면서 온갖 험한 경험을 통해 이미 충분히 '눈치 고단자'가 된 광해군도 이 점을 익히 알고 있었다. 그는 두 왕자를 제거하되, 토역討逆과 윤리 사이에서 발생할 수 있는 문제를 최소화하려고 노력하였다.

광해군이 의도한 그림은, 조정 신료들이 한목소리로 역적의 처벌을 강력하게 청하면 자신은 효제孝悌와 인은仁恩을 내세워 괴로워하는 모습을 충분히 보이다가 마지못해 따르는 모양새였다. 하지만 모든 신료가 그의 의도대로 따르지는 않았으므로 그 과정에서 적지 않은 문제가 불거졌다. 3장에서는 국왕 광해군이 임해군과 영창대군을 정치적으로 제거하는 과정 및 그 과정 중에 나타난 제반 문제를 분석한다. 특히 광해군이 당쟁에 휩쓸리기는커녕 오히려 모든 과정을 막후에서 진두지휘한 장본인임을 논증할 것이다.

# 01

## 장자 임해군 제거

광해군은 명 황제로부터 세자 책봉을 받지 못한 상태로 즉위하였다. 명이 광해군의 세자 책봉을 끝내 거부한 배경은 명나라의 내부 사정 때문이었다. 만력제萬曆帝(r. 1572~1620)는 여러 후궁에게서 모두 여덟 명의 아들을 두었다. 장자는 공비 왕씨恭妃王氏에게서 태어난 주상락朱常洛(1582~1620, 태창제泰昌帝, r. 1620)이다. 하지만 만력제는 귀비 정씨貴妃鄭氏의 소생인 셋째 아들 주상순朱常洵(1586~1641)을 후계자로 삼길 원하였다. 반면에 조정 신료들은 적자가 없을 때는 장자를 마땅히 후계자로 삼아야 한다고 강력하게 주장하고 나섰다. 장자상속은 명나라에서도 사실상 자연법처럼 당연시하던 원리였으므로 만력제로서도 자신의 계획을 관철할 정당한 명분을 찾기 어려웠다.[3]

물론 황제의 직권으로 셋째 아들 주상순을 후계자로 삼는 것이 불가능

3 Ray Huang, *1587, A Year of No Significance: The Ming Dynasty in Decline*, New Heaven: Yale University Press, 1981, pp. 83~85.(김한식 옮김, 『1587, 만력 15년 아무 일도 없었던 해』, 새물결, 2004)

하지는 않았다. 하지만 동림당東林黨과 예부의 강력한 반대에 직면한 만력제는 과단성 있는 태도를 견지하지 못했다. 이는 당시에 이미 유교적 종법이 강하게 작동하고 있었기 때문이기도 하지만, 그의 성격이 단호하지 못하고 정치적 역량도 그만큼 부족했기 때문이다. 결국 후계자 문제는 결정을 보지 못한 채 무한정 연기되었다. 이후 만력제는 재위 기간 내내 정무 처리에 무관심하였으며, 스스로 자금성 안에 칩거하였다. 그 결과 그의 재위 기간에 명의 관료 체제는 그 기능을 점차 상실해갔다.[4]

명나라의 후계자 문제는 주상순이 태어난 1586년 이후 만력제의 재위 기간 동안 사뭇 중요한 쟁점이었다. 조선에서 광해군을 세자로 정했으니 책봉을 승인해달라고 요청한 것은 바로 이럴 때였다. 그런데 공교롭게도 광해군은 장자가 아니었다. 만일 명의 예부에서 조선의 요청을 긍정적으로 수용한다면, 주상순을 태자로 삼겠다는 황제의 뜻에 강력히 반대할 명분을 잃을 것이 자명하였다. 그런 까닭에 명의 예부는 조선의 요청을 번번이 거절하였다. 장자를 후계자로 삼아야 한다는 조정의 여론에 밀리던 만력제도 별다른 움직임을 보이지 않았다.

임진왜란이 끝나고 다시 정치에 관심을 두지 않던 만력제는 마침내 1601년 예부의 압력을 수용하여 주상락를 태자로 책봉하였다. 하지만 이것으로 문제가 완전히 해결되지는 않았다. 황태자로 책봉된 후에도 그의 강력한 경쟁자인 주상순이 13년이나 더 북경에 머물렀기 때문이다. 『대명률』에 따르면, 황제의 삼촌, 조카, 형제, 아들 등을 망라한 모든 황족은 황태자를 제외하고는 관례를 치러 성인이 되면 무조건 북경을 영원히 떠나

---

4 Ray Huang, "The Lung-Ch'ing and Wanli Reigns, 1567~1620" in Denis Twitchett and Frederick W. Mote, eds., *The Cambridge History of China*, Vol. 7, New York: Cambridge University Press, 1988, pp. 516~517.

야 했다. 후계를 둘러싼 갈등을 원천적으로 방지하기 위한 규정이었다.[5] 그런데도 주상순이 이를 무시하고 북경, 곧 황도皇都에서 10년 넘게 거주한 것은 황태자에 대한 거리낌 없는 도전이었다. 이것이 그의 생모 귀비 정씨와 만력제의 비호하에 가능했음은 이를 나위도 없다. 장자 주상락을 후계자로 공표한 1601년 이후에도 명의 후계자 선정 문제는 불씨가 완전히 꺼지지 않았던 것이다. 장자 주상락이 마침내 태자로 책봉받은 사실은 광해군에게는 몹시 불리하였다. 장자가 아닌 광해군을 명이 조선의 세자로 승인할 경우, 아직 살아있는 불씨가 명의 황태자에게까지 튈 가능성이 컸기 때문이다.

이렇듯 명나라의 태자 책봉 문제와 공교롭게 맞물리는 바람에 세자 광해군은 황제의 승인을 받는 데 끝내 실패하였다. 그 결정적인 이유는 장자에게 특별한 문제가 없는 한 차자는 그를 제치고 보위를 계승할 수 없다는 원칙 때문이었다. 조선에서 임해군은 아무런 지지 세력도 없었고, 이미 장자의 권리까지 박탈당하여 일반 왕자에 불과한 존재였다. 이런 임해군이 본인의 의지 여부와 상관없이 광해군의 지위를 심각하게 위협하는 존재로 부상한 것은 바로 명나라 내부의 특별한 사정에 기인하였다.

조선의 국왕이 정통성을 확보하는 중요한 방법 가운데 하나는 황제의 승인을 받는 것이었다. 특히 세자 시절 16년 동안 무려 다섯 번이나 승인을 거절당하여 위신에 큰 손상을 입은 채 즉위한 광해군으로서는 황제의 책봉이야말로 무엇보다도 급선무였다. 또한 그 원인 제공자인 임해군의 제거도 화급을 다투는 일이었다. 이에 광해군은 즉위한 지 나흘 만에 북경에 파견할 책봉 주청사를 구성하였다. 정사에는 이호민李好敏(1553~1634),

---

5 Ray Huang, *1587, A Year of No Significance: The Ming Dynasty in Decline*, p. 18.

부사에는 오억령吳億齡(1552~1618), 서장관에는 이호의李好義(1560~1624)를 임명했는데,[6] 모두 남인 계열이었다. 이들은 나라의 부고를 전하여 선조의 시호를 받는 일과 광해군의 승습承襲을 승인받는 사명을 띠고 북경을 향해 출발하였다.[7]

그러나 책봉은 또다시 거절당하였다. 명 예부는 주본奏本의 내용이 분명하지 않으며 장자를 세우는 것이 만고의 강상綱常이라는 이유를 들었다.[8] 주본에는 선조가 광해군에게 국사를 맡겼다는 사실과 광해군은 이미 16년 동안이나 세자로 있었으니 책봉해달라는 내용이 거의 대부분을 차지하였다.[9] 장자인 임해군이 왜 왕위를 계승할 수 없는지에 대해서는 설명이 없었다. 명 예부에서는 당연히 임해군의 거취에 대하여 질문하였다. 그런데 정사 이호민이 임해군은 중풍이 있어 왕위를 사양했다고 대답함으로써 일이 복잡하게 꼬였다. 예부는 그런 사유라면 왕위를 사양한다는 임해군의 글을 함께 갖추어 오라고 요구하였다.[10] 예부에서는 임해군이 정말 왕위를 이을 수 없는 상태인지, 그리고 광해군의 승습이 과연 신민의 뜻인지를 다시 정확히 문서를 갖추어 보고하도록 조치하였다.[11] 그뿐만 아니라 엄일괴嚴一魁와 만애민萬愛民을 특별히 조선에 파견하여 임해군을 직접 만

---

6 『광해군일기』 1권, 즉위년 2월 6일 계해(8)

7 『광해군일기』 1권, 즉위년 2월 21일 무인(2).

8 『광해군일기』 4권, 즉위년 5월 20일 을사(2); 『명신종실록明神宗實錄』 권445 7면右, 만력 36년 4월 26일 임오.

9 『광해군일기』 1권, 즉위년 2월 21일 무인(2).

10 『광해군일기』 4권, 즉위년 5월 20일 을사(2).

11 『明神宗實錄』 권445, 7면右, 만력 36년 4월 26일 임오.

나보고 진상을 조사하도록 시켰다.[12]

이런 뜻밖의 사태를 맞아 조선 조정은 고민에 빠졌으나, 결국 조사관이 임해군을 직접 만나는 것을 허용하였다. 대신 임해군에게는 조사관에게 대답할 말을 사전에 주지시켰으며,[13] 조사관에게는 수만 냥의 은을 뇌물로 주어 일을 좋게 마무리하려 했다. 뇌물을 받은 조사관은 임해군을 형식적으로 만나본 뒤 바로 돌아갔다.[14] 이후 명 예부의 태도는 광해군의 책봉을 승인하자는 쪽으로 바뀌었으며, 그대로 결정되었다.[15] 마침내 이듬해 1609년(광해군 1) 여름에 책봉사가 한양에 도착하였고, 광해군은 책봉 의식을 성대히 거행하였다.[16]

광해군이 왕위에 오른 후에도 책봉이 순탄치 못한 가장 큰 원인은 태자 선정을 둘러싼 명 내부의 갈등이 여전히 깔끔하게 해결을 보지 못했기 때문이다. 명 예부에서 특별조사관까지 조선에 파견하여 직접 확인한 것은 전례 없는 매우 과격한 조치였다. 약 100년 전에 정변을 통해 즉위한 중종(r. 1506~1544)도 명 황제의 책봉을 받는 과정에서 어려움을 겪었다. 당시 조선 조정은 정변의 발생과 연산군의 죽음을 비밀로 한 채 국왕 연산군(r. 1494~1506)이 중병에 걸려 정사를 볼 수 없게 되었기 때문에 아

---

12 『광해군일기』 5권, 즉위년 6월 15일 경오(9).

13 『광해군일기』 5권, 즉위년 6월 16일 신미(4).

14 『광해군일기』 5권, 즉위년 6월 20일 을해(3·4); 한명기, 『임진왜란과 한중관계』, 역사비평사, 1999, 193~194쪽 참조.

15 『明神宗實錄』 권451, 4면右, 만력 36년 10월 26일 경진; 『명사明史』 권320, 3660면 4행. 이 책에서는 대만 國防研究院明史編纂委員會가 중화민국 52년(1963)에 출판한 인쇄본을 참고하였다.

16 『광해군일기』 17권, 1년 6월 2일 신해(2~6).

우에게 양위했다는 거짓말로 주본을 만들어 책봉을 청하였다. 하지만 명 예부는 왕(연산군)이 죽지도 않았는데 새로 왕을 세웠다가 나중에 쾌차한다면 문제가 심각해진다는 이유를 들어 중종을 단지 권지국사權知國事로만 승인하였다. 그 뒤에도 대비의 주본이 추가로 필요하다는 등 절차상의 이유로 한 번 더 거절한 뒤에야 비로소 중종의 승습을 승인하고 책봉하였다.[17] 그러나 이 경우는 연산군의 병이 회복될 수도 있다는 현실적인 문제로 다소 지체했을 뿐이며, 책봉의 거절과 지체가 중종의 왕위에 큰 위협으로 작용하지는 않았다. 왕위를 노릴 만한 다른 왕자, 곧 이렇다 할 경쟁자가 없었기 때문이다. 이런 전례에 비춰볼 때, 광해군에 대한 명나라의 태도는 조선 국왕 광해군의 권위에 매우 심각한 손상을 입힌 일이었다. 명나라의 특별조사관이 한양에 들어와 사실상 대질심문을 자행한 일은 조선의 어떤 국왕도 경험하지 못한, 유례가 없는 심한 모욕이었다. 임해군의 의사와 관계없이 그의 존재는 그 자체만으로 광해군에게 심각한 위협일 수밖에 없었다.

광해군은 자신을 위한 책봉 주청사가 아직 압록강도 다 건너가지 않은 시점에 임해군 제거 작업을 시작하였다. 즉위한 지 열이틀 만이었다. 북인 계열의 일부 대간이, 임해군이 몰래 무기를 저장하고 무인들을 불러 모으는 등 행동이 수상하니 즉시 체포하여 섬으로 유배해야 한다고 올린 계사가 첫 불을 지폈다. 대신들 앞에서 광해군은 동기간에 이런 일이 발생하여

17 『중종실록』 2권, 2년 2월 15일 기축(2); 3권, 2년 8월 22일 계사(1); 『명무종실록明武宗實錄』 正德 2년 12월 9일 무인. 아울러 David M. Robinson, "Korean Lobbying at the Ming Court: King Chungjong's Usurpation of 1506," *Ming Studies*, Vol. 41, 1999; 계승범, 『중종의 시대: 조선의 유교화와 사림운동』, 역사비평사, 2014, 94~96쪽 참조.

애통하다는 뜻을 거듭 표하였다. 그러나 임해군의 체포, 가택연금, 도서(진도) 유배 등 일련의 조치를 그날이 가기 전에 전격적으로 처리하였다.[18] 마치 대간의 계사 내용을 미리 알고 기다렸던 것처럼 전광석화 같은 처결이었다.

광해군은 임해군을 유배 조치하며 내린 전교에서 그의 죄목을 크게 네 가지로 선고하였다. 불법적으로 무기를 비축한 일, 은밀하게 무사들을 모아 도모한 일, 선조가 승하하던 날 남몰래 가병家兵을 지휘한 일, 다량의 철퇴와 환도를 도성으로 반입하려 한 일이었다. 한마디로 반역을 준비했다는 판결이었다. 이 같은 죄목은 대간에서 임해군을 탄핵하며 지적한 내용과 판박이였다.[19] 광해군은 고변 내용에 대하여 사실 여부를 알아보지도 않고 불과 몇 시간 만에 임해군의 죄를 기정사실화하고 곧바로 유배 조치를 내렸다. 심지어 이 판결은 추국청을 설치하기도 전에 나왔다. 판결과 처벌을 확정하여 내린 지 나흘이 지나서야 추국청을 설치하는 희한한 일이 벌어진 것이다.[20]

두말할 나위도 없이 이런 사법절차는 상례에 크게 어긋나는 방식이었다. 역모의 고변이 들어오면, 국왕의 판단에 따라 먼저 추국청을 설치하고 고변한 자를 심문하여 사실관계를 확인한 후에 피의자들을 체포하고 심문

---

18 『광해군일기』 1권, 즉위년 2월 14일 신미(8~21).

19 『광해군일기』 1권, 즉위년 2월 14일 신미(20) 및 같은 날 대간의 여러 계사를 두루 참조.

20 『광해군일기』 1권, 즉위년 2월 18일 을해(10). 의금부와 포도청의 활동에 중점을 두어 임해군 옥사를 살핀 연구로, 차인배, 「광해군 전반 역옥사건과 포도청의 활동」, 『역사민속학』 27, 2008이 있다. 하지만 2월 14일 숨 가쁘게 이어진 사건 전개 상황의 선후 관계를 무시한 채 기술한 탓에, 본의는 아니겠지만 사실을 호도한 면이 있다.

하는 것이 일반적이었다. 그런데 고변자와 피의자의 공초는커녕 추국청도 설치하지 않은 상태에서 몇몇 대간의 말만 듣고 바로 그 즉시 피의자에게 중죄를 선언하고 판결까지 내린 꼴이었다. 일의 선후가 이처럼 뒤바뀌다 보니 추국청 관원들은 어려움을 호소하였다. 어느 정도 증거를 포착한 후 그것을 단서로 삼아 국문하는 것이 상례인데, 그저 국문부터 하라는 전교는 내용이 모호하기 때문에 그대로 시행하기 어렵다는 사정을 건의할 지경이었다.[21] 그런데도 광해군은 이미 대간에서 제기한 의혹만으로 단서는 충분하니 엄히 심문하라고 거듭 하교하면서 추국청의 심문 과정에 시시콜콜 개입하였다.

임해군의 수많은 노비에게 일일이 형신刑訊을 가하는 과정에서 임해군이 변란을 꾀하였다는 자백을 일부 받아내기는 했으나,[22] 정말로 변란을 도모했는지는 분명하지 않다. 다만, 임해군이 언제라도 가병으로 전환할 수 있는 수많은 사노私奴를 거느렸고, 몇몇 무장과 친분이 깊었으며, 선조가 승하하던 날 취한 행동에 일부 의심스러운 점이 있었던 것은 사실이다. 중세 왕조국가에서는 이런 사실만으로도 역적으로 몰려 죽임을 당하는 일이 이상하지 않았다. 역모 사건이란 어차피 정치적 사건이므로 심문 과정이나 처결 내용도 대개 정치적이기 십상이다. 실상 이런 정황적 혐의보다는 '장자' 임해군은 그저 호흡하며 살아있다는 자체로 광해군의 왕위를 불안하게 만들기에 충분한 존재였다. 따라서 임해군이 정말로 역모를 꾀했는지 여부는 별로 중요하지 않다. 현대 역사가가 그 진실을 밝혀낼 수

---

**21** 『광해군일기』 1권, 즉위년 2월 19일 병자(5).

**22** 『광해군일기』 4권, 즉위년 5월 23일 무신(5).

도 없는 노릇이다.[23] 광해군이 보위에 오른 이상, 임해군의 의도가 무엇이었는지에 상관없이 그의 제거는 불가피하였다. 조선은 왕조국가였기 때문이다.

임해군의 제거에 조정 신료들도 아무런 반대 의견을 제기하지 않았다. 임해군을 제거하는 것만이 종묘사직을 안정시킬 것이라는 논의의 현실성을 모두 인정했던 셈이다. 그러니 절차상의 하자나 역모의 진실성 따위는 애초부터 문제가 아니었다. 임해군을 제거해야 한다는 논의는 북인 계열에서 먼저 제기하고 주도했지만, 서인과 남인 등 다른 붕당도 이 논의에 동조하거나 적어도 반대하지는 않았다. 약간의 논란이 있었다면, 그것은 임해군을 죽일 것인가 아니면 유배로 그칠 것인가의 문제였다. 하지만 이런 차이는 조정의 논쟁으로 발전하기에는 너무 미미했으며, 붕당들 사이의 의견 대립으로 나타나지도 않았다. 단지 이원익李元翼(1547~1634) 이덕형李德馨(1561~1613), 정구鄭逑(1543~1620), 심희수沈喜壽(1548~1622) 등 몇몇 중신이 임해군은 왕의 유일한 혈육이니 죽이지 말고 은혜를 베풀어 목숨만은 살리는 것이 좋겠다고 두어 번 건의했을 뿐이다.[24]

2장에서 살폈듯이, 임해군은 끝없는 악행으로 말미암아 왜란 전부터 이미 인심을 크게 잃은 탓에 선조의 장자임에도 불구하고 그를 지지하는 정치 세력이 없었다. 평판도 매우 안 좋았다. 이런 상황은 광해군이 비교적 그를 수월하게 제거할 수 있는 환경을 조성하였다. 광해군은 즉위하자

---

23 당시 각 피의자에 대한 심문 내용을 그대로 전하는 『추안급국안推案及鞫案』을 보면, 정치적으로 조작한 사건일 가능성이 매우 크다. 『推案及鞫案』, 아세아문화사, 1984, 1권, 199~441쪽 참조. 이에 해당하는 번역본으로는 오항녕 역주, 『추안급국안』, 흐름출판사, 2014, 1~2권 참조.

24 『광해군일기』 4권, 즉위년 5월 7일 임진(10).

마자 번갯불에 콩 구워 먹듯이 임해군을 유배하고 추국 과정을 진두지휘했지만, 임해군을 처형하라는 신료들의 건의를 계속 물리치며 재가하지 않았다. 형을 죽이라는 여론 때문에 자신의 심경이 몹시 심란하다면서 슬픈 기색을 보이기 일쑤였다. 그랬건만 그는 역대 제왕들이 왕족을 역적으로 몰아 제거할 때 종종 사용한 전인살해甸人殺害 방식을 임해군에게 적용하였다.

전인살해의 기원은 『예기禮記』에 나온다. 공족公族이 죽을죄를 범했을 때 제후(公)는 거듭 용서한다고 말하지만 담당 관원은 용서한다는 제후의 명을 따르지 않고 죄인을 전인에게 넘겨 목매달아 죽게 하며, 그 보고를 받은 제후는 소복하고 곡한다는 예법이다.[25] 공족(종친)에 대한 사은私恩보다 죄를 벌하는 공의公義가 더 중요하기에, 제후는 자신의 명을 어긴 담당 관원과 전인을 처벌하지 않고 그저 친족의 죽음을 애도한다는 절묘한 법 집행의 가이드라인인 셈이다.

후대 현실에서는 대개 역모에 연루된 왕족을 처형하지 않고 은혜를 베풀어 위리안치 정도로 감형한 후 감시인으로 하여금 적당한 때 임의로 살해하도록 묵인하는 수단으로 종종 활용하였다. 굳이 이런 방법을 쓰는 이유는, 두 개의 유교 가치, 곧 역적을 처형하여 공의를 엄히 하는 것과 동기간에 은전을 베풀어 호생지덕好生之德을 실천하는 것 둘 다 충족할 수 있는 적절한 편법이었기 때문이다. 이는 또한 역모에 연루된 형제를 처형하지 않고 덕을 베풀어 유배한 뒤 다른 사람이 임의로 그를 죽이게끔 은근

25 『禮記』「文王世子」. "公族, 其有死罪, 則磬于甸人. … 獄成, 有司讞于公, 某死罪則曰, 某之罪在大辟. … 公曰宥之. 有司又曰在辟. 公又曰宥之. 有司又曰在辟. 及三宥, 不對走出, 致刑于甸人. 公又使人追之, 曰雖然必赦之. 有司對曰, 無及也. 反命于公, 公素服不擧, 爲之變, 如其倫之喪, 無服親哭之."

히 사주하거나 묵인함으로써 정적을 효과적으로 제거하는 방법이었다. 일단 제거한 후에는, 과인의 뜻이 아니었다면서 공식적으로 애통함을 몇 차례 표하면 그만이었다. 유교적 왕조국가에서 전인살해는 정적 관계에 있는 왕족을 제거하는 현실적 방법이었던 것이다.

위리안치로는 부족하니 임해군을 당장 처형해야 한다는 조정의 여론이 날마다 빗발치는 가운데서도 광해군은 결코 윤허하지 않았다. 그렇게 함으로써 법(義)을 집행하되 은덕(恩)도 동시에 베푸는 유교적 군주로서의 이미지를 갖추려 하였다. 광해군이 바라는 최선의 모양새는 모든 조정 신료가 임해군의 처단을 강력히 요구하는 가운데 자신은 그 수락을 끝까지 거부하는 것이었다. 이렇게 온 조정이 임해군 처형을 한목소리로 높이는 상황을 '즐기고', 조선의 새 국왕이 자신임을 천하에 분명히 보여주다가 적당한 때에 임해군을 전인살해 방식으로 제거하는 것이 가장 깔끔한 일처리였다.

임해군은 자신의 위소를 지키던 교동 별장 이정표李廷彪에게 죽임을 당하였다.[26] 임해군의 죽음에 광해군이 어느 정도 개입했는지는 그 진실을 알 수 없다. 다만 임해군이 죽었다는 보고를 접한 광해군의 태도를 통해 추론은 충분히 가능하다. 보고를 받은 광해군은 그가 왜 갑자기 죽었는지 그 원인과 정황을 전혀 캐묻지 않았다. 신료들 앞에서 그가 보인 첫 반응은 깊은 슬픔을 토로하고 곧바로 예를 갖춰 후하게 염빈斂殯해주라는 하교였다.[27] 슬픔을 '충분히' 표한 후에도 실상을 파악하기 위한 조사관을 파견하는 등의 적극적인 조치를 취하지는 않았다. 임해군의 신변 감시 책임을

---

**26** 『광해군일기』 15권, 1년 4월 29일 경진(5).

**27** 『광해군일기』 16권, 1년 5월 3일 계미(5).

맡았던 별장에 대해서는 임해군이 병에 걸린 사실을 제때 보고하지 않았다는 이유로 추고推考하는 정도의 가벼운 조치만 취하였다.[28] 질병으로 인한 사망을 기정사실로 수용한 상태에서 단지 보고를 지체한 점만 문제 삼은 것이다.

별장은 임해군의 이상한 동정에 대해 즉각 상부에 보고할 의무가 있다. 설령 임해군이 정말 병으로 죽었을지라도 아무런 사전 보고도 없다가 느닷없이 사망 보고를 올린 그는 처벌을 피하기 어렵다. 그런데도 광해군은 그것을 크게 문제 삼지 않고 추고하는 선에서 마무리하였다. 이로 미루어 임해군의 죽음에 광해군이 어떤 식으로든 깊숙이 개입했을 가능성은 꽤 크다고 추정할 수 있다.

임해군 제거는 성리학 근본주의자들이 붕당을 지어 조정에 가득한 상황임에도 별로 어렵지 않게 마무리할 수 있었다. 이는 신료들이 '충'이라는 가치를 다른 어떤 가치보다 중요시했기 때문이라기보다는 선조 사후 정국의 안정을 위해 임해군의 제거가 불가피하다는 현실을 대체로 받아들였기 때문이다. 가정이지만, 명나라가 애초 세자 광해군을 곧바로 승인했다면 임해군은 목숨을 잃지 않았을 수도 있다. 그는 어떤 정치 세력의 지지도 받지 못했고, 그만큼 광해군에게는 덜 위협적일 수 있기 때문이다. 그러나 공교롭게 명나라의 내부 사정은 광해군에게 불리하게 작용했고, 명 예부에서는 광해군의 승인에 전례 없이 인색하고 고압적인 태도로 일관하였다. 심지어 특별조사관을 한양에 파견하여 대질심문을 하는 등 새 국왕 광해군의 권위를 백관이 보는 앞에서 가차 없이 짓밟았다. 이런 전대미문의 사태가 벌어진 이상, 임해군이 조선 땅에서 목숨을 부지할 길은 사

28 『광해군일기』 16권, 1년 5월 4일 갑신(2).

실상 없었다. 이러한 이유로 그의 제거는 별다른 후유증 없이 비교적 쉽게 이루어졌다.

## 02

# 계축옥사의 전개 추이

임해군을 제거한 뒤 시간이 흐를수록 광해군에게 더욱 위협적인 존재로 다가온 이는 영창대군이었다. 영창대군은 광해군보다 서른한 살이나 적은 어린아이지만, 선조의 유일한 적자(대군)라는 이유로 본인의 의지와는 상관없이 늘 광해군의 왕위에 큰 위협 요소가 되었다. 이 때문에 광해군도 어떤 방식으로든 영창대군의 제거를 염두에 둘 수밖에 없는 정국의 흐름이 이어졌다. 결국 임해군이 죽은 지 약 4년 후인 1613년(광해군 5)에 계축옥사가 일어나 영창대군도 비슷한 과정을 밟아 위리안치되었다. 이듬해에는 전인살해 방식으로 죽임을 당하였다. 옥사 도중에 불똥은 인목대비에게까지 튀었다. 대북 계열의 성균관 유생 20여 명이 인목대비의 역모가담 혐의를 공개적으로 거론한 상소를 올린 것이 그 출발이었다. 사건을 확대하기보다는 일단 영창대군 문제를 처리하는 데 우선순위를 둔 광해군의 의중에 따라 옥사는 영창대군을 제거하는 선에서 일단락되었다. 하지만 불씨는 여전히 남아 있었다.

1613년(광해군 5) 4월, 일단의 무리가 강도살인죄로 체포되었다. 그 가운데 한 명인 박응서朴應犀(?~1623)의 옥중 고변은 당시 정계에 지각변동을 몰고 올 정도의 큰 옥사를 불러일으켰다. 정변을 일으켜 권력을 장악하고 대비에게 수렴청정을 청하려 계획했다는 내용의 진술이 나왔기 때문이다.[29] 박응서와 공모했다는 주요 피의자가 대개 명문가의 자제였으므로 이 고변이 갖는 폭발력은 굉장했다. 면면을 살펴보면 우선 박응서는 전 영의정 박순朴淳(1523~1589)의 서자, 서양갑徐羊甲(?~1613)은 전 의주목사 서익徐益(1542~1587)의 서자, 심우영沈友英(?~1613)은 전 경기감사 심전沈銓(1496~1589)의 서자였다.[30] 박치의朴致毅는 상산군商山君 박충간朴忠侃(?~1601)의 아들이고,[31] 김비金祕는 전 판서 김수金睟(1547~1615)의 손자였다.[32] 이 밖에 김경손金慶孫(?~1613)은 서인의 거유巨儒 김장생金長生(1548~1631)의 서제庶弟였다.[33] 이런 집안 배경 때문에 옥사 초기에 그들을 구해주려는 다양한 로비가 허다하였으며, 포도대장 한희길韓希吉(?~1623)조차 어떻게 처리해야 할지 모르고 주저할 정도였다.[34]

그들은 가문의 후광을 등에 업고 폭넓은 친분 관계를 맺었다. 그들과 교분을 맺은 자로는 판중추부사 기자헌奇自獻(1562~1624)의 아들 기수격

29 『광해군일기』 65권, 5년 4월 25일 계축(6).

30 『광해군일기』 65권, 5년 4월 25일 계축(6). 박순과 서익은 서인 계열이며(『黨議通略』 2쪽; 『선조실록』 19권, 18년 6월 5일 갑진), 심전은 동서 분당 이전에 정계에서 축출되었다.

31 『광해군일기』 65권, 5년 4월 25일 계축(13). 박충간은 서인 계열로, 기축옥사(1589) 때 공을 세워 공신에 올랐다(『선조실록』 23권, 22년, 12월 29일 임인).

32 『광해군일기』 65권, 5년 4월 27일 을묘(4).

33 『광해군일기』 66권, 5년 5월 3일 경신(4).

34 『광해군일기』 65권, 5년 4월 25일 계축(6).

奇秀格, 훗날 계해정변(인조반정)에 가담한 김자점金自點(1588~1651)과 신경식申景植(1573~1623),[35] 우의정 정인홍과 교분이 있던 이사호李士浩,[36] 의인왕후의 5촌이자 좌의정 이항복의 추천을 받아 종성판관으로 근무하던 정협鄭浹(?~1613),[37] 피의자들이 탈취한 은덩이를 자기 집에 숨겨준 호조판서 황신黃愼(1560~1617),[38] 벼슬도 없는 일개 서자에 불과한 서양갑에게 관청에서 향응을 베풀어준 윤휘尹暉(경상감사)[39] 등을 들 수 있다. 이 가운데 기자헌과 정인홍은 북인 계열, 이항복과 황신은 서인 계열이었다. 이처럼 박응서의 고변이 촉발한 계축옥사는 일파만파로 번져갔다.

아울러 이른바 유교7신遺敎七臣 문제가 불거지면서 사건은 더욱 심각한 지경에 이르렀다. 선조는 죽기 전에 일곱 신하 앞으로 비밀 유교遺敎를 내려 어린 영창대군을 보호해줄 것을 부탁하였다. 추국 도중에 이 사실이 드러나자, 밀지를 받았던 일곱 신하의 입장은 매우 난처할 수밖에 없었다. 선조 말년의 팽팽한 긴장이 감돌던 왕위 계승 과정에서 영창대군이야말로 현 국왕 광해군을 심각하게 위협하는 존재였기 때문이다. 그런 사실을 지금껏 함구해왔다는 점만으로도 역적으로 몰려 죽을 수 있는 상황이었다. 일곱 신하는 모두 왕실과 혼인 관계를 맺은 인물로, 유영경柳永慶(1550~1608), 한응인韓應寅(1554~1614), 신흠申欽(1566~1628) 허성許筬(1548~1612), 박동량朴東亮(1569~1635), 서성徐渻(1558~1631), 한준겸韓浚謙

---

35 『광해군일기』 65권, 5년 4월 27일 을묘(6).

36 『광해군일기』 66권, 5년 5일 1일 무오(3).

37 『광해군일기』 66권, 5년 5월 5일 임술(3), 15일 임신(8).

38 『광해군일기』 66권, 5년 5일 8일 을축(8).

39 『광해군일기』 66권, 5년 5일 8일 을축(9).

(1557~1627)이었다.[40] 이들의 당색을 보면 한응인·신흠·박동량은 서인 계열, 허성은 북인 계열, 한준겸은 남인 계열이었으며, 모두 왕실의 인척으로서 선조의 신임을 받던 자들이었다. 이 중에서 유영경은 광해군 즉위 직후 처형되었고, 허성은 계축옥사 발생 1년 전에 병사하였다.[41]

그런데 유교7신 중 한 명인 박동량이 공초 중에 대비전의 대군방大君房에서 선조의 병환을 살풀이로 치유하기 위해 의인왕후의 인형을 만들어 놓고 저주한 일을 발설함으로써[42] 인목대비에게까지 불똥이 튀었다. 『광해군일기』의 사관은 궁가 노복들의 대수롭지 않은 저주 행위를 옥사 중에 섣불리 발설한 박동량을 비난하였다. 또한 대군방에서 저주한 대상은 의인왕후가 아니라 광해군의 생모인 공빈 김씨이며, 이 일은 이미 임해군이 공빈의 능을 지키게 하여 아무 일이 없게 되었음을 강조하고, 인목대비는 이 저주와 상관이 없다고 변호하였다.[43] 사관의 논평을 그대로 받아들인다고 해도 대비전(당시는 내전)의 궁인·노복들이 왕세자의 생모를 저주한 행위는 분명하며, 그것은 가뜩이나 영창대군의 존재에 불안을 느끼던 광해군에게는 역모와 다름없는 소행으로 비쳐졌다. 마침내 광해군은 박동량의 공초에 나온 대비전 나인들을 체포하여 엄히 심문하라고 명해[44] 수사 대상을 대비전으로 확대하였다. 다만 대비를 직접 겨냥하기에는 정치적 부담이 너무 컸기 때문에 우선 대비의 아버지인 김제남을 역모의 최고 배후

---

40 『광해조일기』 1권, 무신년 2월 1일(『대동야승』 권40: Ⅲ권 207~208쪽).

41 『광해군일기』 56권, 4년 8월 9일 경오(3).

42 『광해군일기』 66권, 5년 5월 16일 계유(13).

43 『광해군일기』 66권, 5년 5월 16일 계유(14·15).

44 『광해군일기』 66권, 5년 5월 18일 을해(13·19).

인물로 지목하였다. 김제남이 주로 서인 계열의 인물들과 친분을 유지했던 탓에, 이때 서인은 큰 위기에 봉착하였다.

광해군은 주요 피의자들을 친국하면서 누구를 왕으로 추대하려 했는지 집요하게 추궁하였다. 몇몇 이름이 공초에 나왔지만, 광해군은 왕이 될 자는 반드시 따로 있을 거라면서[45] 고문과 회유를 번갈아 하며 끈질기게 심문하였다. 결국 옥사 발생 초기에 이미 광해군은 피의자들로부터 김제남이 역모의 최고 우두머리이며 영창대군을 새 왕으로 추대하려 했다는 공초를 여러 차례 받아냈다.

공초에서 영창대군의 이름이 나오자마자 영창대군을 처벌해야 한다는 여론이 조정을 뒤덮었다. 처단의 당위성을 논하는 문무백관에게 광해군은 차마 동기에게 그럴 수는 없다면서 괴로운 심경을 누차 토로하였다. 하지만 그것은 왕의 은덕을 보여주는 '제스처'일 뿐이었다. 당시 영창대군 처단을 가장 강력하게 견인한 주체는 삼사의 대북 계열 인물들인데, 계축옥사 기간 내내 광해군은 삼사의 논의에 끌려다니기는커녕 되레 삼사를 압도하고 있었다.[46] 이 점은 광해군이 결코 특정 정치 세력에게 조종당하지 않았다는 확실한 증거이다.

광해군의 언행을 종합적으로 검토해보면, 당시의 실상을 더욱 정확히 파악할 수 있다. 영창대군을 처단하라는 논의가 올라올 때마다 광해군은 자신의 기구한 운명을 탄식하면서 논의를 그만 중지하라고 하소연하듯이 답하곤 하였다. 그러나 그런 답에 바로 뒤이어서 거의 예외 없이 국문을

---

**45** 『광해군일기』 66권, 5년 5월 4일 신유(2). "… 王曰, 爲王者必有其人, 而以鄭浹詐稱, 更加刑以問. …"

**46** 이 문제에 대해서는 4장 '04. 광해군의 언관 제압 추이'에서 상세히 다룬다.

더 엄히 하라는 전교를 내리고 친국에 임하였다. 영창대군을 죽일 수 없으니 자신을 그만 괴롭히라고 호소하면서도, 동시에 매일 옥사를 진두지휘하며 영창대군을 추대하려 했다는 자백을 확실히 받아내고 국문을 더욱 철저하게 한 광해군의 이중적 태도는 실록의 계축옥사 기간에 해당하는 기사에서 쉽게 찾을 수 있다.

한두 가지 예를 제시하면 다음과 같다. 문무백관이 영창대군의 처단을 청하자 광해군은 "내가 덕이 없기 때문이므로 차마 할 수 없는 일"이라고 했지만,[47] 그렇다고 사건을 마무리 짓지는 않고 도리어 계속 친국에 임해 지휘하였다. 또, 대신·삼사·종친부·예문관 등이 영창대군의 처단을 거세게 청원하자 광해군은 "내가 죄인이다", "면목이 없다", "대처 방법을 경들이 알려달라"며 괴로운 심정을 재차 토로하였다.[48] 하지만 그뿐이었다. 다른 한편에서 그는 엄한 국문을 통해 김제남이 역적의 괴수임을 여러 차례 드러내는 데 더욱 열심이었다. 김제남은 처형하되 영창대군은 끝까지 보호하려는 듯한 태도를 거의 매일 신료들에게 내보인 것이다.

김제남이 역모의 우두머리로 공초에 거듭 오름에 따라 그 친딸인 인목대비도 옥사에서 자유로울 수 없었다. 안으로는 무고巫蠱를 행하고 밖으로는 아비의 역모에 응답한 이상 어미의 도리(母道)가 이미 끊어졌다고 운운한 성균관 유생들의 복합상소伏閤上疏는 바로 이런 정치적 상황에서 처음

---

47 『광해군일기』 66권, 5년 5월 16일 계유(4). "… 答曰, 聞卿等率百僚來會, 予不知所爲, 由予不德, 使人心至此, 自愧不暇, 何可歸咎於人, 指爲禍本也. 又復忍此不可忍之擧, 則是重吾罪戾, 恐非轉禍之道也. 卿等更思之."

48 『광해군일기』 66권, 5년 5월 18일 을해(7). "大臣連啓議事. 答曰, 先王不知予之不肖, 付以宗社之重, 而得罪上下, 致此剝床之禍, 起於肘腋, 誠無面目以對諸卿. 卿等論執如是, 而予方寸亂甚, 不知處變之道. 如之何而可耶. 卿等爲國善籌, 詳細指敎." 같은 날 여러 다른 기사도 함께 참조.

나왔으며,[49] 마침 수사가 대비전으로 확대되던 즈음에 광해군의 집무 책상에까지 올라왔다.

49 『광해군일기』 66권, 5년 5월 22일 기묘(18).

# 03

## 인목대비, 계축옥사의 돌발 변수

성균관 유생들의 상소가 올라온 지 사흘 뒤 조정에서도 비슷한 논의가 제기되었다. 장령 정조鄭造(1559~1623)와 윤인尹訒(1555~1623)은 대비가 종묘사직에 득죄하여 모후의 도리가 이미 끊어져버렸으니 궁궐에 함께 거처할 수 없다고 논계하였다. 이런 주장은 충(公)이 효(私)보다 우선이라는 논리에 바탕을 두었으며, 그들은 그 근거로 『춘추좌씨전春秋左氏傳』에 나오는 노장공魯莊公의 부인 애강哀姜 등의 고사를 제시하였다.[50]

하지만 그들의 주장은 대간들 사이에서도 많은 반대에 부딪혔다. 대사헌 최유원崔有源(1561~1614)과 대사간 이지완李志完(1575~1617) 이하 여러 대간은 영창대군과 김제남에 대한 처벌은 마땅하지만 신하로서 자전의 일을 함부로 거론하여 왕의 효심을 손상시킬 수는 없다면서 신중한 태도

---

50 『광해군일기』 66권, 5년 5월 25일 임오(12). 중국 고사에 대한 종합적인 분석은 이 책의 7장에서 상세하게 다룬다.

를 보이며 사직서를 올렸다.[51] 다수의 대간도 줄줄이 사직서를 올렸다. 이렇듯 대간 내의 의견이 일치하지 않자, 상례에 따라 정조와 윤인을 포함해 양사 관원 전원이 인피引避하는 사태가 벌어졌다. 이에 홍문관에서 그 처리를 의논해야 하는 상황이건만 홍문관 내의 의견 조율도 만만치 않았다. 홍문관의 최고 책임자인 대제학은 서인 계열의 예조판서 이정귀李廷龜(1564~1635)가 겸직 중이었는데, 이미 그는 옥사 도중에 여러 차례 사직 의사를 밝혔다.[52] 부제학 이하 대부분의 관원은 대북 계열이지만 서로 눈치만 볼 뿐 대비를 공격한 정조와 윤인을 선뜻 지지하고 나서지 못하였다. 마침내 부제학 이성李惺(1562~1624)이 주관한 홍문관 회의에서 대비 공격에 반대한 대사간과 대사헌의 견해를 정론正論으로 간주하고 대비 문제를 처음 입에 올린 정조와 윤인을 체차시키는 쪽으로 결론을 내렸다.[53] 광해군도 이 건의를 받아들여 정조와 윤인을 체차함으로써 '대비논쟁'은[54] 없었던 일로 일단락되는 듯하였다.

광해군은 홍문관의 건의를 수용하여 정조와 윤인을 체차하면서도 인목대비의 처리 문제를 이미 그 나름대로 생각하고 있었던 것 같다. 정조와 윤인을 체차한 바로 그날, 광해군은 태종(r. 1400~1418)이 왕위에 오른 뒤

---

51 『광해군일기』 66권, 5년 5월 25일 임오(10·11·13). 참고로, 최유원은 서인 계열, 이지완은 북인 계열이었다.

52 『광해군일기』 66권, 5년 5월 25일 임오(28).

53 『광해군일기』 66권, 5년 5월 26일 계미(3).

54 현재 학계에서는 대개 '폐모론廢母論'이라 부르지만, 인목대비의 거취와 관련하여 발생한 논쟁은 그 내용이 무척 다양하였다. 이를테면 대비의 거처를 옮기는 문제, 위호를 강등하는 문제, 폐출하는 문제, 폐위가 곧 폐모를 뜻하는지의 문제 등을 꼽을 수 있다. 폐모론은 대비를 거론한 숱한 내용 가운데 하나였을 뿐이다. 따라서 여기서는 이 모든 논쟁을 아우르는 하나의 개념으로 '대비논쟁'이라는 표현을 쓴다.

신덕왕후神德王后(?~1396)를 어떻게 대우했는지 실록을 조사해 보고하라는 전교를 특별히 내렸다.[55] 정변을 일으켜 집권하는 과정에서 이방원(태종)은 당시 왕세자이자 자신의 이복 아우인 이방석李芳碩(?~1398)을 살해하였다. 광해군은 태종이 이방석의 생모이며 그의 어머니(계모)인 신덕왕후를 어떻게 대우했는지 알아보아 이를 인목대비를 처리하는 데 참고하려 한 것이다. 며칠이 지나도록 보고가 올라오지 않자 광해군은 하루에 두 차례나 독촉하기까지 하였다.[56] 보고를 받은 광해군이 어떤 반응을 보였는지에 대해서는 자료가 없어 단언할 수 없다. 하지만 이후 광해군이 취한 일련의 행동을 고려하면, 이때 이미 그는 신덕왕후 문제를 처리한 태종의 방법을 똑같이 따르기로 마음을 굳힌 듯하다.[57]

이 시기 정국에서 광해군에게 급선무는 인목대비 문제가 아니라 영창대군의 처리 문제였다. 영창대군의 생모 인목대비도 광해군에게는 정적이 될 만하지만, 그가 광해군의 정적이 될 수 있는 근본 이유는 바로 영창대군의 존재에서 비롯하였다. 왕위를 실제로 계승할 수 있는 영창대군이 광해군에게는 훨씬 더 위험한 존재였다. 따라서 계축옥사를 주도하면서 광해군의 최대 관심은 영창대군의 제거였다. 그 일을 어렵게 만드는 어떤 상황도 용납하지 않는 것이 광해군의 의지였다. 그의 의도는 계축옥사의 불똥이 인목대비 쪽으로 튀면서 대비의 거취 문제를 놓고 유생들 간에 논쟁이 뜨거워지고 그에 따라 옥사의 성격 자체가 바뀌려 할 즈음에 분명히

---

**55** 『광해군일기』 66권, 5년 5월 26일 계미(9).

**56** 『광해군일기』 67권, 5년 6월 3일 경인(1·8).

**57** 태종과 세종(r. 1418~1450)이 신덕왕후를 처리한 내용 및 그것을 전례로 삼은 광해군의 복안에 대한 자세한 논의는 이 책의 6장에서 다룬다.

드러났다.

조정 내에서 처음으로 대비를 공격한 정조와 윤인을 체차함으로써 종결되는 듯했던 대비논쟁은 이위경李偉卿(1586~1623), 정조, 윤인 등을 비난하는 유생들의 상소가 이어지면서 유생들 사이의 논쟁으로 발전하였다. 조경기趙慶起를 중심으로 한 일단의 동부학당 유생들은 이위경 등이 모후를 비난하여 강상의 죄를 범했으니 당장 목을 베어야 하며, 저들을 살려둔다면 삼강과 구법九法이 무너져 금수의 나라가 될 것이라며 강하게 성토하였다. 더 나아가 조경기 등은 다른 관학에 통문을 보내, 강상의 죄인을 토벌하고 인륜을 밝히려는 공론에 동참할 것을 촉구하였다.[58] 이에 대해 진사 정창언鄭昌言은 왕을 위하여 역적을 토벌하는 일이 과연 강상의 죄냐고 반문한 뒤, 천자의 책봉을 받은 왕에게 반역하여 자기 아들을 옹립하려 한 대비는 왕의 죄인이자 천자의 죄인이라고 극언하며 역공하였다.[59] 진사 민귀달閔貴達도 상소하여 대비를 옹호하는 자들은 역적을 비호하는 무리라고 비난하였다.[60] 그러자 이번에는 진사 이명달李命達(1576~1654) 등이 상소하여 인륜을 범한 이위경 등 세 명을 참하지 않으면 윤기倫紀가 끊어져 나라가 망할 터인데, 이 문제에 대하여 침묵하는 삼사도 다 한통속이라고 비난하였다.[61]

처음에 광해군은 상소를 통한 유생들의 논쟁에 별다른 반응을 보이지 않았다. 하지만 논쟁이 점차 격화하면서 여론의 관심이 영창대군에서 대

---

58 『광해군일기』 67권, 5년 6월 21일 무신(19·20).

59 『광해군일기』 67권, 5년 6월 22일 기유(18).

60 『광해군일기』 68권, 5년 7월 3일 기미(8).

61 『광해군일기』 68권, 5년 7월 8일 갑자(5).

비 문제로 집중되자 이 논쟁에 개입하였다. 특히 이명달의 비난을 받은 삼사의 관원들이 잇달아 피혐하여 문제가 커지자, 채택하지도 않은 정조와 윤인의 의견을 가지고 조정을 싸움터로 만든다고 지적하면서 유생들과 양사를 싸잡아 질책하였다.[62]

대비논쟁에 대하여 광해군이 이렇게 제동을 걸고 나선 데는 이유가 있었다. 앞서 지적했듯이, 계축옥사에 임하는 광해군의 최우선적 관심은 영창대군을 제거하는 일이었다. 영창대군의 처리 문제가 아직 확정되지도 않은 시점에서 터져 나온 대비논쟁은 광해군의 의도와는 다른 방향으로 계축옥사를 발전시킬 가능성이 있었다. 적어도 그때까지는 신료들 사이에 영창대군의 처단에 대해서 공개적인 심한 반대가 없었다. 오히려 그즈음 백관은 영창대군을 속히 처단해야 한다며 하루에도 두어 차례씩 계사를 올렸다. 영창대군의 무고함은 다들 알고 있지만 왕조국가의 특성상 영창대군은 앞으로 두고두고 나라의 화근이 되리라는 정서가 조야에 편만하였다.

그런데 옥사의 와중에 대비의 거취 문제가 새로운 쟁점으로 떠오르자 대비에 대한 문책만큼은 절대로 불가하다는 반대 여론이 매우 강하게 일기 시작하였다. 이런 새로운 정서는 심지어, 영창대군은 영문도 모르는 어린아이에 지나지 않으니 처단하지 말고 은덕을 베풀어야 한다는 여론으로까지 확산되었다. 국왕으로서 이런 흐름을 그대로 방치한다면, 오히려 영창대군에게 일종의 '면죄부'를 주는 셈이고 그 결과 광해군은 크나큰 정치적 부담을 영원히 안고 갈 수밖에 없는 상황을 초래할 수도 있었다. 이는 애초 광해군의 의도와 정면으로 상충하는 최악의 변수였다.

---

62 『광해군일기』 68권, 5년 7월 8일 갑자(5), 9일 을축(4).

영창대군을 죽이면 안 된다는 주장을 처음 제기한 사람은 전라병사 곽재우郭再祐(1552~1617)였다. 그는 반역의 행위가 분명한 임해군은 법에 따라 처리함이 옳았지만, 어린 영창대군은 죄가 없다면서 처벌에 반대 의사를 표명하였다.[63] 이후 영창대군을 살려주어야 한다는 전은론全恩論은 조정에서도 하나의 여론을 형성하였다. 여기서 주목해야 할 점은 영창을 살려야 한다는 곽재우의 상소와 인목대비에게 효도를 다 하라는 유생 조경기의 상소가 같은 날 광해군의 집무 책상에 올라왔다는 사실이다. 그동안 영창대군의 처단을 당연시하던 여론의 동향이 대비논쟁을 계기로 영창을 살리려는 쪽으로 바뀌고 있음을 광해군은 직감적으로 느꼈을 것이다.

영창대군 제거를 우선시하던 광해군에게 이런 변화가 크게 거슬렸음은 당연하다. 이에 광해군은 영창대군의 처벌과 인목대비의 거취 문제를 연계하지 않음으로써 일단은 영창대군을 제거하는 옥사로만 계축옥사의 범위를 국한시키려 하였다. 유생들로부터 비난을 받았다고 줄줄이 피혐하는 양사 관원들을 질책하면서 그는 이렇게 말하였다.

> 정조와 윤인 등이 말해서는 안 될 일을 경솔하게 발설하여 시끄러운(논란의) 단서를 불러일으켰다. 그리하여 조정은 안정되지 않고 토역은 엄하지 않으니 나는 마음속으로 애석하다.[64]

---

63 『광해군일기』 67권, 5년 6월 21일 무신(16); 10권, 즉위년 11월 15일 무술(2). 임해군과 영창대군의 처리를 달리 해야 한다는 곽재우의 논리에 대해서는 최석기, 「망우당 곽재우의 절의정신」, 『남명학연구』 6, 1997 참조. 곽재우는 조식曺植(1501~1572)의 사위이자 대북의 거두 정인홍의 벗이었다. 하지만 계축옥사를 계기로 정인홍 등과 멀어졌다(『광해군일기』 114권, 9년 4월 27일 신유).

64 『광해군일기』 68권, 5년 7월 9일 을축(4). "… 造訕等輕發不當言之事, 惹起鬧端, 以致朝著不靖, 討逆不嚴. 予竊痛焉. …"

이와 같은 지적은 계축옥사에 임하는 광해군의 진정한 의도를 잘 보여준다. 그는 일차적인 목적, 곧 영창대군의 제거에 일단 주력하고자 한 것이다.

바로 이때 광해군을 더욱 자극하는 사건이 발생했는데, 그것은 다른 차원의 문제를 불러일으켰다. 이위경 등 20여 명의 유생이 대비를 공격하는 상소를 처음 올렸을 때, 관학 유생들은 그들을 유적儒籍에서 삭제하고 전국의 학교에 두루 통문을 돌려 그 죄를 포고하였다. 이후 예문관 검열 엄성嚴惺(1575~1628)은 그들의 상소 내용이 강상죄에 해당한다면서 과거 응시 자격을 박탈(정거停擧)하였다.[65] 상소에 서명한 유생들은 대체로 대북 계열이었는데, 홍문관 부응교 한찬남韓纘男(1560~1623)과 부교리 이창후李昌後의 아들도 그들 중에 있었다.[66] 이런 이유로 대북 계열의 조정 신료들은 광해군에게 그들에 대한 정거를 풀어주도록 호소하였다. 하지만 인목대비에 대한 섣부른 공격이 영창대군의 제거까지 어렵게 한다고 판단한 광해군은 이들의 호소에 귀를 기울이지 않았다. 그렇다고 엄성의 행위를 묵과하지도 않았다. 대비논쟁을 일단 중지시키고 덮으려는 광해군의 의도와 달리 엄성의 행위는 대비논쟁을 더 격화시키는 촉매 역할을 하였기 때문이다. 광해군은 노기 서린 어조로 엄성을 체차하였다.[67]

그러나 이 정도에서 사건이 가라앉지 않았다. 오히려 다른 차원의 문제가 불거졌고, 이는 광해군을 더욱 분노케 하여 왕과 신하의 대립으로 나

---

65 『광해군일기』 68권, 5년 7월 11일 정묘(2).

66 『광해군일기』 68권, 5년 7월 13일 기사(10).

67 『광해군일기』 68권, 5년 7월 13일 기사(10). "… 王怒甚厲聲曰, 嚴惺不合今日秉筆之任 可遞差."

아갔다. 엄성의 체차에 대해 승정원이[68] 공개적으로 이의를 제기하고 나선 것이 사건 비화의 도화선이었다. 사관(예문관 검열)을 체차하면서 그의 잘못이 무엇인지 밝히지도 않은 채 공론을 기다리지도 않고 즉석에서 처리한 것은 사관에 대한 예우가 아니라며 이의를 제기한 것이다. 그러자 광해군은 만인의 주主인 왕이 사관 하나를 마음대로 처치할 수 없느냐고 되물으면서 매우 공격적으로 반응하였다.[69] 반대 의견을 시끄럽게 개진하는 유생들의 상소도 이미 옳지 못한 일인데 심지어 팔도에 통문을 보내기까지 했고, 검열 엄성은 선비들의 과거 응시 자격을 제멋대로 박탈했으니 이는 붕당만 알지 왕이 있음을 모르는 방자한 행위이므로 묵과할 수 없다며 진노하였다.

광해군은 엄성의 관직을 삭탈하고 문외출송門外黜送이라는 더 무거운 처벌을 내렸다. 또한 통문을 돌리는 데 적극 가담한 정복형鄭復亨, 이안진李安眞(1576~1640), 권심權諗 등 주동 유생들을 유적에서 삭제하여 종신금고에 처하고 문외출송하라고 처결하였다. 정조와 윤인에 대해서도 대비 문제를 선불리 발설하여 조정을 싸움터로 만든 죄를 물어 삭직시켰다.[70] 광해군은 계축옥사의 핵심인 영창대군의 처벌 문제를 마무리하기도 전에 옥사의 성격이 대비논쟁으로 비화하는 것을 막기 위해 싸움의 불씨를 제

---

68 당시 도승지는 남이공南以恭(1565~1640)이고, 이덕형李德泂(1566~1645), 이신원李信元(1571~1634), 권진權縉(1572~1624), 윤중삼尹重三(1563~1619), 정립鄭岦(1574~1629) 등이 승지로 있었다(『광해군일기』 67권, 5년 6월 1일 무자, 3일 경인, 17일 갑진). 이 중 남이공·이덕형·윤중삼은 소북 계열, 이신원·권진·정립은 대북 계열이었다.

69 『광해군일기』 68권, 5년 7월 14일 경오(2). "… 答曰, 予爲人主, 一史官亦不得處置乎. 政院勿爲護黨之言."

70 『광해군일기』 68권, 5년 7월 14일 경오(4).

공한 쌍방을 모두 처벌하였다. 그렇게 함으로써 계축옥사를 김제남이 영창대군을 추대한 역모 사건으로 한정하고 대비 문제는 일단 배제하고자 하였다.

광해군은 이 과정에서 자신이 만인지상의 왕임을 거듭 강조하며 권위를 내세웠다. "왕이 사관 하나를 마음대로 처치할 수 없단 말인가"라는 질타는 당시 본인의 마음을 응축하여 피력한 결정체였다. 그는 사관을 처벌하는 데 왕의 권위 하나면 충분하다 보았고, 신하들, 특히 대간의 공론에 무조건 따르기를 거부하였다. 어렵게 즉위한 국왕 광해군으로서는 왕위를 직접 노릴 수 있는 영창대군의 존재도 받아들일 수 없었지만, 왕권 행사에 일일이 제동을 거는 대간의 반대 또한 용납할 수 없었던 것이다. 특히 그 반대가 영창대군 문제와 직접 연동된 사안이었으므로 광해군은 무척 단호하였다. 이제 이 사건은 왕권을 행사하는 문제를 놓고 왕과 신료들이 대립하는 형태로 그 성격이 돌변하였다.

엄성을 공격했던 북인 계열조차 그에 대한 처벌이 부당하다며 지적하고 나서는 상황이었으니, 왕과 대간 사이의 대립은 더욱 분명해졌다. 대사헌 윤효전尹孝全(1563~1619)과 대사간 송석경宋錫慶(1560~1637)은 그저 그들 자신의 의견을 피력했을 뿐인 유생들에게 유적 삭제, 종신금고, 문외출송 등의 처벌을 내린 것은 선비를 대우하는 도리가 아니라고 지적하였다.[71] 하지만 광해군은 유생들의 행태는 군신 간의 의리도 모르는 꼴이라

---

71 『광해군일기』 68권, 5년 7월 15일 신미(2). 윤효전은 북인 중에서도 주로 소북 계열과 친분이 있었는데, 계축옥사 때는 이이첨의 대북 쪽으로 기울었다(『광해군일기』 68권, 5년 6월 4일 신묘). 그는 17세기 후반 예송논쟁의 핵심 인물인 윤휴尹鑴(1617~1680)의 부친이다. 송석경은 대북 계열로, 이이첨·정인홍·유경종 등과 함께 광해군의 즉위에 공을 세운 인물이다(『광해군일기』 61권, 4년 12월 26일 을묘).

며 극도의 불신감을 표하면서, 엄성의 정거 사건은 군주를 무시한 방자한 행위로 규정하였고 관학 유생의 통문 사건은 왕에 대한 공개적 도전 행위로 간주하였다.[72] 그러자 양사의 모든 관원도 이 사안에 대해 각자의 의견을 개진했는데, 모두 처벌이 부당하다고 입을 모으며 사직하였다. 특히 대사간 송석경을 비롯하여 지평 남이준南以俊(1566~1621), 지평 조존도趙存道(1579~1637), 정언 조정립曺挺立, 장령 김질간金質幹(1564~1621) 등 대북 계열도 유생들이 통문을 돌린 일은 비록 잘못이지만 그것 때문에 문외출송 등으로 처벌하는 것은 부당하다고 지적하였다.[73]

계축옥사의 와중에 이이첨이 이끄는 대북 일파가 자신들의 정적이랄 수 있는 엄성 등에 대한 처벌의 부당성을 지적하면서 선비에 대한 예우를 운운한 사실은 당시의 대립 구도를 단순히 당쟁으로만 볼 수 없게끔 한다. 당쟁 차원을 넘어 사풍士風을 놓고 벌어진 국왕과 언관 사이의 갈등이라는 요소도 상당히 중요하게 작용하고 있었다. 즉위한 후에도 세자 시절의 나쁜 기억에서 자유롭지 못하던 광해군이 만인지상의 권위를 확립하는 데 집착했음은 당연하다. 외방에 통문을 돌린 유생들에게 종신금고와 문외출송 처벌을 내린 것은 선비에 대한 부당 대우라는 남이준의 주장에 광해군은 다음과 같이 질타하였다.

> 고금천하古今天下에 어찌 왕이 없는 나라가 있겠는가? (선비에 대한) 종신금고가 비록 근래에 없던 일이라 하지만, 여러 도에 통문을 돌려 중외中外에 호소하고 앞다퉈 소장을 올려서 군부君父를 윽박지르는 행위

72 『광해군일기』 68권, 5년 7월 15일 신미(2).

73 『광해군일기』 68권, 5년 7월 18일 갑술(4~11).

> 는 과연 근래에 있던 일인가? 너희들은 대간이 되어 논핵은 곧게 하지 않으면서 도리어 비호할 계책만 세우니, 국가에서 언관을 둔 뜻이 어디에 있단 말인가?[74]

확실히 자신의 속내를 그대로 드러냈다. 이는 왕의 권위에 도전하는 어떤 행위도 묵과하지 않겠다는 선언이었다.

며칠 뒤에 광해군은 바로 대사헌과 대사간을 각각 송순宋諄(1538~1616)과 이충李沖(1568~1619)으로 교체하고 다른 대간도 물갈이를 단행하였다.[75] 이 파동을 계기로 양사는 크게 위축되었다. 새로 구성된 양사에서는 더 이상 이 문제를 입에 올리지 않았고, 대간의 반대는 완전히 사라졌다. 광해군의 단호함에 양사가 밀리며 왕의 뜻대로 따라가는 현상을 보인 것이다. 인목대비 문제도 수면 아래로 가라앉았다. 양사가 물갈이되고 사흘 뒤, 통문에 참여했던 관학 유생들의 상소가 한 차례 더 있었으나, 이는 통문에 동참한 이유를 변론하는 성격이었다.[76] 시비를 가리자는 상소는 더 이상 올라오지 않았으며, 조정에서도 관련 논쟁은 사라져버렸다. 약 4개월 후 남인의 거유巨儒 정구鄭逑(1543~1620)가 갑자기 장문의 상소를 올려, 세상에 옳지 않은 부모는 없으니 모자 관계를 잘 지키라고 하였으나 정국에는 아무런 영향을 주지 못했다. 상소의 주요 논점도 대비 문제보다는 은혜

---

**74** 『광해군일기』 68권, 5년 7월 18일 갑술(5). "… 答曰, 古今天下, 豈有無君之國乎. 禁錮終身, 雖近代所無之事, 通文諸道, 號召中外, 爭投疏章, 脅制君父, 是果近代所有之事乎. 爾等身爲臺官, 不爲直擧論劾, 反生救護之計, 國家設言官之意, 安在. …"

**75** 『광해군일기』 68권, 5년 7월 21일 정축(3). 송순과 이충 모두 대북 계열이었다.

**76** 『광해군일기』 68권, 5년 7월 24일 경진(2).

로써 영창대군을 살리라는 내용이었다.[77]

결국 양사 관원의 전격적인 교체는 계축옥사 중에 불거진 대비논쟁을 종식시키는 결정적 전환점이었다. 계축옥사는 이제 광해군의 애초 의도에 맞게 영창대군의 처리 문제로 초점이 최대한 모아졌다. 영창대군을 죽여야 한다는 논의는 갈수록 조야를 뒤덮었다. 영창대군을 죽이지 말라는 전은론은 사실상 잠잠해졌다.

---

**77** 『광해군일기』 72권, 5년 11월 10일 갑자(2).

# 04

## 적자 영창대군 제거

영창대군 처단론이 갈수록 강해지는 조정 분위기를 약 열흘쯤 관망하다가 마침내 광해군은 그를 강화도에 위리안치하라는 전교를 내렸다. 그 전교에는 계축옥사 및 영창대군의 처리 문제에 임한 광해군의 자세가 어떠했으며, 또 그것이 얼마나 단호했는지 잘 드러난다.

> 비록 함께 역모를 하지는 않았더라도 흉역한 무리가 그에게 기대어 위세를 행하니, 이는 실로 종묘사직의 화근이다. 왕이 지켜야 할 것은 종묘사직이고 중시할 것은 국가이다. 사안이 종묘사직에 관련되면 비록 동기일지라도 사사로이 편애할 수 없다. 죄가 국가에 관련되면 지친일지라도 (사사로이) 고려해줄 수 없다. (그가) 이미 흉악한 무리의 기화奇貨가 되었고, 옹립한다는 말이 여러 역적의 공초에 낭자하다. 어찌 어리고 무식하다는 핑계로 일찍 단속하지 않아서 후일의 무궁한 후회를 남기겠는가? … 어린 나이에도 역적들의 소망이 오히려 이와 같은데, 다른 날의 변고가 지금보다 심하지 않다고 어찌 알겠는가? … 그런즉 다

> 만 마땅히 종묘사직의 명을 받들고 국인國人의 말을 좇아 공公으로써 사私를 멸하고 의義로써 은恩을 끊어버릴 뿐이다. … 오늘날의 일은 오직 종묘사직과 국가의 위중함을 생각하는 데 있고, 선왕들이 이미 행한 대법大法을 헤아리는 데 있다. 눈뜨고 차마 못하는 것 때문에 후일의 무궁한 우환을 남길 수는 없다. 위리안치가 가하다.[78]

광해군의 논지는, 첫째 영창대군이 역모에 직접 가담하지는 않았더라도 역모 사건이 일어날 때마다 왕으로 추대받을 테니 그의 존재 자체가 나라의 화근이고, 둘째 지금 나이가 어린데도 이와 같으니 그가 장성하면 왕위에 더욱 큰 위협이 될 것이며, 셋째 따라서 아예 지금 그 화근을 미리 제거하여 종묘사직을 안정시키겠다는 말이었다. 역모를 몰랐을 어린 아우를 처벌한다는 윤리적 부담을 덜기 위해 종묘사직이라는 공적 가치를 우애라는 사적 가치보다 더 중시하는 논리를 바탕에 깔았다. 영창대군 제거의 명분을 유교적 범주 안에서 논리적으로 찾아 제시한 것이다.

그러나 영창대군을 제거하는 문제는 임해군 때보다 훨씬 복잡하였다. 영창대군은 여덟 살의 어린아이에 불과했으므로 역모와 직접적인 관련이 없음은 자명하였다. 이 때문에 영창대군을 무고한 피해자로 인식하는 분위기가 지배적이었다. 전교에도 나타났듯이 광해군 자신도 영창대군의 무

---

78 『광해군일기』 68권, 5년 7월 27일 계미(1). "… 雖不與逆謀, 而兇逆之徒, 倚爲聲勢, 則此實宗社之禍本也. 人君之所守者宗社也, 所重者國家也. 事係宗社, 則雖同氣, 有不得私焉. 罪關國家, 則雖至親, 有不得顧焉. 旣爲兇徒之奇貨, 擁立之說, 狼藉於諸賊之招. 豈諉之以稚騃無識, 而不早爲之所, 以貽後日無窮之悔哉. … 以幼稚之年, 而賊所望, 猶尙如此, 他日之變, 安知不有甚於今日也. … 則但當奉宗社之命, 而從國人之言, 以公滅私, 以義斷恩而已. … 今日之事, 惟在念宗社國家之爲重, 究前聖已行之大法. 不可以目前之不忍, 貽後日無窮之患. 可圍籬安置."

고함을 잘 알고 있었다. 비록 역도들에 의해 왕으로 추대되었다는 공초가 여러 차례 나오기는 했지만, 그렇다고 어린 영창대군을 바로 처형하기는 결코 쉽지 않았다.

광해군의 또 다른 부담은 공의를 내세워 영창대군을 처단하는 것만이 유교적 군주가 할 일은 아니라는 점이었다. 유교국가의 왕으로서 광해군은 공의의 구현과 동시에 인덕仁德도 베풀어야 했다. 특히 만인지상의 인군人君으로서 성리학의 핵심 가치 가운데 하나인 효제孝悌를 몸소 실천해 보여야 하는 위치에 있었다. 영창대군을 제거하여 화근을 없애려는 광해군에게 이 점은 매우 곤혹스러운, 이율배반적인 유교 덕목이었다. 공의를 내세워 영창대군을 제거하고 싶지만 그 처리가 쉽지 않은 것이 바로 유교화가 이미 깊게 뿌리를 내린 17세기 전반 유교국가 조선의 국왕인 광해군의 고민이었다.

이런 상황에서 광해군은 또다시 전인살해 방식을 택할 수밖에 없었고, 당시 그가 고를 수 있는 거의 유일한 선택지였다. 위리안치만으로는 부족하고 영창대군을 당장 죽여야 한다는 조정의 여론이 빗발치는 가운데서도 광해군은 위리안치 이상의 처벌을 결코 윤허하지 않았다. 위리안치는 광해군이 영창대군에게 내린 마지막 전교였다. 그렇게 함으로써 유교적 군주로서의 균형을 유지하려 하였다. 임해군 때와 마찬가지로, 광해군이 원한 최선의 모양새는 모든 조정 신료가 영창대군의 처단을 한목소리로 강력히 건의하고 자신은 그것을 거부함으로써 유교적 군주로서의 은덕을 과시하는 것이었다. 그 뒤 시간적 여유를 두다가 적당한 때에 전인살해 방식으로 목적을 달성하면 충분하였다.

삼사는 물론이고 문무백관이 하루에도 두어 차례씩 올리는 영창대군 처단 계사에 대해 광해군은 한숨 섞인 탄식을 내뱉으며 논의를 제발 중지하라고 하소연하듯이 답하곤 하였다. 광해군의 이런 태도를 특정 정파의 압력을 받아 소심하게 끌려다녔다는 식으로 단순하게 해석하면 곤란하다. 통문과 정거 사건을 빌미로 삼사를 완전히 누른 광해군의 위세를 고려할 때, 광해군은 오히려 영창대군을 처단하라는 신하들의 줄기찬 청원을 즐겼다고 보는 편이 타당하다. 백관이 영창대군의 처단을 매일같이 청원한다는 것은, 그만큼 계축옥사의 진실성을 신료들이 인정한다는 증거이자 영창대군이야말로 종사의 화근이라는 사실이 나날이 증명됨을 의미했기 때문이다. 다른 말로, 영창대군을 죽이라는 백관의 외침은 바로 국왕 광해군에게 충성을 다짐하는 온 국인國人의 목소리로 인식되었던 것이다. 이런 식으로 모든 신료를 자신의 권위 아래 굴복시킨 후, 정작 본인은 동기를 죽일 수 없다면서 안타까움을 드러내는 것이 광해군의 복안이었다. 계축옥사는 광해군의 의도대로 일사천리로 진행되었다.

광해군은 영창대군을 처단해야 한다는 조정의 논의를 반년 정도 '즐기다가' 이듬해인 1614년(광해군 6) 2월 초에 임해군의 경우와 같이 전인살해 방식으로 영원히 제거하였다.[79] 영창대군의 사망 소식을 접한 광해군은 신료들 앞에서 애통함을 토로하며 후한 장례 준비를 지시하고 감시 책임을 맡았던 관리들을 파직했지만, 그들에게 결코 형사책임을 묻지 않았으며 또한 곧 복직시켰다.[80]

물론 대비논쟁이 종식되고 영창대군을 위리안치한 후에도 그를 죽이지 말라는 전은론이 완전히 사라지지는 않았다. 영의정 이덕형李德馨은 사직서를 제출하면서 영창대군의 목숨 보존을 간청하였다. 나라의 화근인

---

79 『광해군일기』 75권, 6년 2월 10일 임진(4).

80 영창대군 죽음 이후의 상황에 대해서는 4장에서 상세히 다룬다.

그가 죽으면 조정과 나라가 편안해지겠지만, 그럼에도 불구하고 나이가 어리면 법적으로 형을 집행할 수 없다는 이유를 내세웠다.[81] 하지만 대세의 흐름에는 전혀 영향을 끼치지 못하였다. 약 석 달 후에는 정구가 상소하였으나 결과는 역시 마찬가지였다. 대비논쟁이 발화하던 6, 7월 중에 영창대군을 살려주라는 상소가 빗발쳤던 사실과 비교할 때, 엄성 등의 정거 사건과 통문 사건을 계기로 광해군의 의지가 분명히 드러난 7월 하순 이후부터 영창대군이 죽임을 당하는 이듬해 2월까지 약 7개월 동안 전은론全恩論을 피력한 상소가 고작 이 둘 뿐인 점은 극명한 대조를 이룬다. 엄성 등에 대한 광해군의 진노와 양사 관원의 전격적인 물갈이가 그 전환점이었다. 대비논쟁 때문에 계축옥사의 성격이 변할 수 있는 순간에 광해군은 옥사를 통해 자신이 겨누고자 한 과녁이 아직은 대비가 아니라 영창대군임을 분명하고도 충분히 드러냈다. 실제로 계축년(1613, 광해군 5) 옥사의 결말은 광해군의 애초 복안 그대로였으며, 그가 얻으려던 것을 모두 달성한 최선의 결과였다. End

81 『광해군일기』 69권, 5년 8월 8일 계사(1). 계해정변(인조반정) 후 『광해군일기』의 사관은 이 기사 말미에서 이덕형의 상소를 견강부회라며 비판하였다. 아마도 이덕형이 상소에서 계축옥사의 내용을 모두 사실로 인정하고 단지 전은全恩을 호소했기 때문인 것 같다.

# 4장. 영창대군 제거의 후유증과 제1차 폐위 논쟁, 1613~1615

영창대군의 죽음으로 광해군은 최대의 정적을 제거하는 가시적인 성과를 얻었다. 하지만 그것으로 문제가 다 해결되지는 않았다. 임해군 때와 달리 영창대군의 경우에는 전인살해의 후유증이 만만치 않았다. 임해군은 여러 악행으로 인심을 잃은 탓에 그를 지지하는 정치 세력은 존재하지 않았다. 임해군이 위기에 처했을 때도 그를 살리기 위해 적극적으로 나선 조정 신료는 거의 없었다. 이따금 전은론을 편다 해도 한두 번 건의하다가 말았다. 따라서 그의 죽음에 의문스러운 점이 적지 않았음에도 정치적 후유증은 전혀 없었다. 그의 제거를 불가피한 일로 받아들이는 인식이 되레 압도적이었다.

반면에 영창대군은 유배길을 떠날 때 여덟 살의 어린아이였으므로 역모와는 무관하다는 공감이 편만하였다. 영창대군의 처단을 앞장서서 주장한 대북 계열 내부에서도 동정의 목소리가 나올 정도였다. 종묘사직의 화근이므로 미연에 제거해야 한다는 추상같은 논리에도 일리가 있지만, 유교적 가치 여부를 떠나 일단 인정人情에 기본적으로 어긋난다는 중요한 변수가 큰 앙금으로 남았다. 이에 더하여 영창대군의 생모인 인목대비가 왕실의 제일 어른이자 국왕의 모후라는 점만으로도 그의 죽음은 언제든 정치적 폭풍으로 다시 등장할 여지가 많았다. 특히 계축옥사의 피해자가 주로 서인 계열에 집중되어 있다 보니, 당시 첨예하던 당쟁 구도와도 적잖이 맞물려 있었다.

또 한편으로, 영창대군의 죽음은 인목대비의 존재와 불가분의 관계에 있었다. 그동안 전은론을 폈던 인물이나 붕당 쪽에서는 이제 인목대비를 끝까지 보호하는 것으로 정치적 쟁점을 삼기 시작했다. 인목대비를 순수하게 지지해서라기보다는, 계축옥사를 계기로 궁지에 몰리자 자기방어의 좋은 구실을 인목대비의 보호에서 찾았다. 부모에게 효도해야 한다는 명분은 활용하기 매우 좋은 '카드'였다. 역도들에게 추대받은 왕자를 죽음에서 구하는 유일한 방법이 그저 왕에게 은덕을 베풀어달라고 간곡히 청하는 것뿐인 데 비해, 모후에 대한 효도를 강조하는 일은 왕에게 호소할 필요도 없이 유교 윤리에 근거하여 당당히 요구할 수 있는 사안이었다. 바로 이런 점 때문에 효도 논리는 당쟁 차원을 넘어 유림 다수의 지지를 끌어내기에도 용이하였다.

실제로 인목대비를 보호하는 데 적극적인 인물은 서인 계열뿐만 아니라 여러 붕당에 골고루 포진해 있었다. 계축옥사(1613) 이후부터 대비논쟁이 본격화하던 1617년까지 약 4년 사이에 대표적으로 대비보호론을 제기한 이는 정온鄭蘊(1569~1641)과 이원익인데, 정온은 대북 계열이고 이원익은 남인 계열이었다. 1617년 대비 폐위 논쟁이 절정으로 치달릴 때 불이익을 무릅쓰고 대비를 옹호한 주요 인물은 기자헌, 이항복, 정창연鄭昌衍(1552~1636), 김덕함金德諴(1562~1636), 정홍익鄭弘翼(1571~1626) 등이었다. 이 가운데 이항복과 김덕함은 서인 계열, 정홍익은 남인 계열, 기자헌은 소북 계열, 정창연은 대북 계열이었다. 이뿐만 아니라 대비논쟁을 계기로 대북 계열에서 이탈한 자들도 많았다. 이 같은 정치적 상황으로 인해, 영창대군이 죽은 뒤에도 인목대비의 정치적 비중은 여전하였다. 그가 권력을 잡고 있어서가 아니라 가장 뜨거운 정치적 쟁점의 주인공으로 실존하였기 때문이다.

이런 분위기는 광해군을 자극하기에 충분하였다. 대비의 역모 행위가 자명하니 법대로 처벌해야 하지만 어머니임을 감안하여 용서하고 효도하자는 식의 전은론으로만 그쳤다면 별다른 문제가 없었을 것이다. 그러나 폐위반대론자들의 논조는 왕에게 단순히 은덕을 호소하는 차원이 아니었다. 어떠한 경우에도 모후에 대한 험담은 부당하다며 강상론綱常論으로 맞섰다. 그러한 주장의 바탕에는 인목대비의 궁중 저주와 역모 내응 혐의 등 계축옥사 전반에 대해 강한 불신이 깔려 있었다. 광해군의 처지에서 볼 때, 대비옹호론은 단순히 유교 윤리의 문제가 아니라 자신이 그동안 심혈을 기울여 추진한 계축옥사 자체를 부정하려는 무리가 퍼트리는 불온사상일 수밖에 없었다. 논쟁은 갈수록 격화하였다.

# 01

## 정온의 사직 상소와 광해군의 친국

계축옥사가 광해군의 의도대로 일단락된 후에 논쟁의 불씨를 다시 일으킨 인물은 부사직 정온鄭蘊(1569~1641)이며,[1] 그 계기는 영창대군의 죽음이었다. 영창대군의 죽음이 알려지자 정온은 그것을 살해라 단정하고 영창을 죽인 강화부사 정항鄭沆의 처단과 영창의 추복追復을 골자로 하는 상소를 올리며 사직하였다. 또 상소에는 대비를 험담하는 자가 있으면 중벌을 내려서 모자간의 의리를 분명히 보여야 한다고 밝혀,[2] 그동안 잠잠하던 대비논쟁에 다시 불을 지폈다. 그의 상소는 논조가 매우 과격하여 승정원이 일부 표현을 고치게 한 뒤 왕에게 올릴 정도였다. 그런데 고치기 전의 글에서 "끝내 마음대로 (영창을 죽이지) 못하시어 추악한 무부武夫의 손

---

1 정온은 대북의 거두 정인홍의 제자로, 선조 말년에 정인홍이 유영경 일파로부터 공격당할 때 정인홍을 극구 변호한(『선조실록』 220권, 41년 1월 28일 병진) 대북 계열의 인물이었다. 광해군 집권 초기에는 주로 대간을 역임하였다. 계축옥사 직후 영창대군 죽음의 부당함을 지적하며 올린 사직 상소를 계기로 대북에서 이탈하였다.

2 『광해군일기』 75권, 6년 2월 21일 계묘(3).

을 빌리는 것을 면치 못하였다"[3]라고 운운한 부분은 광해군의 전인살해를 노골적으로 지적한 거나 다름없었다. 이 사실을 안 광해군은 격노하여 "정온이 의도한 바는 정항이 아니라 나를 가리킨 것"이라 단정하고 정온을 엄중히 국문하려 하였다.[4]

대북 계열이 주도하는 양사도 광해군의 뜻에 편승해 정온의 처벌을 강력히 논계하였다. 이때 대사헌은 박건朴楗, 대사간은 김치金緻(1577~1625)였는데, 모두 대북 계열이었다.[5] 하지만 대북 계열이라고 하여 의견이 일치하지는 않았다. 정온의 말이 비록 패역하지만 사심으로 한 말은 아니니 왕의 도량으로 은혜를 베풀어야 한다는 의논이 대북 안에서도 나왔는데, 우의정 정창연, 부제학 이성李惺(1562~1624), 교리 이명李溟(1570~1648) 등이 주도하였다.[6] 이들의 논의는 언로를 막아서는 안 된다는 당위론에 근거하였으므로 양사에서도 대놓고 반박할 수 없었다. 대사헌 박건과 대사간

---

3 『광해군일기』 75권, 6년 2월 22일 갑진(1). "… 終不得自由, 未免假手於麤悍之武夫云. …"

4 『광해군일기』 75권, 6년 2월 30일 임자(3). "… 追聞原疏有假手於武夫之說, 始知意不在鄭沆, 乃指寡昧 …"

5 박건은 정인홍의 제자이자 이이첨의 벗으로 골수 대북이었다(『광해군일기』 70권, 5년 9월 1일 병진). 하지만 1616년, 인목대비를 최초로 공격한 이위경과 사이가 나빠지면서 대북을 떠났다(『광해군일기』 99권, 8년 1월 21일 임진). 김치도 선조 때부터 이산해·이이첨 등의 대북 계열과 행동을 함께하였으며(『선조실록』 125권, 33년 5월 16일 무오), 정인홍과 깊이 알고 지내던 대북 계열이었다(『광해군일기』 98권, 7년 12월 6일 무신). 그도 광해군 말년에는 대북에서 이탈하였다.(『광해군일기』 136권, 11년 1월 11일 을미). 이들 외에도 양사 관원들은 대체로 대북 계열이었다.

6 『광해군일기』 75권, 6년 2월 30일 임자(2), 3월 7일 기미(1), 10일 임술(2). 이 일을 계기로 이들은 대북에서 이탈하였는데, 당시 사람들은 이들을 흔히 중북中北이라 불렀다(『광해군일기』 75권, 6년 2월 30일 임자).

김치는 정온 처벌론과 전은론이 다 일리 있다는 양시론으로 한 발 후퇴하면서, 자신들의 성급한 처벌론이 잘못이었음을 시인하며 피혐하였다.[7] 이에 따라 양사 내에서 의견을 다시 조율하여 결국 정온의 처벌이 부당하다는 쪽으로 합의를 도출하였다.

삼사의 논의마저 처벌 불가 쪽으로 확연히 기운 탓에 광해군도 정온을 하옥만 시켰을 뿐 국문을 집행하지는 못했다. 그렇지만 광해군은 이대로 물러서지 않았다. 다른 문제로 삼사를 압박하기 시작했는데, 반좌율反坐律 논쟁이 바로 그것이다. 반좌율이란 무고誣告한 자에게 무고한 내용에 해당하는 벌을 내리는 법인데, 『경국대전經國大典』(1471)과 『경국대전주해經國大典註解』(1554) 「형전」에 실려 있다.[8] 대전을 반포하기 전인 태종 때 신문고를 설치하면서 내린 교서에도 무고한 자에게는 반좌율을 적용한다는 내용이 들어 있었다.[9] 반좌율 논쟁은 토역을 계속하려는 광해군과 옥사를 마무리하려는 신료들 사이에서 발생했는데, 한 거짓 고변이 계기가 되었다.

영창대군이 죽은 후에도 비상설 기구인 추국청은 여전히 바빴다. 피의자들에 대한 처리가 아직 진행 중이었고, 다른 고변이 계속 이어졌기 때문이었다. 그 가운데 하나가 정온의 상소가 올라온 지 약 열흘 뒤에 체포된 경상도 도적 김덕룡金德龍과 김언춘金彦春의 고변이었다. 추국청에서는 이들을 심문한 뒤 고변을 무고로 단정하였다.[10] 그런데 이후로도 이 고변의

---

7 『광해군일기』 76권, 6년 3월 10일 임술(4).

8 『經國大典註解』, 「刑典」 推斷, 反坐.

9 『태종실록』 3권, 2년 1월 26일 기유(2). "… 其有誣告者, 抵罪反坐. …"

10 『광해군일기』 76권, 6년 3월 11일 계해(2), 12일 갑자(5); 77권, 6년 4월 4일 병술(9), 17일 기해(6).

무고 논란이 끊이지 않았다. 광해군은 무고라는 증거 또한 없으니 심문을 계속하도록 명하였다.[11]

그러자 분명한 무고에 대해서는 마땅히 반좌율을 적용해야 한다는 여론이 붕당을 초월하여 일었다. 서인 계열 우의정 심희수沈喜壽(1548~1622)는 세상을 어지럽히는 무고죄에 반좌율을 엄격하게 적용할 것을 촉구하였다.[12] 심희수의 논의는 대북 계열이 주도하던 사헌부의 전폭적인 지지를 받았다. 사헌부는 한 걸음 더 나아가, 역모의 괴수만 처단하고 마지못해 따른 자들에 대해서는 너그럽게 감싸주는 호생지덕好生之德을 보여야 하며, 무고죄를 반좌율로 다스리지 않으니 무고가 꼬리를 물고 발생한다고 지적하였다.[13] 광해군이 아무런 반응을 보이지 않자 양사는 합계로 반좌율의 집행을 촉구하였다.[14] 대북 계열의 부제학 이성이 이끄는 홍문관도 전례를 제시하면서 반좌율의 집행을 청하였다.[15] 그런데도 친국은 멈추지 않았다. 대북 계열 장령 배대유裵大維(1563~1632)는 반좌법을 시행하지 않아 역옥이 번다하니 반좌율을 엄히 적용할 것과 역옥을 속히 종결할 것을 더욱 강한 어조로 논계하였다. 계속되는 토역 정국에서 서로 정적 관계인 서인과 대북을 비롯하여 거의 모든 조정 신료가 한목소리로 옥사의 신속한 종결 및 반좌율의 엄격한 집행을 요구하고 나섰다.

이에, 광해군은 조정의 분위기를 바꿀 조치를 취하였다. 그의 의도는

---

11 『광해군일기』 78권, 6년 5월 9일 경신(5).

12 『광해군일기』 77권, 6년 4월 24일 병오(3).

13 『광해군일기』 77권, 6년 4월 24일 병오(4).

14 『광해군일기』 77권, 6년 4월 26일 무신(2).

15 『광해군일기』 77권, 6년 4월 26일 무신(6).

배대유에 대하여 내린 두 전교에 잘 나타나 있다.

> 역옥이 비록 실상은 (아직) 없지만, 사체事體가 지엄하니 친국하여 사실을 밝혀내지 않을 수 없다. 하물며 내가 임금답지 못하여 궁궐 동기의 변고가 잇달아 일어났다. 너희는 법을 집행하는 자리에 있으니 마땅히 토역의 의리를 엄히 하여서 그 직무를 다해야 한다. 그런데 인심이 불측한 때에 감히 전조前朝의 일을 끌어와 토역 논의를 늦추고 선왕께서는 친국을 여러 날 계속한 적이 일찍이 없었다고 말하기까지 이르렀다. 선조先朝에 과연 오늘 같은 궁궐 동기의 큰 변고가 있었는가? 법을 집행하는 신하가 먼저 완론緩論을 주창하고 군부를 을러메어 죄인을 국문할 수 없게 만드니, 나라에서 언관을 설치한 뜻이 어디에 있는가? 이는 임금을 잊고 역적을 비호하는 무리가 조정에 가득하기 때문이니, 오늘날 조정 신하들은 벌과 개미(가 지키는)의 군신 (관계)만도 못하다. 김덕룡 같은 (사안)들에 이르러서는 비록 무고라 할지라도 사실을 조사하지 않은 채 먼저 반좌율을 시행함이 가하겠는가? 대개 추관과 상의하여 처리할 텐데 일개 언관이 어찌 감히 역적을 비호하는 계획을 만들어 이렇게 함부로 시끄럽게 하는가?[16]

---

16 『광해군일기』 78권, 6년 5월 5일 병진(1). "… 逆獄雖極無實, 事體至嚴, 不可不親鞫覈處. 況由予不辟, 宮闈同氣之變繼起, 則爾等居執法之地, 當嚴討逆之義, 以盡其職事. 而人心不測之日, 乃敢引前朝之事, 以緩討逆之論, 而至曰先朝親鞫, 未嘗至累日. 先朝果有如今日宮闈同氣之大變乎. 執法之臣, 先倡緩論, 脅制君父, 使不得鞫問罪人, 則國家設言官之意安在. 此所以忘君護逆之輩, 充滿朝廷, 而今日朝臣, 不如蜂蟻之君臣也. 至如德龍等, 則雖曰誣告, 其可不覈問, 而先施反坐之律乎. 大槪與推官詳議以處, 而一言官何敢生護逆之計, 瀆擾至此乎."

대간은 왕의 눈과 귀가 되어 한 시대의 공론을 주관한다. (따라서) 평상 시에도 신중히 간택하지 않을 수 없는데, 하물며 이처럼 위급한 때임에랴. 지난번 전조銓曹가 위국택인爲國擇人의 뜻을 망각하고는 오로지 위인택관爲人擇官의 습속을 좇아 배대유같이 역적을 비호하는 무리로 구차하게 추천 명단을 채웠으니 지극히 통탄한다. 이조 (담당 낭관을) 추고하고, 이후로는 이조로 하여금 각별히 가려서 의망하게 하라.[17]

지루하리만치 오래 이어지는 토역 정국을 속히 종결하고 무고를 막기 위해 반좌율을 엄히 적용하라는 조정 여론에 광해군은 정면으로 제동을 걸었다. 그의 논리는 신하들이 왕을 위하여 토역을 더 강하게 외쳐 군신지의君臣之義를 보여야 하는데도 그러기는커녕 오히려 토역을 제대로 하지 못하게 방해한다는 것이었다. 토역 쪽으로 공론을 이끌 책임이 있는 언관조차 앞장서서 역적을 비호하는 행태를 더 이상 묵과할 수 없다는, 일종의 선전포고와도 같았다. 이때 광해군은 매우 진노하여 배대유를 장령으로 추천한 이조의 낭관마저 추고推考하라고 명하였다.

그런데 이번에는 광해군의 어명을 받은 승정원이 국왕의 처사가 지나치고 부당하다면서 배대유를 옹호하고 나섰다. 나라의 존망은 언로가 열리고 막히는 데 있다고 전제한 뒤, 대간의 말이 좀 과격하다고 해서 그것을 문제 삼으면 언로가 막힐 것이며, 배대유의 주장은 개인의 생각이 아니라 온 나라의 공론이라고 역설하였다. 당시 도승지는 소북 계열의 이덕형李德泂(1566~1645)이며, 승지는 소북과 대북 계열이 균형을 맞추고 있었다.

---

17 『광해군일기』 78권, 6년 5월 5일 병진(2). "臺諫爲人主耳目, 主一時公論. 其在平時, 不可不愼擇, 況此危急之時乎. 前日銓曹罔念爲國擇人之意, 唯循爲人擇官之習, 如裵大維護逆之輩, 苟充擬差, 極爲痛甚. 吏曹推考, 今後使之各別擇擬."

그러나 광해군도 완강하였다. 배대유는 겉으로는 공론을 칭탁하지만 속으로는 역적을 비호하여 왕을 모욕했으며, 또한 반좌율 문제는 추관들과 의논하여 처리할 사안이지 일개 언관이 개입할 일이 아니니 승정원도 이를 분명히 알라며 되레 승정원을 질타하였다.[18]

양사도 그냥 물러서지 않고 즉각 배대유를 옹호하며 모든 관원이 줄줄이 피혐하였다. 대북 계열의 대사헌 송순은[19] 배대유가 언관으로서 왕을 사랑하고 나라를 걱정하는 마음으로 진언했을 뿐인데 오히려 중한 견책을 받았으니, 자신은 구차하게 자리에 앉아 있을 수 없다면서 사직하였다. 같은 대북 계열의 대사간 김치도 배대유는 언관의 책무를 다했을 뿐이며 그의 의견이 곧 삼사의 의견인데 이제 언로가 막히고 인심이 흩어질까 두렵다고 하면서 사직하였다. 대사헌과 대사간의 뒤를 이어 양사의 관원들도 마찬가지 이유로 연이어 사직을 청하였다.[20] 광해군은 사직하지 말라는 상투적 답만 내릴 뿐 전혀 움직임을 보이지 않았다. 그는 토역 정국의 흐름에 제동을 거는 반좌율 논쟁에서 대간 및 조정 신료들의 여론을 누르고 자신의 뜻을 관철하려 하였다. 이후에도 양사는 반좌율을 적용해야 한다고 계속 합계하였지만, 곧이어 터진 대간들 사이의 알력 때문에 반좌율 문제는 잠잠해졌다.

당시 삼사는 대북과 소북 계열이 엇비슷한 세력을 형성하고 있었는데, 소북 계열의 정언 유효립柳孝立(1579~1628)이 대북 계열 부응교 한찬남의

18 『광해군일기』 78권, 6년 5월 6일 정사(1).

19 송순은 이산해, 정인홍, 이이첨 등과 정치적 노선을 함께한 대북의 리더로서(『광해군일기』 3권, 즉위년 4월 5일 신유) 대사헌과 대사간 등을 역임하였으나, 약 2년 뒤 1616년(광해군 8)에 병사하였다.

20 『광해군일기』 78권, 6년 5월 6일 정사(2~7), 7일 무오(2~6).

비리를 탄핵한 일을 계기로 분열하기 시작했다. 대사헌 송순과 대사간 김치가 반좌율의 시행을 한 번 더 촉구한 바로 다음 날, 유효립은 훈련도감 군사를 사적으로 부렸다는 이유로 한찬남을 탄핵하였다.[21] 이에 대북 계열의 사간 이정원李挺元(1567~1623)은 한찬남을 옹호하면서 유효립을 역공하였다.[22] 사간원 내에서 발생한 이 대립은 곧 사헌부와 홍문관으로 파급되어 삼사의 거의 모든 관원이 말려들었다. 소북 계열이 유효립을 옹호하고 대북 계열이 한찬남을 비호하는 갈등 구도가 비교적 선명하였다. 이들은 서로가 공론을 무시하고 사당私黨을 두둔한다며 공박하였다. 대사간 김치는 중재에 나섰으나 실패하자 유효립을 옹호하는 쪽으로 기울었다.[23]

엿새 동안 계속된 언관 사이의 격한 대립은 결국 대사헌과 대사간 및 양사의 관원을 무더기로 교체함으로써 막을 내렸다. 대사헌에는 이성을, 대사간에는 송석경宋錫慶(1560~1637)을 임명하였으나, 불과 이틀 뒤 다시 대사간을 유경종柳慶宗(1565~1623)으로 바꾸었다.[24] 교체된 이들은 모두 대북 계열이었다. 이 사건은 반좌율 논쟁에서 대간의 입지를 약화하는 결과를 초래하였다. 이후 이성과 유경종이 새롭게 이끄는 양사는 반좌율 논쟁을 재개하지 않고 침묵하였다. 광해군은 대간의 내분을 기회로 양사를 물갈이하고, 결과적으로 전체 조정 신료들을 상대로 싸운 반좌율 논쟁에서

---

**21** 『광해군일기』 78권, 6년 5월 22일 계유(2). 유효립은 광해군의 장인인 유자신柳自新(1541~1612)의 장손이자, 당시 소북의 거두이며 광해군의 처남인 유희분柳希奮(1564~1623)의 조카였다(『광해군일기』 26권, 2년 3월 4일 경진).

**22** 『광해군일기』 78권, 6년 5월 22일 계유(3).

**23** 『광해군일기』 78권, 6년 5년 22일부터 27일까지의 여러 기사를 종합적으로 참조.

**24** 『광해군일기』 78권, 6년 5월 28일 기묘(2), 30일 신사(4).

승리하였다.[25]

양사를 제압한 광해군은 마침내 정온에 대한 국문을 명하였다. 친국 현장에서 영의정 기자헌은 정온에게 죄를 줄지언정 국문이나 공초는 부당하다면서 지난날 이원익·심희수·정창연 등 다른 대신들도 다 같은 생각으로 계달한 것이라며 반대하고 나섰다. 광해군이 정온은 왕을 모욕한 죄에 해당하기 때문에 국문으로 다스려야 한다며 강하게 나오자, 기자헌은 정온의 일은 역모 같은 중대사가 아니니 우의정 정창연 등이 등청하기를 기다려 천천히 결정하자면서 국문을 연기시키려 하였다. 그러나 광해군은 기자헌의 건의를 한마디로 자르고 결국 국문을 개시하였다.[26]

광해군은 정온에게 강화부사 정항이 영창을 살해한 일과 왕이 그것을 사주한 일을 어떻게 알았는지를 물었다. 정온은, 정항을 처벌하지 않는 등 여러 정황으로 보아 그런 의심을 갖기에 충분하다고 공초하였다. 다만, 왕의 의도는 깨끗하지만 신하들이 정항의 처벌을 논하지 않고 있으니 그들이 잘못이라는 식으로 살짝 말을 바꾸었다. 광해군은 또 정조와 윤인의 계사에는 '폐廢'라는 말이 없는데도 너는 '폐' 자를 썼으니 그렇게 사주한 자가 누구냐고 물었다. 정온은 정조와 윤인이 비록 '폐' 자를 쓰지는 않았으나 대비를 더 이상 국모로 대우할 수 없다고 말한 것을 항간에서는 곧 대비를 폐하려는 뜻으로 받아들인다고 답하였다.[27] 이날 국문은 이것으로 끝

---

25 증거는 없지만, 왕과 대간이 반좌율 건으로 첨예하게 대립하던 상황에서 유효립이 느닷없이 한찬남을 탄핵하여 대간을 분열시킨 배후에는 광해군이 있었을 가능성이 농후하다. 유효립이 광해군과 중첩하여 인척 관계를 맺은 유희분 집안의 장손인 점을 고려하면 합리적 의심을 품어볼 만하다.

26 『광해군일기』 79권, 6년 6월 24일 을사(1).

27 『광해군일기』 79권, 6년 6월 24일 을사(1).

났지만, 광해군은 정온의 입을 통해 자신이 영창의 죽음과 아무런 관련이 없음을 확실하게 드러낼 수 있었다. 광해군은 또 강화부사 정항을 즉각 체포해 오도록 명하여, 영창대군의 죽음에 자신이 어떠한 관련도 없다는 점을 더욱 분명히 하고자 하였다.

대신과 삼사의 반대를 꺾으면서까지 정온에 대한 국문을 기습적으로 단행하여 기선을 제압한 광해군은 8일 후에는 추관과 문사낭청問事郎廳을 모두 입시시키고 정온을 정식으로 다시 국문했는데, 이 자리에서 정항을 함께 심문하였다.[28] 정온에게 던진 질문과 대답은 이전과 대동소이했으며, 정항에 대한 심문도 다분히 형식적이었다. 광해군은 정항에게 영창을 살해했는지 여부에 대해서는 정작 묻지 않은 채 영창이 병에 걸린 사실을 뒤늦게 보고한 이유에 대해서만 질문하였다. 정항은 장계를 올려 보고하는 일은 별장의 소관이며 자신은 영창이 죽을 줄은 전혀 몰랐다고 답하였다. 이에 광해군은 더 묻지 않고 정항을 파직하여 방면하는 것으로 심문을 마쳤고, 추가 처벌은 하지 않았다.[29]

광해군이 정온과 정항을 함께 국문한 것은 그 나름의 계산에 따른 일이었다. 정항은 당연히 살해 혐의를 부인할 것이고, 그러면 정온은 아무런 증거도 없이 임금을 살인 교사로 모함한 셈이니 『경국대전』에 따라 반좌율의 대상이 될 수도 있었다. 또한 정항을 잡아와서 국문까지 한 이유는,

---

28 『광해군일기』 80권, 6년 7월 2일 임자(2).

29 정항은 2년 뒤 황해병사에 임명되었으며(『광해군일기』 106권, 8년 8월 19일 정사), 다시 2년 후에는 정사를 잘 돌보지 않는다는 이유로 사헌부의 탄핵을 받아 파면되었다(『광해군일기』 132권, 10년 9월 26일 신해). 그러나 석 달 후에 광해군은 정항을 서용하라는 특별 전교를 내렸다(『광해군일기』 135권, 10년 12월 24일 기묘). 정항은 계해정변(인조반정, 1623) 이전에 죽었는데, 정변 후 관직 추탈을 당하였다(『인조실록』 1권, 1년 4월 5일 갑자).

영창은 병에 걸려 죽었으므로 자신은 영창의 죽음과 전혀 상관이 없고, 영창의 병환을 즉시 보고하지 않은 것은 부사 정항의 과실이라는 점을 공개적으로 입증하기 위해 필요한 형식적인 절차였던 것이다.

이틀 뒤 광해군은 정온을 유배형으로 처결하였다. 한 술 더 떠 정항의 후임으로 이정표를 강화부사로 임명했는데, 이정표는 예전에 임해군을 전인살해한 장본인이며 영창이 전인살해당할 때도 강화 별장으로서 영창의 위소圍所를 담당했던 자였다. 또한 새로 강화부사로 승진한 그를 한양으로 불러서 직접 면대하여 강화부사의 임무와 관련된 여러 이야기를 주고받았다.[30] 이런 점 또한 전인살해의 정황을 한층 뒷받침해준다.

영창대군이 죽은 여파로 발생한 정온의 상소 파동은 정온에 대한 국문 여부 논쟁에 반좌율 논쟁이 맞물리면서 광해군과 삼사의 대립을 불러왔으나, 이번에도 광해군의 완승으로 결말이 났다. 이로써 해를 넘기며 일 년 반이 넘도록 계속된 계축옥사의 정국에서 광해군은 모든 반대 목소리를 누르고 자신이 애초에 의도한 결과를 성공적으로 이끌어냈다. 특히 ①양사가 처음에는 정온의 처벌을 의논하다가, ②심희수 등 대신들이 처벌 불가론을 펴자 당초의 주장을 철회하고 반좌율 집행을 강조했지만, ③양사의 관원이 전격적으로 교체된 후에는 반좌율에 대해서도 더 이상 거론하지 않고 침묵하였다. 이런 모습은 북인 계열이 장악한 삼사에 광해군이 끌려다니기는커녕 오히려 삼사를 완전히 압도하면서 계축옥사를 주도한 정황을 생생하게 보여준다.

---

30 『광해군일기』 80권, 6년 7월 11일 신유(1).

## 02

# 정온 처벌의 여파

유배를 당한 정온은 유림들 사이에서 영웅으로 떠올랐다. 정인홍의 제자로서 대북의 일원인 그가 계축옥사 전반에 대해 강하게 비난하고 영창대군과 인목대비를 옹호했으므로 그 여파는 매우 컸다. 정온은 이 상소를 계기로 대북에서 이탈했는데, 정인홍의 다른 제자인 문경호文景虎(?~1620), 강익문姜翼文(1568~1648), 이대기李大期(1551~1628), 강대진姜大進(1591~1658) 등 대북 계열의 적지 않은 관원이 정온에 동조하여 대북을 이탈하였다.[31] 일단의 영남 유생들은 정온의 신원伸冤을 위해 한양까지 올라왔다가 해산한 적도 있었다.[32] 이뿐만 아니라 정온은 서인과 남인으로부터도 폭넓은 지지를 받았다. 그는 상소 한 장으로 대북의 핵심 계파를 제외한 거의 모든 정치 세력 및 유림의 칭송을 받으며 '의사義士'로 떠오른 것이다. 계해정변(인조반정, 1623) 이후에도 정온은 의사의 명망을 유지하였

31 『광해군일기』 86권, 7년 1월 17일 갑자(1).

32 『광해군일기』 86권, 7년 1월 25일 임신(1).

으며,[33] 병자호란 때는 남한산성에서 척화론을 주장하며 자결을 시도한 행위로 이후 절의의 상징으로 추앙받았다.[34]

정온을 지지하는 첫 번째 움직임은 송흥주宋興周 등 호남 유생 11명이 도성까지 직접 올라와 올린 상소였다. 그들은 처음부터 전하만 섬긴 충신 정온을 이런 식으로 대우할 수는 없으니 너그럽게 용서하여 선비들의 기개를 진작하라고 촉구하였다.[35] 이에 광해군은 다시는 이런 상소를 올리지 말라며 그들을 훈방하였다. 하지만 광해군이 이 문제를 대수롭지 않게 여기지는 않았다. 송흥주 등의 상소가 있고서 여드레쯤 지나 정결鄭潔 등 관학 유생 70여 명이 송흥주를 공격하는 상소를 올리자, 광해군은 다음과 같이 답하며 자신의 심중을 공개적으로 드러냈다.

> 상소를 살피니 너희의 고충孤忠이 가상하다. 가히 다른 사람이 하지 못하는 직간을 했다고 할 만하니, 내가 유념하겠다. 현재 의리가 막히고 인심을 헤아릴 수 없다. 군주가 욕을 당하면 신하는 죽음을 무릅쓰고 (군주를 변호해야 하는) 의리가 있건만, 이는 망각한 채 오직 역적을 비호하는 완론緩論으로 주업主業을 삼으니, 이는 군신의 의리가 쓸려가 땅에서 없어진 것이다. 동쪽 땅 수천 리를 둘러싼 예의지국禮義之國이 금수의 지역으로 변해버렸으니 나라가 망하지 않은 것이 다행이다.[36]

---

33 『인조실록』 3권, 1년 윤10월 22일 무신(2).

34 『인조실록』 42권, 19년 6월 21일 을축(1); 『효종실록』 9권, 3년 10월 23일 신유(3).

35 『광해군일기』 80권, 6년 7월 24일 갑술(1).

36 『광해군일기』 81권, 6년 8월 2일 임오(1). "… 省疏, 用嘉爾等之孤忠. 可謂鳳鳴朝陽, 予當留念. 目今義理晦塞, 人心不測. 罔念主辱臣死之義, 惟以護逆緩論爲事業, 則是君臣之義掃地盡矣. 環東土數千里禮義之邦, 變爲禽獸之域, 國之不亡者幸矣. …"

신하라면 자기가 섬기는 왕의 뜻을 따라 앞장서서 역적을 토벌해야 하는데도 도리어 역적 토벌에 자꾸 제동을 걸어 결과적으로 역적을 비호하는 풍조가 조정 신료와 유생들 사이에 만연하니, 군신 간의 의리가 완전히 땅에 떨어졌다는 지적이었다. 광해군은 이 전교의 행간에 왕의 뜻을 좇아 토역에 동참하는 것이 곧 군신지의君臣之義를 제대로 실천하는 길이며, 완론緩論에 동조하면 역적의 길이라고 밝힌 셈이다.

송홍주의 상소가 올라온 후에도 8일 동안 눈치를 보며 침묵하던 양사는 광해군이 속내를 드러내자 즉각 송홍주 탄핵에 불을 지폈다. 아울러 정온마저 처형하라고 촉구하였다. 집의 박재朴梓(1564~1622)가 먼저 논계하였는데, 광해군은 그에게 답하면서 이렇게 자신의 뜻을 분명히 밝혔다.

> 사람이 사람인 이유는 오륜이 있기 때문이며, 군신지의가 그 첫째이다. 이른바 하늘의 도리와 땅의 의리는 타고난 천성에 기인하지 인위적으로는 불가하다. 만일 여기에 득죄하면 그저 금수일 뿐이다. 내가 비록 박덕하고 용렬하여 이미 보위를 더럽혔을지라도, 신하 된 자가 어찌 감히 관망하며 역적을 비호하는 계책을 낸단 말인가? 변고가 발생한 이후로 정색하고 조정에 서서 마음을 다해 토역하여 대의를 밝히고 사직을 안정시켜 나라의 주석柱石과 장성長城으로 우뚝 선 자가 누구인가? … 어제 유생들의 상소를 보니 자못 생기가 있었다. … 무릇 대의에 관계되는 일은 미봉할 수 없다. 진실로 이같이 하지 않으면 정론正論이 사라지고 윤기倫紀는 멸절할 것이다. 사직하지 말고 다시금 토역의 의리를 엄중히 하라.[37]

37 『광해군일기』 81권, 6년 8월 2일 임오(2). "… 人之所以爲人者, 以其有五倫也, 君臣之

이렇듯 광해군이 의중을 내비치니 대간은 그동안 토역을 엄히 하지 못한 죄를 자책하며 줄줄이 피혐하는 한편, 정온과 송홍주에 대한 성토의 목소리를 더욱 높이는 것으로 하루 일과를 채우기 시작했다. 날이 갈수록 양사의 논의는 더 심해져서 급기야는 송홍주를 처벌하고 그 흉소兇疏를 불태우도록 촉구하였다. 이에 광해군은 조금도 고삐를 늦추지 않고 한 발 더 나아가 양사를 질책하였다.

> 윤허하지 않는다. 지극히 음흉하고 극악한 정온도 단지 정배했을 뿐이며, 또한 (그의) 상소를 불태우자는 거론도 없었다. 그런즉 양사는 어찌하여 정온에게는 후하고 송홍주한테는 박한가? 번거롭게 하지 마라.[38]

정온의 상소를 불태우자는 논의를 먼저 제기하지 않은 잘못을 지적한 것이다. 다음 날 양사의 모든 관원은 일의 순서를 제대로 헤아리지 못해 죽을죄를 지었다는 저자세의 표현까지 써가며 잇따라 피혐하였다. 광해군은 곧바로 대사헌 이성과 대사간 유경종을 비롯하여 일부 언관을 체차하고,[39] 이틀 뒤 새로 인사를 단행하였다. 대사헌에는 송순을 다시 불러들였

---

義居其一. 所謂天之經地之義, 根於秉彛之天, 不可以作爲也. 若於此焉得罪焉, 則只禽獸而已. 予雖薄劣, 旣忝其位, 則身爲其臣子者, 何敢生觀望護逆之計乎. 自變生以後, 正色立朝, 盡心討逆, 明大義安社稷, 屹然爲邦家柱石長城者誰耶. … 昨見儒生之疏, 稍有生氣. … 夫係大義者, 不可苟也. 誠以不如此, 則正論熄而倫紀滅矣. 勿辭, 更嚴討賊之義."

38 『광해군일기』 81권, 6년 8월 9일 기축(2). "…不允. 窮兇極惡之蘊, 只定配而已, 亦無焚疏之擧, 則兩司何厚於蘊, 而薄於興周乎. 毋煩."

39 『광해군일기』 81권, 6년 8월 10일 경인(2).

으며, 대사간에는 유숙柳潚(1564~1636)을 임명하였다.[40] 모두 대북 계열이었다.

늘 그랬듯이, 새로 구성된 양사는 광해군의 뜻에 충실히 따르기 시작하였다. 정온의 상소도 같이 불태워야 한다는 논의는[41] 이제 조정을 뒤흔들 지경이었다. 양사의 줄기찬 건의를 열흘이 넘도록 '즐기던' 광해군은 이번에는 승정원으로 화살을 돌렸다.

> 승정원이 근신近臣으로서 이전 전교의 뜻을 살피지 않고 의례적으로 흉소를 봉입封入하였다. 그런즉 흉한 상소를 받아들였는데 지금 와서 뒤미쳐 불태우도록 처치한들 무슨 유익함이 있겠는가? 번거롭게 하지 마라.[42]

이튿날 승정원은 선비의 상소는 막지 않는다는 구례舊例만 생각하여 송홍주의 상소를 받아 올림으로써 성상으로 하여금 같은 전교를 반복해 내리게 하였으니 땅에 엎드려 대죄한다고 하기에 이르렀다.[43] 이후로 삼사는 기회 있을 때마다 정온과 송홍주의 처단을 건의하였다. 그런데 광해군은 그런 논의를 '즐겼을' 뿐, 정온 등의 소장을 불태우는 선에서 일을 마무리하고 더 이상의 처벌은 내리지 않았다.[44] 정온을 의사로 떠받드는 여론

---

40 『광해군일기』 81권, 6년 8월 12일 임진(1).

41 『광해군일기』 81권, 6년 8월 16일 병신(1), 23일 계묘(2).

42 『광해군일기』 81권, 6년 8월 23일 계묘(2). "… 政院以近臣, 不察前傳敎之意, 依例捧入兇疏, 則到今追焚處置, 有何所益. 毋煩. …"

43 『광해군일기』 81권, 6년 8월 24일 갑진(7).

44 이때 광해군이 정온의 상소를 불태웠다는 기록은 『현종실록』 4권, 2년 4월 21일 경자

을 무시하고 끝내 처형한다면 득보다 실이 더 클지도 모른다고 판단한 것 같다.

영창대군의 죽음을 계기로 올라온 정온의 상소로 인해 약 여섯 달 동안 조정이 몹시 시끄러웠다. 하지만 이번에도 광해군은 자신의 의지대로 일을 마무리 지을 수 있었다. 특히 정온에 대한 처벌 여부 및 반좌율 시비를 놓고 벌어진 갈등이 '대북 vs. 비非대북'의 당쟁 구도라기보다는 '국왕 광해군 vs. 신료들'의 대립이었던 점은 계축옥사의 추이를 이해할 때 반드시 고려해야 할 주요 사실이다. 정온에 대한 처벌 문제를 놓고 조정의 논의가 처벌 불가 쪽으로 흐르자 광해군은 먼저 반좌율 논쟁을 통해 삼사를 누른 뒤 대간으로 하여금 정온을 공격하도록 압력을 넣었으며, 자신의 뜻대로 대간이 정온과 송홍주 등의 처단을 건의하자 그것을 즐기면서 토역 정국을 계속 이끌었던 것이다.

---

(2)에서 확인할 수 있다. 한편, 정온은 이때부터 계해정변(인조반정)으로 풀려날 때까지 여러 섬을 옮겨 다니며 9년 정도 유배 생활을 하였다(『인조실록』 42권, 19년 6월 21일 을축).

# 03

## 인목대비 관련 교서 반포와 폐위 논쟁의 점화

이제 정국의 주도권을 확실히 장악했다고 판단한 광해군은 대비전에서 행한 저주 행위의 전모를 교서로 반포하겠다고 공표함으로써[45] 계축옥사의 완결을 염두에 둔 행보에 나섰다. 그런데 교서 반포는 대비전의 저주 행위를 공식적으로 선고하는 법적 절차이므로, 교서 반포에 이어 곧 대비를 폐위할 것이라는 의심과 소문이 여러 유생 및 일부 신료들 사이에서 일기 시작하였다.

광해군으로서도 교서 반포에 대한 반대가 어떤 형태로든 있을 것이라고 예측은 했지만, 그렇다고 교서 반포도 없이 계축옥사를 끝낼 수는 없었다. 계축옥사는 크게 김제남의 역모, 영창대군의 왕위 추대, 인목대비의 내응과 저주 등이 주요 얼개인데, 김제남과 영창대군에 대해서는 이미 교서를 반포하여 처리하였지만 대비의 저주 행위에 대해서만 아직 교서 반포가 없었기 때문이다. 대비전의 저주 행위에 대한 교서 반포는 계축옥사

---

45 『광해군일기』 85권, 6년 12월 25일 계묘(1).

를 완결하기 위한 필요조건이었다. 만일 교서를 반포하지 않는다면, 일 년이 넘도록 대비전 나인들을 엄히 국문하여 얻은 공초들이 고문에 의한 허위 자백임을 스스로 인정하는 꼴이 될 수 있었다. 계축옥사의 진실성에 대한 의심을 불러일으킬 수도 있었다. 더 나아가, 그동안 대비를 공격한 모든 논의는 모조리 대비를 모함한 사론邪論이 될 것이었다. 대비를 공격한 유생들의 과거 응시 자격을 박탈하여(정거停擧) 처벌당한 엄성 등의 행위가 오히려 정당했다는 논리도 얼마든지 성립할 수 있었다. 그렇게 되면 국왕 광해군의 토역 명분과 권위도 한순간에 무너질 것이 뻔하였다. 이런 이유로 광해군은 대비전의 저주 행위를 분명히 선언하는 교서를 반포해야만 했다.

교서를 작성하라는 전교가 나온 지 열흘 후에 첫 번째 반대 의견이 조정에서 개진되었다. 남인의 거두 이원익은 어머니인 대비에게 효성을 다하라는 내용의 비밀 차자를 광해군에게 올렸다. 이원익은 무명의 유생이 아닌 조정의 원로대신으로서 두루 명망이 높은 인물이라는 점에서 그 파장이 클 수밖에 없었다. 이원익은 차자에서 교서 반포를 계기로 장차 대비에게까지 화가 미칠 것이라는 소문이 항간에 파다하다고 지적한 뒤, 모자간의 윤기는 지엄하니 어미가 자식을 사랑하지 않아도 자식은 어미에게 효도해야 한다고 주장하였다.[46]

광해군은 소문의 출처를 캐묻는 한편, 진노하여 이렇게 답하였다.

> 다만 불효가 어떤 등급의 죄악인데 과인에게 의심을 두고 도리어 길에서 들은 것을 믿는가? 어찌 도리어 시정 사람만도 못하게 나를 대하는

---

**46** 『광해군일기』 87권, 7년 2월 5일 임오(1).

가? 이미 한두 외인外人이라 말했으니 경은 들은 곳이 있을 것인데도 죽기로 기약하고 말하지 않는다. 어찌 외인 만도 못하게 나를 대하는가? … 경이 이처럼 운운하니, (내가 대비에 대한) 공봉供奉의 예를 하지 않는가, 빠뜨린 바가 있는가? 조알朝謁의 의례를 폐지한 바가 있는가? 대각臺閣에서 문득 (대비를 폐위하자고) 봉주封奏한 일이 있는가? … 또 교서를 반포하는 일을 내가 어찌 좋아하겠는가? 실로 부득이해서이다. … 의리가 밝지 못하고 사론邪論이 마구 일어나 단지 역적을 비호할 줄만 알고 임금을 알지 못한다. 혹은 이 일에 대해 진실성이 없다고 여기고 있기 때문에 내가 팔도에 교서를 반포하여 역도의 정상을 알리려는 것이다. 경은 곧 두 조정의 원로로서 조정 논의에 간여하여 듣지 않은 것이 없다. 그런데 도리어 일찍이 한 번도 국청에 참석하지 않아 추국의 전말에 간여하지 않은 탓에 그 상세한 내용을 전혀 알지 못하여 이처럼 의심하였다고 말한다. (경 같은 원로대신도 이 지경이니) 하물며 도성의 무식한 사람들이야 (어떠하겠는가)? 하물며 먼 지방의 비천한 사람들이야 (오죽하겠는가)? … 교서를 반포하지 않을 수 없음은 여기에서도 익히 알 수 있다.[47]

---

47 『광해군일기』 87권, 7년 2월 5일 임오(2). "… 但不孝是何等罪惡, 而致疑於寡躬, 反信於道聽. 何待予反不如路人乎. 旣云一二外人, 則卿有所聞之處, 而期死不言. 何待予反不如外人乎. … 而卿如是云云, 無乃供奉之禮, 有所闕耶. 朝謁之儀, 有所廢耶. 臺閣之中, 抑有封奏之事乎. … 且頒教事, 予豈樂爲之. 固出於不得已也. … 義理不明, 邪議橫生, 徒知護逆, 不知君上. 或以此事爲無實云, 故予欲頒教八方, 而使知逆徒之情狀矣. 卿乃兩朝元老, 凡干朝議, 無不與聞. 而反謂未嘗一參鞫廳, 凡干推鞫首末, 全無不得其詳, 而有此疑. 況都下無識之人乎. 況遠方疎賤之人乎. … 教書之不得不頒, 於此益可見矣. …"

사람들 사이에 계축옥사에 대한 의심이 있음을 광해군도 모르지 않았으며, 바로 그렇기 때문에 그런 의심 해소에 쐐기를 박기 위해서는 교서 반포가 필요하다는 말이었다. 그런데 다른 사람도 아닌 조정의 원로대신인 이원익으로부터 항간의 소문 운운하며 대비를 해칠 생각을 버리고 효도를 하라는 말을 들었으니, 광해군이 진노하는 것은 당연하였다.

광해군의 논지는 세 가지였다. 즉, ①대비를 동요시킬 만한 조치를 전혀 취하지 않았는데 왜 자꾸 의심하는가, ②소문을 들었다고 하면서 그 출처를 밝히길 거부하니 왕을 섬기는 신하의 도리가 어찌 그 모양인가, ③옥사의 전말을 잘 알고 있을 대신이 뭇 사람의 의심을 풀어주는 데 나서기는커녕 도리어 먼저 의심하니 군신의 의리가 과연 있는가라는 것이었다. 이미 역모와 저주 사실이 드러난 이상 마땅히 가장 엄한 처벌을 왕에게 청함이 신하 된 자의 도리인데, 오히려 처벌하지 못하게 하니 도대체 군신 간의 의리가 어디에 있느냐는 강한 불만의 표시였다. 그러니 더더욱 교서를 반포하여 진상을 밝히고 역도를 다스리겠다는 강한 의지의 표현이었다.

광해군의 강한 반응에 이원익은 논리적으로 궁지에 몰렸다. 소문의 출처를 사실대로 고한다면 한 나라의 원로대신으로서 항간의 소문에 부화뇌동했다는 비난을 피할 수 없을 것이었다. 고하지 않을 경우에는 자신이 곧 항간에 떠도는 소문의 장본인으로 몰릴 수밖에 없었다. 결국 그는 자신이 우매하고 망령되어 섣불리 발론하였고 스스로 소문의 장본인임을 인정하면서 엎드려 대죄하였다.[48]

이원익과의 논쟁에서 기선을 제압한 광해군은 그 논의 내용을 공개해

---

**48** 『광해군일기』 87권, 7년 2월 5일 임오(2).

달라는 사헌부의 요청이 있은 지[49] 닷새 후 분노에 찬 전교를 내림으로써 조정의 논의를 이원익 처벌론 쪽으로 유도하였다. 전교에서 광해군은 속마음을 극명하게 드러냈다.

> 나는 평소 완평完平(이원익)을 몹시 후하게 대했는데, 완평이 까닭 없이 차자를 올려 많은 사람의 마음을 동요시키니 내 몹시 놀랍고 통분하다. … 현상賢相의 할 일이 과연 이와 같은 것인가? … 또 이미 거리에 떠도는 소문 운운하였은즉, 필시 들은 곳이 있을 것이다. 하늘의 해가 위에 있는데도 죽기를 기약하며 대답하지 않으니 더더욱 마음이 아프다. 조정에 과연 이와 같은 일이 있었는가?[50]

이처럼 광해군은 이원익과의 논쟁 내용뿐 아니라 자신의 확고한 시각과 처리 방향도 분명히 밝혔다.

광해군의 의중을 확인한 양사는 즉시 이원익을 탄핵하기 시작했다.[51] 양사의 지원사격을 등에 업고 광해군은 바로 그날 교서를 반포하였다. 교서의 내용은 김제남과 결탁한 대비전에서 영창대군을 옹립하고 세자 광해

49 이원익과 광해군의 논쟁은 비공개로 이루어졌다. 이원익은 차자를 비밀리에 봉입捧入하였고 광해군의 회답과 이원익의 회계 또한 비공개로 이루어졌으므로, 승정원과 양사에서는 그 주고받은 내용을 알 수 없었다. 이에 사헌부에서는 이원익의 차자 및 교신 내용을 공개해달라고 광해군에게 청하였다. 『광해군일기』 87권, 7년 2월 13일 경인(3).

50 『광해군일기』 87권, 7년 2월 18일 을미(1). "… 予平日待完平甚厚, 而完平無故進箚, 動搖群心, 予甚駭痛. 賢相事業, 果如此乎. … 且旣云流聞道路之間, 則必有所聞之處, 而天日在上, 期死不答, 尤極痛心. 朝廷果有此擧措乎. …"

51 『광해군일기』 87권, 7년 2월 18일 을미(2~5).

군을 해치려던 저주 행위에 관하여 죄인들로부터 받은 공초를 정리한 것이었다.[52] 교서에 인목대비를 적시하지는 않았으나 사실상 대비와 무관할 수 없었다. 그렇게 중요한 영창대군 옹립이나 광범위한 저주를 대비의 동의나 묵인 없이 실행하기는 도저히 불가능한 정황이었기 때문이다.

이날 이후로 양사는 연일 이원익을 탄핵하였다. 또한 차자를 작성하는 과정에서 이원익과 협의했다는 이유로 소북 계열의 병조참판 남이공南以恭(1565~1640)을 함께 탄핵하였고,[53] 홍문관도 이에 가세하였다. 광해군은 대신을 쉽게 처벌할 수는 없다면서 재가를 늦추며 시간을 끌었다. 하지만 처벌 자체를 망설인 것은 아니었다. 단지 왕이 경박하게 앞장서서 원로대신을 처벌한다는 소리를 듣지 않으려는 계산에 따른 '제스처'일 뿐이었다. 광해군은 나라의 대신인 이원익을 함부로 탄핵하지 말라는 식으로 답을 내리면서 동시에 이렇게 말하였다.

> 군신의 대의는 삼척동자도 모두 아는데, 역적 정온은 앞에서 주창하고 완평은 뒤에서 이어받아 감히 불측한 악명을 함부로 임금에게 가하였다. 정온은 일개 시골 서생일 뿐이지만, 대신이 이와 같으니 더욱 심히 한심하다.[54]

심지어 다음과 같이 속내를 숨기지 않고 자신이 이원익에 대하여 얼마

---

52 『광해군일기』 87권, 7년 2월 18일 을미(8).

53 『광해군일기』 87권, 7년 2월 19일 병신(6·7).

54 『광해군일기』 87권, 7년 2월 21일 무술(1). "君臣大義, 尺童皆知, 而賊蘊倡之於前, 完平繼之於後, 敢以不測之惡名, 横加於君上. 蘊一鄕生耳, 大臣如此, 國事尤極寒心. …"

나 분노하는지를 분명히 밝혔다.

> 이원익의 죄는 많은 말에 (달려) 있지 않다. 단지 협군호역脅君護逆(왕을 위협하고 역적을 비호하였다) 네 글자만으로도 반드시 죽일 (사안)이니, 만세를 지나도 피할 수 없을 것이다.[55]

이에 부응하듯 이원익을 탄핵하는 양사의 목소리도 더욱 커졌다. 광해군은 결국 이원익을 중도부처中道附處에 처하도록 최종 판결을 내렸는데,[56] 이것은 양사에서 요구한 유배보다 가벼운 처결이었다. 자신이 터트린 분노에 비하여 비교적 가벼운 벌을 내린 데는 대신에 대한 예우 외에도 당시 이원익이 누리던 명성 및 그를 지지하는 유림의 존재를 무시할 수 없었기 때문이다. 광해군은 이원익에게 진노하면서도 자신의 의지대로만 이 문제를 처리하기 힘든 현실적 어려움을 이렇게 내비쳤다.

> (이런 분위기를) 위무威武로 진정시킬 수 없을까 우려스러우니, 그대로 두는 것이 좋겠다.[57]

이원익이 처벌을 받자, 아니나 다를까 그를 옹호하며 대비에게 효도를 다할 것을 촉구하는 유생들의 상소가 쇄도하였다. 24명이 서명한 생원 홍

---

55 『광해군일기』 88권, 7년 3월 27일 계유(2). "李元翼之罪, 不在多言. 只脅君護逆四字, 在所必誅, 而無所逃於萬世之下矣. …"

56 몇 차례 변경이 있었지만, 결국 이원익은 강원도 홍천에 부처되었다. 『광해군일기』 91권, 7년 6월 23일 무술(3).

57 『광해군일기』 87권, 7년 2월 21일 무술(1). "… 恐不可以威武鎭定也, 置之可矣. …"

무적洪茂績(1577~1656)의 상소를 필두로,[58] 같은 날 올라온 진사 정택뢰鄭澤雷(1585~1619)의 상소에는 19명이 동참하였다.[59] 다시 열흘쯤 지나 4월 초에 올라온 생원 김효성金孝誠(1585~1651)의 상소에는 22명이 참여하였다.[60] 6월에는 유학 조직趙溭이 단독으로 상소를 올려 광해군의 불효를 직설적으로 비난했다가 뒤에 국문을 당하고 위리안치 처벌을 받았다.[61] 8월에는 경상도 성주 지방의 유학 이창록李昌祿(?~1615)이 광해군의 패륜 행위를 글로 적어 친구들에게 보여주다가 체포되어 처형당했는데, 어명으로 서소문 밖에서 수많은 유생을 둘러 세워 놓고 그 시신에 추형追刑을 가하는 극형까지 받았다.[62]

대비논쟁은 성균관을 비롯한 여러 학교에서도 뜨겁게 불붙었다. 대비를 옹호하는 유생들은 폐모廢母를 입에 올렸다는 이유로 대북 계열 유생들을 공격하였다. 이에 맞서 대북 계열 유생들도 대비를 폐할 것이라는 말은

---

58 『광해군일기』 88권, 7년 3월 25일 신미(2). 홍무적은 이 상소로 말미암아 거제도에 유배되었다가(『효종실록』 16권, 7년 4월 21일 기사), 계해정변(인조반정) 후에는 대사헌 등을 역임하였다(『인조실록』 44권, 21년 5월 27일 기미).

59 『광해군일기』 88권, 7년 3월 25일 신미(3). 정택뢰는 이 상소로 인해 남해에 유배되었다가(『광해군일기』 95권, 7년 9월 6일 기묘), 정변(반정) 전에 거기서 죽었다(『영조실록』 49권, 15년 3월 11일 정사).

60 『광해군일기』 89권, 7년 4월 4일 경진(3). 김효성은 이 상소로 말미암아 진도에 유배되었다가(『광해군일기』 95권, 7년 9월 6일 기묘), 정변(반정) 후에 지방 수령으로 발탁되었다(『인조실록』 1권, 1년 4월 21일 경진).

61 『광해군일기』 91권, 7년 6월 22일 정유(3). 조직은 이 상소 때문에 의금부에 투옥되었으며(『광해군일기』 92권, 7년 7월 7일 임자), 이후 석방되었다가 다시 국문을 받고(『광해군일기』 134권, 10년 11월 16일 신축) 남해에 위리안치되었다(『광해군일기』 140권, 11년 5월 18일 경자). 정변(반정) 후 풀려나 형조좌랑에 임명되었다(『인조실록』 2권, 1년 5월 8일 정유).

62 『광해군일기』 94권, 7년 8월 14일 무자(3).

저들이 지어낸 소문이며 저들은 그것을 빌미로 역적을 비호한다고 역공하였다.[63] 이 과정에서, 대북 세력이 인목대비를 죽이려 한다는 과격한 말을 한 유생 이현문李顯門과 허국許國은 투옥되었다가 한 사람은 장하杖下에 죽고 다른 한 사람은 위리안치 형을 받았다.[64] 이렇듯 대비를 보호하는 논의를 주도한 자들이 줄줄이 중형으로 처벌되자, 이원익의 차자와 교서 반포를 계기로 크게 일어난 대비논쟁도 다시 잠잠해졌다. 이후 본격적인 폐위 논쟁이 다시 불붙는 1617년(광해군 9) 11월까지 약 2년여 동안 대비논쟁은 수면 아래로 가라앉았다.

결국 대비전에서 행한 저주 행위가 교서의 형식으로 정식 반포되었고, 이에 따라 인목대비의 지위는 매우 불안해졌다. 대비가 저주 사건에 직접 간여했다는 말은 교서에 한마디도 없었으나, 대비전의 상궁·나인·궁노들이 죄다 사건에 연루되었으므로 적어도 저주 행위를 알고도 묵인했다는 혐의에서 자유로울 수는 없었다. 따라서 부친 김제남이 이미 역모의 우두머리로 몰려 사형을 당하고 아들 영창대군마저 역도들에게 추대되었다는 이유로 죽임을 당한 상황에서, 저주 행위를 적시한 교서 반포는 대비의 범죄를 공식적으로 밝힌 것과 다름없었다. 대비라는 지위, 곧 현왕의 모후만 아니라면 국법에 따라 벌써 중형에 처해지고도 남을 상황이었다. 이제 광해군이 인목대비를 처리하는 데 발목 잡힐 법적인 하자는 거의 사라진 셈

63 『광해군일기』 95권, 7년 9월 2일 을해(1~4).

64 『광해군일기』 97권, 7년 9월 2일 을해(4). 이현문과 허국은 홍무적의 상소에 함께 서명한 바 있으며(『광해군일기』 88권, 7년 3월 25일 신미), 성균관에서의 과격한 언동으로 투옥되었다. 미결수로 오랫동안 옥에 갇혀 있다가 석방되었으나(『광해군일기』 97권, 7년 11월 10일 임오), 다시 체포되어 국문을 받는 과정에서 이현문은 형장을 맞다가 죽고(『광해군일기』 134권, 10년 11월 16일 신축), 허국은 진도에 위리안치되었다(『광해군일기』 140권, 11년 5월 18일 경자).

이었다. 남은 걸림돌이라면, 윤리적 문제의 해결 방안이었다. 또한 바로 그 윤리적 문제 때문에 비등하는 여론을 무마할 방식에 대한 고민이었다.

## 04

# 광해군의 언관 제압 추이

광해군은 대비전의 저주 행위에 대한 교서를 반포하고 반대 목소리를 누른 후에 궁궐 건축 사업에 주력하였다. 아울러 생모 공빈 김씨恭嬪金氏의 추숭 작업을 꾸준히 추진하는 등, 인목대비를 옥죄어 들어가는 조치들을 단계적으로 취하였다. 그 과정에서 광해군은 대간과 여러 차례 충돌하였다. 그런데 1617년(광해군 9) 겨울에 조정에서 대비의 폐위론을 이끈 주체가 곧 대간이었다. 따라서 대비 폐위 논쟁의 본질을 제대로 파악하기 위해서는 그동안 광해군과 대간의 관계가 어떠했는지를 살펴볼 필요가 있다. 인목대비를 처리하는 과정과 최종 결정을 누가 실질적으로 주도했는지를 파악하기 위함이다.

대비전의 저주 행위를 교서로 반포하여 계축옥사를 법적으로 마무리한 광해군은 환경전·문정전·명정전과 경운궁 등의 수리를 명해 곧바로 토목공사를 일으켰다.[65] 닷새 후에 선수청繕修廳을 선수도감으로 승격시

65 『광해군일기』 89권, 7년 4월 6일 임오(1).

키라는 전교를 내렸다.[66] 양사에서 민생 안정 등의 이유를 들어 즉각 반대 의사를 개진했는데, 광해군은 매우 단호하게 반응하였다.

> 양궁을 수리하는 일은 애초 대단하지 않았는데도 합계合啓하기에 이르렀으니, 누가 사론邪論을 주장하여 임금의 손발을 묶으려 하는가? 심히 놀랄 만하다. 마땅히 엄하게 조사할 바이나 지금은 잠시 불문에 부치니 속히 중지하고 시끄럽게 굴지 마라.[67]

양사의 반대를 사론이라 부른 것은 이 사안을 정사正邪의 대립으로 규정한 셈으로, 매우 심각한 선전포고와 같았다. 도통道統이니 학통學統이니 종통宗統이니 하여 결벽증에 가까울 정도로 정통正統을 따지는 성리학적 유교지상주의로 들어선 조선 사회에서 어떤 문제를 놓고 그에 대한 평가가 정론과 사론으로 갈렸다면, 그 문제는 더 이상 대화를 통해 절충점을 찾기 어려운 사안임을 의미하였다.[68] 이로 인해 광해군과 대간의 격돌은 또다시 불가피하였다.

양사의 관원은 사론이라는 말까지 들은 이상 언관의 자리를 더럽힐 수 없다는 이유로 일제히 피혐하였다.[69] 그러자 홍문관이 대간은 직분에 따라 바른말을 하였으니 다 출사케 해야 한다면서 양사를 옹호하였다. 관례대

---

66 『광해군일기』 89권, 7년 4월 11일 정해(1).

67 『광해군일기』 89권, 7년 4월 19일 을미(3). "… 兩宮繕修之役, 初非大段, 而至於合啓, 何人主張邪論, 欲縶君上之手足乎. 極爲可駭. 所當重究, 今姑不問, 亟停勿擾."

68 계승범, 「광해군 대 말엽(1621~1622) 외교노선 논쟁의 실제와 그 성격」, 『역사학보』 193, 2007.

69 『광해군일기』 89권, 7년 4월 21일 정유(3).

로 홍문관의 건의를 받아들인 광해군은 사직하지 말라는 답을 내렸다. 그렇지만 대간들은 사론을 폈다는 것은 곧 큰 죄인이라는 뜻인데 그런 말을 듣고는 출사할 수 없다며 계속 버티었다. 출사케 하라는 홍문관의 건의와 광해군의 윤허, 그리고 사론이라는 말을 들은 이상 출사할 수 없다는 양사의 피혐은 4월 22일 하루 동안에 무려 네 차례나 반복되었다.[70]

문제가 커지자 선수도감에서는 대간이 논계하는 중이니 명령받은 일을 그대로 수행할 수 없다고 아뢰었다.[71] 승정원과 홍문관도 대간에 대한 왕의 처사가 잘못이라고 지적하였다.[72] 승정원은 대간이 논한 것이 곧 공론인데 공론을 사론이라 칭한 것은 매우 온당치 못한 일이라고 지적하였다. 홍문관은 말 한마디로 나라를 일으킬 수도 있고 잃을 수도 있으므로 왕은 말을 삼가야 하는데도 대간의 충언을 사론이라 몰아붙였으니, 대간을 대우하는 체통을 잃지 말라는 내용의 차자를 올렸다.

그러나 광해군은 한 발도 물러서지 않고 더욱 강한 어조로 대간에 대한 불만을 쏟아냈다. 그는 궁궐 수리의 불가피성을 먼저 설명한 후 이렇게 덧붙였다.

> 바깥사람들이 알지도 못하면서 맹렬한 기세를 떨치고, (양사는) 그 논의를 확대해서 합계하기까지 이르렀으니 어찌 괴이하지 않은가? 대개 우리나라는 인심이 부박하여 일의 본질을 헤아리지도 않은 채 조정에서 하는 일 하나하나에 대하여 반드시 과격한 논의를 주장하는 자들이 있

70 『광해군일기』 89권, 7년 4월 22일 무술(1·2·4·5).

71 『광해군일기』 89권, 7년 4월 23일 기해(3).

72 『광해군일기』 89권, 7년 4월 23일 기해(2·4).

다. (그들이) 말을 부추기면서 무섭게 굴면 양사는 으레 따르며 가세한다. (이런) 폐습은 이미 고질이 되었는데 어제오늘에 생긴 일이 아니고 전부터 이와 같았다. 이것이 어찌 양사의 (이번) 논의뿐이겠는가? 내가 (왕으로서) 한마디 하지 없을 수 없다.[73]

이는 간쟁 풍토에 대한 근본적인 불만을 터뜨린 말이었다. 선수도감에는 대간이 비록 논집하는 중이더라도 일을 추진하라고 명함으로써 간쟁을 완전히 무시하였다. 대간들도 피혐을 거듭하면서 버티기를 계속하였다.

그런데 사흘째 되는 날 홍문관이 갑자기 태도를 바꾸었다. 대간이 아무리 바른말을 했다지만 대여섯 차례나 피혐하면서 그칠 줄 모르고 소란을 피우니 모두 체차하도록 건의한 것이다.[74] 광해군은 기다렸다는 듯이 바로 이틀 뒤 양사에 대한 대대적인 인사를 단행하였다. 새 대사헌에는 이병李覺(1561~1623), 대사간에는 유간柳澗(1554~1621)을 임명하였다.[75] 그러고서 닷새 뒤 대사간을 유몽인柳夢寅(1559~1623)으로, 다시 나흘 뒤에는 유인길柳寅吉(1554~?)로 교체하였다.[76] 이들 모두는 대북 또는 중북 계열이었다. 마침내 새 양사는 이병과 유인길 체제로 출범했는데, 늘 그랬듯이 새롭게 물갈이된 양사는 광해군의 뜻을 좇아 궁궐 수리 철회 요구를 즉각

---

73 『광해군일기』 89권, 7년 4월 23일 기해(2). "外人不知熾張, 其議至於合啓, 豈不怪哉. 大槪我國人心浮薄, 不諒事體, 凡朝家一擧措一擧動, 必有主張過激之論者. 鼓其說而恐動之, 兩司例從而加之. 弊習已痼, 非今斯今, 自前如此. 是豈獨兩司之論乎. 予不得無言. …"

74 『광해군일기』 89권, 7년 4월 26일 임인(6).

75 『광해군일기』 89권, 7년 4월 28일 갑진(1).

76 『광해군일기』 90권, 7년 5월 3일 무신(1), 7일 임자(1).

중지하였다.[77]

양사의 이런 저자세는 약 보름 뒤에 정언 이익李瀷(1579~1624)이 사직을 결심하고 올린 계사에도 잘 나타나 있다.

> 선수繕修의 명을 내린 날을 맞아 양사가 합계하는 거사가 있었기에 그 (명령을 철회시키는) 것이 거의 이루어지는 듯했습니다. 그런데 천둥과 벼락(같은 질책)이 한 번 내려오자 돌이켜 즉각 정계停啓해버렸습니다. (결과적으로) 우리 왕으로 하여금 재물을 부리려는 뜻을 키우게 하고 간언을 물리치는 마음을 행하도록 하였습니다. 그런즉 (지금) 양사에 관원은 많으나 사람이 있다고 말하겠습니까?[78]

그는 이 계사에서 직책상 간쟁을 하다가도 왕이 진노하면 쉽게 굴복해버리는 양사의 세태를 날카롭게 꼬집었다. 이익은 이 일을 계기로 대간 사이에서 외톨이가 되었으며 대북 계열에서도 이탈하였다.[79] 결국 이번에도 광해군은 자신의 의지대로 양사를 굴복시킨 것이다.

그런데 새로 출범한 양사는 불과 열흘 후 또 다른 문제로 국왕과 갈등을 빚었다. 이익을 처벌하려는 광해군과 언로를 막으면 안 된다는 양사의 대립이 치열하였다. 대비논쟁이 본격적으로 일어나는 1617년 겨울까지 약

---

77 『광해군일기』 90권, 7년 5월 6일 신해(2).

78 『광해군일기』 90권, 7년 5월 18일 계해(1). "… 當繕修命下之日, 有兩司合啓之擧, 則庶幾其有爲. 而雷霆一下, 旋卽停止. 使吾君長其役物之志, 導其拒諫之心, 則兩司多官, 其曰有人乎. …"

79 이익은 대북의 일원으로서 주로 대간을 역임하였다. 정변(반정) 후, 이 상소의 공을 인정받아 장령으로 발탁되었다. 『광해군일기』 90권, 7년 5월 23일 무진(3).

2년 반 동안 이런 양상의 대립은 거의 쉴 틈이 없었다. 전체적인 이해를 돕기 위해 그런 대립 구도를 〈표 4〉에 정리했다.

〈표 4〉에 보이듯이 광해군과 대간의 충돌은 거의 일상적인 일이었으며, 남교南郊 문제를 제외하고는 거의 모든 경우에 광해군의 뜻대로 결말이 났음을 알 수 있다. 또한 간쟁은 그 성격상 왕의 비례非禮를 발견한 대간이 먼저 발론하는 것이 보통인데, 오히려 광해군이 먼저 대간의 잘못을 지적하여 논쟁이 촉발한 경우도 제법 있었다. 사헌부 관원에게 병조의 관원이나 군졸들이 하는 경운궁 입직을 명한다거나, 간쟁 내용을 문제 삼아 대간을 반역죄로 몰아서 국문을 하겠다고 으름장을 놓는다거나, 사헌부가 직접 경강京江의 선박을 수색하는 일은 위법이라고 지적한 것 등은 모두 광해군이 대간을 선제공격한 대표적인 사례이다. 아울러 대간의 탄핵이 파당적이고 공평하지 않다는 지적, 책임이나 메우려는 형식적인 간쟁이라는 지적, 지금의 삼사가 옛날의 삼사보다 못하다는 지적 등은 광해군이 당시의 간쟁 풍토에 대해 상당히 부정적이었음을 잘 보여준다. 〈표 4〉의 사례들은 1차 폐위 논쟁이 확연히 수그러든 1615년(광해군 7) 10월부터 2차 대비논쟁이 불붙은 1617년 11월 전까지를 중심으로 다루었지만, 이 시기를 전후하여 살펴봐도 추세는 기본적으로 대동소이하였다.

광해군은 왕위를 위협하는 세력에도 단호했지만 왕권의 행사에 제동을 거는 대간도 묵과하지 않았다. 광해군 대에 대북 계열이 삼사를 발판 삼아 세력을 확장할 수 있었던 힘의 원천은 그들이 '소심한' 광해군을 좌지우지했기 때문이 아니었다. 광해군의 확고한 토역 의지를 충실히 따른 덕에 신임을 얻었기 때문이다. 광해군은 결코 대북 계열 등 특정 정치 세력에게 끌려다니지 않았으며, 오히려 삼사를 줄곧 압도하며 자신에게 필요한 간쟁이나 탄핵을 유도해내기까지 하였다.

〈표 4〉 광해군과 대간의 대립 사례(1615~1617)

| 대립 기간 | 발론자 | 발론 내용 | 대간의 논지 | 광해군의 논지 | 결과 | 비고 |
|---|---|---|---|---|---|---|
| 7.4.19~ 7.5.6 | 대간 | 궁궐 수리할 때가 아니다. | 재정이 부족하고 민생도 어려운데 궁궐 공사는 불가하다. | 민생에 피해줄 일이 없다. 잘 알지도 못하면서 반대하는 것은 사론邪論이다. | 양사의 장관 및 다수의 관원들이 체차되면서 정계함. | 1618년에 요동 출병 문제와 맞물려 재론 |
| 7.5.16~ 7.6.5 | 광해군 | 사헌부는 경운궁에 입직해 규찰하라. | 법부 관원의 궁궐 입직은 전례 없는 일이다. 논집과 규찰에만 전념케 해야 한다. 언관에 맞는 대우를 해야 한다. | 모든 일에는 변례가 있게 마련이다. 입직하여 규찰하는 게 무엇이 그른가? | 대간이 굴복. 정계하고 입직하기 시작. | 승정원과 대신들도 대간 지지 |
| 7.5.21~ 7.6.22 10.11.16 | 광해군 | 망발을 한 정언 이익을 국문하겠다. | 이익에게는 잘못이 없다. 언로가 막히면 안 된다. 대간을 국문하면 후세에 말을 들을 것이다. | 이익의 말은 간쟁의 차원을 넘은 반역이다. 대간의 반역은 덮어줘야 하나? | 대간이 정계함. 이익은 제주도에 위리안치됨. | 승정원과 대신들도 이익에 대한 국문 불가를 피력 |
| 7.6.10~ 7.8.23 | 광해군 | 사헌부의 경강京江 수색은 위법이다. | 이졸吏卒을 풀어 수색한 전례가 있다. 현행범을 잡아 치죄하는 것도 전례다. | 법전에는 그런 규례 없다. 사정私情에 의한 수색이었다. 폐단을 열 것이다. | 수색에서 적발된 전라병사 이응해를 광해군이 지켜 줌. | |
| 7.7.7 8.3.3 8.4.9 9.5.20 | 대간 | 탄핵받은 지방관은 즉시 처벌해야 한다. | 대간이 수령을 탄핵하면 번번이 본도 감사에게 다시 조사케 하니, 대간은 못 믿고 감사는 믿나? | 탄핵이 파당적이다. 내가 알아서 처리할 것이다. 대간도 신하다. 왕이 기다리라면 기다려라. | 광해군은 늘 감사의 보고를 듣고서야 수령 처리 문제를 결정함. | 거의 전 기간에 걸쳐 대립 |
| 7.11.8~ 8.2.20 | 대간 | 창경궁 문정전에 원주圓柱 사용은 불가하다. | 법전法殿은 명정전 하나면 충분하다. 문정전은 법전이 아니며 각주角柱가 규례이다. 기둥을 바꾸려면 너무 큰 공사이다. 기둥 제도 변경은 불가하다. | 문정전도 법전이므로 둥근 기둥을 사용해야 한다. 둥근 기둥으로 바꾼다고 재물이 특별히 더 드는 것은 아니다. | | 선수도감도 원주 사용에 반대 |
| 7.11.9 8.2.26 9.1.21 9.2.22 | 대간 | 경연을 속히 열어야 한다. | 경연을 열어 언로를 넓히고 신료를 자주 접견해야 한다. | 급한 일 아니다. 건강이 안 좋다. | 재위 기간 내내 경연에 미온적 태도 | 거의 전 기간에 걸쳐 대립 |

| | | | | | | |
|---|---|---|---|---|---|---|
| 8.5.19~10.1.25 | 대간 | 심눌에 대한 특혜를 철회해야 한다. | 서얼 출신 심눌의 무과 전시 직부直赴 특명은 불가하다. 과거시험의 공도公道를 지켜야 한다. | 근래의 과거는 다 공도를 따랐나? 왜 심눌만 문제 삼나? 심눌은 선수도감에서 공을 세운 자다. | 전시 직부를 철회하는 대신 알성시에 응시하게 함. | |
| | | 심눌의 알성시도 불가하다. | 과거의 체계상 불가하다. | 전시 직부가 아니니 더 이상 문제 될 것 없다. | | |
| | | 심눌의 수령직 특별 제수는 불가하다. | 서경을 세 번이나 거부했는데 어찌 수령에 임명하나? 서경의 법을 존중해야 한다. 당장 체차시켜라. | 서얼로서 수령이 된 자가 심눌 혼자인가? 편파적인 서경과 간쟁을 중지하라. 우습다. | 체차하지 않고 오히려 심눌에게 가자加資함. | |
| 8.8.2~8.8.28 | 대간 | 남교南郊 제사 및 원구단 설치는 불가하다. | 교郊는 천자만 할 수 있는 제사다. 세조 때 사례는 우연이고 비례非禮였다. | 세조의 남교가 정말 비례라면, 그때의 삼사는 지금의 삼사보다 못났었단 말인가? | 날씨와 건강을 이유로 광해군이 남교 친제를 보류하고 후퇴함. | 대신들도 강력히 반대 |
| 8.10.30~8.12.18 | 대간 | 형효갑의 과방 삭제는 불가하다. | 선비의 답안을 이유로 과방에서 삭제하는 것은 전무후무하다. 당장 철회하라. | 답안 중에 임금을 비방한 글을 뽑으면, 다들 급제하기 위해 임금을 비방할 것이다. | 끝내 철회 안 함. | 형효갑은 대북 계열 인물이며, 이이첨까지 나서서 철회 요구 |
| 9.2.24 | 광해군 | 양사의 간쟁 풍토 지적 | 역적 엄벌, 작상爵賞 남발 중지, 도목정 실시, 경연 실시 등의 간쟁을 계속 받아들이지 않으니, 언관의 직분상 피혐하겠다. | 정계할 만한 사안이면 왕의 뜻을 따라 즉각 정계하고, 중지할 수 없는 사안이라면 정성껏 논계해야 한다. 지금 양사는 그저 왕의 허물만 들춰낼 뿐이다. | 양사 피혐. 홍문관의 중재로 곧 출사. | 전 기간에 걸쳐 비슷한 논쟁 계속 |
| 9.9.17~9.9.23 | 대간 | 여악女樂 놀이는 비례非禮다. | 고묘告廟 후 길거리 여악은 불가하다. 속히 취소하고 환궁해야 한다. 황은을 빛내는 것은 여악이나 잡희雜戲에 있지 않다. | 연례宴禮에는 다 여악이 있다. 난 구례를 따를 뿐이다. 예행연습할 땐 침묵하다가 당일 어가 앞에서 큰소리로 쟁론하니, 사람들 앞에서 강직한 체하여 언관의 책임만 면하려는 속셈이다. | 삼사의 여악 불가 논리가 비례 문제에서 왕의 건강 문제로 슬그머니 바뀌면서 삼사가 굴복함. | |

※ 간단히 요약한 내용이라 전거를 일일이 다 들지 않고 날짜로 대신하였다. 관련 기록은 『광해군일기』의 해당 날짜를 찾으면 확인할 수 있다. 대립한 기간이 긴 경우에는 대표적인 기록이 실려 있는 날짜를 한두 개 제시했다. 날짜 표시는 연월일 순이다(예: 7.5.16 = 광해군 7년 5월 16일).

1617년(광해군 9) 11월 인목대비를 폐위해야 한다는 양사의 과격한 논의는 바로 이런 상황에서 다시 불붙었다. 이 점은 대비 문제의 처리에서 처음부터 끝까지 그 흐름을 주도한 장본인이 광해군이었음을 강력하게 시사한다. 광해군은 대비전의 저주 행위를 사실화하는 교서를 반포한 1615년 2월부터 인목대비를 서궁西宮에 유폐시키는 전교를 내린 1618년 1월까지 3년 동안 인목대비의 존재를 약화하는 조치들을 단계적으로 취했는데, 그 핵심은 바로 생모 공빈 김씨에 대한 지속적인 추숭 작업이었다. End

# 5장. 생모 추숭

: 공성왕후와 인목대비, 1610~1617

조선왕조에서 악연으로 얽힌 인물을 꼽으라면 아마 광해군과 인목대비가 빠지지 않을 것이다. 그만큼 우리 귀에도 익다. 그들이 어떤 큰 역사적 업적을 남겼기 때문에 그런 유명세를 얻은 것은 아니다. 그들은 각기 처한 상황에서 자신의 이해관계에 따라 행동하며 살았을 뿐이다. 그런데도 그들의 삶과 서로의 관계는 조선 사회에 크나큰 역사적 이정표를 남겼다. 한 사람은 패륜을 저지른 악의 상징으로, 다른 한 사람은 억울하게 핍박받은 선한 어머니로 후대에 자리매김하였다. 특히 『계축일기』의 유포는 이런 인식이 광범위하였음을 시사한다.[1]

어떤 인물이 모든 면에서 처음부터 항상 선하거나 악할 수는 없다. 이럴 때 역사가의 할 일은 선악의 가치판단보다는 인물들 간의 관계를 당시 사회의 보편적 가치 및 역사적 안목에서 살피고 해석하는 일일 것이다. 광

1 『계축일기』의 창작 및 유포 시기는 확실하지 않다. 이 책에서는 대략 17세기 후반에서 18세기 전반으로 추정한 학설을 따른다. 이에 대해서는 정병설, 「계축일기의 작가 문제와 역사소설적 성격」, 『고전문학연구』 15, 1999 참조.

해군과 인목대비의 경우도 마찬가지다. 그 둘의 관계가 17세기 초의 정치 무대에서 정녕 문제가 되었다면, 그것은 바로 그 시대 분위기의 산물일 것이기 때문이다.

5장에서는 광해군과 인목대비의 관계를 광해군의 생모 공빈 김씨의 왕후 추숭追崇과 관련하여 고찰한다.[2] 지금까지 인목대비 유폐는 '폐모廢母'라는 말로 널리 알려졌으나, 그 전 과정을 면밀하게 천착한 연구는 없다. 특히 인목대비에 대한 핍박은 공빈의 왕후 추숭과 불가분의 관계인데도 이 두 사건의 관련성에 주목한 연구 또한 별로 없다. 광해군이 인목대비를 유폐하고 대비로 인정하지 않으려 한 근본 이유는 모계의 약점을 극복하기 위함이었다.[3] 의인왕후와 인목왕후(인목대비)로 이어지는 선조의 적비嫡妃를 의인왕후와 공성왕후恭聖王后(공빈)로 바꿔 광해군 스스로 적자가 되려고 한 것이다. 따라서 인목대비에 대한 공격과 생모 추숭 작업은 긴밀한 상관관계에 놓여 있었다. 실제로 7년에 걸친 생모 추숭 과정(1610~1617)과 5년에 걸친 대비논쟁 과정(1613~1618)은 시기적으로도 거의 일치할 뿐 아

---

2 공빈 추숭을 다룬 기존 연구로는 이영춘, 『조선 후기 왕위계승 연구』, 집문당, 1998, 128~131쪽; 지두환, 『광해군과 친인척 1』, 역사문화, 2002, 90~104쪽 및 124~128쪽; 김호, 「1616년(광해군 8)의 선조 묘호 추상 및 공성왕후의 추숭과 선조묘호도감의궤」, 『규장각 소장 의궤 해제집 2』, 서울대학교 규장각, 2004; 김종수, 「1610년(광해군 2) 공빈 추숭과 광해군사친추숭도감의궤」, 『규장각 소장 의궤 해제집 2』, 서울대학교 규장각, 2004; 신병주, 「광해군시기 의궤의 편찬과 그 성격」, 『남명학연구』 22, 2005 등이 있다. 이들 논문은 대개 다른 주제를 논하는 과정에서 공빈의 추숭을 부분적으로 언급한 정도이다. 단, 이영춘의 책은 공빈의 추숭이 갖는 정치적·종법적 의미를 살핀 면에서 돋보인다. 김호의 논문은 공빈의 부묘祔廟가 선조 및 의인왕후에 대한 추숭과 함께 이루어진 면을 조망한 점에서 의의가 있다. 필자 역시 관련 연구를 발표했는데, 「공빈 추숭 과정과 광해군의 모후 문제」, 『민족문화연구』 48, 2008이다. 5장은 그 내용을 일부 손질한 글이다.

3 이영춘, 『조선 후기 왕위계승 연구』, 집문당, 1998, 128~131쪽.

니라, 인목대비 유폐를 위한 본격적인 논의는 공빈의 추숭을 완벽하게 마무리한 지 불과 달포 만에 갑자기 일어났다. 이런 타이밍을 우연으로 볼 수는 없다. 공빈 추숭이야말로 광해군이 인목대비를 공격하기 위한 사전 정지 작업이라 할 수 있다.

# 01

## 추숭을 둘러싼 조정 논쟁과 절충안

광해군은 즉위 후에 생모 공빈 김씨를 왕후로 추숭하는 작업에 심혈을 기울였다. 선조의 복상이 끝난 1610년(광해군 2) 2월 8일에 선조와 의인왕후를 태묘(종묘)에 부제祔祭하고, 같은 날 바로 공빈의 추숭을 준비하라고 지시하였다.[4] 그러나 이 문제는 대신들과 삼사의 반대에 부딪혔고, 조정은 그로 인해 두 달이 넘도록 시끄러웠다. 예조는 대신들의 수의收議 내용을 들어 예법에 어긋난다며 강력히 반대하였다.[5] 홍문관도 차자를 올려 생모의 시호 추서를 강도 높게 비판했으며, 양사도 그 뒤를 이었다.[6] 이후 양사

---

4 『(광해군사친光海君私親)추숭도감의궤追崇都監儀軌』 경술 2월 8일. "… 我私親未有追崇之典 揆以情禮亦甚欠缺 寤寐悲愴食息不忘 而三年之內 未遑議擧 今宜遵倣古禮 參酌情文 商議大臣 講定節目 斯速擧行事 言于○○" 이 책에서는 서울대학교 규장각 온라인 공개 자료(奎 14880)를 참고하였다. 이후 『추숭도감의궤』로 표기.

5 『추숭도감의궤』 경술 2월 29일; 『광해군일기』 25권, 2년 2월 29일 을해(4); 26권, 2년 3월 3일 기묘(2).

6 『광해군일기』 26권, 2년 3월 5일 신사(4), 8일 갑신(4·5).

는 거의 매일 추숭 불가를 논계하였다. 지돈령부사 허성許筬(1548~1612)은 개인적으로 장문의 상소를 올려 추숭 불가를 역설하였다.[7] 논쟁이 막바지에 이른 3월 23일에는 왕과 신료들이 하루에도 무려 여섯 차례의 공방을 되풀이하였다.[8]

추숭 불가 주장의 핵심은, 공빈을 왕후로 추숭하면 이존貳尊이 되어 예에 어긋나며 결국에는 적서의 분별을 모호하게 만들어서 예법을 무너뜨릴 것이라는 우려였다.[9] 좌의정 이항복은 사친私親을 후后, 곧 적처로 높이도록 잘못 인도하는 신하는 대신이라도 목을 베라는 내용을 담은 위 명제魏明帝(r. 226~239)의 조서를 들어 이존의 부당함을 역설하였다.[10] 홍문관에서

---

7 『광해군일기』 26권, 2년 3월 14일 경인(5). 허성은 서경덕徐敬德(1489~1546)의 제자로서 동서 분당 때 동인을 이끈 허엽許曄(1517~1580)의 아들이자 대북의 거두 중 한 명인 허균의 친형이다(『선조수정실록』 14권, 13년 2월 신미). 그는 유희분, 최유원 등 소북 계열과 주로 어울렸다(『광해군일기』 54권, 4년 6월 19일 임오). 또한 그는 선조로부터 영창대군을 보호해달라는 밀지를 받은 유교7신遺敎七臣 가운데 한 명이었다.

8 『광해군일기』 26권, 2년 3월 23일 기해(2~7).

9 『추숭도감의궤』 경술 3월 2일. "禮曹啓曰 … 今若上以后號 則必有貳尊之嫌 又無爲私親降殺之別 抑恐反有損於以禮尊親之聖孝也 此是一國莫重之禮 不敢更有他議云 敢啓." 이존貳尊이 예에 어긋난다는 것, 즉 이존의 부당함이란 일부일처제에 기초한 중국 고대 유가의 법으로, 측실의 아들이 비록 대통을 이었을지라도 생모를 사사로이 승격시켜 부친의 적처가 동시에 둘이 되게 할 수 없다는 원칙이다.

10 『연려실기술』 권19 「폐주광해군고사본말廢主光海君故事本末」 「추숭공빈追崇恭嬪」 "時李恒福議 … 魏明帝衰世之中主 非可法之哲王也 而晚年親詔 【趙叡詔曰 禮王后無嗣 擇建支子 以繼大宗 則當纂正統 而奉公義 何得復顧私親哉 其令公卿有司 深以前世行事爲戒後嗣 萬一有由諸侯入奉大統 則當明爲人後之義 敢爲導諛 建非正之號 以干正統 謂考謂皇謂妣謂后 則股肱大臣誅之無赦 其書之金策 藏之宗廟 著于令典】 辭嚴義正 故史官特書之 先儒皆宗其說 …" 『백사집白沙集』 別集 권3 「추숭사친의追崇私親議」(한국고전번역원 온라인 공개 자료)와 『추숭도감의궤』 2월 15일 조에도 같은 내용이 실려 있으나, 【 】로 표시한 조서의 내용을 직접 인용하지는 않았다.

는 중국의 각종 사례를 검토하고, 춘추시대 이래 예법이 무너져 적서의 분별이 혼탁하게 된 것을 공자를 비롯하여 좌구명左丘明, 공양고公羊高, 곡량적穀梁赤, 호안국胡安國(1074~1138) 등 중국의 명유들이 모두 신랄하게 비판한 점을 들어 추숭 반대 논리를 강화하였다. 또한 한·당 이후의 무분별한 추숭 사례들이 예법을 문란케 하였다고 지적한 주희朱熹(1130~1200)의 논평을 근거 삼아, 한·당 이후의 사례들을 전례로 삼지 말고 삼대의 예법을 따르도록 촉구하였다.[11] 예조판서 이정귀도 왕이 비록 빈의 몸에서 태어났지만 이미 왕통을 이었으니 적모嫡母는 의인왕후뿐인데, 사친을 지나치게 고려하여 적모와 사친의 차별을 없애려는 추숭은 예법에 어긋난다고 지적하였다.[12]

이런 반대의 물결을 광해군이 유교적 예법으로 반박하기는 어려웠다. 반박 대신에 그가 펼친 논리는 생모를 왕후로 추숭하더라도 이존에 해당하지 않을 것이라는 주장이었다. 또한 예禮는 본래 정情에서 나옴을 강조하고 중도中道에는 맞으니 추숭할 수 있다고 역설하였다.[13] 심지어 역대의 제왕들이 다 했던 일을 어찌 자기만 할 수 없느냐며 질타하고, 굳이 오래된 삼대의 예법을 들먹이면서 고상한 척하지 말라며 힐책하였다.[14] 이처럼

---

11 『추숭도감의궤』 경술 2월 15일 및 20일; 『광해군일기』 26권, 2년 3년 5월 신사(4).

12 『월사집月沙集』 권60 4면右~6면右 「청침공빈후호계사請寢恭嬪后號啓辭」(『영인표점한국문집총간影印標點韓國文集叢刊』 70, 민족문화추진회, 1991), 385~386쪽. "… 況懿仁王后無子 贊議先王 擇於諸子中 取殿下爲嗣 立爲宗儲 懿仁王后旣是殿下之母 則殿下之於私親 自有降服之禮 其不可尊之以一體明矣 … 臣等之意 只仍本位 則似無追崇之實 上竝母后 則必貽貳尊之嫌 又無降殺之義 …"

13 『광해군일기』 26권, 2년 3월 5일 신사(4).

14 『광해군일기』 26권, 2년 3월 8일 갑신(4), 10일 병술(3).

광해군은 추숭에 임하는 자신의 단호한 의지를 보여주었다.

광해군은 특히 명 효종明孝宗(홍치제弘治帝, r. 1487~1505)의 사례를 모델로 삼아 따르려 하였다. 명 효종은 중국의 역대 황제 중에서 유교적 가르침에 가장 헌신적인 인물로 알려져 있었다. 그의 부친인 명 헌종明憲宗(성화제成化帝, r. 1464~1487)에게는 아들이 없었다. 보모이자 후궁인 만귀비萬貴妃의 횡포 때문에 성화제의 후궁은 임신만 하면 독살 등 의문의 죽임을 당하였다. 무사히 아들을 낳은 백현비栢賢妃마저도 아들과 함께 독살당하였다. 그러던 중 우연히 한 궁녀가 낳은 아들이 살아있다는 말을 듣고 기뻐했는데, 그 아들이 곧 후사를 이은 효종이다. 그의 생모는 기귀비紀貴妃로 책봉되었지만 이내 만귀비에게 의문의 죽임을 당하였다. 이런 와중에도 황태자로서 그는 헌종의 보호를 받아 무사히 보위에 올랐다. 즉위 후 그는 생모를 황후로 추숭하고, 무덤을 옮겨 능陵으로 격상하였다. 하지만 부묘祔廟는 하지 않고 별묘別廟를 따로 세워 신주를 모셨다.[15] 광해군은 명 효종의 생모 추숭에 대해 당대의 학자들이 다 예법에 합당하다면서 반대하지 않았으니, 자신도 효종처럼 따로 별묘를 세운다면 이존에 해당하지 않는다는 논리를 펼쳤다.[16]

---

15 『明史』 권113, 「列傳」 권1, 憲宗后妃 孝穆紀太后, 3521~3523면. 이 책에서는 中央研究院 漢籍電子文獻 온라인 공개 25史 자료를 참조하였다. 이 외에 Frederick W. Mote, "The Ch'eng-hua and Hung-chih reigns, 1465~1505," in Frederick Mote and Denis Twitchett, eds., *The Cambridge History of China*, Vol. 7, New York: Cambridge University Press, 1988, pp. 344~352도 참조.

16 『추숭도감의궤』 경술 3월 2일. "傳曰 予見歷代人君 有追尊其所生母 爲皇太后 而仍祔太廟者 或有只追上皇太后之號 而建別廟以享者 皇朝孝宗皇帝 亦以其所生母 追稱爲皇太后 而享於別廟 當時稱爲得禮 而未聞有異論 則時王之制 此固可法而今此議啓之意 必欲只上妃號 未知何所據 而堅執此議也 旣不爲祔廟 則差別之意已存於其中矣 后號之上 別無貳尊之嫌 宜體予意 追上后號."

이에 신료들도 무조건 추숭을 반대할 수는 없었다. 다만 그대로 물러서지는 않고 절충안을 내놓았다. 예조에서는 명 효종이 생모를 추숭한 방식이 법도에 맞는다고 일단 인정하였다. 비妃에서 후后로 한 등급 올렸지만(기귀비→효목왕후) 부묘하지 않았으므로, 분수를 지킨 점을 인정하였다. 그런데 이것을 공빈의 사례에 적용하면서, 기귀비도 비에서 후로 한 등급만 올렸으니 공빈도 빈嬪에서 비妃로 한 등급만 올려 추숭하고 별묘에 모신다면 예법이 허용하는 최대의 추숭이라는 논리를 폈다.[17]

조선에서 왕비와 왕후에는 차이가 있었다. 조선의 왕과 왕비는 명 황제의 책봉을 받았으므로, 그 공식 작위는 '왕'과 '비'였다. 그러나 위호位號(묘호廟號)를 정할 때 왕에게는 '조祖'나 '종宗'을, 왕비에게는 '후后'를 명나라 몰래 올렸다. '조'·'종'은 황제에게만, '후'는 황후에게만 쓸 수 있는 위호였기 때문이다. 따라서 조선에서만 통하는 국내용일지라도 왕후는 왕비보다 분명히 한 등급 높은 위호였다.[18]

예조와 대신들은 명 효종의 선례를 따른다 해도 생전에 명 황제로부터 왕비 책봉을 받은 적이 없는 공빈을 빈에서 후로 두 단계나 뛰어넘어 높일 수 없다는 논리를 폈다. 공빈을 후가 아닌 비로 한 등급만 높이면 사친을 돌보는 효성에도 충분하고 적모와 사친의 분별에도 문제가 없기 때문에 인정과 예법을 둘 다 만족시킨다고 설명하였다. 아울러 공빈의 묘소를 왕과 왕비에게만 붙일 수 있는 능으로 격상하고 별묘를 세우는 것에 동의

---

17 『광해군일기』 26권, 2년 3월 23일 기해(2).

18 『광해군일기』 26권, 2년 3월 23일 기해(2). "… 我國生時則稱妃 上仙則稱后 旣有祖宗成例 考之古典 以妃陞后 后之與妃 等級稍別 …"

하였다.[19] 요컨대 다른 것은 다 양보할 테니 국왕은 후后 위호를 포기하라는 절충안을 제시한 셈이다.

그러나 광해군은 이를 단호히 거부하였다. 애초에 공빈을 왕후로 추숭하려 한 이유가 단순히 사친에게 효도하려는 데 있다기보다는 자신이 태생적으로 지닌 모계의 약점을 없애려는 목적이었기 때문이다. 조선의 모든 왕비에게 사후에 올려주는 왕후라는 위호를 공빈에게 올리지 못한 채 타협하고 물러선다면, 광해군으로서는 아무런 의미 없는 추숭이 될 것이 자명하였다. 신료들에 맞서 광해군도 절충안을 내놓았다. 공빈을 왕후로 높이더라도 부묘하지 않고 따로 별묘를 세워 신주를 모심으로써 사친에 대한 차별을 계속 두겠다는 약속이었다.[20] 즉, 왕은 부묘를 양보할 테니 신료들은 왕후 묘호를 양보하라는 역제안이었다.

삼사와 대신들을 필두로 신료들은 조선의 경우는 중국과 다르므로 황제의 책봉을 받은 적이 없는 후궁을 곧바로 왕후로 추숭하는 것은 부당하다고 계속 반대하였다. 그러나 광해군의 단호함 앞에서 결국 왕의 절충안을 받아들이지 않을 수 없었다. 반대 논리의 핵심이 적모와 사친의 구분을 분명하게 두어야 한다는 것인데, 공빈을 비록 왕후로 추숭하더라도 구별을 두기 위해 그 신주를 종묘에 들이지(부묘하지) 않겠다는 광해군의 말에 마냥 반대만 하기가 어려웠기 때문이다. 바로 이 점 때문에, 또한 이 문제가 국가의 안위에 직결된 사안도 아니었으므로, 신료들은 결국 왕후 추숭

---

19 『추숭도감의궤』 경술 3월 22일. "禮曹啓曰 … 大臣及臣等之意 則欲只尊爲妃 以示稍降之別 三司之議 則猶以稱妃 爲非禮之正 三司之議 固是正論 臣等亦非不知 而但旣當追崇 則不可仍其本位 上竝母后 則恐貽貳尊之嫌 又無爲私親降殺之禮 區區之意 只在於此 … 聖上參酌群情 只許稱妃 則其他節目 自當按式擧行 …"

20 『광해군일기』 26권, 2년 3월 23일 기해(2).

에 마지못해 동의하였다. 좌의정 이항복은 공빈의 왕후 추숭이 예법에는 맞지 않지만 이 사안이 국가 존망을 좌우할 정도의 중대사는 아니니 왕의 뜻을 따라도 무방하다는 태도를 보였다.[21]

마침내 신료들이 왕의 절충안을 수용하자 공빈에 대한 추숭 작업은 광해군의 지시에 따라 속도를 내기 시작했다. 3월 27일에 시호를 공성恭聖으로, 휘호를 자숙서인慈淑端仁으로, 전호를 봉자전奉慈殿으로, 능호를 성릉成陵으로 정하고 추숭도감을 설치하였다.[22] 다음 날 도감 인원을 차출하기 시작하여 며칠 후에는 도감의 구성을 마무리하였다.[23] 6월 6일에는 예전 신주를 성릉에 묻었으며, 새로 쓴 신주는 별묘로 옮겨 봉안하고 책례冊禮의 친제親祭를 거행하였다.[24]

한편, 논쟁이 치열하던 2, 3월 두 달 동안 삼사의 우두머리는 서인 계열의 대제학 이정귀, 대북 계열의 대사헌 송순, 소북 계열의 대사간 박이장朴而章(1547~1622)이었다. 삼사의 다른 관원들도 대북, 소북, 남인, 서인이 대체로 균형을 이루고 있었다. 당시 조정의 원로대신으로서 추숭 관련 수의에 적극 참여한 인물로는 영의정 이덕형李德馨, 좌의정 이항복, 영중추부사 윤승훈尹承勳(1549~1611), 부원군 한응인韓應寅(1554~1614) 등을 꼽을 수 있다. 이덕형은 당색을 초월한 인물이고, 이항복과 한응인은 서인 계열, 윤승훈은 남인 계열이었다. 따라서 공빈의 추숭을 놓고 벌어진 대립은

---

21 『하담파적록荷潭破寂錄』(『대동야승』 권72: Ⅳ권 599면). "… 盖鰲城之意 子貴而欲尊父母 人情之所必至 非關於國家安危治亂 則不宜固爭相持 以失上下和氣而云也"

22 『추숭도감의궤』 경술 3월 27일.

23 『추숭도감의궤』 경술 3월 28일; 윤3월 2일.

24 『광해군일기』 30권, 2년 6월 6일 기묘(1·2). 『추숭도감의궤』에는 6월 6일을 길일로 잡는 과정(5월 27일)과 준비 상황만 나오고 행사 당일에 대해서는 언급이 없다.

붕당 구도가 아니라 왕과 전체 신료들 간의 대결 구도였다. 논쟁은 왕의 절충안을 신료들이 마지못해 수락하는 선에서 일단 봉합되었다.

# 02

## 절충안의 파기와 광해군의 전략

공빈 추숭에 관한 군신 간의 합의는 얼마 뒤 깨지고 말았다. 별묘에서 친제를 행하고 대궐로 돌아와 후속 행사를 시작하려고 할 때, 남인 계열 대사헌 김륵金玏(1540~1616)과 대북 계열 장령 박사제朴思齊(1555~?)가 정면으로 제동을 걸고 나서면서 또 다른 긴장 국면에 접어들었다. 이들은, 제사 후에 전箋을 올리고 사면령을 반포하고 음복연飮福宴을 여는 것은 태묘의 제례를 행한 후 절목에 따라 시행해야 하는 의례인데, 이번 제사는 별묘, 곧 사묘私廟의 제사이므로 후속 의례를 정규에 따라 행하는 것은 잘못이라며 이의를 제기하였다. 별묘에서 친제를 거행했으면 그것으로 이미 족한데, 왜 왕후의 신주를 태묘에 봉안하고 나서 하는 정규 의례를 그대로 따라 거행하느냐는 항의였다. 이는 공빈을 공성왕후로 추숭하더라도 이름만 왕후이지 사실은 왕후로 인정할 수 없다는 노골적인 지적이었다. 더욱이 김륵과 박사제는 광해군이 별묘 친제를 마치고 이제 막 연회에 임하여 신하들의 축하를 받으려는 참에 이런 항의문을 올려서 찬물을 끼얹었다. 광해군은 기분이 완전히 상하고 격노하여 모든 의장을 거두게 하고 연회

를 중단해버렸다.[25]

그러자 이번에는 양사의 관원들이 김륵과 박사제를 옹호하면서, 왕을 바른길로 인도하지 못해 공론에 죄를 얻었다며 모두 피혐하였다.[26] 홍문관에서는 양사의 논의가 정당하니 모두 출사케 하라고 아뢰었다. 그러나 광해군은 다음과 같이 말하며 대간들을 모두 즉시 체직하였다.

> 내가 비록 용렬하고 아둔하지만 하늘의 명(天休)을 받들어 보위에 올랐으니 생모를 추숭하고 위호를 현양함은 여러 정리로 따져보아도 조금도 불가함이 없다. … 축하연을 베풀고 사면령을 내리는 것은 조종朝宗의 고사에 분명하게 있다. 하물며 이 추숭의 예를 거행하는 것은 예로부터 명군明君이나 의군義君치고 하지 않음이 없었다. 우리나라에도 근거할 만한 가법家法이 있는데, 그 성대한 예전은 별도로 묘를 세워 향사하는 데만 그치지 않았다. 나는 시왕時王(명 효종)이 알맞게 참작한 전례를 따르려고 강등의 예로 정했는데, 이렇게까지 반대하는 이론異論이 마구 일어날 줄은 예상하지 못했다. 제례에는 본래부터 음복의 절차가 있으니 (예식을 거행하느라) 동분서주한 조정 신하들에게 잔치를 베푸는 것에 어찌 거리낄 점이 있단 말인가? 계사를 올리는 의도를 나는 알지 못하겠다. (더욱이) 예식이 (이미 다) 이루어진 후에 (와서) 일을 허물어뜨리는 논의를 제기하니, 또한 괴이하다. 양사를 모두 체직하라.[27]

---

25 『광해군일기』 30권, 2년 6월 6일 기묘(3).

26 『광해군일기』 30권, 2년 6월 6일 기묘(4·5). 당시 양사는 대개 대북과 소북 계열이 주도하고 있었다.

27 『광해군일기』 30권, 2년 6월 6일 기묘(6). "… 予雖庸暗薄劣 承天之休 忝居大位 則追崇生母 顯揚位號 揆諸情理, 小無不可 … 陳賀頒赦 明有祖宗故事 況此追崇之擧 自古

광해군은 여기서 그치지 않고 더 나아가 아예 공성왕후를 부묘하도록 명하였다.[28] 이는 왕후로 추숭하더라도 부묘하지 않겠다는 애초 약속의 파기였다. 또한 별묘에서 거행한 친제이기 때문에 정규 절목에 의거한 의례를 행할 수 없다면 차라리 정식으로 태묘에 부묘하겠다는 강한 역공이었다. 부수적인 의례 절차에 대한 김륵과 박사제의 '지나친' 항의는 결과적으로 광해군에게 약속을 깰 수 있는 좋은 빌미를 제공한 셈이었다.

신료들의 반발도 만만치 않았다. 우선 명령을 받은 승정원이, 대간에게 과실이 있을지라도 그 처치는 공론을 따라야 하는데 이렇게 갑자기 대간을 모두 체직시킨다면 훗날의 폐단을 야기할 것이라며 항의하였다. 그렇지만 광해군은 한술 더 떴다. 추숭하는 문제 만큼은 차라리 간언을 물리쳤다는 죄를 얻을지언정 절대로 양보하지 않겠다는 극언도 마다치 않았다.[29] 이튿날에는 3정승이 직접 나서서 광해군을 만류하였다. 이덕형, 이항복, 심희수 등은 대간은 국가의 귀와 눈인데 그것을 다 막아버리니 온 나라가 모두 놀랐다고 운을 뗀 뒤, 대간의 사소한 간쟁을 빌미로 약속을 바꾸어 부묘를 명함은 옳지 않다고 지적하였다. 그러나 광해군은 자신이 조정의 의견을 참작하여 추숭을 이미 강등의 예로 시행했음에도 갖가지 시비가 그치지 않는 것에 대하여 강한 불만과 분노를 터뜨렸다.[30] 앞서 강등

明君誼辟 莫不爲之 其在我朝 亦有家法之可據 其隆禮盛典 不止於別立廟而享之 予欲遵倣時王酌中之例 定爲降等之禮 不圖異論橫生 乃至於此也 祭禮旣有飮福之節 則在庭駿奔之臣 賜宴何妨 啓意所在 予未可知也 禮成之後 提起壞事之議 不亦異哉 竝遞兩司"

28 『광해군일기』 30권, 2년 6월 6일 기묘(7).

29 『광해군일기』 30권, 2년 6월 6일 기묘(8). "傳曰 … 以追崇一事 寧得拒諫之罪而不辭也 …"

30 『광해군일기』 30권, 2년 6월 7일 경진(1).

의 예에 따라 추숭하기로 동의해놓고 이제 와 김륵과 박사제를 옹호하면서 계속 트집을 잡으니, 약속은 신료들이 먼저 깼다는 논리였다. 그러니 어차피 트집을 잡힐 바에는 차라리 부묘까지 하고 말겠다는 강력한 공세로 전환한 것이다.

그러자 이번에는 홍문관이 나서서, 대간을 우대함은 공론을 중히 여기고 언로를 활짝 열기 위함이라는 원칙을 환기시킨 뒤 광해군의 잘못을 조목조목 지적하였다.

> … 후세에 이르러 (사람들은) 대간이 특별히 체직된 것이 전하로부터 시작하였다고 운운할 것입니다. 그러면 200년 동안 내려온 우리 조종의 가법이 실로 오늘로부터 타락하(는 셈이)니, 어찌 심히 애석하지 않겠습니까? 전하의 교지 중에 이르기를 '차라리 간언을 거부한 죄를 받겠다'고 하셨는데, 왕으로서 간언을 거부하였다는 오명을 피하지 않겠다면 꺼리고 못할 일이 뭐가 있겠습니까? 이는 바로 공자께서 말씀하신 "한마디 말이 나라를 망친다"는 것과 비슷합니다. 하물며 이미 대간을 체직하였는데, 곧이어 부묘하라는 전교를 내리시니 신하들은 황망하여 어찌할 바를 모르고 있습니다. 성대한 의례가 이미 완성되어 더 이상 (추숭을) 논의할 의전이 또 없는데, 갑자기 명을 바꾼 것은 격하고 촉급한 지나친 (감정)에서 나온 것입니다.…[31]

---

31 『광해군일기』 30권, 2년 6월 7일 경진(6). "… 至於後世稱之曰 臺諫特遞 自殿下始云 則我祖宗二百年家法 實自今日而墜落 豈非可惜之甚者乎 聖教有曰 寧受拒諫之罪 人主而不避拒諫之名 則有何所憚而不爲乎 殆孔子所謂 一言喪邦者也 況旣遞臺諫 繼下祔廟之教 群下遑遑 罔知所爲 縟禮旣完 更無可議之典 而猝然改命 出於激觸之餘 …" 당시 홍문관을 이끄는 대제학은 서인 계열의 이정귀, 부제학은 소북 계열의 남이공이었으며, 나머지 직책들도 여러 당파에서 고르게 점하고 있었다.

대간에 대한 일괄 체직은 나라의 법을 무너뜨리는 행위이며, 왕이 자기감정에 치우쳐 국가의 중대사를 좌지우지하면 안 된다는 강도 높은 항의였다. 그래도 광해군은 물러서지 않고 양사 관원의 물갈이 인사를 단행하였다. 특히 김륵과 박사제에게는 각각 강릉부사와 함경도사로 좌천시키는 특명을 내렸다. 승정원에 대해서도 인사를 단행하여 자신의 처남인 소북 계열 유희분을 새 도승지로 삼았다.[32]

그런데 새로 대간에 임명된 자들 가운데 상당수가 출사하지 않았다. 대사헌 강첨姜籤(1557~1611), 대사간 박진원朴震元(1561~1626) 지평 박여량朴汝樑(1554~1611)·윤중삼尹重三(1563~1619), 장령 이충李冲(1568~1619), 정언 김성발金聲發(1569~1642)·이홍망李弘望(1572~1637) 등은 명을 받고도 하루 이틀 머뭇거리다가 마지못해 출사하거나 아예 출사하지 않았다.[33] 사간원의 경우에는 사흘 동안 사간 송영구宋英耈(1556~1620) 외에는 아무도 출사하지 않았다. 뒤이어 출사한 정언 김성발도 부묘 불가를 논계하며 바로 사직하였다.[34] 대신들도 반대 의사를 굽히지 않았다.

이렇듯 하교는 있었으나 부묘는 실행에 옮기지 못한 채 한 달 가까이 조정이 이 문제로 시끄러웠다. 한편 그즈음 명나라의 책봉사가 세자 책봉을 위해 한양에 도착하였다. 이런 상황에서는 자신의 세자 시절 안 좋았

---

32 『광해군일기』 권30권, 2년 6월 7일 경진(8).

33 『광해군일기』 30권, 2년 6월 10일 계미(3). 강첨은 기축옥사 때 죽은 최영경崔永慶의 신원을 요구한 북인 계열이지만, 남인의 거두 이원익의 종사관을 오랫동안 지냈기 때문에 남인과도 친하였다(『선조실록』 128권, 33년 8월 30일 경자). 박진원도 최영경의 신원을 요구하고 정철과 성혼을 탄핵한(『선조실록』 146권, 35년 2월 9일 임신) 북인 계열이다. 다만 둘 다 대북과 소북 중 어느 쪽에 가까웠는지는 분명하지 않다.

34 『광해군일기』 30권, 2년 6월 9일 임오(7), 10일 계미(1·2). 송영구는 성혼의 문인으로 서인 계열이며, 김성발의 당색은 분명하지 않다.

던 경험으로 인해 세자 책봉에 매우 예민한 광해군이 먼저 물러서지 않을 수 없었다. 칙사를 맞이야 하는 상황인데, 모든 신료가 시끄럽게 쟁론하여 국사가 마비될 지경이니 일단은 부묘의 명을 철회할 수밖에 없었다.[35] 마침내 공빈의 추숭은 부묘 없이 왕후 위호만 올림으로써 어느 정도 절충적 모양새를 갖추고 일단락되었다. 그렇지만 아직 완전한 합의에 도달한 상태가 아니었기 때문에 부묘 문제는 정국의 변화나 광해군의 심경 변화에 따라 언제라도 다시 표면으로 떠오를 수 있는 불씨로 남았다.

과연 약 2년 뒤에 발생한 김직재金直哉(1554~1612) 옥사(1612)를 계기로 이 문제가 다시 불거졌다. 피의자 조수륜趙守倫(1555~1612)이 황혁黃赫(1551~1612)에게 보낸 어떤 편지에서 남인들이 공빈의 추숭을 사특한 논의라고 비판했다는 내용을 적은 사실이 드러나자, 광해군은 그런 비판을 한 남인이 누구인지 구체적으로 밝히라고 조수륜을 엄히 다그쳤다. 조수륜은 그 남인 가운데 하나가 김륵이라고 자백하였다.[36] 이에 광해군은 대신들의 만류에도 불구하고 김륵을 잡아와 친국하였다. 상황이 급변하자, 2년 전에 김륵의 견해가 옳다고 논의하였던 신료들은 그 자리에서 모두 대죄하였다.[37] 이때 광해군은 2년 전 장문의 상소를 올려 공빈의 추숭을 노골적으로 반대하였던 허성을 기억해내, 김륵과 허성에게 삭탈관직과 문외출송의 벌을 추가로 내렸다.[38] 세자 책봉사를 맞이하는 문제로 얼마간 잠

---

35 『광해군일기』 31권, 2년 7월 6일 기유(6).

36 『광해군일기』 51권, 4년 3월 28일 임술(5). 조수륜은 서인 계열 황혁의 처조카였다. 황혁은 '김직재 사건의 주모자'로 지목받았으며, 황혁과 조수륜 모두 심문 도중 고문으로 죽었다(『광해군일기』 52권, 4년 4월 5일 기사, 13일 정축).

37 『광해군일기』 52권, 4년 3월 28일 임술(5).

38 『광해군일기』 52권, 4년 4월 10일 갑술(3). 김륵은 이때 낙향하여 다시는 정계에 복귀

잠하던 추숭 문제는 다시 초미의 쟁점으로 떠올랐다. 김륵의 국문을 계기로, 2년 전보다 광해군에게 훨씬 유리한 국면이 형성되었다.

눈엣가시 같던 김륵을 보란 듯이 처벌함으로써 국면 전환에 성공한 광해군은 생모 공빈의 왕비 추숭을 북경에 주청하도록 명하였다. 부묘하기 전에 먼저 책봉을 주청하는 것으로 작전을 바꾼 까닭은, 정식 왕비가 아니면 부묘할 수 없다는 조정 신료들의 논리에 대응하기 위해서였다. 공빈은 오래전에 죽었으므로 왕비에 오를 수 있는 길은 사후 추숭뿐인데, 그것을 최종 결재할 권위는 조선의 국왕이 아니라 명 황제에게 있었다. 비록 명나라 몰래 국내에서만 통하는 위호일지라도 왕후는 왕비로 죽은 자에게만 올릴 수 있고, 왕비로 인정받으려면 곧 명 황제의 책봉을 받아야만 하는 구조였다. 요컨대 이런 절차를 밟은 정식 왕비만 사후에 종묘에 들어가 영원히 왕후로 제사를 받을 수 있었다.[39] 따라서 신료들의 왕후 추숭 반대 논리를 잠재우기 위해서는 비록 사후 추봉追封일지라도 명 황제로부터 왕비 책봉을 받아낼 필요가 있었다. 이에 광해군은 조선왕조에서도 이미 정현왕후貞顯王后(1462~1530)와 장경왕후章敬王后(1491~1515)처럼 본래 후궁이었다가 왕비로 책봉을 받은 전례가 있으며 당시 명나라에서도 아무런 이의를 제기하지 않고 바로 책봉한 사실을 주요 논거로 활용하였다.[40] 이

---

하지 못하고 4년 뒤에 죽었다(『광해군일기』 110권, 8년 12월 2일 무술). 허성은 임해군 제거의 공을 인정받아 처벌의 집행만은 면했지만, 넉 달 뒤 병사하였다(『광해군일기』 56권, 4년 8월 9일 경오).

39 『광해군일기』 26권, 2년 3월 23일 기해(2); 『연려실기술』 권19 「追崇恭嬪」.

40 『광해군일기』 59권, 4년 11월 1일 신묘(2). "… 王曰 我國則參酌情禮 已爲追崇矣 大槪本朝亦有 貞顯章敬王后 以後室陞位 而奏請天朝 天朝亦從之 此事則又異於此事 有如贈職之類 庸何難乎 設使天朝不聽 亦不害於義理矣 …"
연산군의 생모 왕비 윤씨를 폐위한 성종은 후궁 가운데 숙의 윤씨를 계비로 삼았는

런 전례는 광해군이 선책봉先冊封·후부묘後祔廟로 전략을 변경하는 데 결정적으로 작용하였다.

광해군은 가장 신임하던 정인홍에게 공빈 추숭(책봉)의 타당성을 타진하였다. 정인홍은 다음과 같이 말하며 주청 자체를 반대하지는 않았다.

> 예문禮文에 어떻게 되어 있는지 신은 아직 잘 모르겠으며, 한 명의 왕에 세 명의 후后가 전고前古에 있었는지도 잘 모르겠습니다. 다만 우리나라는 사대하여 (명나라와는) 한집안과 같으니 크고 작은 (모든) 사정을 숨기는 것이 있으면 안 됩니다. 지금 이미 추숭하였는데, 그것을 숨기는 것도 마찬가지로 옳지 않습니다. 친모를 현창하는 마음으로 주청을 한다면 어찌 의리에 손상됨이 있겠습니까?[41]

다만 그는 예문이나 전례를 잘 모르겠다는 등의 말을 복선으로 깔아, 주청하려는 내용이 예법상으로는 완벽하지 않다는 견해를 우회적으로 피력하였다.

신료들이 주청 자체를 반대하는 일은 부묘를 반대하는 것보다 훨씬 더 어려웠다. 예법에 맞지 않는 일을 주청했다가 거절당하면 나라의 체면이 손상된다는 것이 반대 논리의 전부였다. 예전에 공자와 주희의 논평을 들

---

데, 그가 바로 정현왕후이다. 장경왕후는 애초 중종의 후궁으로 들어가 숙의에 올랐다가 단경왕후가 폐위되자 곧 왕비가 되었으며, 인종(r. 1544~1545)을 낳고는 이내 산후병으로 사망하였다.

41 『광해군일기』 59권, 4년 11월 1일 신묘(2). "禮文之如何 臣未知之 一君三后 前古有無 亦未能知矣 但我朝事大 有同一家 大小事情 無有隱諱 今已追崇 似不可諱之 以顯親之意奏請 庸何傷於義理乎"

이대며 당당하게 부묘에 반대하던 태도와 비교해 볼 때, 명나라로부터 거절당할 경우의 체면 문제 운운은 상대적으로 허약한 논리였다. 광해군이 인정人情을 헤아리는 황제가 주청을 거절할 리 없으며 설령 거절당할지라도 황제의 처분을 물어본 것에 불과하므로 나라의 체면이 손상될 일은 없다고 반박했을 때,[42] 신료들은 그에 대해서 마땅한 반대 논리를 제시하지 못하였다. 이제 주청 자체를 반대하는 신료들의 논리적 열세는 완연하였다. 이 점은 광해군의 선책봉주청·후부묘 전략이 매우 효과적이었음을 보여준다.

그렇다고 신료들이 이 정도로 쉽게 물러설 리 없었다. 광해군의 의도대로 정말 황제의 책봉을 받아온다면 부묘 반대의 근거가 단번에 무너질 것이기 때문이었다. 이에 양사에서는 광해군의 주청 명령에 대하여 거의 매일 합계를 올리며 반대하였다.[43] 주청사로 의망된 허균許筠(1569~1618)에 대해서는 적임자가 아니라는 등의 이유를 들며 서경署經을 거부하여[44] 결과적으로 주청사 파견을 방해하고 시간을 끌었다. 이 사실이 시사하는 바는 크다. 왜냐하면 당시 대각을 주도하던 대북과 소북이 같은 북인 계열인 허균에 대해 서경을 거부하였기 때문이다. 이 점은 부묘 논쟁을 당쟁의 시각으로 볼 수 없는 좋은 예다.

이처럼 조정 신료들의 반대로 주청사 파견이 계속 지연되다가, 공신

---

42 『광해군일기』 60권, 4년 윤11월 17일 병자(4); 63권, 5년 2월 25일 계축(3).

43 『광해군일기』 60권, 4년 윤11년 11일 경오(4). 당시 대사헌은 소북 계열의 최유원이었으며(『광해군일기』 권3 즉위년 4월 16일 임신; 59권, 4년 11월 26일 병진; 77권, 6년 4월 28일 경술), 대사간은 대북 계열의 이호신李好信(1564~1629)이었다(『광해군일기』 59권, 4년 11월 24일 갑인).

44 『광해군일기』 61권, 4년 12월 16일 을사(2·6).

녹훈 문제 및 교하로 도읍을 옮기는 천도 문제가 정국의 최고 쟁점으로 새롭게 떠오르자 주청 문제는 다시 뒷전으로 밀려났다. 결국 광해군은 선책봉주청·후부묘 전략을 짜서 논리적 우세를 확보하였음에도 주청조차 반대하는 신료들의 완강함에 밀려 일단 이 사안을 보류할 수밖에 없었다.

## 03

# 논쟁의 전환점과 추숭의 완결

그로부터 두 달 후에 발생한 계축옥사(1613. 4)는 추숭 문제에서 광해군의 입지를 매우 강화해주었다. 공빈의 추숭과 인목대비에 대한 견제는 서로 불가분의 관계에 놓여 있었기 때문이다. 옥사를 계기로 살벌한 토역討逆 정국이 형성되자, 아들(영창대군)과 아버지(김제남)가 그 토역의 대상이 된 인목대비는 궁지에 몰렸다. 설상가상으로 대비전에서 저주 행위까지 행하였다는 진술이 나와, 옥사의 화가 자신에게까지 미칠 수 있는 위기에 직면하였다. 상황이 이러하니 그동안 공빈의 추숭에 반대하던 신료들에게는 위기에 처한 적계비嫡繼妃 인목대비의 보호가 더 화급을 다투는 사안으로 떠올랐다. 계축옥사는 신료들의 '공빈 추숭 반대' 목소리가 '인목대비 보호' 움직임으로 바뀌는 전환점을 이루었는데, 이 둘은 겉모습만 다를 뿐이지 기본 성격은 같았다.

이를 뒷받침이라도 하듯, 공성왕후에 대한 추숭 반대가 곧 인목대비를 옹호하는 것이라는 식의 이분법적 논리가 계축옥사 이후 만연하였다. 대북 계열의 사간 이정원 등이 올린 계사 중 다음의 발언은 당시의 분위기를 잘 보여준다.

> … (저들이 강조하는) 정비正妃라는 호칭을 누가 모르겠습니까? 그런데도 (저들이 대비를 부를 때) 반드시 이 (호칭)을 말하는 것은 우리의 공성(왕후)을 침범하고 우리의 성명을 으르고 견제해서 결국 불효라는 오명을 성상께 뒤집어씌워 옻에 목욕한 사람처럼 만세토록 씻을 수 없다고 말하는 것입니다.…[45]

공성왕후와 인목대비 중에서 양자택일하라는 식의 흑백논리는 왕의 뜻에 따르면 충신이고 조금이라도 반대하거나 미온적이면 역신이라는 양단 논리와 다름이 없었다.

이이첨 등의 대북 계열은 불과 몇 달 전까지만 해도 여느 신료와 마찬가지로 공빈의 추숭에 반대했지만, 이제 더는 반대하지 않았다. 추숭 책봉 주청사 파견 문제도 찬성하는 쪽으로 급선회하였다. 대북 계열의 이러한 추숭 찬성 행보에 대하여 『광해군일기』의 사관은 대북이 처음부터 추숭 작업에 적극적으로 협조한 것처럼 다음과 같이 기술하였다.

> 처음에 왕이 장차 공성恭聖을 추숭하려 하면서도 조정 신료들이 (그에 대해) 쟁론할까봐 두려워하였다. 그래서 은밀히 이이첨에게 물으니, 이이첨이 서면으로 답하기를 "비록 서인과 남인의 (반대) 논의가 있을지라도, 신들의 동배同輩가 다행히 성은을 입어 대각에 포열해 있는데 누가

---

45 『광해군일기』 89권, 7년 4월 10일 병술(1). "… 正妃之號 人誰不知 而其必以此爲言者 是侵犯我恭聖 脅制我聖明 終以不孝惡名 橫加聖躬 謂萬世不可雪 有若沐漆者然 …"

감히 이 시점에 입을 열겠습니까?"라고 하였다. 이에 왕의 뜻이 마침내 결정되어 그 일을 이루었다.[46]

그러나 앞서 살펴보았듯이, 계축옥사 이전에는 대북도 추숭에 완강하게 반대하였다. 특히 대북 계열이 가장 많이 포진해 있는 곳은 삼사였는데, 추숭 반대 논의를 이끈 대표적 기관이 바로 삼사였다. 또한 그때 광해군은 대간을 사실상 좌지우지할 정도로 통치력을 발휘하고 있었다. 그러므로 이 논평은 대북 세력이 처음부터 추숭에 찬성했다고 당시 사람들이 오해한 것을 사관이 그대로 옮겨 적은 내용일 수도 있지만, 의도적인 왜곡의 가능성도 배제할 수 없다.

대북의 입장 선회는 광해군에게는 반가운 일이었다. 그동안 추숭 문제를 놓고 전체 신료들의 반대에 부딪혀 고군분투해야 했지만, 이제는 대북의 지지를, 특히 대간의 지원을 받으면서 좀 더 홀가분하게 추숭을 추진할 수 있었다. 실제로 계축옥사 이후의 추숭 작업은 신료들의 큰 반대 없이 진행되었다. 영창대군을 처단하라는 백관의 정청庭請이 연일 이어지던 중에 광해군은 공빈의 사후 왕비 책봉을 위한 주청사 파견을 다시 명하였는데, 분위기가 분위기인지라 예전과는 달리 반대 논의가 나오지 않았다. 이에 그해(1613) 12월 11일 마침내 박홍구朴弘耉(1552~1624)와 이지완李志完(1575~1617)이 인솔하는 주청사 일행이 주문奏文을 들고 북경으로 출발하였다.[47]

---

46 『광해군일기』 89권, 7년 4월 21일 정유. "初王將追崇恭聖 而恐廷臣爭之 密問于李爾瞻 李爾瞻以書對曰 雖有西南屋下之談 臣等儕輩幸蒙天恩 布列臺閣 孰敢開口於此時乎 王意遂決 而成其事"

47 『광해군일기』 73권, 5년 12월 11일 갑오(8). 박홍구와 이지완은 모두 대북 계열이다.

명나라 예부는 이 주문을 이듬해(1614) 4월에 접수하였다.[48] 예부에서는 적모嫡母가 이미 책봉을 받았을지라도 생모가 적모보다 먼저 죽었다면 추증할 수 있다는 『대명회전大明會典』의 조항에 근거하여 주청을 받아들였고, 그대로 황제의 윤허를 받았다.[49] 이 결과에 광해군은 크게 기뻐하여 곧바로 사은사 파견을 명하였으며, 일을 성사시킨 주청사 일행에게도 푸짐하게 포상하였다.[50] 마침내 1615년(광해군 7) 6월 13일에 사은사 윤방尹昉(1563~1640)이 공성왕후의 고명誥命과 책봉 칙서를 받아 귀국하였고, 광해군은 교외로 직접 나가 맞이하였다.[51] 이로써 5년 전에 온 신료들의 반대를 무릅쓰고 올린 '왕후' 위호의 정통성을 확보하였으며, 더 나아가 부묘할 수 있는 길까지 활짝 열었다.

이제 광해군의 추숭 계획에 대놓고 반대하는 신료는 아무도 없었다. 계축옥사 이후 강하게 형성된 토역 정국의 영향도 있었지만, 명 황제의 책봉을 받은 이상 공빈을 왕비로 대우하는 것에 더는 반대할 논리적 명분이 사라졌기 때문이다. 명 황제로부터 고명을 받아 오자 광해군은 곧 공성왕후를 태묘에 부묘하도록 다시 명하였다.[52] 그와 동시에 기존의 왕후추숭도

48 『明神宗實錄』 권519, 8면右, 萬曆 42년 4월 18일 경자(臺北: 中央研究員歷史言語研究所, 1964).

49 『明神宗實錄』 권523, 2면左~3면右, 萬曆 42년 8월 7일 정해. "禮部覆. 朝鮮國王李暉, 請追封生母. 查大明會典文武職官封贈一款, 嫡母受封, 而生母先亡者, 准追贈. 該國地雖遠, 服同爲臣子, 聖恩如天, 何分遐邇. 且其嫡母朴氏, 繼嫡母金氏, 先以夫李昖, 受封皇妃, 則今李暉爲生母金氏, 乞思追封, 似應照追贈. 生母例追封, 爲朝鮮國王次妃, 特給誥命. … 禮部再疏, 報可."

50 『광해군일기』 82권, 6년 9월 3일 임자(5); 88권, 7년 3월 22일 무진(1).

51 『광해군일기』 91권, 7년 6월 13일 무자(1).

52 『광해군일기』 91권, 7년 6월 18일 계사(1·2). 『공성왕후부묘도감의궤恭聖王后祔廟都

감의 명칭을 왕후부묘도감으로 바꾸게 하였다.[53] 도감의 인선 작업을 조속히 마치고 6월 23일에는 부묘 관련 공무를 시작하였다.[54] 이후 온갖 의례 절차의 준비 과정마다 광해군은 거의 모든 전교와 비망기에서 '의인왕후를 부묘할 때(懿仁王后祔廟時)' 또는 '경술년에 의거하여(依庚戌年)'라는 표현을 반복해 강조함으로써 1610년(경술년, 광해군 2)에 거행했던 의인왕후의 부묘 사례에 비춰 한 치의 부족함도 없게 하라고 독려하였다. 7월에는 부묘 후에 거행할 음복연을 미리 잘 준비하라고 지시하였다.[55] 5년 전 공빈을 왕후로 추숭하고 별묘에서 친제를 거행한 후 음복연을 열던 중에 대사헌 김륵 등이 종묘에 부묘한 것도 아닌데 음복연을 베푸는 것은 불가하다고 제동을 걸었던 일을 상기해볼 때, 이제 부묘 후의 음복연 준비를 미리 지시하는 광해군의 모습에서 예법상으로나 논리적으로나 또 반대할 테면 반대해보라는 당당함을 엿볼 수 있다. 8월에는 친히 별묘의 봉자전奉慈殿에 나아가 공성왕후의 신주를 고쳐 쓴 후 친제를 거행하였다.[56] 마침내 길일로 책정된 9월 13일, 종묘 안에 마련한 공성실恭聖室에서 친제를 지내고 고명을 고함으로써 공성왕후를 부묘하였다. 또한 전례에 따라 사죄死罪 이

---

監儀軌』에 따르면, 부묘의 명은 적어도 6월 17일 또는 그 이전에 내렸음이 분명하다. 『恭聖王后祔廟都監儀軌』 을묘 6월 17일 참조(규장각 소장 자료. 奎14939). "禮曺啓曰 備忘記 聖母追封之禮 受天子恩典 誥命已降 冊上徽號後 仍祔太廟諸事 詳議擧行之意 言于該曺事 傳教矣在前 則…" 이후 『부묘도감의궤』로 약칭.

53 『부묘도감의궤』 을묘 6월 17일.

54 『부묘도감의궤』 을묘 6월 23일 및 26일.

55 『광해군일기』 92권, 7년 7월 23일 무진(3).

56 『부묘도감의궤』 을묘 8월 26일; 『광해군일기』 93권, 7년 8월 27일 신축(1).

하의 잡범들을 사면하였다.[57]

광해군은 부묘에 따른 후속 조치도 직접 꼼꼼하게 관리하였다. 11월에 공성왕후의 위호를 왕실 족보인 『선원록璿源錄』에 정서해 넣도록 했으며, 이듬해(1616년) 정초에는 부묘에 관계하였던 관원들 전원에게 가자加資하고 포상하였다.[58] 또 4월에는 고명을 받은 기념으로 증광시增廣試를 실시하였다. 이때 문무과 합해서 41명을 선발하였는데, 평소 인원보다 문·무 각 8명씩 더 뽑았다.[59] 10월에는 부묘 기념 별시를 시행하였다. 이 과거는 기존의 문무과 중시重試와 부묘 기념 별시를 겸하여 치를 예정이었으나, 광해군은 올해 일이 많다는 구실로 부묘 별시만 따로 시행하라고 명하였다.[60] 문무과 중시를 다음 해로 연기할지언정 부묘 기념 별시와 겸하여 치르게 할 수 없다는 뜻이었다. 부묘의 의미가 조금이라도 희석되는 것에 대하여 결벽증에 가까울 정도로 반응한 것이다.

부묘 이후에 행하는 모든 의례 절차를 광해군은 이처럼 빠짐없이 거행하였다. 광해군의 생모인 공빈 김씨는 사후에 명 황제로부터 왕비 책봉을 받고 왕후로 불릴 정통성을 부여받았으며, 그에 힘입어 종묘에 들어가 선조의 둘째 적비嫡妃로서 당당히 자리하였다. 이제 광해군은 처음부터 공성왕후의 몸에서 태어난 적자, 곧 대군의 신분으로 왕위를 이은 모양새를 갖추었다.

---

57 『부묘도감의궤』 을묘 9월 8일, 12일, 13일, 14일; 『광해군일기』 95권, 7년 9월 13일 병술(1·2).

58 『광해군일기』 97권, 7년 11월 7일 기묘(4); 98권, 7년 12월 29일 신미(4); 99권, 8년 정월 1일 임신(2), 8일 기묘(2).

59 『광해군일기』 102권, 8년 4월 5일 갑진(3).

60 『광해군일기』 108권, 8년 10월 3일 경자(6).

하지만 광해군은 아직 만족할 수 없었다. 명 황제로부터 공성왕후의 관복을 받지 못했기 때문이다. 생전에 왕비 책봉을 받을 때는 관복도 함께 받는 것이 상례였다. 그러나 명의 예부에서 공성왕후는 본래 측실이었으므로 예규에 따라 관복을 하사할 수 없다고 논계하는 바람에 관복 하사는 이루어지지 못했다.[61] 모든 면에서 적후嫡后와 똑같은 반열에 생모를 올리고자 과도하게 집착한 광해군으로서는 왕비의 관복을 하사받지 못한 것이 도저히 묵과할 수 없는 중대 문제였다. 더욱이 명 예부에서 관복을 하사하지 않은 이유가 본래 측실이었기 때문이라는 설명은 절대로 참을 수 없는 심각한 사태였다. 왜냐하면 그것은 지금까지 거의 완벽에 가까운 추숭 작업에도 불구하고 공성왕후가 아직도 완전한 적비嫡妃로 받아들여지지 않고 있다는 의미였기 때문이다. 바로 그런 이유로, 명 예부가 공성왕후의 관복 하사를 이미 두 차례나 거절했음에도 광해군은 매우 집요하게 관복 주청을 또 올릴 수밖에 없었다.

광해군은 포기하지 않았다. 1615년(광해군 7) 7월에 그는 다시 관복 주청의 준비를 명했고, 이듬해 8월에 관복 주청사 파견을 다시 비밀히 지시하고 11월 초에는 주문도 새로 작성하였다.[62] 이 주문은 1617년(광해군 9) 정월 명 예부에 도착하였다. 이미 두 번이나 거절한 동일 사안으로 세 번째 주청이 올라오자 명 예부에서는 부정적인 견해로 다시 논의에 부쳤다.[63] 하지만 만력제(r. 1572~1620)는 조선 국왕이 거듭해서 간청하니 허락

---

61 『明史』 권320, 列傳 권208 外國一 朝鮮, 8302면. "(萬曆)四十三年十一月 … 初 渾以生母已得封 至是復祈給官服 禮臣以金氏側室 禮有隆殺 執不可"

62 『광해군일기』 92권, 7년 7월 29일 갑술(2); 106권, 8년 8월 12일 경술(6); 109권, 8년 11월 4일 신미(1).

63 『明神宗實錄』 권553, 8면右, 萬曆 45년 정월 29일 을미.

한다면서 마침내 관복을 하사하라는 유지를 내렸다.[64]

관복 주청을 성사시킨 광해군은 뛸 듯이 기뻐하며, 관복을 좀 더 빨리 만들어달라고 독촉하기 위해 은 1천 냥을 추가로 보내도록 조치하였다.[65] 6월 말에 주청사 이정귀로부터 드디어 관복을 수령하여 귀국하는 중이라는 치계馳啓를 받은 광해군은 크나큰 경사임을 거듭 강조하면서, 관복을 맞이하고 고묘告廟하는 등 모든 관련 의례를 규례대로 정확히 준비하라고 재차 지시하였다.[66] 아울러 관복을 맞는 예행연습을 지시하는 등[67] 관복을 맞이하기 위한 준비 절차에 매우 세심하게 신경을 썼다. 더 나아가 관복 하사를 기념하는 별시의 시행을 명하였으며, 이미 예정되어 있던 배표례拜表禮 등 다른 의식들은 '관복맞이' 행사를 위해 죄다 연기시켰다.[68] 그뿐만 아니라 당시 광해군은 건강이 몹시 안 좋은 상태였음에도 불구하고 관복을 맞는 의식만큼은 병세에 차도가 없어도 강행하겠다는[69] 강한 의지를 드러내, 관복에 특별한 의미를 부여하고 상당히 집착하는 모습을 보였다.

이렇게 철저하게 준비한 후 광해군은 8월 19일에 관복을 맞이하고 백관의 하례를 받았다. 27일에는 공성왕후를 이미 태묘에 고했으니 관복 하사라는 큰 경사를 맞아 다시 전례에 의거하여 문묘에도 전알하도록 명하였다. 9월 17일에는 관복을 하사받은 것으로 교서를 반포한 뒤 사면령을

---

64 『明史』 권320, 列傳 권208 外國(一) 朝鮮, 8302면; 『광해군일기』 121권, 9년 11월 4일 을축(2).

65 『광해군일기』 115권, 9년 5월 1일 갑자(2).

66 『광해군일기』 116권, 9년 6월 24일 정사(3), 25일 무오(3), 26일 기미(3).

67 『광해군일기』 117권, 9년 7월 12일 갑술(1).

68 『광해군일기』 117권, 9년 7월 14일 병자(1), 15일 정축(3).

69 『광해군일기』 117권, 9년 7월 28일 경인(2).

내리고 백관에게 가자하였다.[70] 이로써 7년 넘게 추진한 생모 추숭 작업은 완전히 마무리되었다. 이제는 더 추숭할 것이 없었다. 적후와 똑같은 반열에 생모를 올린 것이다. 동시에 자신도 적장자의 반열에 올랐다.

---

**70** 『광해군일기』 118권, 9년 8월 19일 신해(1), 27일 기미(2); 119권, 9년 9월 17일 기묘(1~3).

# 04

## 광해군의 모후

공빈 추숭이 7년에 걸쳐 단계적으로 진행되는 동안 인목대비의 위상은 그에 반비례하여 낮아졌다. 추숭 작업을 시작하기 전에 인목대비는 선조의 적계비嫡繼妃로서 명실공히 당시 조선의 왕실 서열 1위인 대비이며, 국왕 광해군의 계모이자 모후였다. 광해군이 신료들의 반대를 무릅쓰고 생모 공빈을 왕후로 추숭하였지만, 그 이후에도 광해군 외에는 누구도 공성왕후를 왕후로 인정하지 않았다. 광해군의 적모는 여전히 인목대비였다. 그러다가 공빈이 명 황제로부터 선조의 차비次妃로 책봉을 받자 인목대비의 위상이 흔들리기 시작하였다. 공빈이 명 황제의 책봉을 받아 공식적으로 비妃가 되었다는 것은 후궁(측실)의 신분을 뛰어넘어 적비와 같은 반열로 신분이 상승했음을 의미하였다. 이뿐만 아니라 조선의 모든 왕비에게 사후에 올리는 왕후라는 위호를 받을 수 있는 정통성도 확보하였다. 따라서 이제 아무런 하자 없는 왕비로 종묘에 부묘되어 들어갔다. 그 결과 선조의 두 번째 왕비가 된 공성왕후는 세 번째 왕비이자 계비인 인목왕비(대비)를 왕비 서열상으로도 앞지르게 된 것이다.

인목대비와 광해군의 관계에도 변화가 생겼다. 이전까지 광해군의 적모는 의인왕후이고 계모는 인목왕후(대비)였다. 공빈은 그저 사친일 뿐이었다. 그러나 공빈이 사후에 왕비로 책봉을 받고 태묘에 봉안된 결과 이제는 왕후로서 광해군의 생모이자 동시에 적모가 되었다. 더군다나 왕비의 관복까지 명에서 하사받았으니, '본래 측실이었다'는 약점도 완벽하게 없애버렸다. 그리하여 광해군은 서자로 입후하여 후사를 이은 모양새가 아니라 처음부터 적자의 신분으로서 대통을 이은 국왕으로 탈바꿈하였다. 인목대비를 대하는 광해군의 자세는 이전과 비교할 수 없을 정도로 훨씬 당당해졌으며, 그것은 상대적으로 광해군에 대한 인목대비의 모권母權이 그만큼 약해졌음을 뜻하였다. 인목대비는 이제 본처의 아들보다 아홉 살이나 어린 한갓 계모로 새롭게 자리매김된 것이다.

이러한 변화는 광해군이 느끼던 '모후 핍박'의 부담을 어떤 식으로든 덜어주는 효과가 있었다. 인목대비를 폐위하더라도 아들이 모후를 폐했다는 비난을 희석하는 효과였다. 다른 말로, 인목대비의 폐위가 자신의 어머니를 폐하는 것이 아니라 그저 왕실의 대비 한 사람을 폐하는 의미로 전환되었다는 뜻이다. 왕이 역모를 꾸민 대비를 처벌하는 것은 아들이 어머니를 처벌하는 것과는 매우 다른 사안이었으며, 그만큼 광해군의 윤리적·심리적 부담도 훨씬 덜하였다.

용어 선택의 문제는 당시에 매우 민감한 사안이었다. 인목대비의 호칭을 『광해군일기』에서 찾아보면, 계축옥사 이전은 물론 그 이후에도 모후母后, 자전慈殿, 자모慈母, 대비大妃 등이 두루 회자하였다. 광해군 자신도 공식 석상에서는 인목대비를 모후나 자전으로 불렀다. 반면에 공빈은 주로 성모聖母나 사친私親으로 불렸으며, 왕후로 추숭된 후에야 공성왕후로 불렸다. 그런데 추숭의 단계에 따라 인목대비를 부르는 광해군의 호칭 및 광해군이 사용한 모후의 의미가 확연히 바뀌었다.

광해군이 인목대비를 모후라고 칭한 마지막 사례는 1614년(광해군 6) 7월에 정온鄭蘊을 국문하는 자리에서였는데,[71] 이때는 공빈을 왕비로 책봉한다는 명 황제의 허락이 떨어지기 직전이었다. 이미 살펴보았듯이 명 황제가 광해군의 주청을 받아들여 공빈을 왕비로 사후 책봉한다고 허락한 것은 같은 해 8월이었다.[72] 즉, 공빈의 왕비 책봉이 결정되기 불과 한 달 전까지만 해도 광해군은 공식 석상에서 인목대비를 모후로 칭하였다. 하지만 주청이 성공했다는 보고를 받은 이후부터 광해군은 인목대비를 더 이상 모후라 부르지 않고 대비라고만 불렀다. 공빈의 왕비 책봉이 결정된 직후부터 광해군은 인목대비를 호칭할 때 모자 관계를 연상시키는 모후라는 호칭을 버리고 중립적 의미의 대비라는 호칭을 사용하기 시작한 것이다. 그러다가 공성왕후의 관복 주청이 성사되어 관복을 맞이할 준비를 하면서부터 공성왕후를 처음으로 모후라 불렀고,[73] 이후로 계속 모후라는 호칭을 사용하였다. 이 점은 공성왕후에 대한 오랜 추숭 작업의 완결을 의미하는 관복 주청의 성사를 계기로 광해군이 사용한 모후의 의미가 공성왕후로 완전히 바뀌었음을 의미한다. 실제 이후로 광해군은 단 한 번도 인목대비를 모후 또는 자전이라고 부르지 않았다.

한편 신료들은 폐위론자나 폐위반대론자를 막론하고 모두 인목대비를

---

71 『광해군일기』 80권, 6년 7월 2일 임자(2). "王親鞫鄭蘊曰 廢母后之言 爾得聞於何人 鄭沆可疑之事 亦聞於何人乎 從實直告"

72 『明神宗實錄』 권523, 2면左~3면右 萬曆 42년 8월 7일 정해. 원문은 이 책 194쪽 각주 49 참조.

73 『광해군일기』 115권, 9년 5월 1일 갑자(2). "母后冠服奏事, 特荷聖天子恩命, 已蒙准下, 不勝感祝"

모후나 자전으로 불렀다. 다만 공성왕후의 추숭 작업이 완전히 마무리된 직후부터 폐위론자들은 인목대비를 서궁西宮이라고 부르기 시작하였다. 이것은 곧 인목대비의 폐위론이 본격적으로 일어나는 신호탄이었다. 인목대비를 서궁이라고 부른 첫 기록이 바로 인목대비의 폐위를 처음으로 거론한 유생들의 상소였기 때문이다.[74] 이는 공성왕후의 관복에 대한 교서를 반포함으로써 7년여에 걸친 추숭 작업을 완전히 마무리한 지 불과 49일 만의 일이었다. 반면에 폐위반대론자들은 인목대비가 광해군의 어머니라는 점을 강조하기 위해 모후나 자전이라는 호칭을 결코 포기하지 않았으며, 오히려 더 자주 사용하였다. 계해정변(인조반정, 1623) 이후에도 마찬가지였다. 정변 후에 편찬한 『광해군일기』의 사론과 설명 기사 등 사관의 주관이 들어간 기록들 가운데 인목대비를 칭한 용어들을 모아보면 모후나 자전이 압도적으로 많다는 점을 쉽게 간파할 수 있다. 이렇듯 공성왕후에 대한 추숭은 인목대비의 격하와 뗄 수 없는 관계의 문제였고, 그 중심에는 언제나 광해군이 있었다. 다른 말로, 광해군이 심혈을 기울여 추진한 공빈 추숭의 완결은 어떤 면에서는 인목대비에 대한 공격 준비가 끝났음을 의미하였다.

예정된 수순이라는 듯이, 추숭을 완결짓는 공성왕후의 관복 하사 교서를 반포하고서 20일도 채 지나지 않았을 때 광해군은 비밀리에 좌·우포도대장을 불러, 계축옥사 때 인목대비의 생부로 처형당한 김제남의 얼제孼弟 김계남金季男을 체포하라는 밀명을 내렸다. 이틀 뒤에 김계남이 체포되고 그의 사위 오응란吳應蘭 등 다섯 명도 의금부에 구금되었다. 이들은 4년 전 계축옥사 때 수배되었으나 그동안 잡히지 않다가 이번에 체포된 것

---

74 『광해군일기』 121권, 9년 11월 5일 병인(1).

이다.[75] 김계남에 대한 고변과 광해군의 체포 명령은 비밀리에 진행되었던 만큼 승정원을 통하지 않고 이루어졌다. 이에 승정원은 이 문제를 강력히 항의하였다. 특히 도승지 한찬남은 김계남에게 죄가 있으면 정식으로 체포하면 될 일을 왜 중종 때 사림士林을 제거하기 위해 심정沈貞(1471~1531)과 남곤南袞(1471~1527) 등이 은밀하게 저질렀던 나쁜 짓을 답습하느냐고 항의하고, 고변자가 누구인지 공개하고 그도 함께 논죄해야 한다고 목소리를 높였다.[76]

이 사건은 인목대비 폐위 논쟁이 일어나는 것과 모종의 관련이 있었다. 사건의 전개 과정은 그런 의심을 불러일으키기에 충분했다. 김계남이 정말 계축옥사 이후 전국에 수배된 인물이라면, 도승지 한찬남이 지적한 대로 굳이 승정원조차 모르게 일을 처리할 필요는 없었을 것이다. 피의자 오응란 역시 공초할 때, 호적을 조사해본다면 자신이 도망치지 않고 줄곧 자기 집에서 살아온 사실을 확인할 수 있을 것이라고 떳떳하게 진술하였다.[77] 계속되는 고문에도 불구하고 이들이 김제남의 역모와 관련있다는 증거는커녕 자백조차 받아내지 못하였다. 이런 추국 도중에 인목대비를 탄핵하는 유생들의 상소가 갑자기 쇄도하기 시작하였고,[78] 이는 바로 본격적인 폐위 논의를 촉발하는 기폭제 역할을 하였다. 이들 일련의 유소儒疏는 자연 발생적이라기보다는 인목대비 폐위론을 일으키려는 특정 정치 세력

---

**75** 『광해군일기』 120권, 9년 10월 6일 정유(4), 8일 기해(1·2), 9일 경자(5).

**76** 『광해군일기』 120권, 9년 10월 10일 신축(1). 한찬남은 대북의 거두이자 이이첨의 심복으로, 계해정변(인조반정) 직후 처형되었다(『인조실록』 1권, 원년 3월 14일 갑진).

**77** 『광해군일기』 120권, 9년 10월 10일 신축(4).

**78** 1617년 11월 5일에 시작된 폐위 상소의 행렬은 대비가 유폐된 후인 이듬해 2월까지 거의 매일 이어졌다. 『광해군일기』 121권, 9년 11월 5일 병인부터 24일 을유 참조.

이 여론을 조성하기 위해 유생들을 사주한 결과였다. 유생들의 핵심 배후에는 당시 형조판서 허균이 있었으며, 또한 허균의 배후에는 바로 광해군이 있었다.[79]

7년이 넘는 기나긴 추숭 작업을 마무리한 지 불과 달포 만에 인목대비 폐위론이 온 조정을 뒤흔든 것은 결코 시간상의 우연일 수 없다. 공빈의 추숭을 완결했을지라도 인목대비에 대한 공격을 재개하기 위해서는 명분과 계기가 필요하였다. 대비전에서 행한 저주 행위를 계축옥사 과정에서 밝혀내기는 했지만, 그때는 죄를 묻지 않고 덮어두었다가 4년이 지난 지금에 와서 갑자기 그것을 문제 삼는다면 모양새가 좋지 않을 것이었다. 김계남의 전격적인 체포는 바로 인목대비에 대한 공격을 재개하기 위한 구실이었다. 김제남의 얼제를 체포하여 다시 옥사를 일으킴으로써 4년 전의 계축옥사를 다시 상기시키는 효과를 얻고, 그에 더해 계축옥사의 3대 '원흉'인 김제남, 영창대군, 인목대비 중에서 인목대비 문제를 마무리하지 못했던 탓에 그 후유증이 여전히 심각하다는 분위기를 띄우려 하였다. 요컨대 김계남의 전격적인 체포는 사실상 폐위론을 본격적으로 일으켜 대비 문제를 마무리 짓겠다는 광해군의 굳은 의지와 왕을 추종한 일부 대북 계열의 계산에 따른 산물이었다.

결론적으로 공빈의 추숭 과정(1610. 2~1617. 9)과 인목대비에 대한 공세 기간(1613. 4~1618. 2)은 서로 밀접한 관계에 있었다. 이 두 사건의 배후에는 언제나 광해군이 있었고, 사건의 전개 과정은 대체로 그의 정치적 계산

79 이에 대한 상세한 고증은 이 책의 6장을 참조할 것. 광해군 대 유생들의 상소를 통한 공론 조작 현상에 대해서는 설석규, 『조선시대 유생상소와 공론정치』, 선인, 2002, 181~207쪽 참조. 설석규는 '폐모' 유소의 배후로 이이첨과 허균을 지목했을 뿐, 광해군의 역할에는 주목하지 않았다.

대로 나아갔다. 공빈 추숭은 광해군의 모후 교체로 이어졌으며, 이는 다시 인목대비에 대한 공격으로 이어졌다. 이처럼 국왕 광해군 입장에서 볼 때, 공빈 추숭은 인목대비의 유폐로 가는 길목에서 반드시 해결해야 할 전제 조건이었다. End

# 6장. 제2차 폐위 논쟁과 광해군의 복안, 1617~1618

영창대군은 살아있다면 정국의 변화에 따라 언제라도 직접 왕위에 오를 수 있는 존재였다. 인목대비는 전혀 그렇지 않았다. 인목대비의 힘은 영창대군의 존재로부터 기인할 뿐, 선조의 계비라는 지위는 왕위 계승 갈등에서 그다지 중요하지 않았다. 본인 스스로 왕위에 앉을 수 있는 경쟁자는 아니었기 때문이다. 그런 까닭에 광해군이 주도한 토역 정국은 영창대군을 죽임으로써 끝날 수도 있었다. 그것이 상식적이고 일반적이었다. 그런데도 광해군은 마치 폭주하는 기관차처럼 멈출 줄 몰랐다. 왜 그랬을까?

그 이유는 인목대비가 존재하는 그 자체만으로도 광해군에게는 적자가 아니라는 '트라우마(trauma)'를 매일 각인시키는 송곳과도 같았기 때문이다. 생모의 추숭에 병적으로 집착한 점이나, 7년에 걸친 추숭을 완벽하게 성공하면서부터 입에 올리기 시작한 모후가 인목대비에서 공성왕후로 즉각 바뀐 점은 당시 그의 의중을 여실히 보여준다. 2장에서 살폈듯이, 선조가 새로 맞은 계비의 내전에 자주 드나들어 끝내 영창대군을 낳지 않았다면, 명나라 예부에서 광해군이 장자가 아니라는 이유로 무려 다섯 차례나 세자 책봉 주청을 거절하지 않았다면, 황제의 책봉을 받지 못했으니 세자가 아니라면서 선조가 박대하지 않았다면, 광해군에게는 별다른 트라우마가 생기지 않았을 것이다. 세자 시절의 '안 좋은' 경험은 광해군이 왕위에 오른 후에도 사라지지 않았다. 생모 공빈을 왕후로 추숭하고 명 황제로부터 선조의 차비次妃로 승인받은 후에도 관복 하사에 집요하리만치 매달린 이유 또한 바로 명 예부에서 관복 하사 거절 때 공빈이 측실이었다는 꼬리표를 붙였기 때문이다.

그렇다면, 이제 생모의 추숭을 완벽하게 마무리했으니 '폭주 기관차'를 그만 멈춰야 했다. 하지만 인목대비가 상왕비로 궁에 존재하는 한 국왕 광해군은 매일 조석으로 문안을 드려야 했다. 이는 인목대비야말로 광해군의 '살아있는 어머니'라는 사실을 매일 반복해 입증해주는 것이며, 자식으로서 효를 실천해야 하는 대상이었음을 의미한다. 광해군은 그것을 하고 싶지 않았다. 그러기 위해서는 인목대비 문제를 어떤 식으로든 처리해야만 했다. 이 같은 상황이 바로 제2차 대비 폐위 논쟁을 초래한 주요 배경이었다.

광해군은 무작정 서두르지 않았다. 대비에 대한 공격이 초래할 부담 또한 정확히 알고 있었다. 그래서 혹독하다 싶을 정도로 전례를 공부하였다. 벌 떼처럼 들고일어나 반대할 신료들을 논리적으로 조곤조곤 누를 길은 유사한 전례를 풍부하게 확보하는 것이었기 때문이다. 6장에서는 광해군이 조선에서 찾은 전례를 먼저 살피고, 폐위 논의를 주도한 장본인이 다른 누구도 아닌 광해군이었음을 실증적으로 확인하는 데 중점을 두었다.

# 01

## 유생들의 대비 폐위 상소와 그 배후

김계남 등에 대한 심문이 한창 진행되고 있을 때 올라온 한 상소는 대비 폐위 논쟁을 본격적으로 불러일으켰다. 한보길韓輔吉 등 일단의 유생은 상소를 올려 인목대비를 폐위해야 한다고 주장하였다. 비단 아비의 역모에 내응하고 왕을 저주한 죄뿐만 아니라, 대비가 계속 궁에 남아 있으면 역도의 잔당이 계속하여 대비 주위에 몰려드는 구실이 된다는 이유를 제시하였다. 서진西晉(266~316)의 양태후楊太后 사례처럼, 인목대비를 폐위하되 사적인 모자 관계만 유지하면서 천수를 누리게 한다면 의리와 은혜에 모두 합당할 것이라고 제안하였다.[1] 요컨대, 대비 본인이 왕위에 오를 수는 없어도 어떤 정변을 추인하여 정통성을 부여할 수 있는 유일한 존재이니 아예 중국의 전례를 따라 폐위하는 편이 낫다는 논리였다. 이 상소를 필두로 비슷한 논의를 담은 유생들의 상소가 줄을 이었다. 갑자기 쇄도하

---

1 『광해군일기』 121권, 9년 11월 5일 병인(1). 중국 역사의 유사한 전례들은 한데 묶어 7장에서 상세히 다룬다.

기 시작한 대비 폐위 상소는 유생들이 스스로 나서서 올렸다기보다는 폐위론을[2] 일으키려는 정치 세력이 유리한 여론을 조성하기 위해 유생들을 사주했을 가능성이 매우 크다.[3]

유생들의 빗발치는 폐위 상소에도 불구하고 조정에서는 한동안 이 문제가 주요 사안으로 떠오르지 않았다. 폐위반대 상소도 없었다. 그러던 중 약 3주 후에 영의정 기자헌이 나서서 유생들의 논의가 잘못임을 처음으로 거론하였다.[4] 하지만 기자헌의 폐위반대론은 조정 내에서 적극적인 지원을 받지 못한 채 되레 유생들의 집중포화를 받았다. 대북이 주도하던 삼사에서 기자헌을 비난하며 나선 것은 바로 이때였다.[5] 유생들은 연이은 상소로 폐위 여론을 조성하고, 대간은 조정 안에서 폐위반대론자를 탄핵하는 양면작전의 모양새였다.

이처럼 폐위론이 조정 안팎을 휩쓰는 상황에서 광해군은 이 문제의 처리 방안을 놓고 백관의 견해를 묻는 수의收議를 명하였다. 이에, 전임자를 포함하여 백관 930여 명과 종친 170여 명 등 모두 1,100여 명이 수의에 응하였다. 이 가운데 폐위 불가를 분명하게 밝힌 사람은 이항복, 정홍익鄭弘翼(1571~1626), 김덕함金德諴(1562~1636), 김권金權(1549~1622), 이신의李愼儀(1551~1627), 권사공權士恭(1574~1619), 오윤겸吳允謙(1559~1636)

---

2 여기서는 편의상 인목대비의 폐위를 주장하는 논의를 '폐위론'으로, 그 주장을 편 사람을 '폐위론자'라고 명명한다. 또한 그 반대 논의를 '폐위반대론'으로, 그것을 주장한 사람을 '폐위반대론자'라고 부른다.

3 광해군 대 유생들의 상소를 통한 여론 조작 가능성에 대해서는 설석규, 「광해조 유소儒疏 동향과 대북정권의 사회적 기반」, 『조선사연구』 2, 1993 참조.

4 『광해군일기』 121권, 9년 11월 23일 갑신(4). 기자헌은 북인의 핵심 인물이었으나 대비 폐위에 반대하면서 대북과 크게 멀어졌다.

5 『광해군일기』 121권, 9년 11월 25일 병술(8·9).

등 일곱 명에 불과하였다. 수의에 불참함으로써 반대 의사를 우회적으로 나타낸 이는 정창연鄭昌衍(1552~1636), 윤방尹昉(1563~1640), 신익성申翊聖(1588~1644) 등이었다.[6] 잘 모르겠으니 대신들이 의논하여 결정하라는 내용의 수의가 대부분이었지만, 폐위론에 찬성한 수의도 많았다. 이 수의를 계기로, 폐위반대론자를 처벌해야 한다는 논의가 자연스럽게 대두하였다. 조정에서는 삼사가, 밖에서는 유생들이 탄핵을 주도하였는데, 이들은 대개 대북 계열이었다.

그렇지만 대북이라고 해서 모두 폐위론에 앞장서거나 동조하지는 않았다. 대비의 처벌에는 동의할지라도 처벌의 강도에 대해서는 의견이 분분하였다. 판돈령부사 민형남閔馨男(1564~1659)은 인륜상의 변고에 잘 대처하여 후세에도 왕이 비난을 받지 않도록 결정하라고 수의를 올렸다가 반대론을 편 것으로 몰려 대간의 탄핵을 받았다.[7] 당시 낙향해 있던 대북 계열의 거두 좌의정 정인홍도 폐위론을 지지하지 않았다. 의정부 앞으로 보낸 수의에서 그는 군신 간의 의리와 모자간의 의리를 똑같이 강조하여 사실상 폐위론에 완곡하게 반대하였다. 그가 대북을 이끄는 또 한 사람의 영수인 예조판서 이이첨에게 보낸 편지에서는 상충하는 두 의리를 동시에

---

6 이상은 『연려실기술』 권20 「廢母妃處西宮」 중 「百官收議」. 폐위 반대 의사를 밝힌 이들은 거의 서인 계열이었으며, 정홍익은 남인 계열, 정창연은 대북에서 이탈한 중북 계열이었다. 이신의와 권사공은 수의 때는 폐위 불가를 밝혔지만, 나중에 폐위 정청에는 참여하였다. 『광해군일기』 123권, 10년 1월 4일 갑자(5); 138권, 11년 3월 24일 정미(5) 참조. 한편, 당시 수의에 참여한 인물 명단과 수의 내용에 대해서는 현재 『추안급국안』이 최선의 1차 자료이다. 모두 426명의 수의를 확인할 수 있다. 『推案及鞫案』, 아세아문화사, 1984, 1권 531~602쪽 참조. 이에 해당하는 번역본으로는 오항녕 역주, 『추안급국안』, 흐름출판사, 2014, 3권 145~270쪽 참조.

7 『광해군일기』 121권, 9년 11월 25일 병술(10), 28일 기축(14). 민형남은 뒤에 폐위 정청에 참여하였다(『광해군일기』 123권, 10년 1월 4일 갑자).

만족시킬 절충안을 제시했는데, 공식적으로는 인목대비를 궁 안에 유폐하여 군신 간의 의리가 엄격함을 보이되 사적으로는 천수를 누리게 하여 모자 사이의 의리도 충실히 지키도록 제안하였다.[8] 이이첨도 정인홍의 견해를 그대로 받아들여, 군신 간의 의리를 우선해야 하는 신하의 태도와 모자 사이의 의리도 중시해야 하는 왕의 처지에 다 일리가 있으니 유생들의 상소를 절충하자고 수의함으로써[9] 폐위 자체에는 완곡하게 반대하였다.

이 점은 계해정변(인조반정) 직후 이이첨이 처형당하기 전에 정변을 주도한 이귀李貴(1557~1633)와 주고받은 말을 통해서도 알 수 있다. 이이첨이 대비가 무사할 수 있었던 것은 자기가 폐위론을 막았기 때문이라고 하자, 이귀는 비록 자네가 폐위론을 중지시키기는 했어도 애초에 그 논의를 뒤에서 시킨 바 있고 또 실제로 대비를 유폐했으니 그 죄를 면할 수 없다고 답하였다.[10] 이 대화의 내용이 정말 맞다면, 두 가지 해석이 가능하다. 첫째, 이이첨은 폐위론이 크게 일어나는 데 기여했지만 자신이 앞에 나서지는 않았다고 볼 수 있다. 둘째, 이이첨은 유생들의 폐위론을 중지시키고 대비를 유폐하는 선에서 이 문제를 매듭지으려 했다고 볼 수 있다. 이귀도 이를 인정한 점으로 보아 두 가지 해석은 모두 타당한 듯하다. 나중에 이귀는 이이첨이 폐위론을 선창하지도 않았으며 적극적으로 동조하지도 않았는데 그것은 자신의 충고를 그가 받아들였기 때문이라고 회고하였다.[11]

---

8 『광해군일기』 121권, 9년 11월 24일 을유(10).

9 『광해군일기』 121권, 9년 11월 25일 병술(10).

10 『광해군일기』 187권, 15년 3월 14일 갑진(5); 『정조실록』 52권, 23년 9월 19일 갑술(1).

11 『묵재일기默齋日記』(『대동야승』 권60: IV권 299쪽).

폐위론을 주도했다고 알려진 대북의 두 거두 정인홍과 이이첨이 폐위보다 유폐를 선호했다면, 1617년(광해군 9) 11월 5일부터 갑자기 터져 나온 폐위론의 배후는 누구였을까? 유생들의 배후에는 당시 대북의 또 다른 거두로서 독자적 계보를 형성하고 있던 형조판서 허균이 있었다. 또한 허균의 뒤에는 광해군이 있었다.

5장에서 보았듯이, 김계남의 체포는 광해군이 승정원을 통하지 않고 비밀리에 명을 내려 실행되었다. 추국청에서는 규례에 따라 고변자의 공초부터 받아야 하니 고변자가 누구인지 알려달라고 광해군에게 요청하였다. 광해군은 조경회趙景淮라는 자가 처음 김계남을 신고했지만 역변을 고한 것은 아니므로 굳이 심문할 필요가 없다면서 고변자의 실체를 밝히기를 거부하였다.[12] 이런 와중에 김계남 사건과 관련하여 누구누구를 체포하라고 포도청에 압력을 넣은 자가 허균의 심복인 김개金闓였다는 진술이 공초 과정에서 나왔고, 이에 추국청은 한성좌윤 김개를 심문해야 한다고 광해군에게 보고하였다. 그러나 광해군은 김개에 대한 심문을 허락하지 않았다. 김개는 다음 날 상소 형식으로 자신의 진술을 올렸는데, 거기서 허균을 언급하였다.[13] 본인의 이름이 거론된 허균도 상소하였다. 그는 김계남의 역모 사실을 처음 감지한 연유를 설명하는 가운데 역모의 낌새를 먼저 알아채서 자신에게 보고한 인물로 현응민玄應旻과 차극룡車克龍을 언급하였다. 그들은 김계남을 잡아서 공을 세우려 했다는 내용으로 공초하였다.[14] 공초를 모두 받은 추국청은 광해군에게 이번 사안은 증거가 없는 억

12 『광해군일기』 120권, 9년 10월 9일 경자(6·7).

13 『광해군일기』 120권, 9년 10월 10일 신축(9).

14 『광해군일기』 120권, 9년 10월 11일 임인(3), 15일 병오(3·4).

측일 뿐이니 김계남 등 피의자들을 모두 석방하라고 건의하였다. 아울러, 허균과 차극룡의 진술 중에 서로 맞지 않는 부분이 있으니 그 점을 밝히기 위해 그 두 사람을 심문할 것도 건의하였다. 하지만 광해군은 차극룡에 대해서만 조사하되 고문은 하지 말 것과 김계남 등에 대해서는 석방하지 말고 계속 엄중히 심문하라고 명해 추국청의 합리적 건의를 묵살하였다.[15]

인목대비의 폐위를 주장하는 유생들의 상소는 바로 이때부터 빗발치기 시작하였다. 11월 5일에 올라온 한보길과 박몽준朴夢俊의 상소를 필두로 하여 11월 24일까지 근 20일 동안 승정원에는 상소문이 10여 차례 몰렸다.[16] 수의에서 폐위 반대 의견을 개진한 인물들을 대북 계열이 장악한 삼사에서 탄핵하고 곧이어 그들에게 유배 등의 처벌이 내려지면서 폐위론이 완전히 대세를 잡은 후에는 더 많은 유생들이 폐위 여론 형성에 참여하여 연명 상소를 올렸다.[17] 폐위 상소를 극력 올린 유생들은 대개 허균의 식객이었다. 그런데 약 6개월 뒤 남대문 괘방掛榜 사건이 불거졌고,[18] 그 혐의자들을 줄줄이 체포하여 심문할 때 허균도 붙잡혀 의금부에 투옥되었다. 이들의 심문 과정에서 일전에 폐위 상소를 연이어 올린 유생들이 대개 허균의 친속이거나 식객이었음이 드러났다.[19] 상소를 통한 폐위 여론 형성

---

15 『광해군일기』 120권, 9년 10월 16일 정미(3).

16 『광해군일기』 121권, 9년 11월 5일 병인부터 24일 을유 사이에서 확인할 수 있다.

17 일부 근거 자료는 『광해군일기』 123권, 10년 1월 29일 기축(3·7·8); 124권, 2월 1일 신묘(1), 24일 갑인(6) 참조.

18 이즈음 남대문을 비롯하여 도성 여러 곳에 '광해군을 제거할 것'이라는 내용의 괘서가 나붙었는데, 그 내용이 너무 참람하여 입에 올리기도 힘들 정도였다. 이 때문인지 실록에서는 괘서에 쓰인 구체적 내용을 확인할 수 없다. 항간에는 남대문 괘방 사건의 주동자가 허균이라는 소문이 떠돌았다. 전거는 아래 19번 각주 참조.

19 관련 자료로는 『광해군일기』 131권, 10년 8월 19일 을해(3·4), 21일 정축(13), 22일

에 앞장선 유생들의 배후에는 허균이 있었던 것이다. 김계남 체포 건으로 광해군과 허균이 비밀리에 접촉한 사실 및 광해군이 김계남을 고변한 자들을 보호한 점으로 미루어 볼 때, 허균이 대비 문제에 대하여 광해군으로부터 어떤 밀지를 받았거나 적어도 광해군의 지시 혹은 후원을 받고 있었음은 분명한 듯하다.

폐위론이 한창 일고 있을 무렵, 폐위론에 반대하다가 유배당한 영의정 기자헌의 아들 기준격奇俊格(1594~1624)이 비밀리에 상소하여 아버지의 억울함을 호소하고 허균의 역모를 고발한 적이 있었다.[20] 허균도 비밀 상소를 올려 기준격이 자기를 무고한다고 변명하였다.[21] 이에 양사에서는 사실을 밝히기 위해 두 사람을 대질심문할 것을 강력히 건의하였다. 그러나 평소와 달리 광해군은 급하지 않다는 이유로 심문을 윤허하지 않았다.[22] 그 뒤 폐위 논쟁이 대비의 유폐로 일단락되고 논쟁이 다소 잠잠해지는 시점에서 허균의 문객이던 하인준河仁俊(?~1618)이 남대문 괘방 사건의 배후 인물임이 밝혀졌다.[23] 또, 인신印信을 위조한 죄목으로 수감 중이던 우경방禹經邦을 석방하도록 허균이 포도청에 압력을 넣은 일도 드러났다.[24] 일이 걷잡을 수 없는 지경으로 커지자, 그제야 광해군은 8개월 전에 올라왔던 기준격의 상소를 추국청에 내리면서 허균 등을 체포하여 의금부에 가두고

---

무인(7), 23일 기묘(12~14) 및 8월과 9월 기사에 산재한 기록들 참조.

20 『광해군일기』 122권, 9년 12월 24일 을묘(6), 26일 정사(4).

21 『광해군일기』 122권, 9년 12월 26일 정사(5); 128권, 10년 5월 3일 경인(11).

22 『광해군일기』 122권, 9년 12월 27일 무오(7).

23 『광해군일기』 131권, 10년 8월 14일 경오(4·6·7).

24 『광해군일기』 131권, 10년 8월 16일 임신(3).

그의 집을 수색하게 하는 등[25] 허균 사건을 직접 지휘하기 시작하였다.

그런데 공초가 미진하고 결안結案도 작성하지 못한 상태에서 광해군은 허균을 서둘러 처형해버렸다. 허균의 역모 혐의에 더 추궁할 것이 많으니 처형을 늦추고 계속 심문해야 한다는 논의가 거셌지만, 광해군은 이이첨 등의 건의를 받아들여 바로 허균의 사형을 집행하였다.[26] 극히 이례적으로 허균을 서둘러 처형한 것을 놓고 비변사에서는 조속한 처형을 건의한 형방승지 한찬남의 잘못을 정면으로 거론하고 나섰다.[27] 이 문제에 대하여 『광해군일기』의 사관은 허균으로 인하여 화가 자신에게까지 미칠 것을 우려한 이이첨이 광해군을 협박하여 그렇게 된 일이라고 설명하였다.[28] 그동안 이이첨은 허균과 절친한 관계를 유지해왔으나 옥사를 길게 끌어봐야 그의 입에서 어떤 말이 튀어나올지 모르니 차라리 그를 빨리 처형하려고 했다는 사관의 설명은 당시 정황으로 보아 설득력이 있다.

그렇지만 광해군이 이이첨에게 협박당했다는 설명은 신빙성이 떨어진다. 이 책에서 지금까지 확인했듯이, 이때까지 광해군은 대북 계열이 주도하는 삼사를 압도하고 있었기 때문이다. 비변사가 추국청의 옥사 처리 방법에 대하여 의문을 제기했을 때, 광해군은 한찬남이 추국청에서 왕의 명령대로 일을 하고 있다고 분명하게 밝히기까지 하였다.[29] 허균을 앞세워 폐위 여론을 형성하는 데 관여한 광해군으로서도 허균의 옥사를 길게 끄

25 『광해군일기』 131권, 10년 8월 16일 임신(4), 17일 계유(4), 21일 정축(4).

26 『광해군일기』 131권, 10년 8월 24일 경진(9).

27 『광해군일기』 131권, 10년 8월 26일 임오(8). 한찬남은 이이첨의 심복으로, 대북 계열의 핵심 인물이었다.

28 『광해군일기』 131권, 10년 8월 24일 경진(8).

29 『광해군일기』 131권, 10년 8월 26일 임오(8).

는 것은 좋지 않았다.[30] 위기에 처한 허균은 공초를 통해 자신의 결백을 주장하였다. 그는 기자헌·기준격 부자와 원수 사이가 된 연유가 자신이 인목대비를 옹호하던 기자헌을 공격했기 때문이라고 밝혔다. 폐위론 같은 일이 없었다면 기자헌이 자신을 해칠 이유가 없다고 하면서 성상의 바른 판단만 믿는다고 호소하였다.[31] 이는 자신이 애초부터 폐위론에 앞장서지 않았다면 이렇게 모함을 받지도 않았을 테니 전하께서 잘 처리하여 구제해달라는 의미였다. 더 나아가, 폐위 여론을 형성할 때는 자기를 이용하더니 이제는 버리는가라는 원망 서린 하소연이기도 하였다.

결국 이 모든 일은 폐위론을 선도한 허균의 배후에 광해군이 있었음을 시사해준다. 평소 같으면 즉시 대대적인 옥사를 일으켰을 기준격의 고변을 접하고도 광해군은 모른 체하면서 허균을 이용해 폐위론을 일으키는 데 중점을 두었다. 허균이 필요했기 때문이다. 그러다가 대비 문제를 마무리한 시점에서 뒤늦게 거론하여 옥사를 일으키고는 심문도 제대로 안 하고 허균을 신속하게 처형해버렸다. 이는 광해군이 폐위론의 핵심 배후 인물이었음을 잘 보여주는 대목이다. 『광해군일기』의 사론史論에 따르면, 생명에 위험을 느낀 허균이 아직 할 말이 있다고 외쳤으나 추국청 관리들은 못 들은 척하고 결안도 없이 바로 처형해버렸다.[32] 이렇게 빠른 처형 집행

---

30 아이러니하게도 이 사건에 대한 본격적인 심문은 허균을 처형한 후에 시작하였으며, 피의자들은 모든 죄를 이미 죽은 허균에게로 돌렸다.

31 『광해군일기』 131권, 10년 8월 18일 갑술(1). "… 向非大論, 則自獻安敢爲相害之計哉. 臣之所恃, 惟在聖明. …" 여기서 밑줄 친 대론大論은 인목대비에 대한 폐위 논의를 가리킨다.

32 『광해군일기』 10년 8월 24일 경진(8). "… 賊筠被迫出, 始覺之, 大呼曰, 欲有所言. 鞫廳上下, 佯若不聞, 王亦無可奈何, 任其所爲而已."

은 광해군과 이이첨 등의 이해관계가 일치했기 때문으로 봐야 할 것이다. 허균과 친밀했던 이이첨이나, 허균을 내세워 폐위 여론을 일으킨 광해군이나 두 사람 다 죽음을 직감한 허균의 입에서 무슨 말이 나올지 불안했기 때문이다.

# 02

## 신덕왕후 사례와 광해군의 생각

대비논쟁에 임하는 광해군의 태도는 영창대군을 처리하던 방식과 매우 흡사하였다. 즉, 문무백관은 인목대비의 폐위를 정청庭請하되, 자기는 막상 대비를 폐위하지는 않고 궁 안에 유폐하는 선에서 일을 마무리하기를 원했다. 유교적 군주로서 균형을 유지하기 위함이었다. 이뿐만 아니라 윤리적 부담을 최대한 덜기 위해 광해군은 조선왕조의 역사에서 비슷한 전례를 찾아 중요한 참고 자료로 삼았다. 그것은 바로 신덕왕후神德王后(?~1396)의 사례였다.

조선을 건국한 태조(r. 1392~1398) 이성계李成桂(1335~1408)의 첫째 부인은 한씨韓氏였다. 고려에서는 사회적으로 바람직하게 여기지는 않아도 중혼이 가능했다. 이성계도 개경에서 강씨康氏를 둘째 부인으로 맞았다. 한씨는 이성계가 조선을 세우기 전에 죽었으므로 왕비에 오르지는 못했지만 슬하에 여섯 아들을 두었다. 그 가운데 한 명이 바로 이방원李芳遠(1367~1422)으로, 뒤에 정변을 통해 왕위에 오른 태종(r. 1400~1418)이다. 강씨는 이성계가 조선을 세우고 왕위에 오르자 조선의 첫 번째 왕비가 되었으니 곧 신덕왕후였다. 강씨를 아끼던 이성계는 즉위하자마자 곧 그녀를 왕비로 삼고 그 막내 소생 이방석李芳碩(1382~1398)을 세자로 삼았다.[33] 그 후 4년 뒤에 신덕왕후는 병으로 죽었다.[34]

다시 2년 후인 1398년에 한씨 소생 아들들이 이방원을 중심으로 정변을 일으켜 강씨 소생 이복아우 이방번李芳蕃(1381~1398)과 이방석을 죽이고, 한씨의 둘째 아들 이방과李芳果(1357~1419)가 왕세자에 올랐다(적장자 이방우李芳雨는 1393년에 사망). 태조는 부득이 양위하였고, 이방과가 즉위하니 곧 정종(r. 1398~1400)이다. 정종은 즉위한 지 얼마 안 되어 신덕왕후의 영정을 무덤인 정릉으로 내보냈다.[35] 또한 왕비에 오른 적이 없는 생모 한씨를 신의왕후神懿王后(1337~1391)로 추숭하고 친제를 드리는 한편, 신덕왕후의 정릉 수호군 100명을 줄였다.[36] 나중에 태조 이성계의 산릉 수호군으로 100명을 둔 점을[37] 고려할 때, 정릉 수호군 100명을 감축했다는 사실은 수호군을 거의 다 없앴다는 의미로 볼 수 있다. 이런 조치는 모두 정종이 즉위한 지 두 달 안에 이루어졌다.

2년 뒤 선위의 형식으로 즉위한 태종은 신덕왕후 격하 작업을 본격적으로 추진하였다. 그는 신의왕후의 능인 제릉에 정식으로 비를 세우고 그 비문에 신덕왕후가 첩으로 묘사된 것을 그대로 두었으며, 제릉에 재궁을 짓는 공사를 친히 둘러보았다. 또한 도성 안의 넓은 터를 차지하고 있

33 『태조실록』 1권, 1년 8월 20일 기사(1).

34 『태조실록』 10권, 5년 8월 13일 무술(1).

35 『태조실록』 15권, 7년 9월 7일 기묘(2).

36 『태조실록』 15권, 7년 11월 11일 계미(1), 12월 26일 무진(3).

37 『태종실록』 16권, 8년 7월 29일 을해(2).

는 신덕왕후의 정릉을 축소하여 봉분을 중심으로 반경 100보까지만 능역으로 인정하고 그 외의 땅에는 건축을 허용하였다.[38] 이뿐 아니라, 신덕왕후가 죽은 뒤 태조의 총애를 받은 후궁 원씨元氏를 빈嬪에서 한 등급 올려 태상왕(태조)의 비로 삼고 성비誠妃라 불렀다.[39] 얼마 후 인소전을 완공하자 그동안 별전別殿에 있던 신의왕후의 영정을 그곳으로 옮기고, 반면에 도성 안에 있던 정릉은 아예 도성 밖으로 이장해버렸다.[40] 이런 일련의 조치는 모두 강씨가 비록 왕비로 있었을지라도 정식 왕비가 아니며, 신의왕후가 적통 왕비였음을 알리는 가시적 행보였다.

그 후 1408년(태종 8) 태상왕이 죽자, 태종은 바로 정릉의 정자각을 허물고 봉분을 없애버리라고 명하여 사실상 신덕왕후의 존재를 부정하였다. 건원릉에 세운 태조의 비문에는 차비次妃 신덕왕후라고 기록하였고, 태조의 신주를 종묘에 들일 때 신의왕후만 배위로 삼아 부제祔祭하였다.[41] 이는 신덕왕후에 대해 폐위교서만 정식으로 내리지 않았을 뿐 사실상 폐위한 것이나 다름없었다. 며칠 후에는 이미 훼파한 정릉의 돌들을 가져다가 도성의 다리 건축에 쓰는가 하면,[42] 신덕왕후의 기일에 조회를 멈추던(停朝) 것을 그가 정적正嫡(적처)이 아니라는 이유로 공식적으로 폐지하였다.[43] 태종은 대신들과의 회동에서 자신의 계모는 신덕왕후가 아니라 성비임

---

38 『태종실록』 7권, 4년 2월 18일 기축(2); 10권, 5년 8월 6일 기사(1); 11권, 6년 4월 7일 정묘(1).

39 『태종실록』 11권, 6년 5월 2일 신묘(3).

40 『태종실록』 12권, 6년 8월 22일 무신(3); 17권, 9년 2월 23일 병신(1).

41 『태종실록』 17권, 9년 윤4월 13일 을묘(6); 20권, 10년 7월 26일 신묘(1).

42 『태종실록』 20권, 10년 8월 8일 임인(1).

43 『태종실록』 20권, 10년 8월 10일 갑진(2).

을 거듭 강조하였고, 대신들도 모두 그 점을 인정하였다. 그 근거는 적처가 죽기 전에 맞아들인 여인은 처가 아닌 첩이므로 신덕왕후는 태종에게 서모庶母가 될지언정 계모는 될 수 없다는 논리였다. 오히려 더 심하게 대우하지 않는 이유는 부왕인 태조가 지극히 사랑했던 여인이기 때문이라고 밝히기까지 할 정도였다.[44] 이를 종합적으로 살펴본다면, 태종은 신덕왕후를 공식적으로 폐위하지는 않았지만 그에 준해 격하시켜 사실상 폐위하였음을 알 수 있다.

이런 추세는 태종에 이어 즉위한 세종(r. 1418~1450) 때도 그대로 이어졌다. 즉위 원년에 그동안 국가에서 관장해오던 정릉 제사를 모두 폐지하였고, 몇 년 후에는 도화원에 남아 있던 역대 고려 국왕들의 영정 초도草圖를 불사를 때 신덕왕후의 반영半影도 함께 불태웠다.[45] 이로써 신덕왕후와 조선왕실과의 모든 관계를 완전히 끊어버린 셈이었다. 세종은 영의정 황희黃喜(1363~1452)를 통하여 신덕왕후가 태조의 적비가 아니라는 점을 재차 확인하였다.[46] 결국, 태종과 세종 모두 신덕왕후를 공식적으로 폐위하지는 않았지만, 영정을 종묘에서 내치고, 봉분과 능역마저 없애버리고, 공적인 제사를 일절 폐지하고, 초상까지 불태워 실제로는 폐위에 준하는 조치를 취하였다. 그 결과 정릉은 그 위치조차 잊힐 지경으로 조선왕조 역사에서 사라졌다.

그 뒤 1581년(선조 14)에 신덕왕후의 아버지인 강윤성康允成의 후손임을 자처한 강순일康純一이라는 자가 선조의 어가를 가로막고 국묘봉사國墓

44 『태종실록』 32권, 16년 8월 21일 경진(1).

45 『세종실록』 1권, 즉위년 8월 20일 정유(3); 32권, 8년 5월 19일 임자(9).

46 『세종실록』 63권, 16년 3월 30일 정미(5).

奉祀의 예에 의거하여 자신의 군역을 면제해줄 것을 호소하였다. 건국 후 조정에서는 함경도 지역에 위치한 4조祖의 왕후들 묘역을 관리하기 위해 현지인을 뽑아 국묘봉사라는 직책을 주어 관리를 맡기고 그들의 군역을 면제해준 적이 있었다. 나라의 묘지기로 있던 강순일은 이러한 옛 규례를 근거로 삼아 자신의 군역을 면제해달라고 청원한 것이다.[47] 이 일을 계기로 조정에서는 신덕왕후에 관한 논의가 일었다.

대간은 신덕왕후를 존숭해야 한다는 논의를 주도하였는데, 태조의 건원릉 비문에 '차비次妃'라고 새겨져 있으며 『용비어천가』에도 신덕왕후라는 기록이 분명히 있으므로 태종과 세종도 신덕왕후를 강등한 적은 없다고 보았다. 게다가 신덕왕후는 실제로 왕비였을 뿐만 아니라 천자로부터 묘호까지 받은 기록이 남아 있으니 태조의 정배正配이자 태종의 모후가 틀림없다고 주장하였다. 변란(두 차례 왕자의 난)도 신덕왕후가 이미 죽은 뒤에 발생했으므로 신덕왕후와는 아무 상관이 없는데, 이대로 방치한다면 인륜에 위배된다고 누차 진언하였다.[48] 그러나 제후는 두 번 장가들 수 없다는 『예기禮記』의 구절 및 동시에 두 적실을 둘 수 없다는 예법상의 문제 때문에 반대하는 대신들도 적지 않았다.[49] 선조는 태종과 세종이 이미 조치한 일을 자기 대에 와서 함부로 바꿀 수 없다면서 완강히 반대하였다. 이에 김우옹金宇顒(1540~1603)이 별묘를 세우자는 절충안을 제시했으나 그

47 『유천차기柳川劄記』(『대동야승』 권71: Ⅳ권 560~561쪽).

48 『선조실록』 15권, 14년 12월 18일 무신(1), 22일 임자(1), 24일 갑인(1), 25일 을묘(1), 26일 병진(1); 16권, 15년 1월 7일 병인(1).

49 『柳川劄記』(『대동야승』 권71: Ⅳ권 561쪽).

타당성 여부를 놓고 대간들끼리 싸우는 바람에[50] 합일점을 찾지 못하였고, 결국 신덕왕후의 복권은 이루어지지 않았다. 옛 기록을 모두 상고한 끝에 간신히 정릉의 흔적을 찾아냈을 뿐, 능역을 다시 조성하지도 않은 채 일 년에 한 번 한식날 관리를 보내서 소략하게 제사 지내는 것으로 결말이 났다.[51]

어떤 식으로든 인목대비의 존재 가치를 약화하려던 광해군에게는 신덕왕후의 사례가 참고하고 따르기에 매우 결정적인 전례였다. 특히 유교에서는 부모와 자식의 관계가 부모의 생사 여부와는 무관하였으므로, 비록 신덕왕후의 사례가 사후에 일어난 일일지라도 참고하는 데 문제될 것이 없었다. 죽은 신덕왕후에 대한 조치나 살아있는 인목대비에 대한 조치나 같은 의미라는 것이다. 계축옥사 도중 대비논쟁이 처음 일어났을 때 광해군이 신덕왕후의 사례를 상고해 보고하라는 지시를 내린[52] 것이야말로 바로 이런 까닭에 연유하였다.

그런데 광해군은 결정적인 차이 하나를 간과하였다. 150여 년의 세월이 흐른 뒤 선조 때 조정 분위기로 보면, 신덕왕후를 정상적인 왕후로 보아야 한다는 여론이 예전에 비해 훨씬 우세해진 점이었다. 선조의 바로 뒤를 이은 자신의 시대가 태종이나 세종 때와는 판이하게 달라진 현실을, 곧 시대 환경의 변화를 제대로 감지하지 못했던 것이다.

---

50 『선조수정실록』 16권, 15년 6월 1일 정해(1).

51 『柳川箚記』(『대동야승』 권71: Ⅳ권 561쪽).

52 『광해군일기』 66권, 5년 5월 26일 계미(9); 67권, 5년 6월 6일 계사(12).

## 03

# 대비 폐위 정청과 광해군의 역할

자신의 구상을 실천하기 위한 첫걸음으로 광해군은 먼저 백관의 의견을 들어보겠다며 수의收議를 명하였다. 그것은 대비 문제를 처리하는 데 정통성을 확보하려는 목적도 있었지만, 동시에 조정 내의 폐위반대론자들을 걸러내기 위한 방법이기도 하였다. 앞에서 살펴보았듯이, 수의가 있기 직전에 미리 차자箚子를 올려서 대비 폐위에 반대한 영의정 기자헌 외에, 수의에 참여한 1,100여 명 중에서 폐위론에 반대 의사를 분명히 밝힌 사람은 이항복 등 일곱 명뿐이었다. 광해군의 녹을 받는 조정 신료로서 왕의 뜻을 거슬러 폐위론에 반대 의사를 당당하게 피력한 자들의 윤곽이 드러난 셈이었다. 광해군은 대간의 탄핵을 받아들이는 형식을 밟아 그들을 전부 북도로 정배하였다. 기자헌과 이항복에게는 파직→삭탈→출송→중도부처→유배 등의 과정을 거쳐 처벌하여 대신에 대한 최소한의 예우를 보였지만,[53] 대신이 아닌 나머지 폐위반대론자들에게는 바로 유배 또는 위

53 『광해군일기』 121권, 9년 11월 26일 정해(10·11), 28일 기축(15); 122권, 9년 12월 4

리안치를 명하였다.[54]

수의란 결정하기 힘든 중대 사안에 대하여 의견 수렴을 통해 중론이 무엇인지를 확인하는 제도였다. 광해군이 지시한 수의는 형식 면에서 그 같은 모양새를 갖추었지만, 실제로는 폐위론에 호응하라는 지시나 다름없었다. 수의의 내용을 문제 삼아 기자헌과 이항복 등 대신들을 처벌하자, 이제 광해군의 의중이 무엇인지 분명히 드러났다. 이에 따라 조정의 분위기도 폐위론 일변도로 완전히 바뀌었다. 폐위반대론자들의 목소리는 사라졌고, 폐위론에 미온적이던 사람들도 태도를 바꾸어 폐위론을 주장하거나 무언의 동조자가 되었다.

대북 계열의 우의정 한효순韓孝純(1543~1621)을 대표로 한 문무백관과 종친은 인목대비를 속히 폐출하라는 정청을 개시하였다. 정청은 기자헌과 이항복 등에 대한 유배지가 최종 확정될 즈음인 1618년(광해군 10) 1월 4일에 시작하여 29일까지 한 달 가까이 이어졌다. 백관, 양사, 종친 등이 하루에 각각 세 번씩 계사를 올릴 정도였다. 장기간 계속되는 정청에 대하여 광해군은 대개 다음과 같이 답하면서 괴로운 심정을 다양한 표현으로 토로하곤 하였다.

> 내가 덕이 없고 운명이 기구하다. … 하늘이여, 하늘이여, 나에게 무슨 죄가 있기에 이렇게 혹독한 형벌을 내린단 말인가? 차라리 신발을 벗어 버리듯 인간 세상을 벗어나 해변에 가서 살며 여생을 마치고 싶다. …

---

일 을미(10), 11일 임인(4), 13일 갑진(5), 16일 정미(2), 28일 기미(13); 123권, 10년 1월 6일 병인(11·12).

54 『광해군일기』 122권, 9년 12월 16일 정미(1·3); 124권, 10년 2월 15일 을사(2).

기구하게도 이런 망극한 변고를 당하였으니 하늘에 호소하며 눈물만 흘릴 뿐 드러낼 면목이 없다. … 내가 부덕한 탓으로 누차 큰 변고를 만났는데 하늘에 올라가고 싶어도 방법이 없고 땅에 들어가고 싶어도 길이 없다. … 고금에 불행하기 그지없는 일인데 나만 유독 어찌 이런 변을 만나 이 지경에 이르렀단 말인가? … 왕 노릇 하는 즐거움이 없다. … 차라리 이런 정청을 듣는 일이 없도록 잠들어 영원히 세상과 이별하고 싶다. … 이는 실로 내가 죄를 지은 탓이니 다시 누구를 원망하고 허물하겠는가? 자꾸 번거롭게 아뢰어 천하 후세에 죄를 짓게 하지 말라. … 경들이 가령 직접 이런 변고를 당했다면 이런 일을 차마 할 수 있겠는가? 부디 나의 심정을 살펴 다시는 번거롭게 하지 마라.[55]

이러한 답변은 광해군의 진심이라기보다는 유교적 군주로서 체면을 유지하기 위한 수사일 뿐이었다. 왜냐하면 정청을 대하는 광해군의 태도가 지극히 이중적이었기 때문이다. 광해군은 고통스런 심경이라고 말하면서도 정청 불참자를 처벌해야 한다는 유생들의 상소를 그대로 의정부에 내렸다.[56] 심지어 선조의 국기일國忌日에도 유생들의 상소를 받아들여서 본 뒤 의정부에 내릴 정도였다.[57] 이런 상소가 올라오고 있으니 모두 정청에 참여하라는 무언의 압력이었다. 이에 대간은 이신의·김권·권사공·김지수金地粹(1585~1639) 등 정청 불참자 네 명의 이름을 서둘러 적어 내며

---

**55** 『광해군일기』 123권, 10년 1월 4일 갑자(5), 19일 기묘(9), 23일 계미(6), 24일 갑신(5), 26일 병술(4), 27일 정해(1) 등의 기사에서 부분적으로 뽑아 한데 모은 것이다.

**56** 『광해군일기』 123권, 10년 1월 11일 신미(2).

**57** 『광해군일기』 124권, 10년 2월 1일 신묘(1·2).

그들을 탄핵하였다.[58] 그러자 광해군은 되레 양사를 질책하였다.

> 이 일은 내가 말하고 싶지 않았지만, 양사에서 일을 논하는 것이 매우 공정하지 않아 계속 가만히 있을 수 없다. … 기자헌과 이항복 등은 대신의 신분으로서 단지 생각하는 바를 진달했을 뿐이다. 또 대신은 일반 관원과는 다르다. 그때 삼사는 한목소리로 (기자헌과 이항복의) 죄를 청하기를 하루에도 여러 차례 논계하면서 위리안치의 법률을 적용하라고 하였다. 지금 이신의 등(의 죄)가 기자헌이나 이항복과 무엇이 다른가? 하물며 왕(이 주는) 밥을 먹고 왕(이 주는) 옷을 입으면서도 정청에 참여하지 않은 자는 신하의 도리가 다해 없어졌음이다. 그 죄는 차라리 한쪽 편을 드는 무리보다 더 심하다. 그런데도 (책망이나 면하려고) 서너 명만 뽑아서 죄를 청하고, 법률 적용도 올리고 내리고를 임의로 하여 거리낌이 없다. … 이와 같이 불공정한 논의로 다시는 번거롭게 하지 마라.[59]

이 답변에는 정청 불참자에 대한 광해군의 생각이 잘 드러나 있다. 광해군은 그들을 불충의 죄인으로 간주하였으며, 처음부터 자기 의견을 솔직히 밝힌 기자헌이나 이항복보다도 오히려 그 죄가 더 무겁다고 평하였

---

58 『광해군일기』 124권, 10년 2월 4일 갑오(3), 5일 을미(2).

59 『광해군일기』 124권, 10년 2월 5일 을미(2). "此事予欲無言, 而兩司論事之體, 殊非公正之義, 不容終默. … 奇自獻李恒福等, 身爲大臣, 只陳所懷. 且大臣與庶官不同. 其時三司齊聲請罪, 一日累啓, 而圍置擬律. 今此李愼儀等, 與自獻·恒福何異. 況彼食君食衣君衣, 不參庭請者, 人臣之義, 掃地盡矣. 其罪反有甚於右袒之輩. 而只抄三四人, 塞責請罪, 擬律低昂, 任情無忌. … 如此不正不均之論, 勿爲更煩. …"

다. 또한 불참자들에 대한 처벌을 논하지 않다가 위에서 다그치니 그제야 임시방편으로 몇 명 적어 올리는 양사의 안일한 태도도 매우 적나라하게 질책하였다. 광해군은 불참자 명단을 정확하게 작성하여 보고하라는 명령을 내리지는 않았지만, 이 답변을 통하여 그렇게 명한 셈이었다. 양사를 비롯한 모든 신료들도 이 답변을 그런 명령으로 받아들였다.[60] 광해군은 한편으로는 괴로운 심경을 토로하면서 정청을 중지하라고 누차 '호소'하였지만, 다른 한편으로는 정청을 매우 중요하게 여겼을 뿐 아니라 노골적으로 강요하기까지 하였다.

이 답변 이후에 광해군이 취한 조치들을 살펴보면 그의 의중이 더욱 분명히 드러난다. 답변에 바로 이어서 광해군은 대비 문제를 마무리하는 중요한 이때에 근무에 소홀한, 다른 말로 탄핵하는 일에 소극적인 대간들은 의리를 저버렸다고 할 수 있으므로 다 체차하여 외직으로 내보내도록 명하였다.[61] 또한 불참자 명단을 보고받을 때마다 명단 작성이 공정하지 않다는 이유로 계속 질책하기를 멈추지 않았다. 특히 명단에 이름이 누락된 자들을 구체적으로 거명하면서 양사와 비변사를 계속 압박하였다. 한 예로, 비변사에서 당상관 가운데 정청에 참석한 245명과 불참한 38명의 명단을 보고했을 때, 광해군은 재신宰臣 가운데 유영순柳永詢(1552~1630), 김상준金尙寯(1561~1635), 목장흠睦長欽(1572~1641) 등은 참석하지 않았는데도 왜 불참자 명단에 없는지 되물었다.[62] 이로 보건대, 광해군은 매일 불참자 명단을 별도의 방법으로 확보하고 있었던 것 같다. 환관을 시켜 조사

---

60 『광해군일기』 124권, 10년 2월 10일 경자(2).

61 『광해군일기』 124권, 10년 2월 5일 을미(4).

62 『광해군일기』 124권, 10년 2월 10일 경자(2).

하게 한다거나 다른 측근들을 통해 정보를 입수하는 등 여러 가지 경로를 이용하여 광해군 스스로 불참자 현황을 수시로 파악하고 있었을 가능성이 매우 높다. 광해군은 바로 자신이 확보한 명단과 비변사에서 올린 공식 명단을 수시로 비교하여, 보고를 똑바로 하라고 질책할 수 있었던 것이다.[63]

상황이 상황인지라, 비변사는 그 세 명이 누락된 이유를 변명하는 한편 광해군의 지시대로 당상관은 물론 수백 명의 당하관 및 군직軍職까지 정청 참석 여부에 대한 조사를 확대하였다. 그 결과 새로운 이름들이 불참자 명단을 속속 채워나갔다.[64] 불참자 명단이 갱신되어 나올 때마다 삼사는 불참자를 처벌하라며 목청을 높였다. 이에 질세라 대비의 폐위와 정청 불참자 처벌을 요구하는 유생들의 상소도 광해군의 집무 책상에 계속 쌓여갔다. 몸이 아파 부득이 정청에 참여하지 못했다거나, 참석했는데도 불참자 명단에 이름이 올랐다면서 억울하다는 식의 변명 상소들도 줄을 이었다.[65]

이제 계축옥사의 진실성이나 인목대비의 반역죄에 대해 감히 의심을

---

63 상황이 같지는 않지만, 두 군데 경로로 각각 보고를 받아 정보를 독점함으로써 통치력을 강화한 청나라 강희제康熙帝(r. 1661~1722) 때의 주접奏摺 제도(palace memorial system)를 연상시킨다. 이 제도에 대해서는 John K. Fairbank and Teng Ssu-yü, *Ch'ing Administration, Three Studies*, Cambridge: Harvard University Press, 1960, pp. 44~48; Jonathan D. Spencer, *Ts'ao yin and the K'ang-hsi Emperor, Bondservant and Master*, New Heaven: Yale University Press, 1966, pp. 213~254 참조. 한글 번역서로는 조나단 D. 스펜서 지음, 이준갑 옮김, 『강희제』, 이산, 2001, 2장 참조.(Jonathan D. Spencer, *Emperor of China: Self-Portrait of K'ang-Hsi*, New York: Vintage Books, 1975)

64 『광해군일기』 124권, 10년 2월 11일 신축(3), 16일 병오(1), 20일 경술(2).

65 『광해군일기』 124권, 10년 2월 25일 을묘(2~4); 125권, 10년 3월 2일 신유(4~7), 3일 임술(5·6), 7일 병인(4·5).

드러내는 사람은 없었다. 아무도 광해군에게 효도나 은덕을 건의하지도 않았다. 결국 광해군 9년(1617) 11월부터 이듬해 3월까지 이어진 폐위론 정국은 광해군의 손안에서 완전히 그의 뜻대로 돌아가고 있었다. 모든 신하가 인목대비의 폐위를 한목소리로 건의하기를 바라던 광해군의 복안은 아주 훌륭하게 가시적으로 실현되었다.

# 04

## 대비의 유폐와 광해군의 의도

인목대비에 대한 광해군의 최종 처분은 무엇이었을까? 대비의 폐위를 건의하는 백관의 정청을 더욱 채근하되 정청 내용은 수락하지 않기를 한 달 가까이 반복하다가 광해군은 마침내 다음과 같은 처분을 내렸다.

> ①나는 험한 일이 많아 천심天心에 이르지 못한 탓에 이런 큰 변고를 만났으니 밤낮으로 운다. (내) 하찮은 몸이 상하는 것은 근심거리도 아니다. (대비가) 유릉裕陵(의인왕후 능인 목릉穆陵의 처음 능호)에 흉악한 짓을 하고 선후先后를 저주하였으니, 이는 실로 신자臣子로서 말하지 않을 수 없는 지극한 아픔이었을 것이다. 사람들이 산처럼 분노하고 인심은 다 함께 통분해한다. 경들은 대궐 뜰을 가득 채우고 논의하기를 하루에 세 번씩 재촉한다. (이런) 형세를 끝내 막기는 어려우니 잠시 백관의 조알朝謁을 중지함으로써 중외의 인심에 응답하겠다. 이 역시 부득이해서 그렇지 어찌 과인의 본심이겠는가? 걱정되고 두렵고 괴롭고 위축되어 처결할 바를 모르겠다. ②뜻밖에도 경들은 나의 뜻을 살피지 않고

> 백관을 이끌고서 얼어붙은 (대궐) 뜰에 모여 직무를 폐기한 채 따를 수 없는 일을 강청하고 있다. 생각건대 내가 무슨 마음으로 이 변고를 (잘) 처리할 수 있겠는가? (그래도) 경들이 이 일은 종묘사직에 관한 것이라 말하니 나도 한결같이 거절할 수만은 없다. ③지금부터는 단지 서궁西宮이라 칭하고 대비라는 칭호는 없애라. (또한) 다시는 폐廢라는 글자를 거론하지 말아서 은恩과 의義 둘 다 온전케 하라. 무릇 (대비전의) 공봉供奉을 감하는 절목은 하나하나 자세히 의논하여 거행하라.[66]

광해군의 답변에서 앞부분 ①은 자신의 괴로운 심정을 하소연하는 수사이고, 중간 부분 ②는 백관이 하도 강청하니 자신은 어쩔 수 없이 따른다는 합리화이다. 마지막 ③이 바로 인목대비에 대한 처분 내용이다. 처분의 골자는 앞으로 대비라는 칭호를 사용하지 말고 서궁으로 부를 것, 그에 따라 대비에 대한 공봉을 줄이는 문제를 자세하게 상의하여 시행하라는 것이었다. 아울러 이런 조치는 공의公義와 사은私恩을 모두 고려한 조치이니 이제부터 다시는 서궁에 대하여 폐廢라는 글자를 거론하지 말도록 못 박았다.

그런데 이 처분 내용을 자세히 살펴보면 약간 모호한 점을 발견할 수 있다. 대비라는 칭호를 사용하지 말라는 것과 그에 따라 봉공도 줄이라는

---

66 『광해군일기』 123권, 10년 1월 28일 무자(3). "予多險釁, 不弔于天, 遭此大變, 日夜號泣. 戕害眇躬, 不足憂也. 行兇裕陵, 咀呪先后, 此實臣子不忍言之至痛. 衆怒如山, 群情齊憤. 卿等盈庭之議, 日三迫促. 勢難終遏. 姑停百官之朝謁, 以答中外之人心. 此亦出於不得已也, 夫豈寡昧之本情哉. 憂惶悶蹙, 罔知攸措. 不圖卿等, 莫察予意, 董率群工, 畢會氷庭, 廢棄職事, 强請以不可從之事. 顧予何心能處此變. 卿等旣曰事關宗社, 予不得一向拒絶. 今後只稱西宮, 而去大妃之號. 勿復以廢字擧論, 使恩義兩全. 凡供奉減損節目, 一一詳議擧行."

것은 대비를 폐위하고 강등한다는 의미로 해석할 수 있다. 반면에 '폐'라는 말을 더 이상 꺼내지 말라는 것은 대비라는 칭호를 사용하지 않고 공봉을 줄이는 정도의 조치로 충분하니 공식적인 폐위를 청하지 말라는 뜻으로도 해석이 가능하다. 이러한 조치가 사은과 공의를 둘 다 만족시키기 위한 것이라는 설명이 바로 뒤에 나오는 점을 고려할 때 더욱 그렇다.

한편, 폐위를 다시 거론하지 말라는 광해군의 말은 다시 두 가지 의미로 받아들일 수 있다. 하나는 말 그대로 더 이상 거론하지 말라는 뜻으로, 다른 하나는 계속해서 더 거론하라는 뜻으로 얼마든지 읽힐 수 있다는 것이다. 후자의 해석이 가능한 이유는 광해군이 지금까지 이런 반어법을 즐겨 구사하였기 때문이다. 이를테면 앞서 3장에서 살폈듯이, 말로는 영창대군을 처형하라는 논의를 중지하라고 하면서도 사실상 그 논의와 상소를 적극적으로 활용한 사례를 들 수 있다. 또, 대비를 폐위하라는 정청을 제발 그만두라고 호소하다시피 하면서도 뒤에서는 백관의 정청을 강권하던 정황도 같은 사례이다. 그랬기 때문에 신료들은 이번에도 광해군의 명령을 반어법으로 받아들이고 대비의 폐위를 더욱더 목소리 높여 줄기차게 논하였다.

백관의 초계初啓에 대해 광해군이 앞의 내용과 같이 처결한 것은 정식으로 하달한 전교가 아니라 정청에 대한 회답일 뿐이었다. 정말로 대비라는 칭호의 사용을 중지하고 대비전의 봉공을 줄이기 위해서는 그것의 법적 집행을 위한 절목을 만들고 그 규정에 국왕 광해군이 서명하여 정식으로 공포하는 절차가 필요했다. 만일 이런 절차가 제대로 이루어지지 않는다면 광해군이 내린 조치는 그저 한 번 하달했다가 집행도 되지 않은 채 흐지부지 사라져버리기 일쑤인 구두 명령에 지나지 않을 수도 있었다. 그렇다면 광해군은 이 명령 후에 어떤 후속 조치를 취하였을까?

대비 칭호의 사용을 금지하고 봉공도 줄이라는 왕의 응답이 나오자 백관은 바로 다음 날 정청을 중지하였다. 대신들은 논의 끝에 대비의 지위를 격하하는 절목을 만들었다. 이 폄손절목貶損節目의 골자는 대비 호칭을 없애고 후궁의 지위로 강등할 것과 그에 따르는 후속 조치로 존호 삭제, 옥책·옥보·혼인문서·어보·휘지徽旨·표신標信·여연輿輦·의장 회수, 조알·문안·숙배·공헌 폐지, 임종한 후에 거애·복상·부묘 금지, 그리고 서궁 유폐 등이었다.[67] 절목에 '폐'라는 글자를 사용하지 않았지만 인목대비를 대비의 지위에서 후궁의 신분으로 강등하는 것이 주요 내용으로, 광해군의 명령을 그런대로 잘 반영하여 작성한 세부 규정이었다. 그런데 광해군은 이 절목의 결재를 계속 미루면서 끝내 서명하지 않았다. 따라서 앞으로 더는 대비라 부르지 말고 공봉도 줄이라는 광해군의 명령은 결과적으로 시행되지 않았다. 인목대비가 단지 궁에 유폐되는 상황으로 결말이 났다.

대비를 폄손하는 절목을 만들라는 명령을 내려놓고도 광해군이 정작 그 절목에 서명하지 않은 이유는 무엇이었을까? 그 답을 구하기 전에 먼저 『광해군일기』 사관의 견해를 검토해보자. 사관의 설명은 이렇다. 광해군의 본래 계획은 임해군과 영창대군을 처리했던 방법과 같이 일단 대비를 폐출하여 민가로 내보낸 뒤 상황을 봐서 사람을 시켜 처치하려 했는데, 절목을 보니 폐출 관련 내용이 없어서 화가 난 나머지 종국에는 결재하지 않았다는 것이다. 또한 서궁의 경비가 매우 삼엄하여 끝내 대비를 해칠 수도 없었다는 설명이다.[68]

하지만 사관의 설명은 설득력이 없다. 신료들이 왕의 뜻도 헤아리지

---

67 『광해군일기』 123권, 10년 1월 30일 경인(1·2).

68 『광해군일기』 125권, 10년 3월 19월 무인(4).

못한 채 폐출절목이 아닌 폄손절목을 올렸고, 이에 대비의 폐출을 원한 광해군이 불만을 품고 그 절목에 서명하지 않았다는 설명에는 문제가 있다. 그즈음 유생들의 상소는 물론이거니와 삼사의 간쟁과 백관의 정청은 모두 대비의 폐출을 강력히 청하는 내용이었다. 따라서 광해군이 정말 폐출을 원했다면 정청을 한 달 가까이 거절하다가 끝내 수락하는 응답을 내릴 때 유폐가 아니라 폐출을 명하면 간단한 일이었다. 그뿐만 아니라, 폄손의 명령 이후에도 폐출을 외치는 여론은 조야에서 더욱 강해졌으므로 언제라도 그 여론에 따라 폐출을 수락할 수 있었다. 일단 폄손절목에 서명하여 법적으로 폄손을 집행한 뒤 마음만 먹으면 언제든 다시 폐출절목을 만들게 할 수 있었다. 나라의 원로대신을 처벌할 때 대개 파직→삭탈→출송→중도부처→유배→위리안치→사약 등의 과정을 단계적으로 밟아가며 처리하던 상례를 고려할 때, 국모인 대비를 사법 처리할 때도 곧장 폐출을 시행하기보다는 우선 폄손을 시행한 후 다시 폐출의 절차를 밟는 것이 더 바람직한 방법일 수 있었다. 그런데도 광해군은 끝까지 폐출을 거론하지 않았으며, 심지어 폄손절목에도 서명하지 않았다. 서궁 경비가 삼엄하여 끝내 대비를 해칠 수 없었다는 설명도 타당성이 없기는 마찬가지다. 서궁의 경비를 더욱 엄하게 하라고 누차 강조한 장본인이 바로 광해군이었기 때문이다.[69]

광해군이 절목에 끝끝내 서명하지 않은 이유는 당시의 정국과 밀접한 관련이 있는데, 다음과 같이 몇 가지로 정리할 수 있다. 첫째, 모든 신하가 토역을 외치는 상황은 광해군이 항상 바라는 바였지만, 그 토역의 대상이 대비라면 문제가 간단하지 않았다. 비단 유교 사회가 아니라도 어머

69 『광해군일기』 157권, 12년 10월 18일 신유(3).

니(嚬)인 대비의 폐출은 쉬운 일이 아니었다. 하물며 '유교 근본주의자'들이 독점적 권력을 누리던 조선에서 대비 폐위는 더욱 심각한 사안이었다. 이 때문에 광해군도 결코 결정을 만만히 내리지 못했을 것이다. 힘으로만 밀어붙인다고 쉬 해결될 성질의 사안도 아니었다. 임해군이나 영창대군처럼 보위에 직접 오를 수 있는 인물이라면 아무리 후유증이 남더라도 제거하는 것이 상책이겠지만, 대비는 그런 존재도 아니었다. 광해군은 이 점을 충분히 고려한 것 같다.

둘째, 유교 사회에서는 공의 못지않게 은덕 또한 유교적 군주가 실천해야 할 중요한 덕목이었다. 효는 가정 안에서만 통용되는 사적 가치이기 이전에 사회질서를 유지하는 공적 가치였다. 특히 조선왕조에서는 이미 성종(r. 1469~1494)과 중종(r. 1506~1544) 대에 걸쳐 '이효리국以孝理國', '이효위치以孝爲治', '솔일국이효率一國以孝'라는 말이 양반 지식인 사이에서 널리 회자하였다.[70] 따라서 비록 국왕일지라도 대비를 폐출하는 일은 상당히 부담스러웠다.

셋째, 대비를 폐위한 전례가 이전에 있었다면 다소 무리가 따른다고 해도 추진해볼 수 있었을 터다. 하지만 조선에서는 아직 그런 전례가 없었다. 태종과 세종도 신덕왕후를 정식으로 폐위하지는 않았다. 중국 측 사례가 몇 개 있기는 하지만 논란의 여지가 많았다.[71] 따라서 마땅한 전례가 없는 일을, 그것도 신료들의 적잖은 반대를 무릅쓰고 강행한다면 오히려 정치적 부담으로 돌아올 수도 있었다.

넷째, 대부분의 붕당과 유생들이 폐위에 반대하는 것을 광해군도 익히

---

70 계승범, 『중종의 시대: 조선의 유교화와 사림운동』, 역사비평사, 2014, 145~147쪽.

71 중국의 사례에 대한 분석은 7장에서 상세히 다룬다.

알고 있었다. 폐위 여론도 실상 자신이 허균을 시켜 뒤에서 조종한 산물이었다. 다른 말로, 자신의 왕위를 받쳐주는 양반 지배층의 대부분이 대비의 폐위에 반대했다는 의미다. 광해군의 의도를 충실히 따른 붕당은 대북 계열뿐이었는데, 대북의 핵심 거두인 정인홍과 이이첨도 폐위론에는 완곡하게 반대하였다. 설령 대비를 폐위한다고 해도 대북 계열 신료들만 데리고서는 원활한 정치를 기대할 수 없었다. 뒤집어 생각하면 폐위의 강행은 광해군 스스로 대북이라는 특정 붕당에 계속 의존할 수밖에 없는 상황을 초래할 것이었다. 서인, 남인, 소북 등의 붕당을 무시하고 대북에게만 의존하는 정치는 장기적으로 광해군에게도 득이 되지 않을 것이었다. 특정 붕당이 독주하도록 허용하는 것보다는 여러 붕당이 서로 견제하며 힘의 균형을 유지하는 편이 왕의 입장에서는 권위를 극대화하기에 더 좋았다.[72] 따라서 서인·남인·소북 및 폐위론을 계기로 대북에서 이탈한 수많은 북인 계열 인물을 다 잃으면서까지 폐위를 무리하게 강행할 필요는 없었다.

다섯째, 영창대군 문제를 처리할 때 일단 위리안치한 뒤에 추후 상황을 지켜보다가 전인살해 방식으로 처단했듯이, 인목대비의 경우에도 우선 강경한 폐위반대론자들만 본보기로 처벌하고 대비를 서궁에 유폐한 후 상황을 보아가면서 추가 조치를 취할 여유는 충분하였다. 따라서 엄청난 부담을 감수하면서 굳이 당장 폐위하는 것보다는, 이미 폐위 여론을 충분히 조성했고 백관의 정청도 유도하였으니 이 정도에서 일단 보류하고 상황을 더 지켜보는 것도 괜찮은 선택일 수 있었다.

여섯째, 정식으로 폐위하지 않고도 대비를 공격한 경우는 이미 신덕왕

---

72 당쟁과 왕권의 상관성에 대해서는 김용덕, 『한국제도사연구』, 일조각, 1983, 302~323쪽 참조.

후의 전례가 있었으므로, 광해군으로서도 정치적 부담이 훨씬 덜하였다. 따라서 폄손의 명령을 내리고도 그 절목에 서명하지 않음으로써 대비를 법적으로 강등하지 않은 것은 광해군이 고안해낸 절묘한 방안이었으며, 그런 방식은 전적으로 신덕왕후 문제를 '지혜롭게' 처리한 태종과 세종의 전례를 그대로 모방한 것이었다.

일곱째, 인목대비의 폐위를 확실하게 완결하려면 명 황제의 사전 또는 사후 승인이 필요하였다. 그런데 대비 문제로 조정이 크게 시끄럽던 1618년(광해군 10)은 후금이 군사적으로 팽창함에 따라 만주에서 명과 후금 사이에 전운이 무르익을 때였다. 더욱이 명이 대규모 후금 원정을 준비하면서 조선에 군대를 요구해왔기 때문에 조선 조정에서는 파병 문제가 초미의 관심사로 떠올랐다. 명나라의 파병 요구를 거부하려던 광해군으로서는[73] 명 황제에게 대비의 폐위를 승인해달라고 청하는 일이 몹시 어색할 수밖에 없었다. 자기는 명 황제의 징병을 거부하면서 반대로 황제에게는 대비의 폐위를 승인해달라고 주청할 수는 없는 노릇이었기 때문이다. 성급하게 폐위했다가 만에 하나라도 명 황제의 승인을 받지 못한다면, 그 후유증은 감당할 수 없을 정도로 심각해질 수 있었다. 세자 시절의 안 좋은 경험이 있는 광해군으로서는 더욱 민감한 문제였다. 무리한 폐위를 강행하여 그런 상황에 몰리느니 차라리 유폐하는 선에서 만족하는 쪽이 훨씬 더 안전한 선택일 수 있었다.

광해군은 이러한 여러 가지 형편을 종합적으로 고려하여 절목에 서명하지 않은 것으로 볼 수 있다. 확실한 전례도 없고, 다수가 반대하고, 설사 폐위를 강행하더라도 명 황제의 승인 문제가 복잡하게 얽혀 있는 상황에

---

73 계승범, 『조선시대 해외파병과 한중관계』, 푸른역사, 2009, 165~175쪽.

서는 폐위의 완결이 너무 어려웠다. 폄손의 명령만 내려놓고 정작 절목에는 서명하지 않음으로써 신하들로 하여금 폄손절목을 속히 결재하고 대비를 폐출하라는 건의를 계속 하도록 놔두는 편이 광해군에게는 더 좋은 그림일 수 있었던 것이다.

이후의 정국은 실제 그런 방향으로 흘러갔다. 삼사는 폄손절목 결재와 폐출을 위한 주청사 파견을 수시로 건의하였다. 허균의 옥사가 일어났던 8월과 9월에는 뜸했으나 옥사가 끝나자 다시 거의 매일 건의하다시피 하였다. 10월과 11월 두 달 동안 삼사는 무려 44번이나 건의를 올렸다. 그렇지만 광해군은 건강도 안 좋고 급한 일도 아니라는 이유로 번번이 결재를 거부하였다. 심지어 절목을 결재하여 내려보내기 전까지는 서궁에 공급하는 진상과 공상을 종전대로 시행하라고 명하기까지 했다.[74] 또한 공상 품목 가운데 종이와 황밀黃蜜(벌통에서 떠낸 꿀)이 몇 년 동안 서궁에 제대로 진상되고 있지 않다는 말을 듣고는 중간에서 농간을 부린 자들을 조사하라고 명하였다.[75] 서궁에 대한 분사分司나 호위 등도 여전하였다.[76] 광해군의 이런 태도는 폄손절목을 결재하지 않는 한 그것에 아무런 법적 효력이 없음을 스스로 밝히는 행보나 다름없었다. 결국 절목의 내용 중에서 실제로 시행한 것은 서궁의 감시를 더욱 삼엄하게 한 것 외에는 아무것도 없었다.

인목대비에 대한 공식 칭호 문제만 해도 광해군의 명에 따라 서궁으로 부르기는 했지만, 공식 문서에서는 여전히 대비라는 칭호를 사용하였

---

**74** 『광해군일기』 124권, 10년 2월 20일 경술(3).

**75** 『광해군일기』 125권, 10년 3월 8일 정묘(5), 10일 기사(1·2).

**76** 『광해군일기』 123권, 10년 3월 12일 신미(3).

다. 한 예를 대비에게 올려 보낸 진상단자進上單子에서 확인할 수 있다. 진상단자를 작성하는 문제를 놓고 예조에서는 아직 폄손절목의 결재를 받지 못했으니 전례대로 진상단자를 쓰라고 각도에 지시하였다. 이에 따라 경상감사 윤훤尹暄(1573~1627), 강원감사 이욱李稶(1562~?), 충청감사 이춘원李春元(1571~1634) 등 세 명은 예조의 지시를 충실히 따라 전례대로 존호를 모두 사용하여 '소성정의왕대비전昭聖貞懿王大妃殿'이라고 썼다. 전라감사 이홍주李弘胄(1562~1638), 함경감사 권진權縉(1572~1624), 평안감사 안응형安應亨(1578~?), 황해감사 유순익柳舜翼(1559~1632), 경기감사 유희량柳希亮(1575~1628) 등 다섯 명은 존호를 뺀 채 '대비전'이라고 세 글자만 써서 올렸다.[77] 여덟 명 모두 대비라는 공식 칭호를 여전히 사용한 것이다. 이에 우승지가 존호까지 그대로 사용한 경상·강원·충청의 세 감사를 추고하도록 건의했지만, 광해군은 거절하였다.[78] 그러고는 그뿐이었다. 이는 대비 칭호는 물론이고 존호의 사용도 사실상 인정한 셈이었다. 삼사를 포함하여 어느 누구도 이것을 문제 삼지 않았다.

한편, 이항복이 유배지에서 죽자 광해군은 즉시 그를 복권시키고 대신의 예에 따라 예장禮葬해주도록 명하였다.[79] 또한 승정원이 이항복의 죽음에 따른 정조시停朝市를 예조에서 입계하고 대간이 논계한다면서 어떻게 할지를 묻자, 광해군은 이미 그의 관작을 회복시킨 이상 대신의 상례에 따

---

**77** 『광해군일기』 126권, 10년 4월 26일 을묘(1·2). 인목대비의 존호인 '소성정의왕대비전昭聖貞懿王大妃殿'의 소성昭聖은 1604년(선조 37)에 중전으로서 받은 존호이고(『선조실록』 180권, 37년 10월 19일 을축), 정의貞懿는 광해군 즉위 초에 대비로서 받은 존호이다(『광해군일기』 7권, 즉위년 8월 24일 무인).

**78** 『광해군일기』 126권, 10년 4년 26일 을묘(2).

**79** 『광해군일기』 128권, 10년 5월 18일 을사(2).

라 조시 중단을 할 수밖에 없다며 허락하였다.[80] 그러자 대간에서는 아직 대비의 폐위가 마무리되지도 않은 상황에서, 폐위에 반대한 죄를 얻어 유배당한 자를 단지 죽었다는 이유만으로 복권시킬 수는 없다며 강하게 반발하였다. 그러나 광해군은 대간이 공의에 입각한 논의는 별로 하지 않으면서 대비를 옹호한 많은 자들 중에 이항복만 집요하게 탄핵하는 등 매우 편파적이라고 질책하며 거절하였다.[81] 이후로도 양사의 끈질긴 이항복 복권 불가 논의를 계속 묵살하였다. 그런가 하면 정청 불참자를 처벌하라는 대간의 줄기찬 논의도 더는 수용하지 않았다. 오히려, 전운이 감도는 요동의 상황이 급박해지고 명과의 외교 접촉이 빈번해짐에 따라, 정청에는 불참했어도 외교와 군사에 능한 신식申湜(1551~1623)과 이정귀 등의 서인 계열을 다시 등용하였다.[82]

요컨대 광해군은 폐위 논쟁 기간 내내 결코 어느 특정 정치 세력에 의해 좌우되지 않았으며, 이성적인 판단을 잃지도 않았다. 그는 정국을 보는 정확한 판단에 기초하여 자신만의 계획을 가지고 있었다. 그리하여 폐위론 정국도 광해군이 계획한 그대로 흘러갔다. 광해군은 백관의 대비 폐위 정청을 유도해내 공식적으로는 계축옥사의 진실성을 만천하에 드러내 보일 수 있었으며, 그 과정을 통해 자신의 왕권이 잘 작동하는지를 시험할 수 있었다. 또한 그는 서인과 남인 계열에 대한 숙청을 최소화하고 대북 계열의 지나친 요구는 묵살함으로써 당쟁에 말려들지 않는 데도 성공하였다. 무엇보다도 대비에 대한 폄손을 명하고도 정작 그 절목에는 서명하지

---

80 『광해군일기』 128권, 10년 5월 20일 정미(3).

81 『광해군일기』 128권, 10년 5월 22일 기유(3).

82 『광해군일기』 127권, 10년 윤4월 5일 계해(9); 145권, 11년 10월 3일 임자(12).

않는 전략을 구사하여 상충하는 두 개의 유교 덕목인 공의(忠)와 사은(孝)을 절충하면서 정국을 수습하는 능력을 발휘하였다. 정국의 주도권은 계속해서 광해군 손안에 있었던 것이다. End

# 7장. 중국 사례 인용과 논쟁의 성격

광해군이 인목대비 사안을 처리할 때 부담스러운 부분은 단지 불효라는 유교적 천륜天倫 문제만은 아니었다. 인목대비의 역모 가담 사실 여부도 그에 못지않았다. 아니, 어떤 면에서는 훨씬 더 중요하였다. 아버지 김제남의 역모에 대비가 과연 동조했는지, 대비전 나인들의 저주 행위를 대비가 지시했는지, 또는 사후에 인지하고도 묵인했는지 여부였다. 그렇지만 폐위 논쟁 기간에 어느 누구도 이 문제를 공개적으로 제기할 수 없었다. 왜냐하면 계축옥사의 전말에 의문을 제기하는 것은 곧 역적을 비호하고 왕에게 정면으로 도전하는 모양새가 되기 때문이었다. 특히 계축옥사와 대비 폐위 논쟁이라는 장막 뒤의 총감독이 바로 국왕 광해군이었던 점을 고려할 때, 비록 인목대비의 혐의 내용이 날조라고 믿을지라도 그런 생각을 공개적으로 피력하기는 어려웠다. 왕에 대한 정면 도전이 가져올 결과는 너무나도 자명하였다.

상황이 이렇다 보니, 논쟁은 다른 차원으로 나아갔다. 대비에 대한 공소 사실 자체에 의문의 여지가 많으니 대비를 섣불리 처벌할 수 없다는 논리를 세우는 대신에, 어떠한 경우에도 자식이 어머니를 벌할 수 없다는 극단적인 예법 논쟁으로 발전하였다. 이는 필연적으로 유교의 양대 가치인 충과 효가 상충할 때 어느 것을 우선할 것인가의 논쟁으로 비화하였다. 충과 효, 공의公義와 사은私恩 사이의 갈등을 어떻게 해결할 것인가의 문제가 논쟁을 통해 적나라하게 드러난 것이다. 이런 논쟁은 유교적 테두리 안에서 충분히 논의 가능한 사안이었다.

폐위반대론자들은 유교에서 인륜의 근본으로 삼은 효를 근거로 삼아 폐위불가론을 전개하였다. 부모와 자식의 관계는 어떠한 경우에도 끊을 수 없으며, 왕은 효를 몸소 실천해 보여야 한다는 논리였다. 이 말은 곧 인목대비를 위협할 수 있는 어떤 조치도 인륜에 어긋나므로 불가하다는 주장이었다. 반면에 폐위론자들은 유교에서 의리의 근본으로 삼는 충을 근거로 삼아 폐위론을 정당화하였다. 왕은 사인私人이 아닌 공인公人이므로 어떠한 경우에도 공의인 충을 다른 모든 가치에 우선하여 판단하고 처리해야 한다는 외침이었다. 이 말은 곧 모자간의 의리(효)보다는 군신 간의 의리(충)가 더 중요하니 충을 저버린 인목대비를 처벌할 수밖에 없다는 주장이었다. 대비가 역모에 가담한 이상 이미 모도母道가 끊어졌으니 처벌에 아무런 문제가 없다는 해석도 덧붙였다.

조선에서 발생한 거의 모든 논쟁의 참여자들은 중국의 유사한 사례를 적극적으로 참조하였다. 왕의 정통성을 비롯하여 거의 모든 사안에 걸쳐 중국의 전례前例가 갖는 권위가 조선에서 워낙 공고했기 때문이다. 인목대비 폐위 논쟁도 예외가 아니었다. 마침 중국 역사에는 모후가 자식인 황제를 몰아낸 사례와 그런 행위에 대한 처벌 사례가 적지 않았다. 대비논쟁에 참여한 이들은 경쟁적으로 그것을 인용하고 자신들의 논의가 합당하다는 근거로 삼았다. 이 과정에서 공자, 맹자, 주희 등 중국 명유名儒들의 논평이 중요한 척도로 등장하였다. 이런 점에 주목한 7장에서는 대비논쟁에서 등장한 다양한 중국 사례를 일일이 추적하여 그 의미를 분석한다. 그런 작업을 통해 대비논쟁이 갖는 역사적 의미를 동아시아 맥락에서 종합적으로 해석하고자 한다.

# 01

## 전설시대의 순과 고수

폐위론자와 폐위반대론자가 서로 자기 논리를 강화하기 위해 인용한 대표적인 사례는 순舜과 고수瞽瞍의 고사였다. 순의 아버지 고수는 후처와 그 아들을 사랑하고 순을 미워하였다. 심지어 순을 죽이려고 여러 차례 시도했으나 실패하였다. 그런데도 순은 아버지를 원망하지 않고 정성껏 효도하여 후세에 대효大孝라는 명성을 얻었곡다.[1] 또한 천명을 받아 요堯의 뒤를 이어 왕위에 올라서 선정을 베풀었다. 아직 역사적으로나 고고학적으로 입증된 바는 없어도 이 요순시대는 흔히 동아시아 유교 사회에서 가장 이상적인 정치가 발현한 시기로 널리 인식하였다.

폐위반대론자들은 아비가 여러 차례 죽이려고 했는데도 끝까지 아버지를 공경한 순의 사례를 들어 폐위론의 부당성을 지적하였다. 부모(인목대비)가 설사 자식(광해군)을 해치려 했을지라도 자식은 부모에게 끝까지

---

1 『孟子』 제5편, 萬章章句 1.

효도해야 한다는 논리였다.[2] 이런 논리를 더욱 보강하기 위해 "천하에 옳지 않은 부모는 없다"는 송나라 명유의 말을 인용하였다.[3] 또한 "부모가 자애로운데 효도하는 것은 평상적인 일이므로 (그것을) 효도라고 하기는 부족하며, 부모가 사랑하지 않는데도 효도해야 자식이 효를 잃지 않았다고 말할 수 있다"는 명재상의 말도 인용하였다.[4] 요와 순 두 인물은 명나라뿐 아니라 조선에서도 유교적 성군의 최고 모델이었으므로, 순의 사례는 폐위론을 반박하기에 적절하였다.

폐위론자들은 순의 사례를 다르게 해석하였다. 즉, 순의 사례는 그가 아직 왕위에 오르기 전 가정에서 발생한 일이라는 점에 착안하여 국가와 가정은 그 사정이 같지 않다고 주장하였다.[5] 당시 순은 한 개인에 지나지 않았으므로 비록 부모 때문에 해를 입더라도 그 재앙이 한몸에 그쳤겠지만, 하늘로부터 종묘사직과 백성을 위탁받은 왕으로서 해를 입으면 그 재앙은 국가 전체에 미치니, 제왕의 도와 서민의 도는 다르다는 논리를 편

---

2 『광해군일기』 91권, 7년 6월 22일 정유(3)➡ 유학 조직; 121권, 9년 11월 24일 을유(9)➡ 오성부원군 이항복; 121권, 9년 11월 25일 병술(10)➡ 행사과 정홍익. 전거를 좀 더 풍부하게 제공하기 위해 7장 각주에서는 논쟁 참여자의 이름을 위와 같이 해당 자료 뒤에 '➡' 표시를 하고 고딕체로 부기한다. 다만 번잡함을 피하기 위해 인명의 한자 표기와 생몰 연대는 생략한다.

3 『광해군일기』 72권, 5년 11월 10일 갑자(2)➡ 전 참판 정구. 송나라의 명유인 나종언羅從彦(1072~1135)이 한 말이다. 『예장학안豫章學案』(『송원학안宋元學案』 序 1면右, 臺北: 臺灣商務印書館, 1973) 참조.

4 『광해군일기』 88권, 7년 3월 25일 신미(2)➡생원 홍무적. 송나라 영종英宗(r. 1063~1067)이 태후에 대한 불만을 토로했을 때 재상 한기韓琦(1008~1075)가 효도를 잃지 말라는 뜻으로 간한 말이다. 『宋史』 권312, 「列傳」 71, 韓琦, 臺北: 鼎文書局, 1991, 10226면 참조.

5 『광해군일기』 75권, 6년 2월 22일 갑진(4)➡ 홍문관(부응교 한찬남, 부교리 정문익 등).

것이다.[6]

이를 뒷받침하기 위해 폐위론자들은 맹자의 말을 인용하였다. 맹자는 한 제자로부터 "순이 천자로 있는 상황에서 만일 아버지 고수가 살인을 했다면 순은 그 사건을 어찌 처리했을까요?"라는 질문을 받았다. 이 물음에 맹자는 ①법을 담당하는 신하는 마땅히 고수를 체포해야 하며, ②순은 국법을 존중해 그 체포를 막지는 못하지만, ③그 대신에 천자의 자리를 헌신짝처럼 버리고 아버지를 모시고 멀리 도망하여 살 것이라고 답하였다.[7] 폐위론자들은 왕의 입장에서는 ③과 같이 부모에게 효도하는 마음을 가질 수 있지만, 신하의 입장에서는 ①과 같이 국법을 그대로 시행하자는 논의를 하지 않을 수 없다고 해석하였다.[8] 이 말은 곧 조정의 신하라면 당연히 반역을 도모한 인목대비에게 사은을 베풀지 말도록 왕에게 간해야 한다는 의미였다.[9]

맹자의 이런 설명에 대하여 주희는 다음과 같은 주석을 달았다.

> 이 장은 관리(士)가 된 자는 단지 법이 있음만 알고 천자의 부모가 존귀함은 모르며, 자식이 된 자는 단지 부모가 있음만 알고 천하의 위대함은 모른다는 것(에 대하여) 말하고 있다. 대개 (이것으로) 마음을 삼는 것은 (이것이) 천리와 인륜의 지극함이 아닐 수 없기 때문이다. 배우는 자

---

6 『광해군일기』 122권, 9년 12월 10일 신축(4)➡ 양사.

7 『孟子』 제7편, 盡心章句 35.

8 『광해군일기』 98권, 7년 12월 1일 계묘(1)➡ 좌의정 정인홍; 121권, 9년 11월 21일 임오(2)➡ 유학 서신; 122권, 9년 12월 10일 신축(4)➡ 양사.

9 『광해군일기』 121권, 9년 11월 17일 무인(13)➡ 진사 정흡; 121권, 9년 11월 24일 을유(2·4)➡ 유학 김정량·송영서.

가 이를 살피고 체득한다면 (어떤 일을) 비교해보고 따져보고 헤아려보지 않고서도 천하에 처리하기 어려운 일은 없을 것이다.[10]

주희도 맹자의 대답이 옳으며, 그것이 천리와 인륜의 근본이라고 평하였다. 그렇지만 현실 적용 문제를 구체적으로 언급하지는 않았으므로, 인목대비의 경우처럼 현실의 문제에 부딪힐 때 치열한 논쟁이 벌어질 여지는 얼마든지 남아 있었다.

결국 이 논쟁의 핵심은 효의 적용 범위였다. 효를 절대 가치로 간주하여 그 적용에 어떤 제한도 두지 않으려는 폐위반대론자들의 논리나, 효를 충에 대한 상대적 가치로 이해하여 그 적용에 예외적인 경우를 두려는 폐위론자들의 논리나 모두 일리가 있었다. 두 논리가 다 유교, 심지어 주자학의 테두리 안에서 얼마든지 가능하였다. 따라서 이 사안은 어느 누구도 정답을 단정하여 말할 수 없는 성격의 문제였다. 그렇다면 맹자가 제시한 아비에 대한 순의 조처와 광해군이 실제로 인목대비에게 행한 조처 사이에는 어떤 연관이 있을까?

여기서 인목대비 처리 방식에 대한 광해군의 계획이 맹자의 생각과 꽤 흡사했다는 점에 주목할 필요가 있다. 광해군의 계획은 신하들이 인목대비를 속히 처벌(폐위)할 것을 정청하되 자신은 인효仁孝를 고려하여 그 청을 따르지 않는 것이었다. 6장에서 살펴보았듯이, 광해군은 인목대비를 폐해야 한다는 백관의 정청을 막기는커녕 오히려 정청에 참여하지 않은 신하들을 구체적으로 거명하며 정청을 더욱 열심히 하도록 압박하였다. 이런 태도는 가상의 살인죄를 범한 고수를 신하들이 당장 체포해야 하고 순

10 『맹자집주孟子集註』 권7, 12면右, 上海: 商務印書館, 1936.

은 이를 막을 수 없다고 맹자가 말한 것과 유사하다. 다시 말해, 그때의 순이 보여야 할 태도가 광해군의 심리 구조 안에 있었다고 할 수 있다. 하지만 이러한 단순 비교는 표면적일 수 있으며, 좀 더 심층적인 분석이 필요하다.

인목대비는 자신의 친부가 주도한 역모에 가담했다는 혐의로 궁지에 몰렸다. 하지만 순의 아비 고수가 명백한 살인죄를 범했다는 가정하에 개진한 맹자의 논리와는 달리, 대비가 아비 김제남의 역모에 가담했다는 분명한 증거는 없었다. 만일 대비의 역모 사실이 입증되지 않는다면, 이 사안을 고수의 경우와 같은 선상에서 비교하는 것 자체가 문제가 된다. 특히 신하들이 아비 고수를 살인죄로 기소하는 것을 순은 천자로서 '국법을 고려하여' 차마 막을 수 없었다는 설정과 달리, 광해군은 '자신의 정치적 목적을 위해' 국법을 이용한 면이 강했다. 다른 말로, 광해군의 최종 선택인 인목대비의 유폐는 그가 유교적 도덕에 기초한 '법의 정신'을 존중했기 때문이 아니라 정치적 계산에 따른 결정이었다.

이런 차이는 광해군의 다른 태도를 통해서도 확인할 수 있다. 맹자는 순이 공법公法을 위해 자신의 아버지를 처벌해야 하는 괴로움에서 벗어나고자(즉 충·효의 갈등에서 벗어나기 위해) 천자의 자리를 기꺼이 포기하고 아버지를 모시고 피신할 것이라고 보았다. 하지만 광해군은 자신의 왕위를 포기함으로써 문제의 해결책을 찾는 것이 아니라, 오히려 어머니(대비)를 별궁에 유폐함으로써 문제를 덮으려 했다는 결정적인 차이가 있다.

따라서 엄밀히 볼 때 순의 경우는 기본적으로 폐위론자들에게 불리한 사례였다. 그런 까닭에 5년간에 걸친 기나긴 논쟁 내내 순의 사례는 폐위반대론자들이 먼저 발론하는 경향을 보인 데 비해, 폐위론자들은 늘 수세적인 모습을 띠었다. 그렇지만 여기서 정말 주의해야 할 문제는, 만일 인목대비의 반역죄가 입증되기만 한다면, 인목대비에 대한 광해군의 처분은 맹자나 주희가 제시한 모범 답안에 상당히 부합한다는 점이다.

# 02

## 춘추시대의 문강과 애강

문강文姜(기원전 720~673)은 주周나라의 제후국 가운데 하나인 노魯나라 환공桓公(r. 기원전 711~694)의 부인이었다. 그녀는 이웃 제齊나라 제후의 딸로, 두 나라가 동맹을 맺으면서 결혼이 이루어졌다.[11] 문강이 낳은 아들이 뒤에 환공을 계승하는 장공莊公(r. 기원전 693~662)이다.[12] 환공은 부인 문강과 함께 제나라를 방문했다가 그곳에서 암살당하였다. 문강이 자신의 이복오빠 제아諸兒(훗날의 제 양공齊襄公)와 간통한 사실을 환공에게 들키자 두 사람이 공모하여 환공을 죽인 것이다.[13] 문강은 환공의 시신과 함께 노나라로 돌아왔으나, 아들 장공이 즉위하자 친정인 제나라로 가버렸다. 그러

11 『춘추좌전春秋左傳』 桓公 3년. 이 책에서는 양백준楊伯峻(1909~?), 『춘추좌전주春秋左傳注』, 北京: 中华书局, 1981을 참고하였다.

12 『春秋左傳』 桓公 6년.

13 『春秋左傳』 桓公 18년.

나 훗날 다시 노나라에 돌아왔고 거기서 살다가 죽었다.[14]

애강哀姜(기원전 ?~659)도 제나라 제후의 딸인데, 노나라 장공의 부인이 되었지만[15] 아들을 낳지 못하였다. 장공이 죽은 뒤 애강은 장공의 아우인 경보慶父 곧 자기 시동생과 간통하였고, 경보를 왕으로 세우기 위해 장공의 아들인 반般과 민공閔公(r. 기원전 661~660)을 살해하는 데 간여하였다. 후에 이 사실이 드러나 이웃 나라로 도주했으나 결국에는 체포되었으며, 제나라로 송환되어 처형당했다. 노나라에서는 장공의 서자인 희공僖公(r. 기원전 659~627)이 민공의 뒤를 이었다.[16]

문강과 애강의 사례는 폐위론자들이 매우 좋아하였다. 공자를 비롯하여 이후의 유명 학자들이 문강과 애강을 비난하고 폄하하는 기록과 논평을 남겼기 때문이다. 공자는 문강에 대하여 이렇게 기록하였다.

> (장공 1년) 3월에 (환공의) 부인이 제齊나라로 달아났다(孫).[17]

이를 놓고 노나라의 사관 좌구명左丘明은 다음과 같은 논평을 달았다.

> 3월에 부인이 제나라로 달아났다. (부인으로만 칭하고) 강씨라고 칭하지 않은 것은 (모자간의 인연을) 끊고 부모로 여기지 않았음이니, 예법이다.[18]

---

14 『春秋左傳』 莊公 1년, 21년.

15 『春秋左傳』 莊公 24년.

16 『春秋左傳』 閔公 2년.

17 『春秋左傳』 莊公 1년. 원문은 "三月, 夫人孫于齊."이다.

18 『春秋左傳』 莊公 1년. 원문은 "三月, 夫人孫于齊. 不稱姜氏, 絶不爲親, 禮也."이다.

이에 더해 좌구명은 희공이 애강의 위패를 태묘에 모신 것은 예에 맞지 않는다고 평하였다.[19]

위·진魏晉 시대에 『춘추좌전』 연구의 대가 두예杜預(222~284)는 다음과 같이 말해 좌구명의 『춘추좌전』에 절대적 권위를 부여하였다.

> 내가 지금 『춘추』 연구 풍토에 이론異論을 제기하는 까닭은 전적으로 좌구명의 전傳을 연구하여 경문經文을 해석하기 위함이다. 경문의 조리가 뚫리는 것은 (그의) 전으로부터 나온다.[20]

두예는 공자가 쓴 원문인 "부인손우제夫人孫于齊(부인이 제나라로 달아났다)"에 대해 이렇게 주석을 달았다.

> 부인은 장공의 어머니다. 노나라 사람들이 그(문강)를 책망하였으므로 (그는 궁을) 나와서 달아났다(奔). 왕비(內諱)가 달아나는 것을 손孫이라고 하니, (왕비 자리를) 겸손히 사양하고 떠났다는 말과 같다.[21]

또한 좌구명의 논평에 대해서는 다음과 같이 부연 설명하였다.

> 강씨는 제나라의 성이다. (노나라로 시집온 이상) 문강의 의리는 마땅히 제나라와의 (옛 관계를) 끊는 것인데도 다시 제나라로 달아났다(奔). 그러

19 『春秋左傳』 僖公 8년.

20 『춘추경전집해春秋經傳集解』, 「春秋序」, 北京: 文学古籍刊行社, 1955.

21 『春秋經傳集解』 권3, 1면右.

므로 그 달아난 것에 대하여 강씨라고 쓰지 않(고 부인으로만 적음)으로써 의리를 나타냈다.[22]

주석의 내용에 약간의 차이는 있으나, 두예는 달아났다는 뜻으로 '손孫'이라는 단어 대신 '분奔'이라는 단어를 적극적으로 사용하였다. 이 점은 그가 공자와 좌구명보다 더 심하게 문강을 비난했음을 웅변한다.

그 뒤 당唐의 유학자인 공영달孔穎達(574~648)은 좌구명의 전과 두예의 집해를 정통으로 삼아 『춘추정의春秋正義』를 저술하였다.[23] 그는 두예의 주석을 비롯하여 다른 여러 주석들을 종합하여 편찬한 『좌전주소佐傳注疏』에서 "부인손우제"에 대하여 이렇게 써서 두예의 해석을 보강하였다.

『(춘추)정의』에 이르기를 "부인(문강)이 (왕비 자리를) 사양할 뜻이 있었는지는 『좌전』에 분명하지 않으나 (두예는) 노나라 사람들이 그(문강)를 책망했다고 말하였다. 대개 제나라 제후에게 참소하여 환공을 죽게 한 일을 책망했으므로 (문강은) 점차 두려워하여 (궁을) 나와 달아났다(奔)."라고 하였다. 『공양전公洋傳』에 이르기를 "손孫이란 무엇인가? 손은 손遜과 같으니, 왕비(內諱)가 달아나는 것을 손이라 한다."라고 하였다. 『곡량전穀梁傳』에 이르기를 "손孫이라는 말은 손遜과 같아 왕(諱)이 달아났다는 뜻"이라고 하였다. 두예는 그 점을 이용해 설명한 것이다. 옛날에 요제堯帝가 순舜에게 (보위를) 사양하며 손위孫位하였다. 그러므로 (공자

22 『春秋經傳集解』 권3, 2면右.

23 『좌전주소佐傳注疏』, 「春秋正義序」, 臺北: 臺灣中華書局, 1965. 『좌전주소』는 공영달이 『춘추』의 원문과 두예의 주註를 그대로 옮겨 적고, 그 뒤에 자기 견해를 '소疏'라는 이름으로 덧붙인 책이다.

는) 그 아름다운 일을 빌려 그것(孫)을 쓴 것이니, (문강이) 겸손히 사양하고 떠났다는 의미와 같다.[24]

송대의 유학자 호안국胡安國(1074~1138)도 문강을 폄하한 기존의 논평들을 다음과 같이 더욱 강화하였다.

> (장공이 문강과의 모자 관계를) 끊고 부모로 여기지 않은 것은 예(에 맞는)다. (관계를) 끊고 부모로 여기지 않는다면 (문강은) 곧 일반 사람일 뿐이다. 손孫이란 순순히 사양한다는 말이다. 자식에게 내쫓김을 당하지 않은 것처럼 함으로써 (공자는) 은정을 온전히 하였다. 애강은 달아나서 돌아오지 않았고, 문강은 (달아났다가) 곧 노나라에 (다시) 돌아왔으니 법례에 따라 손孫으로 적어서 꾸짖었다. 환공을 시해하는 데 관여한 죄가 이미 극도로 심하여 달아나서 돌아오지 않을 것처럼 하였으니 심히 (관계를) 끊은 것이다. 그러므로 은정은 가볍고 의리는 무겁다. 단지 강씨라고만 칭하면 (혹시) 첩으로 의심하여 그 죄가 밝게 드러나지 않을 수 있기 때문에 강씨를 부인으로 적은 것이다.[25]

성리학의 거두 주희는 『춘추』에 대하여 성인(공자)이 선을 칭찬하고 악을 배척하기 위해 만세가 지나도 바뀌지 않는 법을 보여준 책이라고 평해

---

24 『佐傳注疏』 권8, 1면右.

25 『춘추사의전고春秋事義全考』 권2, 1면左, 臺北: 臺灣商務印書館, 1973. 명나라 때 강보姜寶(1514~1593)가 지은 책이다.

춘추필법春秋筆法의 정통성을 인정하였다.[26] 또한 호안국의 주석을 자신의 『자치통감강목資治通鑑綱目』에 거의 그대로 인용하였다.[27] 이는 주희 역시 호안국의 견해에 적극적으로 동의했음을 보여준다.

문강과 애강의 사례 및 그에 대한 역대 명유들의 해석은 폐위론자들에게 인목대비를 공격할 수 있는 좋은 근거를 제공하였다. 그들은 논쟁 내내 공자의 춘추의리와 호안국의 의리론에 기반하여 인목대비의 처벌을 촉구하였다.[28] "공자의 가르침을 배우는 자가 곧 선비인데, 지금 태학의 선비들은 어찌 대의大義를 펴는 말 한마디가 없는가"[29]라는 말이나 "정치를 춘추대의처럼만 한다면 만대에 부끄럽지 않을 것"[30]이라는 발언은 모두 이런 논리적 자신감의 발로였다.

폐위반대론자들은 이런 논리를 정면으로 반박할 수 없었다. 그 대신에 그들은 인목대비의 사례가 문강과 애강의 사례와 다르다는 것으로 반박 근거를 삼았다. 강씨의 일이 과연 인목대비의 일과 유사한 것인지 잘 모르겠다는 문제 제기는[31] 바로 그런 의미였다. 자전(인목대비)의 과실에 애강

---

26 『주자어류朱子語類』, 권83, 4면右, 臺北: 正中書局, 1982.

27 『어비자치통감강목御批資治通鑑綱目』, 臺北: 商務印書館, 1976, 42면右:35면右~36면左. 이후로는 『자치통감강목資治通鑑綱目』으로 표기.

28 『광해군일기』 66권, 5년 5월 25일 임오(12)➡ 장령 정조·윤인; 121권, 9년 11월 7일 무진(1)➡ 유학 윤유겸; 121권, 9년 11월 18일 기묘(3)➡ 유학 정만; 121권, 9년 11월 24일 을유(2·10)➡ 유학 김정량 및 좌의정 정인홍; 121권, 9년 11월 25일 병술(3)➡ 관학 유생들; 122권, 9년 12월 1일 임진(6)➡ 유학 이국헌; 122권, 9년 12월 7일 무술(11)➡ 부사과 송영조.

29 『광해군일기』 121권, 9년 11월 19일 경진(3)➡ 유학 이지호.

30 『광해군일기』 122권, 9년 12월 11일 임인(14)➡ 유학 이국헌·이국광.

31 『광해군일기』 121권, 9년 11월 23일 갑신(4)➡ 영의정 기자헌.

같은 악한 것이 있는가라는 반문도[32] 마찬가지 맥락이었다. 이런 물음은 인목대비가 범했다는 반역죄, 곧 아버지와 밀통해 어린 자식을 왕위에 앉히려고 변란의 음모를 꾸미고 왕(광해군)을 해치기 위한 저주를 행하였다는 죄목을 사실로 믿기 어렵다는 복선을 깔고 있었다.

그렇지만 복선 이상의 항거는 쉽지 않았다. 자기 목숨을 걸어야 했기 때문이다. 따라서 이런 복선(불만)은 춘추의리가 아무리 엄할지라도 자식이 부모를 원수로 대하라는 뜻은 아니라는 우회적 반론으로 표출되었다.[33] 이는 곧 어머니가 설령 반역을 도모했다손 해도 아들이 먼저 모자 관계를 끊을 수는 없으니 폐위론이 잘못이라는 논리로, 논쟁의 성격을 바꾸는 전기가 되었다. 효를 더 이상 충의 상대적 개념으로 보지 않고 충을 초월하는 절대개념으로 해석했기 때문이다.

순의 경우처럼 문강과 애강의 사례도 정답을 잘라 말하기는 어렵다. 다만 공자가 『춘추』를 통해 암시한 정답이 무엇이었는지 유추하고, 그것이 후대의 논평과 어떻게 다른지를 살피는 일은 유익할 것이다. 앞서 살폈듯이, 좌구명 이래 대부분의 학자들은 공자가 "부인손우제"라고 기록한 것을 놓고 모자간의 은정을 고려하되 공법과 공의를 더 중시한 것으로 해석하였다. 호안국은 심지어 의리가 은정보다 더 중요함이 명쾌하게 밝혀졌다고까지 하였다.

그런데 공자가 『춘추』에서 문강을 부인이라고만 칭한 것은 그 부분의 서술(장공 1년 조의 "夫人孫于齊")이 유일한 사례였다. 이후에는 다시 '부인강

---

32 『광해군일기』 67권, 5년 6월 21일 무신(19)➡ 유생 조경기 등.

33 『광해군일기』 121권, 9년 11월 24일 을유(9)➡ 오성부원군 이항복.

씨夫人姜氏'라고 칭했으며,[34] 문강이 죽었을 때는 "부인강씨홍夫人姜氏薨"이라고 썼다.[35] 애강이 제나라에서 처형당해 죽었을 때도 "부인강씨홍"이라고 썼다.[36]

공자는 사람의 죽음을 기록할 때 망자의 신분에 따라 단어를 철저하게 구분하였다. 왕이 죽으면 '붕崩', 제후가 죽으면 '홍薨', 대부가 죽으면 '졸卒', 사士가 죽으면 '불록不祿', 보통 사람이 죽으면 '사死'라는 단어를 사용하였다.[37] 공자가 문강의 죽음을 '홍'이라고 쓴 것은 그녀를 여전히 환공의 부인으로 여겼다는 명백한 증거이다. 문강이 제나라로 달아났을 때 공자가 '분奔'이라 적지 않고 '손孫'이라는 단어를 선택한 것도 마찬가지 이유였다. 이 점은 공자가 과연 좌구명이나 두예 이래의 여러 학자들이 해석한 것처럼 문강을 그리 심하게 단죄하였는지, 즉 환공의 아내이자 장공의 어머니로 인정하지 않았는지 의심을 갖기에 충분하다.

이런 의심은 『춘추』와 『춘추좌전』의 기록을 대조해 볼 때 더욱 커진다. 문강이 제나라로 달아난 후에도 공자는 문강에 대한 기사를 여덟 번 더 기록하였다. 좌구명은 이 가운데 여섯 개의 기사에 대해서는 전혀 논평하지 않고 두 개에 대해서만 부연 설명을 붙였다. 그런데 그는 『춘추』의 원문을 옮겨 적으면서 '부인강씨夫人姜氏'를 '문강文姜'으로 슬그머니 바꾸었다.[38] 이는 문강이 환공을 살해한 후에도 공자가 문강을 환공의 부인이자

34 『春秋左傳』, 莊公 2년, 4년, 5년, 7년, 15년, 20년.

35 『春秋左傳』, 莊公 21년.

36 『春秋左傳』, 僖公 1년.

37 『예기금주금역禮記今註今譯』 권2, 臺北: 臺灣常務印書館, 1974, 57쪽.

38 『春秋左傳』, 莊公 7년. 『춘추』의 원문은 "夫人姜氏會齊候于防"인데, 『춘추좌전』에서 "文姜會齊候于防"으로 바뀌었다.

장공의 어머니로 인정한 것과 달리, 좌구명은 문강을 환공의 부인으로도 장공의 어머니로도 인정하지 않았음을 시사한다. 공자가 쓴 '손孫'이라는 단어를 두예나 호안국 등 후대의 학자들이 대개 '분奔'으로 바꾸어 쓴 것도 같은 맥락으로 볼 수 있다.

요컨대 공자는 후대의 학자들이 설명한 것처럼 문강을 그렇게 심하게 단죄하지 않았다.[39] 그는 '분'이 아닌 '손'이라는 단어를 써서 문강을 계속 대우했으며, 문강과 애강이 죽었을 때도 모두 '훙'이라고 적었다. 그렇다면 공자가 『춘추』를 통해 암시한 정답, 즉 장공이 취할 바른 처신은 무엇이었는지 그 윤곽이 드러난다. 장공은 아버지를 해친 어머니(문강)의 죄를 물어 제나라로 달아나는 것을 그대로 두었지만, 공식적으로는 어머니를 폐하거나 강등하는 어떤 조치도 취하지 않았으며, 공자는 그것을 모범 답안으로 인정한 것이다. 이는 순이 죄를 지은 아버지 고수를 모시고 먼 곳으로 피신해 살 것이라는 맹자의 답과 매우 유사하다.

여기서도 우리는 광해군의 계획이 공자가 제시한 모범 답안과도 흡사하다는 점을 발견할 수 있다. ①장공이 부왕을 해친 어머니(문강)의 죄를 묻되 다른 곳으로 달아나는 것을 용인했듯이, 광해군도 왕비와 세자를 저주하고 부친을 따라 반역에 가담한 어머니(인목대비)의 죄를 묻되 유폐로 매조졌다. ②장공이 공식적으로는 문강을 폐하거나 강등하는 어떤 조치도 취하지 않았듯이, 광해군도 공식적으로는 인목대비를 폐하거나 강등하는 어떤 조치도 취하지 않았다. 광해군이 장공의 사례를 얼마나 깊이 상고했는지는 알 수 없지만, 『춘추』를 설명한 여러 다양한 전傳을 중요하게 참고

39 대북의 거두 정인홍도 공자는 문강에 대하여 '달아났다(遜)'라고 쓴 것 외에는 특별히 죄를 더 준 것이 없다고 이해하였다. 『광해군일기』 121권, 9년 11월 24일 을유(10) 참조.

했을 가능성은 매우 크다. 제1차 폐위 논쟁의 와중에(1613년 12월) 광해군은 북경에 가는 사신에게 춘추4전春秋四傳 등의 서적을 관본官本으로 사오도록 특별히 지시하였다. 그 뒤 서적교인도감書籍校印都監에서 4전을 다량으로 인쇄한 사실도 확인된다.[40] 이로 미루어 보면 대비논쟁이 본격화하면서 광해군이 춘추의리에 특별한 관심을 보인 점은 분명하다.

---

**40** 『광해군일기』 73권, 5년 12월 3일 병술(5); 97권, 7년 11월 16일 무자(2) 참조.

# 03

## 한나라의 염태후

염태후閻太后는 후한 안제安帝(r. 106~125)의 황후였는데, 자식이 없었다. 그런 상황에서 시녀 이씨李氏가 황제의 외아들 보保를 낳자, 염황후는 이씨를 독살하였다. 한편, 섭정하던 등태후鄧太后가 죽고 안제가 친정을 시작하자, 염황후는 남동생 염현閻顯 등과 세력을 만들어 권력을 장악하였다. 이들은 안제에게 압력을 넣어 태자 보保를 폐출하였다. 안제가 죽은 뒤에는 염황후가 태후로서 권력을 전횡하였다. 염황후는 어린 북향후北鄉候를 허수아비 황제로 삼았다.[41] 그런데 그가 7개월 만에 죽자 다음 황제 자리에 누구를 앉힐까 궁리하던 중 정변이 발생하였다. 교전 끝에 염씨 일파는 몰락했고, 폐출되었던 보가 11세의 나이에 황제(순제順帝, r. 125~144)로 즉위하였다. 염태후는 이궁離宮에 유폐된 지 70여 일 만에 죽고 안제의 능에 합장되었다.[42]

---

41 『후한서後漢書』 권10, 「안사염황후安思閻皇后」, 香港: 中华书局, 1971, 435~436쪽.

42 『後漢書』 권6, 「順帝」, 249~250쪽 및 252쪽; 권10, 「安思閻皇后」, 437쪽.

정변 직후 후한後漢 조정에서는 염태후의 처리 문제를 놓고 논의가 분분하였다. 염태후를 폐출해야 한다는 의견이 대다수였지만, 반대론도 만만치 않았다. 이에 대해서는 사마광司馬光(1019~1086)이 자세히 기록하였다.

> 의랑議郎 진선陳禪이 "염태후와 황제(순제順帝) (사이에)는 모자의 은정이 없으니 마땅히 (태후를) 별관으로 옮기고 문안도 폐지해야 한다."고 논하였다. 여러 신하도 다들 당연하다고 여겼다. (이때) 주거周擧가 이합李郃에게 이르기를 "옛날 고수瞽瞍가 항상 순舜을 죽이려 하니 순은 섬기기를 더욱 조심하였다. … 진시황은 어머니의 실행失行을 원망하여 오랫동안 멀리하고 (관계를) 끊었다. 그 후 영고숙穎考叔과 모초茅焦의 말에 감동하여 다시 자식의 도리를 행하였으므로 (사관이) 전傳에 기록하여 칭찬하였다. 지금 여러 염씨가 바야흐로 처단되고 (염)태후는 이궁에 갇혔다. 만약 (태후가) 슬퍼 시름하다가 병이 생겨 하루아침에 불우하게 된다면 주상께서는 장차 무슨 (면목)으로 천하를 호령하겠는가? 만약 진선의 논의를 따른다면 후세에 (그) 허물이 (당신 같은) 명공明公에게 돌아갈 것이다. 마땅히 조정에 비밀히 글을 올려 (폐하로 하여금) 태후를 섬기며 여러 신하를 거느리고 예전과 같이 문안함으로써 천심을 만족시키고 인망에 응답해야 한다."라고 하였다. 이에 이합이 즉시 글을 올려 진달하였다. (이듬해) 봄 정월에 황제가 태후를 동궁東宮에서 문안하니, 태후의 마음이 편안해졌다.[43]

사마광이 자기의 논평을 쓰지는 않았으나 주거周擧가 한 말을 그대로

---

43 『資治通鑑』 권51, 7면左右, 臺北: 藝文印書館, 1955.

옮겨 적은 점으로 보아, 그 의견에 전적으로 동의했음이 분명하다.

송대 유학자들은 사마광을 군자로, 왕안석王安石(1021~1086)을 소인으로 규정하였다. 그런 까닭에 사마광의 역사 해석을 중시하였으며, 이는 조선에서도 마찬가지였다. 염태후의 처리에 대해 주거와 이합李郃의 건의를 따른 순제의 결정이 옳았다고 보는 사마광의 평가는 성리학적 유교 사회에서 정통 해석으로 받아들여졌다. 그러니 조선의 폐위반대론자들이 염태후의 사례를 먼저 거론하는 것은 당연하였다.[44] 그들은 염태후의 죄악이 흉악하고 참혹함에도 사마광이 『자치통감』을 집필하면서 주거의 건의를 충실하게 인용한 점을 강조하였다. 또한 주거와 이합이 그로 인해 처벌을 받기는커녕 오히려 그 의견이 채택된 것은 당시 사람들도 그 말을 가상하게 여겼기 때문이라고 하였다.[45] 흉악한 죄를 범한 염태후(어머니)를 순제(아들)가 폐하지 않고 문안한 것을 사마광이 옳다고 평했으니, 지금 인목대비를 폐하자는 주장은 큰 잘못이라는 논리를 세운 것이다.

성리학적 유교지상주의 사회로 접어들던 조선에서 이를 논리적으로 되받아치기는 어려웠다. 이에 폐위론자들은 염태후와 인목대비의 경우가 같지 않다는 점을 지적하면서 방어 논리를 세웠다. 만약 염현이 염태후의 동생이 아니고 아버지였다면 주거와 이합도 염태후 폐출에 반대하지 못했을 것이라는 주장이었다.[46] 그러나 이런 반론은 폐위반대론자들의 논리를

---

44 『광해군일기』 121권, 9년 11월 5일 병인(1). 실록에서 염태후의 사례가 거론된 것을 검색해보면 폐위론자들의 상소에 처음으로 등장한다. 하지만 그 상소에 "논의하는 자들은 (주거가 염태후의 폐출에 반대한) 것을 구실로 삼지만"이라고 지목한 점으로 보아, 폐위반대론자들이 그보다 앞서 거론했음이 확실하다.

45 『광해군일기』 121권, 9년 11월 23일 갑신(4)➡ 영의정 기자헌.

46 『광해군일기』 121권, 9년 11월 5일 병인(1)➡ 유학 한보길 등; 121권, 9년 11월 7일 무진

극복하기에는 매우 궁색하였다. 사실이 아닌 가정으로 반박의 근거를 삼았기 때문이다. 폐위론자들은 인목대비의 죄가 염태후의 죄보다 훨씬 더 흉악하다는 점도 극구 강조하였다.[47] 그렇지만 이 반박도 설득력이 없기는 마찬가지였다. 왜냐하면 태자를 직접 폐출했을 뿐만 아니라 군대를 동원하여 전투까지 벌이다가 패한 염태후와 달리, 인목대비의 반역 혐의는 사람들이 다들 인정할 정도로 명쾌하게 드러나지 않았기 때문이다.

흥미롭게도 광해군의 계획이 순제의 결정과 매우 유사했다는 점을 여기서도 확인할 수 있다. ①순제(아들)가 염태후(어머니)를 폐하지 않았듯이, 광해군(아들)도 인목대비(어머니)를 폐하지 않았다. ②순제가 염태후를 이궁에 유폐하였듯이, 광해군도 인목대비를 서궁에 유폐하였다. ③순제가 염태후에게 문안하는 등 태후에 대한 의전을 지켰듯이, 광해군도 폄손절목에 끝내 서명하지 않고 관원들의 대비 칭호 사용에 제동을 걸지 않았으며 모든 공물의 진상에 차질이 없도록 점검하였다. 이런 유사성을 그저 우연의 일치로 간주하기보다는 광해군이 그 나름대로 많이 생각하고 연구한 결과로 보는 쪽이 타당할 것이다. 광해군이 어릴 때부터 역사 공부를 좋아한 점을 고려할 때 더욱 그렇다. 요컨대 인목대비의 반역죄를 분명히 입증할 수만 있다면, 광해군의 계획은 주거 및 사마광의 생각과도 거의 일치하는 처결이었다.

---

(1)➡ 진사 윤유겸; 121권, 9년 11월 26일 정해(12)➡ 유학 한천정 등.

**47** 『광해군일기』 121권, 9년 11월 25일 병술(8)➡ 양사.

# 04

## 진晉나라의 양태후

양태후楊太后(무도황후武悼皇后)는 진 무제晉武帝(r. 265~289)의 첫 황후였던 사촌 언니 원후元后(무원황후武元皇后)가 죽자 그 뒤를 이어 황후 자리에 올랐다. 딸이 황후가 되면서 그 아버지 양준楊駿도 권세를 얻었다.[48] 한편, 원후의 아들 태자 충衷(혜제惠帝, r. 289~306)의 태자비 가씨賈氏는 투기가 심하고 잔인했는데, 양씨 집안의 권세를 몹시 싫어하였다.[49] 무제가 죽고 혜제가 즉위하자 양황후는 양태후가 되었고, 가비賈妃는 가황후가 되었다. 이때부터 가황후와 양준의 권력 다툼이 심해져서 1년여 후에는 양측이 군대까지 동원하여 정면으로 충돌하였고, 여기서 패한 양준 일파는 몰락하였다.[50]

이때 이미 궁에 유폐되어 있던 양태후가 "양준을 구원해주는 자에게

---

48 『진서晉書』 권31, 列傳 1, 「무원양황후武元楊皇后」, 北京: 中华书局, 1974, 952~953쪽.

49 『晉書』 권31, 列傳 1, 「혜가황후惠賈皇后」, 963~964쪽.

50 『資治通鑑』 권82, 11면右~13면左.

는 상이 있을 것"이라는 내용의 쪽지를 화살에 매달아 궁 밖으로 쏘아 보낸 일이 발단이 되어 조정에서는 양태후를 처벌해야 한다는 논의가 크게 일어났다.[51] 양태후가 양준의 반란에 호응하여 사직을 위태롭게 했으니 태후에서 폐하여 서인으로 삼고 감금해야 한다는 논의가 온 조정을 뒤덮었다. 오직 중서감中書監 장화張華(232~300) 등 소수 신료만 양태후는 선제先帝(무제武帝)에게 지은 죄가 없으니 단지 이궁離宮에 온전히 거처케 해야 한다면서 양태후의 폐출에 반대하였다.[52] 혜제는 처음에는 장화의 말을 따라 양태후의 폐출에 찬성하지 않았으나 신료들의 압력을 이기지 못하고 결국 허락하였다. 양태후는 서인으로 폐출당해 금용성金墉城에 유폐되었고, 그 어머니마저 처형당하였다. 가황후는 양태후의 시종들을 다 없애고 음식 제공도 중지하였다.[53] 양태후는 유폐된 지 11개월 만에 가황후에 의해 살해당했다.[54] 이후 가황후가 권력을 전횡하였다. 그러나 이에 불만을 품은 혜제와 신하들이 친위 쿠데타를 일으켜 가황후를 폐하고 처형하였다. 혜제가 죽은 후 양태후는 복권되어 무제의 황후로 태묘에 들어갔다.[55]

『진서晉書』에 보이듯이, 중국 역사는 가황후를 악인으로 간주했으며 양태후는 억울하게 폐위당한 것으로 평가하였다. 훗날 가황후가 폐위당해

---

51 『晉書』 권31, 列傳 1, 「무도양황후武悼楊皇后」, 955쪽. 양태후가 과연 이런 편지를 화살에 매달아 '막연히' 궁 밖으로 쏘아 날리는 어리석은 짓을 실제로 했는지, 아니면 가황후가 양태후를 제거하기 위한 구실로 조작했는지는 정확히 알 수 없다. 그래도 후자의 가능성이 훨씬 더 크다고 보는 쪽이 합리적이다.

52 『晉書』 권31, 列傳 1, 「武悼楊皇后」, 955~956쪽.

53 『晉書』 권31, 列傳 1, 「武悼楊皇后」, 956쪽.

54 『晉書』 권4, 帝紀 4, 「惠帝」, 90, 92쪽.

55 『晉書』 권31, 列傳 1, 「惠賈皇后」, 966쪽; 「武悼楊皇后」, 956~957쪽.

죽임을 당하고 양태후가 복권된 사실을 고려할 때, 이런 평가는 진나라 때 이미 확고했다고 볼 수 있다. 동시대 인물인 동양董養은 양태후가 폐위된 일에 대하여 태학의 명륜당에서 이렇게 탄식하였다.

> 조정에서 이 당을 세움은 장차 무엇을 위한 것이었나? 국가에서 사면한 조서들을 열람해보면 모반 대역죄도 다 용서를 받았다. (다만) 조부모와 부모를 살해한 자를 용서하지 않는 것은 왕법으로도 용납할 수 없기 때문이다. 그런데 어찌 공경들이 논의를 처결하고 예전을 (그럴듯하게) 꾸미는 것이 이에 이르렀단 말인가? 하늘과 사람의 도리가 없어졌으니 장차 큰 난리가 일어날 것이다.[56]

사마광이 이 말을 『자치통감』에 그대로 적은 이유가 동양의 견해에 전적으로 동감했기 때문이라는 점은 두말할 나위도 없다. 동양의 이 말은 훗날 주희도 『자치통감강목』에 그대로 인용하였고, 양태후의 폐위에 관해 사마광에서 주희로 이어지는 정통 해석으로 자리 잡았다. 특히 진덕수眞德秀(1178~1235)는 『대학연의』에서 동양의 말을 인용한 뒤 다음과 같이 자신의 논평을 덧붙여 양태후의 폐위가 인륜상 큰 잘못임을 분명히 하였다.

> 모후에게 내쫓기는 모욕을 준 처사는 너무 심하지 않은가? 하늘과 사람의 도리가 여기서 다 없어졌다. 이로써 식견 있는 사람들은 장차 큰 난리가 일어날 줄 알았다.[57]

---

56 『資治通鑑』 권82, 14면左~15면右.

57 『大學衍義』 권43, 「外家驕恣之禍」.

성리학을 국시로 삼아 출범한 조선 사회에서 사마광, 주희, 진덕수 같은 대학자들이 해놓은 역사 서술이나 논평에 대해 공개적으로 시비할 사람은 아무도 없었다. 따라서 양태후의 사례가 언급될 때면, 대체로 폐위반대론자들이 공세를 취하고 폐위론자들은 방어하는 형세로 논쟁이 전개되었다. 그런데 양태후의 사례를 먼저 거론한 쪽은 폐위론자였다. 양태후를 이궁에 거처케 하자고 한 장화의 논의를 끌어다가 인목대비의 유폐를 정당화하고 더 나아가 폐위까지 주장한 것이다.[58] 그러나 그것은 인용의 오류였다. 양태후 폐위론이 진나라 조정을 뒤덮은 상황에서 장화가 외롭게 반대하며 양태후를 이궁에 거처케 하여 온전히 수명을 누리게 하자고 건의한 것을 양태후에 대한 처벌 요구로 보기는 어렵기 때문이다. 양태후의 폐위를 막고 그녀를 살리기 위한 장화의 노력으로 보는 것이 더 타당하다. 양태후의 무죄를 우회적으로 피력한 장화의 발언을 인목대비의 유폐와 폐위를 정당화하기 위한 근거로 인용한 것은 폐위론자의 큰 실수였다.

과연 폐위반대론자들의 반론은 준엄하였다. 그들은 즉각 동양이 양태후의 폐위에 대하여 탄식한 말을 그대로 인용한 주희의 『자치통감강목』과 진덕수의 『대학연의』를 인용하면서, 양태후의 폐위가 인륜에 위배되는 일임을 강조하였다. 또한 장화의 논의에 대해서도, 그의 말은 서로 다른 궁에 거처하게 하자는 것일 뿐 폐위하자는 뜻이 아니었으니 그 논의를 인용하여 인목대비 폐위를 논하는 것은 망발이라며 반박하였다.[59]

이에 대한 폐위론자들의 방어는 구차하였다. 방어의 골자는 크게 두 가지였다. 하나는, 대비를 폐위하더라도 모자간의 은혜를 온전히 하라는

---

58 『광해군일기』 121권, 9년 11월 5일 병인(1)➡ 유학 한보길 등.

59 『광해군일기』 121권, 9년 11월 23일 갑신(4)➡ 영의정 기자헌.

뜻으로 장화의 논의를 인용했을 뿐이지 다른 의도는 없었다는 변명이다.[60] 그러나 이 해명은 양태후의 폐위를 반대하고 단지 각처各處만을 건의한 장화의 논의를 인용하여 인목대비의 유폐와 폐위를 논한 것이 실수였음을 스스로 인정한 꼴이었다. 다른 하나는, 동양이 탄식한 이유는 양태후가 애매하게 폐출되었기 때문인데 그렇다면 인목대비의 죄악도 애매하다고 할 수 있느냐는 반문이었다.[61] 이 두 번째의 반론 역시 방어를 위한 궁여지책일 뿐이었다. 인목대비의 역모 사실 또한 그다지 분명하지는 않았기 때문이다.

광해군의 계획은 장화의 주장과도 놀랄 만큼 흡사하였다. ①장화가 양태후의 폐위를 반대하고 단지 이궁에 거처하도록 건의했듯이, 광해군도 인목대비를 폐위하지는 않고 단지 이궁(서궁)에 거처케 하였다. ②장화가 양태후의 천수를 보장해주어야 한다고 주장했듯이, 광해군도 인목대비가 천수를 누리도록 하였다. 광해군이 양태후의 사례를 얼마나 진지하게 생각하였는지는 알 수 없다. 그래도 광해군의 계획이 장화의 주장과 매우 비슷하다는 점은 광해군이 양태후의 사례 또한 꽤 열심히 연구했다고 보아도 무리는 없을 것이다. 요컨대 인목대비의 반역 사실을 확실하게 입증하기만 한다면, 광해군의 계획은 장화·동양·사마광·주희·진덕수 등의 견해에 비추어 보더라도 별다른 하자가 없었던 것이다.

---

60 『광해군일기』 121권, 9년 11월 25일 병술(8)➡ 양사.

61 『광해군일기』 121권, 9년 11월 25일 병술(8)➡ 양사; 121권, 9년 11월 26일 정해(12)➡ 유학 한천정 등.

# 05

## 당나라의 무태후

당 고종唐高宗(r. 649~683)의 부인 왕황후王皇后는 아들을 낳지 못했고, 고종은 후궁 무씨武氏를 총애하였다. 고종의 마음을 사로잡은 무씨는 점차 권력을 장악하고 왕황후를 핍박하였다. 이에 불안을 느낀 왕황후는 무씨를 저주하였는데 그 일이 탄로 나는 바람에 폐위되어 별원別院에 감금되었다. 이후 무씨가 황후에 올랐다. 오래지 않아 무황후는 폐위된 왕황후를 살해하였다.[62] 고종이 죽자 무황후의 아들 현顯이 황제로 즉위하고(중종中宗, r. 684) 무황후는 태후가 되었다. 그러나 무태후는 곧 현을 제위에서 폐하고 단旦을 새 황제(예종睿宗, r. 684~690)로 삼았다. 하지만 곧 그도 폐해 버리고 스스로 황제의 자리에 앉았다. 그는 20여 년을 통치하였으며, 나라 이름도 주周로 바꾸었다.[63] 그 뒤 무태후(황제)가 병에 걸려 요양 중일 때

62 『구당서舊唐書』 권51, 列傳 1, 「고종폐후왕씨高宗廢后王氏」, 臺北: 鼎文書局, 1989, 2169~2170쪽.

63 『舊唐書』 권6, 本紀 6, 「측천황후則天皇后」, 116쪽·121쪽.

재상 장간지張柬之(625~706) 등이 현을 옹립하고 군대를 지휘해서 궁에 들어가 무태후 측근들을 제거하였다.[64] 현은 곧 전위의 형식을 밟아 황제(중종 복위, r. 705~710)에 복귀하였고, 무태후는 측천대성황제則天大聖皇帝라는 존호를 받았다.[65] 약 10개월 후에 무태후가 죽자, 중종은 존호에 있는 황제를 황태후로 바꾸었지만 다른 존호들을 더 올렸다. 무태후는 고종의 능에 합장되었고,[66] 폐위당했던 왕황후는 끝내 복권되지 못했다.

중국 역사에서 무태후에 대한 평은 매우 부정적이다. 『구당서』의 사신史臣은 무태후가 적위嫡位를 탈취하였으며 부도함이 심했다고 평하였다.[67] 이런 인식은 후대에도 변함이 없었다. 특히 주희는 『자치통감강목』에서 무태후가 통치한 20여 년 동안의 역사를 쓸 때 무태후의 연호를 쓰지 않고 중종이 처음 즉위했을 때 잠깐 사용한 사성嗣聖이라는 연호를 계속 사용하였다.[68] 『자치통감』에서 사마광이 무태후의 연호를 그대로 사용한 것과 달리, 주희는 무태후의 재위 자체를 아예 인정하지 않은 셈이다. 『자치통감』 외에 『신당서』 등 북송 때 편찬한 다른 역사책에서는 모두 무태후의 연호를 그대로 사용하였다. 무태후의 연호를 사용하지 않고 당唐의 역사를 기술한 최초의 인물이 아마 주희인 듯하다. 이것은 시비是非를 엄격히 가리고 정사正邪를 분명히 구분하고자 한 그의 정통사관에 기초한 것으

---

64 『신당서新唐書』 권76, 列傳 1, 「측천무황후則天武皇后」, 北京: 中华书局, 1975, 3484쪽.

65 『舊唐書』 권7, 本紀 7, 「中宗」, 136쪽.

66 『新唐書』 권76, 列傳 1, 「則天武皇后」, 3484~3485쪽. 무태후의 일생과 통치에 대한 상세한 연구로는 C. P. Fitzger, *The Empress Wu*, London: The Cresset Press, 1968; 우지앙 지음, 권용호 옮김, 『측천무후』, 학고방, 2011 참조.

67 『舊唐書』 권6, 本紀 6, 「則天皇后」, 133쪽.

68 『資治通鑑綱目』 권41, 1면右.

로 볼 수 있다.[69]

당대唐代에는 무태후를 폐하자는 논의가 공식적으로 제기된 적이 없었다. 그 이유는 그녀가 20년 이상 실질적으로 통치하였고, 친아들인 중종이 그 뒤를 이어 즉위했기 때문일 것이다. 무태후 폐위론은 당이 망한 지 200여 년이 지난 후 남송의 유학자들이 제기하였다. 호안국의 양아들인 호인胡寅(1098~1156)의 논평이 그 첫 포문을 열었다.

> 무씨武氏의 화禍는 옛날에 없던 일이다. 장간지 등은 단지 반정을 일으켜 그 주主(무씨)를 폐하는 것만 알았지, 대의로써 비상사태에 대처하여 당실唐室을 위해 죄인(무씨)을 토벌하는 것은 몰랐다. … (무씨를) 폐하여 서인으로 삼고 죽음을 내리고 종묘에서 끊어버려도 중종은 어쩔 수 없었을 것이다. 그런 후에 하늘에 있는 영령을 위로하고 신민의 분노를 씻어주어야 천지의 상경常經이 (다시 바로) 섰을 것이다.[70]

호인은 심지어 무태후를 처형했어야 옳았다고 주장하였다. 호인의 이 논평은 주희가 『자치통감강목』을 집필하면서 그대로 옮겨 적었고, 이후 확고한 정통 해석이 되었다. 주희는 호인의 논평을 인용한 뒤 다음과 같이 덧붙여서 당시 무태후를 폐출하지도 못하고 처벌하지도 않은 것을 큰 잘

---

69 정통에 지나치게 집착한 주희의 상황 및 그의 학문 태도에 대해서는 Hoyt Cleveland Tillman, "Reflections on Classifying 'Confucian' Lineages: Reinventions of Tradition in Song China," in Benjamin A. Elman, et al., eds., *Rethinking Confucianism: Past and Present in China, Japan, Korea, and Vietnam*, Los Angeles: UCLA Asian Pacific Monograph Series, 2002, pp. 33~64 참조.

70 『資治通鑑綱目』 권42, 35면左右.

못이라고 분명히 지적하였다.

> 『강목』에서는 (사성) 7년에 (무씨가) 나라 이름을 주周로 바꾼 후로는 태후라 쓰지 않고 단지 무씨라고만 써서 (그가) 당의 종묘에 득죄하였음을 분명히 한다. 그러므로 그를 내쫓고 (관계를) 끊으며 폐하여 서인으로 삼는다. 그래서 그 성씨만 쓰는 것이다. 지금 (사마광의 『자치통감』에) 장간지 등이 무씨의 난을 토벌하고 나서 태후를 (상양궁上陽宮으로) 옮기고 '측천대성황제'라는 존호를 (올렸다고) 적혀 있는데, 무릇 태후는 무씨를 가리킨다. (그런데) 이미 그 난을 토벌하고서 (그 죄인에게) 또 존호를 올리는 것이 (어찌 이치에) 합당한가? 『강목』에서는 이를 심히 한스럽(게 여긴)다. 당 조정의 여러 신하들은 그 (무씨의) 죄를 바로잡지 않아서 폐출하지 못하였다. 그러므로 호인은 말하기를, 무씨는 마땅히 폐하고 죄를 (물어야 했을) 뿐이라고 한 것이다. …[71]

무태후의 사례와 그에 대한 대학자들의 논평은 폐위론자들에게 호재였다. 옛날의 유명한 학자들이 무태후가 중종의 생모인데도 죽이는 것이 옳았다고 말했으며, 성리학의 '성인聖人' 주희도 무태후를 엄히 단죄했으니, 국왕(광해군)의 생모도 아닌 인목대비를 폐하는 일쯤은 아무런 문제도 안 된다는 논리를 세운 것이다.[72] 무태후의 사례, 그리고 그에 대한 호인과 주희의 논평은 폐위론자들의 주장에서 거의 빠지지 않고 등장하는 단골 메뉴였다. 그만큼 이 사례는 폐위론자들에게 유리하였다.

---

71 『資治通鑑綱目』 권42, 37면左右.

72 『광해군일기』 121권, 9년 11월 24일 을유(5)➡ 유학 김서룡.

폐위반대론자들이 무태후의 사례를 논리적으로 반박하기는 사실상 불가능하였다. 주희의 논평에 시비를 걸 '무모한' 사람은 없었다. 다만 일부 극소수가 무태후와 인목대비는 그 경우가 같지 않다는 '대담한' 방어 논리를 펼쳤다.[73] 그들이 자세한 부연 설명을 하지는 않았지만, 이런 우회 전술은 꽤 설득력이 있었다. 무태후가 왕황후 등을 잔인하게 죽이고 두 황제를 제멋대로 폐하였을 뿐만 아니라 심지어 자기가 직접 황제가 되어 나라 이름까지 바꾸고 권력을 휘두른 일은 누구나 알 수 있는 명백한 사실이었다. 그렇지만 인목대비의 경우는 그가 얼마나 깊이 역모에 관여하고 저주 행위를 지휘했는지가 명쾌하게 드러나지 않은 상태였다. 백관이 인목대비의 폐위를 정청하면서 무태후의 죄와 인목대비의 죄를 하나하나 대조한 후 인목대비의 죄가 무태후보다 더 무겁다고 강변하였지만,[74] 견강부회한 논리였다.

무태후의 사례는 폐위 논쟁의 성격을 두 가지로 보여준다. 먼저, 표면적인 쟁점은 유교적 가치의 해석과 적용 문제였지만, 그 배후에는 인목대비의 죄를 구체적이고 객관적으로 입증하는 문제가 숨어 있었다는 점이다. 살벌한 토역 정국 탓에 계축옥사에 대한 의심을 대놓고 드러내기는 사실상 불가능하였다. 그런데도 무태후와 인목대비는 그 사안이 서로 다르다는 주장의 핵심은 곧 인목대비에게 선고된 죄목들을 그대로 믿을 수 없

---

73 『광해군일기』 121권, 9년 11월 23일 갑신(4)➡ 영의정 기자헌.

74 폐위론자들은 호안국이 무태후의 죄를 아홉 가지로 일목요연하게 정리해놓은 것에(『자치통감강목』 권42, 35면*左右*) 맞추어, 인목대비의 죄도 같은 내용으로 아홉 가지를 열거한 후 하나를 더 추가하여 열 가지 죄목을 만들었다. 그 한 가지는 인목대비가 왜 및 후금과 결탁하여 중국을 배반하려 했다는 것이다. 『광해군일기』 123권, 10년 정월 6일 병인(2).

다는 우회적 항의였다. 이런 과감한 주장을 편 영의정 기자헌에게 광해군이 진노하여 유배 조치한 것은 이 같은 지적이 갖는 문제의 심각성을 광해군도 잘 간파하고 있었기 때문이다.

다른 하나는 폐위반대론자들이 호인의 논평이 지나치다거나 잘못되었다는 식으로 방어 논리를 삼지 않은 점에 주목할 필요가 있다. 이 점은 그들도 호인의 논평을 인정했다는 증거로 삼기에 충분하다. 주희가 호인의 논평을 그대로 인용하고 동조한 이상, 이 논평에 감히 시비를 걸 수는 없었을 것이다. 그렇다면 그들 또한 만일 인목대비에게서 무태후와 비슷한 죄가 뚜렷이 밝혀지기만 한다면 비록 왕의 어머니인 대비라 해도 폐위할 수 있다는 논리에 동의하고 있었음을 의미한다. 따라서 광해군이 인목대비를 폐위하지 않고 그저 유폐만 시킨 것은, 인목대비의 죄가 객관적으로 입증만 된다면 호인이나 주희의 관점에서 볼 때 오히려 미진한 처벌일 수도 있었다. 다른 말로, 반역을 꾀한 대비(어머니)를 왕(아들)이 처벌하는 일은 주자학적 유교 사회에서 얼마든지 입에 올려 공개적으로 논쟁할 수 있는 사안이었다. 또한 마땅히 엄하게 처벌해야 한다는 것이 주희의 생각이었다.

# 06

## 당나라의 장황후

당 숙종唐肅宗(r. 756~762)이 태자로 있을 때 그의 부인 오비吳妃는 아들 예豫를 낳고 18세의 나이로 죽었다.[75] 오비가 죽은 뒤 태자는 장씨張氏를 총애하였다. 태자가 황제(숙종)로 즉위하자 장씨는 황후(장황후張皇后)가 되었고, 오비 소생의 예는 태자에 책봉되었다. 장황후는 환관 이보국李甫國(704~762) 등과 결탁하여 정치에 간여하고 태자의 동생을 죽이는 등 권력을 휘둘렀다. 이 때문에 숙종은 장황후를 꺼렸지만 그 권세를 누르지는 못하였다. 태자 예도 신변의 위협을 느끼고 장황후를 두려워하였다. 장황후는 두 아들을 두었으나, 첫째는 일찍 죽고 둘째는 너무 어렸기 때문에 태자 예를 곧바로 몰아내지는 못하였다.[76] 숙종이 병들어 눕자 장황후는 숙종과 태자 예를 폐하고 계係(숙종의 3남)를 옹립하기 위해 음모를 꾸몄다.

---

75 『新唐書』 권77, 列傳 2, 「숙종장경황후오씨肅宗章敬皇后吳氏」, 3499~3500쪽.

76 『舊唐書』 권52, 列傳 2, 「肅宗張皇后」, 2185~2186쪽. 같은 책 다른 부분에서는 장황후에게 아들이 없었다는 기술이 나온다(『舊唐書』 권11, 本紀 11, 「代宗」, 268쪽). 아마 둘째 아들도 어려서 죽은 듯하다.

그러나 이즈음 장황후와 틈이 벌어져 있던 이보국은 정변을 일으켜 태자 예를 호위하고 장황후 일파를 제거하였다. 다음 날 숙종이 죽자, 하루 있다가 태자가 숙종의 관 앞에서 황제(대종代宗, r. 762~779)에 올랐다. 장황후는 정변이 발생한 뒤 곧바로 궁에 유폐되었다가 숙종이 죽은 직후에 살해당하였다. 그로부터 두 달 후 조정에서는 장황후를 공식적으로 폐위하고 서인으로 강등하였다.[77]

장황후의 사례는 폐위론자들이 좋아하였다. 죄를 범한 어머니를 실제로 단죄한 대표적 사례로 받아들였기 때문이다. 장황후는 죄를 지어 폐출되었기 때문에 당시는 물론이고 후세에도 이론을 제기한 자가 없었다는 주장은[78] 이런 자신감의 결과였다. 더 나아가, 폐위론자들은 옛날의 어진 신하는 이런 변고를 만나면 종묘사직을 위하여 큰일을 집행했을 뿐 조금도 용서하지 않았다는 식으로 폐위론을 정당화하였다.[79]

그렇지만 장황후를 처단한 이보국이 한때 측근인 환관이었으므로, 장황후를 처벌할 자격이 그에게 있는가라는 정당성 문제가 제기될 수 있었다. 폐위반대론자들은 장황후를 죽인 자는 대종(아들)이 아니고 이보국(간신)이라는 점을 강조하면서, 그 근거로 주희의 『자치통감강목』 중 다음 구절을 꺼내 들었다.[80]

---

77 『新唐書』 권6, 本紀 6, 「代宗」, 167쪽; 『資治通鑑』 권222, 20면左. 당 숙종~대종 연간 황제를 둘러싼 권력투쟁에 대한 대략의 이야기는 任士英(런스잉) 지음, 류준형 옮김, 『황제들의 당제국사』, 푸른역사, 2016, 187~231쪽을 참조할 수 있다.

78 『광해군일기』 121권, 9년 11월 19일 경진(3)➡ 유학 이지호.

79 『광해군일기』 121권, 9년 11월 18일 기묘(3)➡ 유학 정만.

80 『광해군일기』 121권, 9년 11월 23일 갑신(4)➡ 영의정 기자헌.

황제가 붕어하였다. 이보국이 장황후를 죽였다(殺).[81]

정변을 통해 권력을 잡은 이보국이 멋대로 황후를 살해한 것이지, 당시 아무런 실권이 없던 대종이 자유의사로 그렇게 한 것이 아니라는 반박이었다. 요컨대 대종(아들)이 장황후(어머니)를 죽이고 폐위한 것은 아니니, 이 사례를 근거로 광해군(아들)이 인목대비(어머니)를 폐위하는 것은 잘못이라는 논리였다. 이에 대해 폐위론자들은 주희가 이보국을 특별히 미워해 그렇게 썼을 뿐 장황후의 죄를 용서한 것은 아니라고 되받아쳤다.[82] 이 논쟁은 양측 다 일리가 있지만, 주희의 논평을 자세히 읽어보면 폐위론자들의 주장에 더 설득력이 있었다.

주희의 논평에서 주목할 점은 그가 "이보국살장황후李甫國殺張皇后(이보국이 장황후를 죽였다)"라고 표현한 점이다. 장황후는 이보국의 정변이 성공한 바로 다음 날 살해당했고, 죽은 지 두 달 후에 폐위되었다. 장황후는 폐위당하기 전에 황후의 신분으로 한 신하에게 살해당한 것이다. 다른 말로, 이보국은 황후를 죽인 꼴이었다. 유가의 필법에 따르면 제왕을 살해한 경우에는 '시弑'를, 제왕이 죽은 경우에는 '붕崩'을 쓴다. 따라서 '살제殺帝'나 '살후殺后'라는 표현은 그 자체로 어법상의 오류(solecism)이다. 그런데도 주희는 '시장황후弑張皇后'라 쓰지 않고 "살장황후殺張皇后"라고 적었다. 이렇게 모순어법(oxymoron)을 쓰는 이유에 대하여 주희는 자신의 의도를 자세히 부연하였다.

---

81 『資治通鑑綱目』 권45, 28면左. 원문은 "帝崩, 李甫國殺張皇后."이다.

82 『광해군일기』 121권, 9년 11월 25일 병술(8)➡ 양사.

신하가 황후를 죽인 행위를 인정해준다면 세상의 모든 노비들이 자기 주인을 죽이는 일이 일어날 것이다. 그러므로 마땅히 시弑로 써야 한다. 하지만 장황후는 아내로서 남편(숙종)을 제어하였고, 며느리로서 시아버지(현종玄宗, r. 712~756)에게 거역했으며, 간신들과 결탁하여 국권을 천단한 대역 죄인이다. 따라서 시弑가 아니라 살殺이라고 쓴다.[83]

더 흥미로운 것은 송대(960~1279) 이전에 편찬한 『구당서』에는 장황후의 죽음을 '붕崩'으로 기록한 데[84] 비해, 송대에 편찬한 『자치통감』과 『신당서』에서는 모두 '살殺'로 기록했다는 점이다.[85] 이것은 송대 유학자들이 장황후의 죽음과 폐위를 어떻게 생각했는지 알려주는 매우 중요한 단서이다. 주희를 비롯하여 송대의 학자들은 이보국의 행위를 정당하다고 인정하지 않으면서도, 동시에 비록 사후 폐위이기는 하지만 장황후의 폐위를 합당한 조치로 여긴 것이다. 주희가 이보국이 황후를 죽인(弑) 점을 분명히 하면서도 '시弑'가 아닌 '살殺'이라는 단어를 선택한 이유는 바로 여기에 있었다. 요컨대 주희는 "이보국살장황후李甫國殺張皇后"라는 모순어법을 통해 장황후 폐위의 정당성을 인정하였다.

이 점은 인목대비에게서 장황후와 비슷한 죄만 증명된다면, 인목대비의 폐위에 대하여 주희도 별다른 반대를 하지 않을 것이라는 추론을 가능케 해준다. 더 나아가, 죄만 입증할 수 있다면 주희의 성리학 범주 안에서

---

83 『資治通鑑綱目』 권45, 28면左~30면右.

84 『舊唐書』 권52, 列傳 2, 「肅宗張皇后」, 2186쪽. 참고로 『舊唐書』는 송나라가 세워지기 전인 945년에 편찬되었다.

85 『資治通鑑』 권222, 20면左; 『新唐書』 권77, 列傳 2, 「숙종폐후서인장씨肅宗廢后庶人張氏」, 3499쪽.

도 왕(아들)이 대비(어머니)를 폐할 수 있다는, 아니 오히려 폐위해야 마땅하다는 논리가 성립함을 의미한다. 인목대비 폐위 논쟁은 성리학적 범주 내에서 충분히 토론 가능한 주제였던 것이다. 인목대비의 반역죄가 분명하다면, 인목대비를 폐위하지 않고 유폐하는 데 그친 광해군의 처결은 주희의 관점에서 볼 때 도리어 크게 미흡한 처벌일 수 있었다. 따라서 폐위론을 무조건 패륜으로 매도할 수는 없다. 그것을 패륜으로 불러야 한다면, 그 이유는 그것이 성리학적 윤리에 어긋나기 때문이 아니라, 아직 충분히 입증되지 않은 죄목으로 어머니를 핍박했기 때문일 것이다.

# 07

## 논쟁의 역사적 성격

대비논쟁에 등장한 중국 사례는 이 외에도 조금 더 있지만, 그 내용은 이미 살펴본 사례들과 대동소이하므로 일일이 검토할 필요는 없다. 폐위론자들의 주장에 담긴 요체는 아무리 모자 관계가 중하여도 그것이 종사宗社에 관계될 경우에는 사은(孝)을 굽혀 공의(忠)를 집행해야 한다는 것이었다.[86] 그 이론적 바탕은 춘추대의 및 주희의 논평이었으며, 법률적 근거는 『대명률大明律』에서 명시한 10악惡이었다.[87] 종묘사직을 위태롭게 하는

86 유교 사회에서 효가 과연 사私의 영역인가에 대해서는 많은 논의가 있었다. 특히 근대 서구 사회의 'public-private' 개념과 동아시아 유교적 전통사회의 '공·사' 개념 사이에는 단순히 단어의 의미 차원을 넘어 근본적인 차이가 있었다. 이에 대한 연구사 정리와 논평으로는 John B. Duncan, "The Problematic Modernity of Confucianism: The Question of 'Civil Society' in Chosŏn Dynasty Korea," in Charles K. Armstrong, ed., *Korean Society: Civil Society, Democracy, and the State*, New York: Routledge, 2002, pp. 36~56 참조. 중국 사회에서 사용한 공·사 개념에 대해서는 미조구치 유조溝口雄三 지음, 정태섭 외 옮김, 『중국의 공과 사』, 신서원, 2004, 제1부 참조.

87 10악은 북제北齊(550~577) 때 처음 제정된 이래 수隋(581~618)와 당唐(618~907)을

반역죄를 범한 경우에는 비록 왕의 어머니라도 처벌을 면할 수 없다는 것이었다. 요컨대 인목대비가 역모에 가담하여 영창대군의 옹립을 기도하고 광해군을 해치려 했다는 죄목이 사실이라면, 광해군이 인목대비를 폐위하는 일은 주자학적 유교 사회에서 얼마든지 가능한 사안이었다.

그런데 인목대비의 죄목이 사실이 아닐 것이라는(또는 과장된 것 같다는) 의심이 당시에 편만하였다. 이것이 바로 문제의 본질이었으며, 필연적으로 논쟁의 성격을 변질시켰다. 논쟁은 극단으로 치달렸다. 앞서 살핀 중국의 사례들과는 달리, 인목대비의 경우에는 역모에 직접 가담했다는 증거가 불충분하였다. 그렇지만 그런 의심을 공개적으로 피력할 수는 없었다. 의심을 발설하는 순간, 계축옥사의 처리 과정을 진두지휘한 국왕 광해군에게 도전하는 행위가 되기 때문이었다. 진실 여부와 상관없이 의심을 제기한다는 것 자체로 이미 반역죄로 몰리던 분위기였다. 따라서 이 논쟁은 인목대비의 반역 사실 여부를 가리는 본질적 문제에서 벗어나 유교적 가치의 해석을 둘러싼 논쟁으로 비화할 수밖에 없었다.

그 결과, 충·효의 상관관계를 해석하는 폭이 크게 좁아졌다. 범죄 사

---

거치면서 확립되었고, 명나라(1368~1644)에서도 채택하였다. 당률에 따르면, 10악은 ①반역, ②대역(종묘 훼손), ③배반(叛), ④악역惡逆(존속 살해), ⑤부도不道(살인), ⑥불경不敬(신주 탈취나 관인 위조 등), ⑦불효, ⑧불목不睦, ⑨불의不義(관리 살해), ⑩내란內亂(간통) 등을 말한다. 중국에서는 이 10악을 매우 중시하여, 이에 해당하는 죄를 범하면 8의議로도 구제할 수 없다는 법조문을 만들어 시행하였다. 이에 대해서는 심가본沈家本(1840~1913), 『명률목전明律目箋』 권1, 2면右~4면左, 臺北: 臺灣常務印書館, 1976 참조. 한편, 8의는 ①의친議親(왕족), ②의고議故(구신舊臣), ③의공議功(공신), ④의현議賢(현신), ⑤의능議能(유능한 관리), ⑥의근議勤(근면한 관리), ⑦의귀議貴(고관), ⑧의빈議賓(왕실 제사 담당관)에 해당하는 사람이 죄를 범할 경우에는 의논하여 형벌을 감해주는 제도였다. 이에 대해서는 손이양孫詒讓(1848~1908), 『주례정의周禮正義』 권66, 秋官, 「小司寇」, 北京: 中华书局, 1987, 2771~2775쪽 참조.

실이 불분명하므로 대비를 처벌할 수 없다는 논리를 펴지 못하고, 대비의 범죄가 사실이라는 전제하에 어떠한 경우에도 자식은 어머니를 처벌할 수 없다는 논리를 폈기 때문이다. 그런데 엄밀히 말하면, 이런 논리는 주희로 대표되는 중국 유학자들의 생각과는 다른 매우 극단적인 해석이었다. 주희의 해석에서 이탈한, 그래서 조선화朝鮮化한 해석이었다. 결과적으로, 성리학 범주 안에서 얼마든지 서로 양립하거나 조화를 이룰 수 있었던 처벌론(폐위론)과 은혜론(폐위불가론)이 폐위 논쟁을 거치면서 서로 양립할 수 없는 적대적인 논리로 심각하게 변질된 것이다. 이 점은 조선 성리학의 운신 폭이 그만큼 좁아지고 학풍 자체도 그만큼 경직될 것임을 시사한다.

이뿐 아니라 폐위 논쟁은 격렬한 권력투쟁과 밀접한 관련이 있었다. 그 때문에 논쟁을 처음부터 자유로운 분위기 속에서 전개하기는 힘들었다. 광해군의 후원을 받는 폐위론자들은 논쟁 기간 중에 폐위반대론자들을 대거 숙청하는 데 앞장섰다. 숙청의 이유는 그들이 "이상한 논리로 역적을 비호하는 또 다른 역적"이기 때문이었다. 반대 논리를 펴는 상대방을 역적으로 취급한다면, 더 이상의 토론과 절충은 불가능하였다. 자기 해석만이 정正이고 상대방의 해석은 사邪로 규정하여 불구대천을 거론하면서 싸울 수밖에 없는 구조였다. 도통이니 학통이니 종통이니 하여 결벽증에 가까울 정도로 정통을 따지는 성리학적 유교지상주의로 들어서던 당시 조선 사회에서 어떤 문제를 놓고 그에 대한 평가가 충忠과 역逆, 또는 정론正論과 사론邪論으로 갈렸다면, 그 문제는 더 이상 대화를 통해 절충점을 찾기 어려운 사안임을 뜻하였다.[88]

---

**88** 조선 사회에서 정正, 사邪, 이단異端 등의 용어가 갖는 의미에 대해서는 Donald Baker, "A Different Thread: Orthodoxy, Heterodoxy, and Catholicism in a Confucian World," in JaHyun Kim Haboush and Martina Deuchler, ed., *Culture and State in*

계해정변(인조반정, 1623)을 계기로 폐위반대론자들이 폐위론자들을 대거 보복 숙청함으로써 이런 불구대천의 분위기는 더욱 심화하였다. 이 같은 극적인 반전이 토론을 통해 확보한 논리적 우위의 결과라기보다는 쿠데타를 통한 핏빛 숙청의 결과로 가능하였기 때문이다. 1623년 이후 효의 가치는 어떠한 경우에도 절충할 수 없다는 명제가 조선 유학의 한 규범으로 확실하게 굳어지기 시작하였다. 성리학적 테두리 안에서 사뭇 자유롭게 토론할 수 있었던 주제가 그 이후로는 토론하자며 입에 올리기도 힘들 지경으로 변한 것이다. 이런 현상은 정변(반정) 발생 이후 불과 5년 만에 발생한 정묘호란 및 후금과의 불가피한 회맹을 계기로 더욱 심해졌다. End

---

*Late Chosŏn Korea*, Cambridge, The Harvard University Asian Center, 1999, pp. 199~230 참조.

# 8장. 반정의 명분과 폐모론의 강화

인조는 정상적 절차를 밟아 즉위한 왕이 아니었다. 이른바 '반정'을 통해 즉위하였다. 충효를 강조하는 유교 사회에서 신하가 왕을 내쫓는 행위는 최악의 불충이지만, 역설적으로 그런 불충을 반정反正이라는 지고의 선으로 정당화할 수 있는 것도 유교 사회이기 때문에 가능하였다. 따라서 반역을 반정으로 만들어준 명분을 꼼꼼히 살피고 분석할 필요가 있다. 반정 이후 조선왕조의 역사 진행 방향은 반정의 명분에서 크게 벗어날 수 없을 것이기 때문이다. 계해정변(인조반정)은 무력으로 왕을 교체한 차원을 넘어 조선왕조의 장기 진화 방향성을 제시한 점에서도 중요한 의미를 지닌다.

지금까지 계해정변(인조반정)을 다룬 연구는 적지 않다. 그러나 다른 주제를 논하면서 정변의 실상이나 성격을 간략히 언급한 경우가 대부분이다. 초기에는 광해군이 당쟁에 휘말려 억울하게 희생된 사건으로 보는 인식이 대두하였는데,[1] 이같이 보는 관점은 각종 교과서와 개설서를 통해 통

1 洪熹, 「廢主 光海君論」, 『靑丘學叢』 20, 1935;

설처럼 자리 잡았다. 1980년대에는 당쟁을 긍정적으로 재해석하려는 연구 경향이 유행하면서, 선조→광해군→인조 대(1567~1649)의 정국을 '붕당정치' 이론으로 설명하는 연구가 많이 나왔다. 그 부수적 결과로, 정변(반정)의 원인이나 성격을 붕당 간의 역학 관계에 중점을 두고 대북 세력의 전횡에서 찾는 연구 동향이 우세하였다.[2] 최근에는 광해군 대 말기 재정 수요의 급증과 민생 악화를 강조함으로써 반정의 정당성을 우회적으로 시사한 연구도 있다.[3]

이런 선행 연구들과 달리, 여기서는 정변 주도 세력이 스스로 공표한 명분에 주목하고자 한다. 어떤 정변이 정권을 차지하는 일시적 성공에만 머무르지 않고 정치무대의 현실에서 정당성을 확보하기 위해서는 반대 세력을 힘으로 누를 만한 충분한 무력 및 당시 사회의 보편적 가치 기준에 잘 부합하는 명분 제시가 절대적으로 필요하다. 이런 특징이 있기 때문에 정변 주도 세력이 가진 정변의 실제 동기와 명분이 반드시 일치하지는 않는다. 계해정변(인조반정)도 반정교서反正敎書에 명시한 거사 명분은 당시

---

도, 「광해군의 대후금 정책」, 『국사상의 제문제』 제1집, 국사편찬위원회, 1959 참조.

2 이태진, 『조선 후기의 정치와 군영제 변천』, 한국연구원, 1985, 79~82쪽; 오수창, 「인조 대 정치세력의 동향」, 『한국사론』 13, 1985; 한명기, 「광해군 대의 대북세력과 정국의 동향」, 『한국사론』 20, 1988; 이영춘, 『조선 후기 왕위계승 연구』, 집문당, 1998, 132~142쪽; 한명기, 『임진왜란과 한중관계』, 역사비평사, 1999, 305~352쪽; 김용흠, 『조선 후기 정치사 연구 I: 인조 대 정치론의 분화와 변통론』, 혜안, 2006, 63~124쪽 등을 꼽을 수 있다. 이들 연구에 대한 상세한 검토는 계승범, 「계해정변(인조반정)의 명분과 그 인식의 변화」, 『남명학연구』 26, 2008 참조. 8장은 이 논문을 필요에 따라 가감하여 수정한 글이다.

3 김성우, 「광해군 집권 3기(1618~1623) 국가재정 수요의 급증과 농민경제의 붕괴」, 『대구사학』 118, 2015; 오항녕, 「광해군 대 경제정책에 대한 교과서 서술: 대동법과 양전을 중심으로」, 『조선시대사학보』 83, 2017 참조.

양반 사회의 중론에 기초하여 작성되었다. 다시 말해, 정변은 당시의 사회 분위기와 불가분의 관계에 있었다. 그러므로 정변(반정)의 종합적 이해를 위해서는 정변의 실제 동기나 원인뿐만 아니라 교서를 통해 공식화한 명분도 세밀하게 고찰할 필요가 있다.[4]

조선 후기에 나온 각종 자료를 보면, 반정교서에 나타난 정변의 애초 명분과 후대 사람들이 인식하는 명분 사이에 일정한 차이가 있음을 간파할 수 있다. 이런 차이는 이 정변이 반정으로 불린 근거, 즉 '어떤 난亂에서 어떤 정正으로 돌이켰는가'라는 근본적인 질문에 대한 답변과 그 인식이 정변 이후 시간이 지나면서, 또는 각 개인이 처한 정치적 상황과 관점에 따라 달라졌음을 시사한다. 그렇다면 정변 당시의 공식 명분은 무엇이고, 그것은 후에 어떻게 변하거나 조정되었을까?

이런 문제의식을 바탕으로 8장에서는 먼저 정변 주도 세력이 직접 밝힌 거사의 동기와 명분을 살피고, 정변이 무혈 쿠데타로 쉽게 성공할 수 있었던 배경을 검토할 것이다. 또한 정변 직후에 선포한 반정교서의 내용

---

4 어떤 사건을 분석할 때 사용하는 동인, 동기, 명분, 목적, 이유, 원인, 배경 등의 단어에는 의미상 일정한 차이가 있다. '동인'과 '동기'는 사실상 동의어로, 어떤 일이나 행위를 불러일으킨 직접적인 계기를 뜻한다. '명분'은 어떤 일을 꾀하면서 내세우는 정당한 구실의 의미로, 행위를 합리화하는 핑계이기도 하다. 이에 비해 '목적'은 그 사건을 일으킴으로써 실제로 얻으려는 것이다. '이유'는 그 사건이 왜 발생했는지에 대한 해석이자 분석이며, '원인'의 뜻도 이와 대동소이하다. '배경'은 이 모든 의미를 내포하면서, 어떤 일을 가능케 한 주변 정황까지 망라한다. '원인'이 역사적 인과관계를 강조하는 데 비해, '명분'은 반드시 인과관계가 성립하는 것은 아니며, 어떤 행위를 정당화하기 위한 구실이라는 점에서 크게 다르다. 이에 대해서는 계승범, 「정묘호란의 동인 재고」, 『열상고전연구』 71, 2020 참조. 엇비슷한 용어들을 이렇게 일일이 정의하는 이유는 이 8장의 주제인 정변(반정)의 '명분' 문제를 좀 더 명확히 살피기 위함이다.

을 면밀하게 분석하여 정변의 본래 명분이 무엇이었는지를 좀 더 구체적으로 확인하고, 애초의 명분이 후에 조정되는 과정과 그 이유를 분석할 것이다. 이런 작업을 통해 인목대비 폐위 논쟁이 '폐모론廢母論'으로 확실하게 각인되는 역사적 배경을 고찰한다.

# 01

## 정변 당사자들의 거사 동기

『인조실록』과 『연려실기술』의 기록을 종합하여 볼 때,[5] 정변(반정)의 핵심 주모자는 능양군綾陽君(1595~1649, 인조), 김류金瑬(1571~1648), 이귀李貴(1551~1633), 신경진申景禛(1575~1643) 등 네 명이었다. 특히 이들은 누구의 권유를 받기 전에 이미 독자적으로 거사의 뜻을 품었다는 공통점이 있다. 따라서 이들의 거사 동기를 곧 정변의 동기로 보아도 큰 무리는 없을 것이다. 다만 당사자의 회고록이나 후대의 역사 기록을 무조건 믿을 수는 없다. 윤색의 가능성이 크기 때문이다. 거사의 실제 동기와 정치적 명분도 구분하여 살필 필요가 있다. 정치무대에서는 그 둘의 교집합이 의외로 적은 경우가 다반사이다.

능양군의 경우, 실록에는 정치의 문란과 폐모 등 윤기倫紀가 무너지는

---

5 『인조실록』 1권, 원년 3월 13일 계묘(1); 3권, 윤10월 19일 을사(1); 『연려실기술』 권23, 「계해정사癸亥靖社」.

위기에서 종묘사직을 구하기 위해 거사했다고 나온다.[6] 하지만 이를 진정한 동기로 보기는 힘들다. 능양군 자신이 인목대비의 폐위 정청에 참여한 사실이[7] 이를 잘 반증한다. 그가 정말로 폐모 문제 때문에 목숨을 걸고 거사할 정도였다면, 애당초 그 정청에 참여했을 리 없기 때문이다.

능양군의 집안은 아우 능창군綾昌君(1599~1615)이 이른바 신경희申景禧(?~1615) 옥사(1615)에[8] 연루되어 죽으면서부터 역적의 집안이 되었다. 게다가 그의 아버지 정원군定遠君(1580~1619)의 집터에 왕기가 있다는 소문을 들은 광해군은 그 집을 빼앗아 경덕궁慶德宮(현 경희궁) 공사를 시작하였다. 아들을 잃고 집까지 빼앗긴 정원군은 두문불출하다가 몇 년 뒤에 죽었다. 이런 일련의 사건을 직접 겪은 능양군이 광해군에게 원한을 품는 것은 자연스러운 결과일 터다.[9] 요컨대 능양군이 정변을 계획한 것은 개인적인 원한 및 자기 보호 차원의 동기였을 가능성이 매우 크다.

김류는 폐위 논쟁이 일자 이항복으로부터 종묘사직을 구할 자는 김류뿐이라는 말을 듣고 모종의 결심을 굳혔다고 한다.[10] 그러나 이 기록은 사

---

6 『인조실록』 1권, 원년 3월 13일 계묘(1).

7 『연려실기술』 권23, 「癸亥靖社」. "… 上下教曰 庭請之罪 予亦難免 議者不敢復言"

8 신경희 옥사는 신경희와 개인적인 원한 관계에 있던 자가 그의 사소한 말실수를 빌미 삼아 역모 혐의로 고변함으로써 발생하였다. 신경희의 말실수란 그가 평소에 능창군에게 왕의 자질이 있다고 주변 사람들에게 말했다는 것이다. 이로 인해 신경희는 처형당하고 능창군은 위리안치된 후 곧 목을 매 죽었다. 『광해군일기』 94권 7년 윤8월 14일 무오(6·8); 『연려실기술』 권21, 「申景禧之獄綾昌君」 下 141~146쪽 참조.

9 광해군에게 품은 능양군의 원한에 대해서는 이기순, 『인조·효종 대 정치사 연구』, 국학자료원, 1998, 22~27쪽; 이영춘, 『조선 후기 왕위계승 연구』, 집문당, 1998, 132~136쪽 참조.

10 조경남趙慶南, 『난중잡록亂中雜錄』(『대동야승』 권31: II 464쪽). 'II 464쪽'은 1969년 경희출판사본本의 권과 쪽을 가리킨다. 이하 동일.

실 확인이 불가능할뿐더러 그 사실성도 의심스럽다. 특히 정변 이후 김류의 적극적인 추천을 받아 등용된 인물들의 면면을 보면, 김류가 폐모에 반대하여 목숨을 걸고 거사했다고는 도저히 생각할 수 없을 정도로 과거 인목대비 폐위론을 주창했거나 폐위 정청에 참여한 자들이 다수이다.[11]

김류의 진짜 동기는 소위 삼청동결의三淸洞結義 사건으로 목숨을 잃을 뻔했던 그의 처지에서 찾아야 할 것이다. 1617년(광해군 9) 정월에 인목대비가 거처하던 경운궁에서 익명의 투서가 한 장 발견되었다. 몇몇 대신들이 거사를 준비하고 있으니 대비는 알고 있으라는 내용이었다. 항간에는 김류, 홍서봉洪瑞鳳(1572~1645), 김상헌金尙憲(1570~1652), 장유張維(1587~1638), 조희일趙希逸(1575~1638) 등이 삼청동에 있는 김류의 집에 모여 그 익명서를 작성했다는 소문이 떠돌았다. 이 일로 김류 등은 궁지에 몰렸는데, 소북 계열의 외척 박승종朴承宗(1562~1623)과 유희분柳希奮(1564~1623)이 그를 변호해주고, 이후 곧 익명서를 쓴 자가 허균으로 밝혀져서 무사할 수 있었다.[12] 요컨대 광해군 대 후반 김류의 불안한 처지와 불만이 그의 진짜 동기였을 가능성이 크다.

이귀는 유배 중(1616~1621)에 아들 이시백李時白(1581~1660)과 함께 이미 반정의 뜻을 세웠다고 한다.[13] 그러나 이 또한 그대로 믿기는 어렵다. 비단 망자의 행실을 상투적으로 칭송하는 행장 기록의 신빙성 문제 때문만이 아니라, 이귀를 치켜세우는 반면 그의 라이벌인 김류를 의도적으로

---

11 오수창, 「인조 대 정치세력의 동향」, 『한국사론』 13, 1985.

12 이 사건에 대해서는 『연려실기술』 권20, 「廢母妃處西宮」, 권23, 「癸亥靖社」; 『인조실록』 1권, 원년 3월 14일 갑진(9), 15일 을사(13) 참조.

13 「연평행장延平行狀」. 『연려실기술』 권23, 「계해정사」에서 재인용.

깎아내리는 등 편파적 내용으로 가득한 신익성申翊聖(1588~1644)의 『연평일기延平日記』에 그런 내용이 전혀 없는[14] 점을 고려할 때 그렇다. 이귀 아들의 부탁을 받고 안방준安邦俊(1573~1654)이 이귀의 기록과 일기 초고를 바탕으로 편찬한 『묵재일기默齋日記』에도 그런 내용이 없는 점은[15] 의심을 더 키운다.

이귀의 진짜 동기도 그의 특별한 처지에서 찾아야 할 것이다. 이귀는 광해군 즉위 전부터 대북 계열의 정인홍과 앙숙이었고, 광해군 즉위 후 대북이 정국을 주도함에 따라 외직으로만 돌았다. 그 뒤 1614년(광해군 6)에 딸의 간음 사건을 계기로 상소를 통해 대간과 설전을 벌이다가 관작삭탈과 문외출송의 처벌을 받았다. 1616년(광해군 8)에는 최기崔沂(1553~1616)의 옥사에 연루되어 약 5년간 유배 생활을 하다가 1621년(광해군 13)에 방면되었다.[16] 대북 세력이 광해군 대 조정을 주도하는 상황에서 이귀는 정치적 가능성이 없는 상태였다.[17] 그러므로 이귀의 진정한 동기 또한 그의 특별한 처지와 권력욕에서 찾아야 할 것이다.

신경진은 광해군이 즉위하자 세상이 혼란하여 벼슬에 뜻을 두지 않았으며 폐모 논의에 분개하여 정변을 계획했다고 하지만, 이 역시 신뢰성에 의심이 가기는 마찬가지다. 이 기록은 이경석李景奭(1595~1671)이 지은 신

---

14 『延平日記』(『대동야승』 권58: Ⅳ권 262~265쪽).

15 『默齋日記』(『대동야승』 권60·61: Ⅳ권 296~369쪽).

16 『선조수정실록』 36권, 35년 윤2월 1일 갑오(3); 『광해군일기』 82권, 6년 9월 3일 임자(2), 9일 무오(5); 105권, 8년 7월 15일 계미(2); 164권, 13년 4월 21일 임진(3); 『연려실기술』 권21, 「崔沂海州之獄」 下 146~150쪽; 권23, 「계해정사」 下 283쪽.

17 정변 이전 이귀의 정치적 성향에 대해서는 김용흠, 『조선 후기 정치사 연구 Ⅰ』, 혜안, 2006, 73~82쪽 참조.

경진의 시장諡狀[18] 외에 송시열宋時烈(1607~1689)이 지은 묘비명,[19] 김육金堉(1580~1658)이 지은 『해동명신록海東名臣錄』,[20] 이긍익李肯翊(1736~1806)이 편찬한 『연려실기술』[21] 등에 두루 실려 있다. 이긍익은 신경진 관련 기록을 『해동명신록』에서 인용했다고 밝혔는데, 『해동명신록』의 그 내용은 이경석이 지은 시장을 거의 그대로 옮긴 것이다. 결국 이 기록은 이경석이 지은 시장이 1차 자료인 셈이다.

1608년에 광해군이 즉위하자 신경진이 벼슬의 뜻을 접었다는 기록은 이 시장의 과장과 왜곡을 보여주는 좋은 예다. 신경진이 정말 광해군의 정치가 싫어서 벼슬을 버렸다면, 그는 왜 불과 1년 후에 변방의 지방관으로 다시 근무하기 시작했을까?[22] 그사이에 광해군의 정치가 좋아졌기 때문일까? 왜 그는 광해군 밑에서 높은 벼슬을 하던 이항복에게 자기처럼 벼슬을 버릴 것을 권하기는커녕 도리어 이항복의 추천으로 관직을 받았을까? 정변(반정) 이후에 어떤 사람을 칭송할 때는 광해군 대에 벼슬을 했음에도 불구하고 뜻이 있어 벼슬을 하지 않았다고 적는 것이 보통이었다. 이경석도 이런 유행을 따른 것으로 보인다. 따라서 이런 기록을 그대로 믿기는 어렵다.

---

18 『백헌집白軒集』 권37, 28면左~29면右. "戊申(1608년) 光海昏亂, 禍慘骨肉, 公無仕宦意. … 乙卯(1615년) … 常念母后幽廢, 彛倫斁絶, 慨然痛恨, 有匡復之志. …"

19 『국조인물고國朝人物考』 제12집, 「신경진비명申景禛碑銘」, 세종대왕기념사업회, 2002, 원문 12~15쪽. "… 時光海昏虐, 殺戮同氣, 幽廢母后, 公常懷痛憤憤焉. … 公曰, 天下安有無母之國乎. 我不忍坐視國亡. …"

20 『해동명신록海東名臣錄』, 경성: 조선고서간행회, 1915, 446~447쪽.

21 『연려실기술』 권23, 「계해정사」 下 284쪽.

22 『白軒集』 권37, 29면右. "己酉(1609년) 病免家居. 是時, 鰲城李相國恒福, 以體察開府要見公, 因往來其門, 相國器之 薦授慶源府使, 軍政修擧, 爲六鎭最. …"

신경진의 진짜 동기는 신경희 옥사 때문이었을 것이다. 그는 이 옥사 때문에 사촌 형(신경희)과 조카(능창군)를 잃었을 뿐만 아니라,[23] 역적 정원군 집안의 인척이자 역적 신경희의 사촌이라는 딱지가 붙었다. 이런 동병상련으로 인해 그는 능양군과 함께 자연스럽게 불만을 나누게 되었고, 이후 정국이 어수선해지자 그런 불만을 구체적인 정변 계획으로 발전시켰다고 보는 것이 사실에 더 가까울 듯싶다.

결국 핵심 주모자인 능양군, 김류, 이귀, 신경진 등 네 사람은 모두 광해군 치하에서 정치적 불만이 큰 자들이었다. 그렇다면 정변이 성공하고 권력을 잡은 후에 작성한 지극히 주관적인 회고록이나 시장의 내용보다는 정변 이전 이들의 특별한 처지 및 개인적 야심에서 정변의 실제 동기를 찾는 것이 더 합리적이다. 한편, 정치권력에서 소외당하거나 억울하게 피해를 본 사람은 역사에서 무수히 많았지만, 그들이 다 정변을 모의하지는 않았다. 설사 모의했을지라도 사전에 계획이 누설되어 일망타진되는 것이 보통이었다. 그러므로 정변(반정)의 성격을 파악하는 데는 정변이 성공할 수 있었던 배경에 대한 이해도 매우 중요하다.

정변이 쉽게 성공할 수 있었던 요인은 무엇보다도 광해군 재위 말년의 어수선한 정국이었다. 인목대비의 유폐를 계기로 광해군에 대한 불만 세력의 층이 넓어졌다. 북인 계열로 광해군의 인척이던 정창연과 역시 북인 계열로서 영의정으로 있던 기자헌이 인목대비 폐위에 반대하다가 불이익을 당했는데, 바로 이런 인물들이 불만 세력의 저변을 넓히는 데 일조하였

23 능창군은 원래 정원군(선조의 다섯째 아들)의 아들이며 능양군의 아우인데, 신성군(선조의 넷째 아들)의 양자로 들어갔다. 능창군의 큰어머니이자 양어머니가 신씨이고, 신경희는 그의 양외삼촌이다. 『인조실록』 26권, 10년 5월 4일 신축(2) 참조.

다.[24] 권력의 핵심에서 발생한 이러한 이반 현상은 정변이 성공하기 좋은 분위기를 제공하기 시작하였다.

대비의 유폐에 바로 뒤이어 5년 동안 거의 하루도 빠지지 않고 조정의 쟁점으로 시끄러웠던 외교 노선 논쟁 또한 좋은 환경을 제공하였다. 광해군 재위 마지막 1년 동안의 국가행정은 외교 노선 논쟁으로 인해 거의 마비 상태였다. 명 황제의 파병 요청을 거절하고 후금과 우호 관계를 유지하려던 광해군의 친후금親後金에 가까운 외교 노선은[25] 조정의 신료들은 물론 전체 양반 사회로부터 전혀 지지를 받지 못하였다. 그 결과 광해군에 대한 불만 계층은 더욱 넓어졌다. 인목대비 폐위 논쟁 때와 달리 광해군의 외교 노선을 지지하는(후금과 대화가 필요하다는) 내용의 상소가 5년 동안 단 한 통도 올라오지 않은 점은 광해군의 노선에 대한 양반 사회의 부정적 태도를 잘 보여준다.

특히 명 황제의 징병 칙서는 온 신료들의 반대를 무릅쓰면서까지 공개적으로 거절하고, 오히려 누르하치에게는 "후금국한전하後金國汗殿下"로 시작하는 우호적 내용의 국서를 보낸 이후에 광해군은 신료들로부터 완전히 고립되었다. 광해군의 왕명은 무시되기 일쑤였다. 신료들은 고의로 출근하지 않거나 명 황제의 특별한 은혜를 기리는 존호를 받아야 한다는 명목으로 번번이 근무를 거부하고 정청에 참여해서 행정 체계가 수시로 마비

---

24 인목대비 폐위 논쟁을 계기로 발생한 대북의 분기 현상에 대해서는 한명기, 「광해군대의 대북세력과 정국의 동향」, 『한국사론』 20, 1988 참조.

25 광해군의 외교 노선을 중립외교라는 개념으로 설명하기 어려운 이유에 대해서는 계승범, 「광해군 대 말엽(1621~1622) 외교 노선 논쟁의 실제와 그 성격」, 『역사학보』 193, 2007; 계승범, 「삼전도항복과 조선의 국가정체성 문제」, 『조선시대사학보』 91, 2019 참조.

되곤 하였다.[26] 이런 상황은 어떤 세력이 정변을 준비하기에 매우 좋은 여건을 제공하였다. 실제로 정변 준비를 본격적으로 시작한 시점은 1622년(광해군 14) 여름이었는데, 그때는 바로 광해군이 모든 신료의 격렬한 반대에도 불구하고 명 황제의 추가 징병 칙서를 공개적으로 거부하고 후금에는 우호적인 국서를 보낼 즈음이었다.

결국 능양군, 김류, 이귀, 신경진 등의 개인적인 불만과 정치적 야심은 광해군 재위 마지막 1년간의 불안한 정국에 따른 국정 마비 상태와 잘 맞아떨어져 일종의 무혈정변으로 이어졌다. 정변 성공 후에 그들은 정국이 어수선하게 되었던 바로 그 이유, 즉 인목대비에 대한 광해군의 핍박(폐모廢母)과 친후금적 외교 노선(배명背明)을 거사의 양대 명분으로 공표하였다. 이는 정변의 정당성을 확보하기 위한 당연한 조치였다.

26 계승범, 「광해군 대 말엽(1621~1622) 외교 노선 논쟁의 실제와 그 성격」, 『역사학보』 193, 2007.

## 02

# 반정교서에서 밝힌 거사 명분

정변이 성공한 다음 날 정변 주도 세력은 인목대비의 이름으로 교서를 반포하였다. 교서는 광해군의 폐위 이유를 열거한 뒤 능양군(인조)으로 종사를 잇게 한다는 내용으로 구성하였다. 교서의 본론에 해당하는 광해군의 '죄악'은 정변의 성격을 이해하는 데 매우 중요하다. 그 속에 바로 정변의 정당성을 확보할 수 있는 명분이 깨알같이 들어차 있기 때문이다. 이해의 편의를 위해 교서의 내용을 분석하여 〈표 5〉로 만들었다.

교서는 그 내용과 편제상 광해군의 자격 상실을 선언한 서론(16%), 광해군의 죄악을 열거한 본론(64%), 능양군을 새 왕으로 책봉한다는 결론(20%)으로 나눌 수 있다. 광해군을 폐위하는 구체적인 이유, 즉 거사의 명분은 본론에 들어 있다. 이 본론의 내용을 세밀히 분석하면 정변 주도 세력이 어떤 명분을 중시했는지 짐작할 수 있다. 그 명분은 곧 당시 양반 사회가 광해군에게 품고 있던 불만의 실체와 직결된다고 볼 수 있다. 왜냐하면 큰 공감대를 형성하고 있는 불만 내용을 명분의 우선순위에 두어야 양반 사회의 폭넓은 지지를 끌어낼 수 있기 때문이다.

〈표 5〉 반정교서의 내용별 구성비

<table>
<tr><th>구성</th><th>분류</th><th>내용</th><th colspan="2">자수字數</th><th>실정失政 비율<br>(334字)</th><th>전체 비율<br>(599字)</th></tr>
<tr><td rowspan="3">서론</td><td>교서 양식</td><td>대비가 교시함</td><td colspan="2">9</td><td rowspan="3">–</td><td rowspan="3">16 %</td></tr>
<tr><td>왕의 임무</td><td>이륜彝倫, 경기經紀, 종묘, 민생</td><td colspan="2" rowspan="2">86</td></tr>
<tr><td>자격 상실</td><td>광해군의 나쁜 성품</td></tr>
<tr><td rowspan="12">본론</td><td rowspan="7">내정 문제</td><td>폐모살제, 대비 집안 어육</td><td>90</td><td rowspan="2">103</td><td rowspan="2">31 %</td><td rowspan="12">64 %</td></tr>
<tr><td>형제, 조카, 서모庶母 살해</td><td>13</td></tr>
<tr><td>무고한 옥사들</td><td>8</td><td rowspan="2">47</td><td rowspan="2">14 %</td></tr>
<tr><td>원로 축출, 매관매직, 궁첩 득세</td><td>39</td></tr>
<tr><td>민가 철거, 궁궐 토목공사</td><td>18</td><td rowspan="2">34</td><td rowspan="2">10 %</td></tr>
<tr><td>부역 과중, 수탈 극심, 민생 도탄</td><td>16</td></tr>
<tr><td>소결론: 종사의 위기 초래</td><td colspan="2">8</td><td>2 %</td></tr>
<tr><td rowspan="3">외교 문제</td><td>명과 군부·신자 관계, 재조지은</td><td colspan="2" rowspan="3">142</td><td rowspan="3">43 %</td></tr>
<tr><td>명을 배신, 밀지를 내려 오랑캐와 화친, 징병 칙서 거절</td></tr>
<tr><td>소결론: 금수의 나라로 전락</td></tr>
<tr><td>요약 결론</td><td>천륜을 끊고 위로는 명을 배신. 인륜을 저버리고 아래로는 백성에게 득죄. 폐위가 마땅</td><td colspan="2">48</td><td>–</td></tr>
<tr><td rowspan="3">결론</td><td rowspan="2">책봉</td><td>능양군 칭송, 후사로 적격</td><td colspan="2">106</td><td rowspan="3">–</td><td rowspan="3">20 %</td></tr>
<tr><td>능양군 부인 한씨</td><td colspan="2">8</td></tr>
<tr><td>교서 양식</td><td>이에 교시함</td><td colspan="2">8</td></tr>
<tr><td>계</td><td></td><td></td><td colspan="2">599</td><td>100 %</td><td>100 %</td></tr>
</table>

- 교서의 전문은 『광해군일기』 187권, 15년 3월 14일 갑진(1) 참조.
- 글자 수는 단지 내용별 비중의 대강을 일견하는 방편의 하나로 참고하였다.

정변 주도 세력은 광해군의 죄를 다음과 같이 요약하였다.

> 천륜을 멸하고 인륜을 깨부수어 위로는 황조皇朝에 죄를 지었고 아래로는 만백성에게 득죄하였다.[27]

이 요약으로도 알 수 있듯이, 광해군의 실정은 크게 국내 문제와 외교 문제로 나눌 수 있다. 내정 문제는 다시 세 가지로 분류할 수 있는데, 폐모살제廢母殺弟를 포함한 종친 탄압(31%), 원로 축출, 매관매직, 권력 전횡 등 인사 관련 문제(14%), 토목공사와 민생 도탄 문제(10%) 순서로 비중을 두어 작성되었다. 이에 비해 외교 실정은 명에 대한 배신행위만 명시하고 있어 간단명료하다. 조선은 명을 200년이 넘도록 군부로 섬겨왔고 재조지은再造之恩까지 입었는데, 광해군이 황제의 칙서를 외면하고 파병을 거절하여 명나라를 배신했을 뿐만 아니라 심지어 후금과 화친함으로써 조선을 금수의 나라로 전락시켰다는 것이다. 내용은 한 가지이지만 분량은 많아서 배명背明 문제는 전체의 약 43%를 차지한다. 정변 주도 세력이 글자 수 비율을 일일이 계산하면서 교서를 작성하지는 않았겠지만, 이런 구성비는 정변의 명분과 성격을 이해하는 데 중요한 단서를 제공해준다. 이 구성비가 시사하는 중요한 점 몇 가지를 살펴보자.

먼저, 교서에서 할애한 분량 면에서 볼 때 배명이 폐모보다 더 중요한 명분임을 지적하지 않을 수 없다. 배치상으로는 폐모가 앞에 나오지만, 후반부를 장식한 배명이 오히려 광해군 죄악의 하이라이트 역할을 하는 구

---

27 『광해군일기』 187권, 15년 3월 14일 갑진(1). "… 滅天理斁人倫, 上以得罪於皇朝, 下以得罪於萬姓. …"

성이다. 이 점은 시국에 대한 양반 사회의 보편적인 불만 중 하나가 바로 광해군의 외교 노선이었음을 강하게 시사한다. 단, 가장 보편적인 불만이 반드시 가장 큰 불만을 뜻하지는 않는다. 강도는 매우 높아도 특정 집단에 국한되는 불만이 있고, 강도는 상대적으로 약해도 폭넓은 공감대를 갖는 불만도 있다. 1980년 5·17쿠데타를 주도한 전두환에 대한 불만과 김대중 체포에 대한 불만을 유사한 예로 들 수 있다. 전자가 후자보다 훨씬 더 폭넓은 공감대를 얻었으나 그 불만을 구체적 저항으로 끌어낸 응집력은 후자보다 약했다. 마찬가지로 광해군의 친후금 정책에 대한 양반 사회의 불만은 매우 보편적이었으나, 그것이 반드시 가장 응축된 불만임을 뜻하지는 않는다. 문제의 핵심은 역사상 중대 사건들의 경우 대개 그런 보편적인 불만을 전면에 내세움으로써 역사적 의미와 정당성을 확보한다는 점이다. 이것이 바로 공식적으로 반포한 명분이 중요한 이유이다. 계해정변(인조반정)의 명분도 이런 관점에서 접근할 필요가 있다.

물론 정변 주도 세력이 명나라의 승인을 쉽게 받아내기 위해 광해군의 배신행위를 의도적으로 최대한 과장했을 수도 있다.[28] 하지만 그 가능성을 인정할지라도 〈표 5〉의 구성비가 보여주는 의미에는 별다른 영향을 주지 못한다. 그런 가능성을 굳이 인정해야 한다면, 인목대비를 통해 적법성을 확보하기 위한 목적으로 모후 핍박 서술도 의도적으로 과장했을 가능성을 함께 인정해야 논리적 형평에 적절하다. 정변 직후 광해군을 폐위하고 인조가 왕으로 즉위하는 데 정통성을 즉각 부여해줄 수 있는 유일한 인물은 바로 당시 왕실의 서열 1위 인목대비였다. 따라서 정변 다음 날 광해군의

28 최소자, 「호란과 조선의 대명청 관계의 변천: 사대교린의 문제를 중심으로」, 『이대사원』 12, 1975; 김성균, 「조선 중기의 對滿 관계」, 『백산학보』 24, 1978.

폐위와 인조의 즉위를 전국에 알리기 위해 작성한 교서에는 모후에 대한 핍박을 더 과장했을 가능성이 크다. 요컨대 광해군의 외교 노선 문제는 국내 정국의 동향과 상관없이 그 자체만으로도 정변의 핵심 명분 중 하나였다. 폐모만이 명분의 주축을 이루지 않았다는 말이다.

정변 주도 세력 개개인이 얼마나 진정으로 인목대비의 유폐와 명에 대한 배신행위에 분개하였는지는 정확히 알 길이 없다. 그렇지만 그들은 광해군의 폐모와 배명 행위를 응징하고 종묘사직을 바른길로 되돌리기 위해 거사했다는 명분을 공식적으로 반포하였다. 또 거의 모든 양반이 그 명분을 정당하다고 인정하였다. 그러니 정변(반정) 이후의 조선 사회는 바로 그 명분, 곧 명을 배신하면 안 되고 모후를 핍박하면 안 된다는 '절대' 가치에서 자유로울 수 없었다. 그 결과 반정교서에서 밝힌 거사 명분은 이후 조선왕조가 망할 때까지 광해군 및 정변(반정)을 평가하는 주요 척도로 작동하였다. 누구도 이 정변이 반정이라는 점에 의문을 달지 않았으며, 조선왕조가 망하는 등의 획기적인 정치 변동이 없는 한 섣불리 이의를 제기할 수도 없었다. 정변(반정) 이후 조선의 왕위에 오른 이들은 모두 인조의 후손이었기 때문이다. 그런데 반정교서에서 명시한 거사 명분을 후대인들도 애초 그대로의 모습으로 인식하였을까?

## 03

# 조선 후기 저술에 나타난 명분 인식

앞서 살폈듯이, 반정교서에서 광해군의 죄, 곧 정변(반정)의 명분은 명에 대한 배신(43%), 폐모살제(31%), 권력의 전횡(14%), 토목공사(10%) 등으로 정리하였다. 그렇다면 조선 후기에 편찬한 각종 사서와 문집에서는 이 명분을 어떻게 설명했을까? 흥미로운 사실은 저자의 관점에 따라 강조하는 점에 차이가 있었다는 점이다. 다들 정변을 반정으로 인정하면서도, '난亂'과 '정正'의 정확한 의미에 대해서는 서로의 관점과 견해가 사뭇 달랐다.

우선 관찬官纂 자료를 살펴보자. 가장 중요한 관찬 자료라 할 수 있는 실록에서 「인조대왕행장仁祖大王行狀」은 인조 사후 조정의 공식 입장을 확인할 수 있는 좋은 사료이다. 행장은 인조의 거사 이유를 지나친 토목공사, 모후의 유폐, 형제 살해, 억울한 옥사, 척리와 간흉의 전횡 등 정치의 문란과 윤기의 붕괴 때문으로 설명하였다.[29] 여기서 광해군의 외교 문제를

29 『인조실록』 50권, 「인조대왕행장」. "… 光海昏亂益甚 政以賄成 聚斂無藝 土木之役 連

전혀 언급하지 않은 점이 주목된다. 삼전도 항복의 굴욕을 고려할 때 광해군의 배명 행위를 정죄한 반정교서의 내용을 그대로 옮겨 적기가 난감하여 의도적으로 뺐을 가능성이 매우 크다. 인조는 '오랑캐'에게 직접 무릎까지 꿇고 충성을 맹세했으므로 광해군보다 훨씬 더 심각하게 명나라를 배신했기 때문이다. 이 점은 매우 중요한데, 애초의 명분을 후에 조정할 수밖에 없었던 이유를 시사한다.

능양군의 거사 이유를 논한 또 다른 관찬 자료로는 정조(r. 1776~1800) 때 간행한 『국조보감國朝寶鑑』이 있다. 이에 따르면, 능양군은 학정虐政으로 인해 윤리가 무너지고 종사가 망하는 것을 통분히 여겨 거사하였다.[30] 여기서도 거사의 명분으로 광해군의 외교 문제, 곧 배명에 대한 언급은 전혀 없다. 이는 정변 직후 반포한 반정교서의 거사 명분보다 인조의 행장에서 언급한 명분이 이후 조선 조정의 공식 입장이었음을 강하게 시사한다. 『국조보감』이 교본 성격의 책자임을 고려할 때 더욱 그렇다.

한편, 정조의 명으로 집필을 시작하여 1800년(정조 24)에 간행한 『존주휘편尊周彙編』에서는 반정교서의 내용 중 명나라에 대한 배반 행위 때문에 광해군을 폐한다는 내용을 부각하였다. 광해군의 내정에 대해서는 "정란간신용사政亂姦臣用事(정치가 문란하여 간신이 득세함)"라는 여섯 글자로 지극히 약술한 데 비해, 외교 문제에 비중을 두어 정변의 원인과 명분을 설명

年不息 稱都監者十二 撤民家者數千區 幽廢母后 屠戮骨肉 羅織大獄 冤死者日積 淫暴之行 難以悉數 戚里招權 奸兇擅柄 一國之民 嗷嗷然如在水火 王龍潛時 晦燕居深憂 痛倫紀之已斁 悶宗祊之將覆 以撥亂反正爲己任 …" 『인조실록』 서두에서 밝힌 거사의 대의大義도 이와 같다(『인조실록』 1권, 원년 3월 13일 계묘).

30 『국조보감國朝寶鑑』 권34, 1면左~2면右. "至是 光海主淫虐日甚 奸凶用事 百姓塗炭 大殺永昌大君璜及上季第綾昌君佺 大妃父延興府院君金悌男等 幽閉母后于慶運宮 去其位號 以兵守之 禍且不測 上俯仰時事 痛倫彝之斁絶 宗社之將亡 往往爲之泣下 …"

한 점이 특이하다.[31] 그러나 『존주휘편』의 편찬 목적이 사대 정책에 기초한 조선의 외교사 정리라는 점을 고려할 때 부득이한 편집이라 하겠다. 광해군의 배명 행위를 제외하고는 외교 문제로 거사 명분을 거론할 것이 없었기 때문이다.

이번에는 사찬 사서들을 살펴보자. 먼저, 작자는 미상이지만 정변 직후의 일들을 일지 형식으로 상세히 기록하여 1차 자료의 구실을 톡톡히 하는 『계해정사록癸亥靖社錄』을 보자. 『계해정사록』에는 반정교서의 전문이 거의 그대로 인용되어 있다.[32] 광해군의 외교 문제도 가감 없이 옮겨 적었다. 그런데 반정교서의 내용을 전재해놓고도 이 책의 저자가 정변의 이유를 설명할 때는 혼음멸덕昏淫滅德 등 내정 문제만 언급하고, 명을 배신한 광해군의 외교 노선에 대해서는 함구하였다.[33] 즉, 이 저자는 반정교서를 하나의 자료로만 제시했을 뿐, 정작 자신이 정변을 평가할 때는 교서의 내용 중에서 외교 문제는 버리고 국내 정치 문제만 선별하여 취한 셈이다.

남인 계열의 안정복安鼎福(1712~1791)은 조선왕조의 역사를 통시대적으로 다룬 『열조통기列朝通紀』를 저술하였다. 정변의 배경과 명분을 직접 거론하지는 않았지만, 정변과 관련해 그가 취사선택하여 기술한 기사들을 보면 그의 관점을 파악할 수 있다. 안정복도 광해군의 외교 문제를 거론하

---

31 『존주휘편尊周彙編』 권2, 天啓 3년, 2권 85~86쪽. "癸亥春三月 王卽位時 光海君政亂姦臣用事 無爲天朝助兵意 推官盟養志齎勅自椵島至 稱疾不見 逾年置之開城 仁穆大妃數其罪而廢之曰 …" 권과 쪽은 1985년 여강출판사에서 간행한 『朝鮮事大·斥邪關係資料集』의 권과 쪽을 가리킨다. 이하 동일.

32 『계해정사록癸亥靖社錄』, 3월 14일(『대동야승』 권59: Ⅳ 265~266쪽).

33 『癸亥靖社錄』, 3월 12일(『대동야승』 권59: Ⅳ권 265쪽). "光海混淫滅德 崇信奸回 彝倫斁絶 仁祖龍潛 見宗社將危 慨然有撥亂之志 …"

지 않은 채 내정의 잘못만 강조하였다. 이를테면 매관매직 등의 인사 문제를 언급한 뒤 모후 핍박 등 윤리 문제를 중점적으로 거론하였다.[34] 안정복이 『열조통기』를 집필할 때 반정교서나 『계해정사록』 등 정변 관련 1차 자료들을 보지 않았을 리는 없다. 그런데도 명을 배신하여 의리를 더럽혔다는 내용을 전혀 언급하지 않은 점에 주목할 필요가 있다.

조선 후기 사찬 사서를 대표하는 책은 소론 계열의 이긍익이 집필한 『연려실기술燃藜室記述』이다. 이긍익은 정변의 모의 과정부터 거사에 이르기까지 각종 기록을 수집하고 이 책에 「계해정사癸亥靖社」라는 항목을 따로 만들어 자세히 기술하였다.[35] 그 역시 정변의 배경이나 명분을 직접적으로 언급하지는 않았다. 하지만 편제와 내용으로 미루어 보면 인목대비에 대한 핍박 때문에 반정이 일어났다고 이해했음이 확실하다. 그는 처음부터 끝까지 인목대비의 폐위 논쟁에 초점을 맞추어 기술하였다. 특히 폐위 정청을 계기로 이항복이 김류에게 반정하도록 암시했다거나, 이귀 또한 폐위 정청을 계기로 반정을 결심했다는 식의 검증이 어려운 진술들을 매우 중요하게 취급하여 폐위 논쟁이 곧 정변의 동기이자 주요 원인임을 기정사실로 간주하였다. 반면에 정변의 명분과 관련하여 외교 문제는 언급하지 않았다.

소론 계열의 이건창李建昌(1852~1898)은 조선의 당쟁사를 종합적으로 정리하기 위해 쓴 『당의통략黨議通略』에서 정변의 의미에 대해 "인조가 반정하니 이륜彛倫이 다시 정돈되었다"라는 짧은 말로 압축해 기술하였다.

---

34 『열조통기列朝通紀』 권12, 光海 15년, 416쪽. "時光海政亂 內外職銀程洞開 吏判則價高 … 廢主昏淫滅德 崇信奸回 彛倫斁絶 生民塗炭 … 申景禛來訪(金)瑬出涕曰 天下安有無母之國乎 …"

35 『연려실기술』 권23, 「계해정사」.

또한 흉론凶論을 주도한 대북 계열의 인물들을 일일이 거명하였으며, 반정을 계기로 대북은 종말을 고하고 서인이 권력을 잡았다는 식으로 기술하였다. 특히 남인과 소론은 대체로 폐모에 동조하지 않았음을 강조하였다.[36] 외교 문제는 전혀 언급하지 않았는데, 책의 저술 동기를 고려할 때 이상한 일은 아니다. 그렇지라도, 『당의통략』을 읽는 독자로 하여금 정변(반정)의 명분을 오로지 내정 문제로 인식하도록 유도한 점은 자명하다.

작자 미상의 『동국붕당원류東國朋黨源流』는 『당의통략』을 반박한 노론 계열의 책이다.[37] 대북이 주도한 흉론에 남인과 북인은 다 휩쓸렸으나, 선류善類인 서인만은 그렇지 않았음을 유독 강조하는 등 철저히 서인을 대변하였다. 정변의 의미에 대해서는 "인조대왕이 반정하기에 이르러 이륜이 다시 정돈되었다"라고[38] 밝혀 정변에 대한 평가만큼은 『당의통략』과 견해를 함께하였다.

조선 후기 내내 이어진 이런 인식은 대한제국 및 식민지 시기에도 여전하였다. 예컨대 현채玄采(1856~1925)는 1906년에 쓴 『동국사략東國史略』에서 광해군이 명나라를 적극적으로 돕지 않고 후금의 눈치를 살핀 사실을 기술하였으나, 정작 정변(반정)의 원인을 설명할 때는 대북의 전횡과 정

---

36 『黨議通略』, 「宣祖朝 附光海朝」, 13쪽. "上昇遐 光海卽日卽位 … 自是賊臣當國 一擧而殺臨海 再擧而殺晉陵 三擧而殺永昌 四擧而殺綾昌 五擧而戮延興之尸 而廢母之論成 其前後主凶論者 鄭仁弘·李爾瞻·許筠 … 等 皆大北也 其被誘脅而不能自異者 … 亦皆大北也" 및 「仁祖朝至孝宗朝」, 14쪽. "仁祖反正 彝倫再叙 …"

37 『동국붕당원류東國朋黨源流』, 을유문화사, 1973(이민수, 「해제」, 3~4쪽).

38 『東國朋黨源流』, 원문 126~127쪽. "… 至昏朝光海君 … 自是賊臣當國 殺臨海 殺晉陵 殺永昌 殺綾昌 幷王子大君 戮金悌男延興府院君 而廢母之論成 善類皆被竄逐而廢錮而國幾乎亡 其前後主凶論者 鄭仁弘·李爾瞻·許筠 … 等也 其被誘脅而不能自異者 … 東南北黨中人也 及仁祖大王反正 彝倫再叙 …"

치의 부패만 지적하였다.[39] 1929년에 간행한 김광金洸의 『대동사강大東史綱』도 마찬가지다. 출처를 밝히지는 않았으나 대체로 『국조보감』의 기록을 많이 따왔으며, 그에 의거하여 정변의 원인과 명분을 내정 문제로만 설명하였다.[40]

이번에는 역사서는 아니지만 정변의 배경이나 의미를 언급한 수필과 회고록을 몇 개 살펴보자. 너무 많아 일일이 다 검토하기는 힘들기 때문에 시기별로 또는 당색별黨色別로 대표성을 지닐 수 있는 몇 개를 추려서 분석하면 다음과 같다.

소북 계열 이덕형李德泂(1566~1645)은 『죽창한화竹窓閑話』에서 과거시험의 문란과 그로 인한 간신들의 득세, 연이은 옥사, 윤리가 두절되고 의리가 막힌 현상 등을 인과관계로 연결하면서, "만일 반정의 거사가 없었다면 거의 금수의 땅이 될 뻔하였다"라고 정변의 의의를 설명하였다.[41] 윤리가 끊겼다는 말은 대비 폐위 논쟁을, 의리가 막혔다는 말은 명에 대한 배신행위를 암시하는 것 같은데, 과장科場에서의 부정행위 및 인사행정의 문

---

39 『東國史略』 권4, 近世史 朝鮮記下 「滿洲入寇及講和」, 448~454쪽. "時에李爾瞻이國權을竊弄ᄒᆞ고大北小北二黨이相爭ᄒᆞ야朝政이日亂ᄒᆞ거ᄂᆞᆯ尹善道等이爾瞻을論劾ᄒᆞ나光海가不聽ᄒᆞ고더욱昏亂無道ᄒᆞ얏ᄂᆞ이다 이에李貴申景禛沈器遠金自點等이相謨ᄒᆞ야金瑬로써大將을삼고義兵을擧ᄒᆞᆯᄉᆡ … 大抵光海가壬辰亂後를當ᄒᆞ야諸政을革新치아니ᄒᆞ고政事가腐敗ᄒᆞ야畢竟廢立에至ᄒᆞ얏고 …"

40 『대동사강大東史綱』 권11, 「仁祖憲文王」, 497쪽. "… 春三月에綾陽君ㅣ擧義反正하고奉仁穆王后復位하다 時에主ㅣ淫虐日甚하고奸凶用事하야幽廢大妃하고朝暮圖害어날綾陽君이痛倫彝之斁絶과宗社之將亡하야往往爲之泣下러니 …"

41 『죽창한화竹窓閑話』(『대동야승』 권71: Ⅳ권 574쪽). "我國公道惟在於科擧 … 公道之熄滅 莫甚於曩日 … 一生文藻之士 皆捲卷廢擧 憤世高蹈 其翺翺臺閣布列淸顯者 盡是蔑學無耻之輩 卵育於權奸 承望其風旨 屢起大獄 神人共憤 竟至倫彝幾斁 義理晦塞 宗社之危僅如綴旒 倘微反正之擧 幾爲禽獸之域矣 …"

란을 장황하게 언급한 데 비하여 인목대비 문제와 외교 문제를 직접적으로 거론하지 않은 점이 흥미롭다. 이덕형 자신이 광해군 재위 마지막 3년간 도승지로 있었고, 또 인목대비를 강등하는 절목(폄손절목)을 만든 15인 가운데 한 명이었던[42] 점을 고려할 때, '폐모' 문제에 대해서는 의도적으로 구체적인 언급을 피했을 가능성이 매우 크다. 폐위 논의를 반정의 명분으로 강조하면 할수록 그 논의에 깊게 참여하였던 자신과 후손에게 좋을 일이 없을 것이기 때문이다.

남인 계열 김시양金時讓(1581~1643)은 『하담파적록荷潭破寂錄』에서 정변 모의가 폐모 파동을 계기로 처음 시작되었다고 명시함으로써,[43] 그것이 곧 정변의 원인이자 명분임을 천명하였다. 외교 문제는 언급하지 않았다. 오히려 왜란 때 강화론을 편 유성룡柳成龍(1542~1607)을 높이 평가하고, 병자호란 전에 자신이 최명길崔鳴吉(1586~1647)이나 이서李曙(1580~1637) 등과 함께 청나라의 세폐歲幣 요구를 수락하고 친선을 유지해야 한다고 주장했는데 그것이 결국 올바른 판단으로 증명되었다고 기술하였다.[44] 요컨대 김시양은 정변을 오로지 폐모 문제로만 설명하였다.

서인 계열의 안방준은 이귀의 언행을 기록한 『묵재일기』에서 「반정시사反正時事」라는 항목을 따로 만들어 날짜순으로 편집하였다. 이에 따르면, 이귀는 폐모 논의에 크게 불만을 품던 중 1622년(광해군 14)에 신경진

---

42 『광해군일기』 123권, 10년 1월 30일 경인(1).

43 『하담파적록荷潭破寂錄』(『대동야승』 권72: IV권 594쪽). "丁巳 李爾瞻欲廢大妃以固寵 其黨着儒冠者上疏 在臺閣廷論 請亟定安宗社大計 光海命廷臣獻議 … 遂幽閉西宮 人心憤惋 申景禛與李曙等 密謀推戴以安宗社 … 李貴亦憤奮 … 共謀撥亂 …"

44 『荷潭破寂錄』(『대동야승』 권72: IV권 592쪽 및 601~602쪽).

의 권유를 받고 모의에 합류하였다.[45] 그 밖의 동기에 대해서는 전혀 언급하지 않았다. 『묵재일기』의 편집을 맡아 정리한 안방준뿐만 아니라 일기의 초고를 쓴 이귀 자신도 정변의 동기와 배경을 인목대비에 대한 핍박으로만 설명한 셈이다.

대북에서 서인으로 당색을 바꾼 집안 출신의 정재륜鄭載崙(1648~1723)은 『공사견문록公私見聞錄』에서 광해군 폐위의 정당성을 받쳐줄 일화를 많이 기록하였다. 가장 대표적인 것으로는 출처 미상의 편지를 인용한 부분이다. 골자는 대북의 전횡과 매관매직 및 토목공사로 인한 민심의 이반과 폐모로 인한 윤기의 붕괴 문제였다.[46] 그런데 『공사견문록』 전체를 놓고 볼 때, 대북의 전횡을 막지 못한 결과 "서인은 이를 갈고 남인은 원한을 품었으며 소북은 비웃는" 상황을 자초했다는 식의 이야기가 주를 이루며, 폐모 문제는 상대적으로 매우 소략하게 언급한 점이 이채롭다.

정변의 원인과 관련하여 정재륜은 왜 폐모 문제보다 인사 문제에 더 중점을 두었을까? 답은 그의 선조先祖가 광해군 재위 당시 북인 계열이었던 점에서 찾아야 할 것이다. 정재륜은 효종(r. 1649~1659)의 부마이며, 생부生父는 서인의 거두 정태화鄭太和(1602~1673), 조부는 광해군 때 대사간 등을 지내고 폐위 정청에도 참여한 정광성鄭光成(1576~1654)이다. 증조부 정창연鄭昌衍(1552~1636)은 광해군의 처외삼촌뻘로 대북의 한 거두였다가

45 『묵재일기默齋日記』(『대동야승』 권60: Ⅳ권 299쪽).

46 『공사견문록公私見聞錄』 원문 32~34쪽. "… 有曰 主上獵色而荒于政 … 邊帥守令有定價 搢臣進退以金爲媒 四境嗷嗷擧懷曷喪之心 而土木工匠不絶於九重之內 宗社危亡非朝卽夕 西人切齒 南人含怨 小北非笑 而公等不之知 唯欲安享富貴如是 而能保富貴者未之有也 勸子廢母 天地大變必也 捨命爭斥 以斥姦議 以明倫紀 然後可以自立於覆載之間 如不能然 則須速掛冠勇退云 …"

폐위 논쟁을 계기로 갈라져 나와 중북中北을 만들고 폐위 정청에 불참하였다.[47] 즉, 정재륜은 동인→북인→대북→중북→서인으로 당색을 바꾼 집안 출신이다.[48] 조부 정광성이 인목대비 폐위 정청에 참여했던[49] 사실을 고려한다면, 『공사견문록』에서 의도적으로 폐모 문제를 언급하지 않았을 가능성이 크다. 이 문제를 자꾸 거론하면 자기 가문에 유리할 일이 별로 없을 것이기 때문이다.

정변(반정)을 언급한 자료는 이 밖에도 많지만, 그에 대한 시각은 거의 대동소이하므로 지금까지 살핀 내용으로도 몇 가지 특징을 정리해볼 수 있다. 첫째, 관찬과 사찬을 막론하고, 또 저자의 당색이나 편찬 시기에 관계없이 이 정변이 윤리를 바로잡은 반정으로 보는 데는 조선왕조 내내 전

---

47 『광해군일기』 1권, 즉위년 2월 20일 정축(14); 『효종실록』 12권, 5년 4월 22일 신사(2); 17권, 7년 8월 29일 갑진(1).

48 좀 더 구체적으로 보면, 정창연은 폐위 정청 불참으로 신망을 얻어 정변 직후에 좌의정이 되었으며, 정청에 참가한 두 아들 정광성과 정광경鄭光敬(1586~1644)도 모두 등용되어 정광성은 도승지를, 정광경은 이조참판 등을 지냈다(『인조실록』 1권, 원년 3월 24일 갑인; 32권, 14년 4월 1일 을해; 45권, 22년 5월 2일 기축). 정창연의 후손은 그의 손자 대에 이르러 더욱 번성하였는데, 정태화(영의정), 정치화鄭致和(1609~1677, 좌의정), 정만화鄭萬和(1614~1669, 대사간), 정지화鄭知和(1613~1688, 좌의정) 및 증손자 정재대鄭載岱(참의), 정재숭鄭載嵩(1632~1692, 우의정), 정재악鄭載岳(지돈령부사), 정재희鄭載禧(1631~1711, 판서) 등은 모두 효종·현종·숙종 대(1649~1720)에 걸쳐 서인의 대표적 인물로 활약하였다. 한편 정재륜의 어머니(생부 정태화의 적처)는 민선철閔宣哲(?~1628)의 딸인데, 민선철은 광해군을 상왕으로 받들고 인성군을 추대하려는 유효립柳孝立 사건(1628)에 연루되어 처형당했으며, 민선철의 부친은 광해군 때 대북의 한 리더로서 인목대비의 폐위를 주창한 좌의정 민몽룡閔夢龍(1550~1618)이다(『광해군일기』 128권, 10년 5월 13일 경자). 이렇듯 정재륜의 외가도 쟁쟁한 대북 집안이었다. 정재륜의 족보는 『만가보萬家譜』, 「동래정씨東萊鄭氏」, 1361~1401쪽 참조.

49 『광해군일기』 123권, 10년 1월 4일 갑자(5).

혀 이견이 없었다. 인조의 직계 후손이 대를 이어 왕위에 오른 점을 고려할 때, 그것이 반정이 아니라고 감히 말할 사람은 아무도 없었다.

둘째, 반정교서에서 매우 중요하게 다룬 광해군의 배명 행위에 대해서 거의 언급이 없는 점이 눈길을 끈다. 『존주휘편』이나 『계해정사록』 등 역사서 일부가 광해군의 외교는 잘못이라고 기록하였지만, 모두 반정교서를 역사 자료로 취급하여 그대로 옮겨 적었을 뿐이다.[50] 정작 저자나 편자의 주관적인 사론史論에서는 외교 문제를 거론하지 않았다. 단지 『존주휘편』에서 광해군이 "명의 군사 요청을 거절하고 칙서를 받지 않았다"라고 짧게 평하였다.[51] 『존주휘편』의 편찬 동기를 고려하면, 간략하게나마 광해군의 외교 노선을 정변의 원인으로 설명한 것은 어쩔 수 없는 선택으로 보인다. 그런데 이런 시각에서 정변을 조명한 조선시대의 책은 『존주휘편』이 아마도 유일한 듯하다.

반정교서에서 강조한 광해군의 외교 문제를 후대의 역사서나 회고록에서 거사의 명분으로 사실상 언급하지 않은 이유는 무엇일까? 언뜻 떠오르는 이유는 모든 책이 정묘호란(1627) 또는 병자호란(1636~1637) 이후에 편찬되었기 때문일 것이다. 주지하듯이, 병자호란 때 인조는 직접 청 황제 앞에서 고두례叩頭禮를 올리며 항복했으며, 정묘호란 때도 사실상 후금의 무력에 굴복하여 형제 관계를 맺었다. 이것은 반정한 지 불과 4년 만에 반정의 핵심 명분 가운데 하나(광해군의 배명背明)를 완전히 상실했음을 뜻한

---

50 본문에서 다루지는 않았지만 소론 계열의 이원익李源益(1792~1854)도 단군부터 순조(r. 1800~1834)에 이르는 통사 성격의 『동사약東史約』을 쓰면서 반정교서 전문을 수록하였다(『東史約』 권20, 「本朝紀」, 天啓 3년 癸亥 15년, 上 899쪽). 그러나 자료로만 반정교서를 제시했을 뿐, 주관적인 평은 전혀 남기지 않았다.

51 이 책 8장 309쪽의 각주 31번 참조.

다. 광해군의 외교 노선이 차라리 적절한 선택이었음이 이미 백일하에 드러난 시점에서 그것이 잘못이었다고 기록하기에는 시의성도 떨어질뿐더러 정당성도 찾을 수 없었을 것이다. 따라서 광해군의 외교 문제에 대해서는 침묵으로 일관하고, 대신 내정 문제를 집중적으로 거론한 듯하다. 일종의 '암묵적 카르텔'이었던 셈이다.

셋째, 하나같이 내정 문제를 거론했어도 저자에 따라 강조하는 내용에는 분명한 차이가 있었다. 반정교서에서 나열한 광해군의 국내 실정失政은 꽤 많은데, 그 가운데 어느 것에 더 중점을 두었는지는 일정한 차이가 뚜렷하다. 폐모 자체보다 대북의 전횡 등 인사행정의 불공정을 더 강조한 경향은 주로 북인 계열이었다가 정변을 계기로 당색을 바꾼 자 또는 그 후손에게서(예컨대 이덕형李德泂, 정재륜) 감지할 수 있다. 반면에 본래 서인이나 남인 계열이던 저자들(예컨대 안방준, 김시양)은 정변의 원인을 전적으로 폐모 문제에 두는 경향이 짙다. 이런 차이는 폐모 문제를 반정의 주요 명분 중 하나로 천명한 이상, 폐위 정청 참여 여부가 정변 이후의 정치적 행보에 일정한 영향을 미쳤기[52] 때문인 것 같다. 정청 참여자나 그 후손으로서는 굳이 폐모 문제를 시끄럽게 다시 거론하고 싶지 않았을 것이다. 이에 비해, 정청에 참여하지 않은 자들은 오히려 폐모 문제를 적극적으로 부각함으로써 자신들의 입지 강화를 꾀하였을 것이다.

넷째, 선善이 악惡을 벌했다는 식의 천편일률적인 해석이 부동의 진리로 군림하던 조선시대에도 선악의 대결만이 아니라 당쟁의 시각에서 정변을 이해하려는 시도가 있었던 점을 지적할 수 있다. 이런 시도가 대체로 정치 경력에 약점이 있는 예전의 북인 출신(예컨대 이덕형, 정재륜)이나

---

**52** 오수창, 「인조 대 정치세력의 동향」, 『한국사론』 13, 1985.

정치권력에서 밀려난 소론 계열(예컨대 이긍익, 이건창) 중에서 나온 사실도 특기할 만하다.

결국, 조선시대의 저자들이 계해정변(인조반정)을 논하면서 광해군의 외교정책을 거의 언급하지 않은 이유 및 북인 계열 출신 저자들이 정변의 원인으로 폐모 문제보다 대북의 전횡을 더 강조한 이유는 이제 분명하다. 거사한 지 불과 4년도 채 지나지 않아 발생한 정묘호란 때 후금에 굴복하여 강화를 맺음으로써, 다른 말로 광해군보다 더 심하게 명을 저버림으로써 정변의 핵심 명분 중 하나를 잃어버렸다. 이런 처지에서 다른 명분인 폐모에 더욱 초점을 맞춰 집중적으로 거론하는 것은 당연한 반응이자 조정이었다. 양대 명분 가운데 하나를 상실한 경우에 나머지 하나에 더 집착하는 것은 매우 자연스러운 심리다. 또한 폐위 정청에 참여한 전력 때문에 약점이 있는 북인 계열 인물들이 폐모 문제를 상대적으로 소홀히 다루고, 그다음 명분인 대북의 전횡, 곧 인사 문제를 부각한 것도 당연하였다. 외교 문제가 실종되고 폐모가 최대의 명분으로 자리 잡은 상황에서 자연스럽게 발생한 자기 보호 심리로 볼 수 있다.

## 04

# 명분의 조정과 그 유산

거사 4년 만에 인조 정권이 후금의 침입을 받고 강화한 일은 정변(반정)의 정당성을 뒤흔든 큰 사건이었다. 광해군보다 더 심한 '패륜'을 저지른 셈이었기 때문이다. 그 후유증은 매우 컸다. 사간 윤황尹煌(1571~1639)은 이 사건을 오랑캐에 대한 실질적인 항복으로 규정하고, 이귀 등 주화론자들을 참수해야 한다고 여러 차례 극론하였다.[53] 윤황의 주장은 당시 대간을 비롯한 대부분의 조정 신료와 유생들의 생각을 대변한 것이었다. 반정공신 중에도 도승지 홍서봉洪瑞鳳(1572~1645), 이천현감 유백증兪伯曾(1587~1646) 등은 후금과의 화친을 거부하고 싸워야 한다고 건의하였다.[54] 척화 상소는 경향京鄕을 가리지 않고, 또 일부 공신·신료·유생 등을 막론하고 승정원으로 폭주하였다.

53 『인조실록』 15권, 5년 2월 1일 무술(9), 8일 을사(2), 10일 정미(9), 15일 임자(11). 윤황은 성혼成渾(1535~1598)의 제자이자 사위였다.

54 『인조실록』 15권, 5년 2월 9일 병오(2), 14일 신해(9), 23일 경신(5), 3월 1일 무진(6).

후금과의 화친을 주장한 간신들을 처벌하겠다며 강원도에서 난을 준비하다가 체포되어 처형당한 이인거李仁居(?~1627)의 사례는[55] 후금과 화친한 인조 정권에 대한 불만이 지방에도 존재했음을 보여주는 좋은 예이다. 인조 정권이 후금과 화친한 지 약 10개월 후에 발생한 유효립柳孝立(1579~1628) 역모 사건(1628)은 가뜩이나 불안한 인조 정권을 심각하게 위협하였다. 특히 비밀리에 유배지의 광해군과 직접 편지를 주고받으며 그를 상왕으로 받들고 인조의 숙부인 인성군仁城君을 추대하려 했을 뿐만 아니라 예전의 북인 계열이 폭넓게 참여했다는 점에서 그렇다.[56] 이 모의는 거사 예정 하루 전에 탄로가 나는 바람에 실패했지만, 그 준비를 거의 일 년 전부터 시작했다는 기록이[57] 사실이라면, 역모는 정묘호란 중이거나 강화 직후에 이미 시작된 셈이다.

이렇듯 정묘호란은 정변을 통해 탄생한 인조 정권의 정당성을 크게 훼손했으며, 그 결과 통치력에도 위기를 맞았다. 빗발치는 척화 상소에 대하여 인조는 강화가 전쟁을 완화하기 위한 임시 계책일 뿐 화친이 아니라고 누차 변명하였다.[58] 아직 명나라에 대한 사대를 끊은 것은 아니었으므로 그런 해명은 어느 정도 설득력이 있었다. 그렇지만 그런 해명이 모든 문제를 해결할 수는 없었다. 광해군보다 더 심하게 의리를 저버렸다는 인식은

---

55 『인조실록』 17권, 5년 10월 5일 무술(1·2); 『연려실기술』 권24, 「이인거옥李仁居獄」, 下 370~372쪽.

56 이 사건에 대해서는 『연려실기술』 권24, 「유효립옥柳孝立獄」, 下 372~374쪽에 자세하다. 유효립은, 광해군의 처남이자 소북의 거두이던 유희분의 장조카이며, 능양군(인조)과도 사돈 간이었다(『인조실록』 19권, 6년 10월 25일 임자).

57 『인조실록』 18권, 6년 1월 12일 갑술(5).

58 『인조실록』 15권, 5년 2월 4일 신축(12), 9일 병오(2).

조정 내부에도 팽배하였기 때문이다.

반정의 양대 명분은 광해군의 배명背明과 폐모廢母 행위에 대한 응징이었는데, 전자에 대해서는 되도록 말을 아끼고 후자에 대해서는 더욱 목청을 높여 강조하는 분위기가 자연스럽게 조성된 것은 바로 이때부터였다. 후금과의 강화로 야기된 정당성 문제를 폐모라는 다른 명분으로 상쇄시켜서 반정의 정당성을 계속 유지하고자 한 것이다. 앞서 확인하였듯이, 인조의 행장을 비롯하여 호란 이후에 편찬된 거의 모든 책에서 반정의 명분을 광해군의 폐모 행위에 맞추고, 광해군의 배명 행위를 언급하지 않은 점은 이런 변화를 알려주는 좋은 지표이다. 정묘호란이 끝난 이듬해 경기감사 최명길이 갑자기 신덕왕후 능의 보수 공사를 건의한 것도[59] 이러한 분위기와 관련있어 보인다. 그가 바로 반정의 일등 공신이면서 후금과의 강화를 적극적으로 주장하던 인물이라는 점에서 더욱 그렇다.

명분의 전환은 쉽게 성공할 수 있었다. 반정의 또 다른 명분인 모후의 핍박 또한 양반 사회의 폭넓은 공감대를 얻고 있었기 때문이다. 그렇지만 인조 정권의 이념적 양 날개라 할 수 있는 반정의 양대 명분 중에서 한쪽 날개를 잃고 다른 한쪽만 가지고 정상적으로 비행하기는 어려웠다. 이에 대한 해결책으로, 아직 붙어 있는 한쪽 날개를 더욱 소중히 여겨 강조하는 한편, 이미 없어진 다른 쪽 날개도 마치 있는 것처럼 선전하고 이론화하는 작업을 병행하였다. 주지하듯이, 조선왕조는 청나라가 주도하는 동아시

59 『인조실록』 19권, 6년 10월 20일 정미(2). 신덕왕후는 태종(r. 1400~1400)이 종묘에서 내친 이후 근 300년 만인 숙종(r. 1674~1720) 때 이르러 비로소 다시 부묘祔廟되었다. 신덕왕후의 지위 변화와 복권 과정에 대해서는 윤두수, 「신덕왕후에 관한 연구」, 『석당논총』 15, 1989; 이현진, 「조선시대 신덕왕후 부묘론의 의의」, 『인문논총』 54, 2005, 서울대학교 인문학연구원 참조.

아의 새 국제질서를 부정하면서 스스로 외부 세계로부터 차단하여 고립의 길을 걷고, 이미 망해 없어진 명나라를 여전히 군부로 받들며 북벌론·대명의리론·조선중화론[60]·중화계승의식[61] 등을 장기간에 걸쳐 발전시켰다. 이것이 바로 현실에서 잃어버린 한쪽 날개를 이념적으로나마 되찾기 위한 자구책이었다.

지금까지 살펴보았듯이, 계해정변이 당시 양반 지식인들 사이에 별 무리 없이 반정으로 받아들여진 역사적 배경과 정변 이후의 조선 사회가 갖는 특성을 서로 연계하여 조선왕조의 전체 틀 속에서 이 정변이 갖는 의미를 연구할 필요가 있다. 이 정변이 아니었으면 왕위에 오를 수 없었을 12명의 왕(16대 인조에서 27대 순종까지)과 이 정변을 반정으로 굳게 믿은 양반 엘리트들이 독점적으로 지배한 조선 후기의 기본 성격을 이해하려면, 정변의 명분에 대한 역사적 고찰이 불가피하다. 왜냐하면 정변 이후의 조선 사회가 반정의 명분으로부터 자유로울 수는 없었기 때문이다. 다른 말로, 정변의 본래 명분과 후대의 조정은 그 자체로 조선왕조가 나아갈 역사적 방향성을 이미 예시했다고 볼 수 있다. 반정의 원인과 배경을 논하면서 광해군의 외교 문제를 의도적으로 언급하지 않은 현상 자체도 정변

---

**60** 정옥자, 『조선 후기 조선중화사상 연구』, 일지사, 1998; 우경섭, 「송시열의 화이론과 조선중화주의의 성립」, 『진단학보』 101, 2006. 한편, '조선 중화'의 성격에 대한 최근의 다양한 해석으로는 우경섭, 「조선중화주의에 대한 학설사적 검토」, 『한국사연구』 159, 2012; 계승범, 「조선 후기 조선중화주의와 그 해석 문제」, 『한국사연구』 159, 2012; 김영민, 「조선중화주의의 재검토, 이론적 접근」, 『한국사연구』 162, 2013; 양양, 「조선 후기 중화의식의 변용과 그 성격: 조선중화의식의 실상에 대하여」, 『학림』 43, 2019 등 참조. 김영민의 견해는 그의 최근 저서 『중국정치사상사』, 사회평론아카데미, 2021, 11장에서도 확인할 수 있다.

**61** 허태용, 『조선후기 중화론과 역사인식』, 아카넷, 2009.

의 명분에서 결코 자유롭지 못했던 조선 후기 양반 지식인들이 고민한 결과요, 흔적이라 할 수 있다. 이런 시각을 가질 때, 계해정변(인조반정)은 단순히 붕당 간 정쟁의 결과로만 이해하는 차원을 넘어 한층 다양한 역사적 해석이 가능할 것이며, 이 정변이 한국사에서 차지하는 위치와 중요성도 좀 더 선명하게 비정할 수 있을 것이다. 특히 폐모를 지나치게 강조한 결과, 대비논쟁의 실상에 대한 기억을 의도적으로 일부 조작한 점에서 그러하다. End

# 9장. 에필로그

## : 충의 관념화와 '효치국가'의 탄생

# 01

## 충과 효가 상충할 때

유교국가의 사회질서를 받쳐주는 핵심 가치는 충과 효였다. 충과 효가 공유하는 뿌리는 유교적 인간관계 곧 의리(義)였다. 가족 내에서 의리를 지켜야 할 최고의 대상은 부모이고, 그 개념이 바로 효였다. 집 밖의 국가사회에서 의리를 지켜야 할 지고의 대상은 군주이고, 그것이 충이었다. 이를 통치자의 위치에서 보자면, 통치의 요체가 충이고 그 이론적 바탕은 효였다. 이를 다시 신하의 입장에서 보면, 『효경孝經』 「사인장士人章」에서 공자가 "이효사군즉충以孝事君則忠", 곧 효로써 군주를 섬기면 그게 바로 충이라고 말한 것과 통한다. 이것이 바로 유교 사회에서 충과 효를 굳이 구분하지 않은 까닭이다. 따라서 충과 효는 물리적 분리가 가능한 별개의 독립적 가치로 볼 수 없다. 마치 동전의 앞뒷면 같은 상호 의존관계에 있다.

그런데 같은 동전이라도 앞면을 뒷면보다 더 우선하고 중시하듯이, 충과 효 가운데 굳이 우선순위를 정하라면 충을 꼽는 경향이 지배적이었다. 이는 조어造語 구조만으로도 쉽게 짐작할 수 있다. '충효'라는 용어는 널리 회자한 데 비해, '효충'이라는 용어는 있기는 하지만 용례가 많지 않다. 충을 효 앞에 놓는 이런 언어 배치는 효보다 충이 조금이라도 더 중요하다는, 또는 충이 효의 최종 실천 단계이므로 효보다 상위의 가치라는 인식의 자연스러운 산물이라 할 수 있다.

한 남성이 유교 사회에 태어나 입신양명하면 충과 효를 최소한 겉으로라도 실천해야 했다. 이때 충과 효의 개념을 놓고 논란의 여지가 있었다. 충의 대상인 군주를 특정 개인으로 볼지, 아니면 현재 보위에 있는 일반적 군주로 볼지 해석상의 차이가 존재했기 때문이다. 흔히 말하는 '불사이군不事二君'은 바로 '군'의 범주를 둘러싼 일종의 규범이었다. 처음 출사했을 당시의 군주가 죽고 태자(세자)가 합당하게 왕통을 이었다면, 불사이군을 걱정할 일이 전혀 없었다. 하지만 정변을 통해 신하가 군주를 자의적으로 교체했거나, 신하가 스스로 보위에 올라 왕조를 아예 바꿨을 때는 불사이군 문제가 쟁점으로 떠오를 수 있었다. 백이伯夷·숙제叔齊의 사례는 그 좋은 예이다. 조선시대만 보아도 이른바 두문동杜門洞 72현을 비롯하여 이색李穡(1328~1396)이나 김시습金時習(1435~1493) 또는 사육신 등 유사한 사례가 적지 않다. 계해정변(인조반정, 1623) 이후 불사이군의 처신을 하다가 처형당한 유몽인柳夢寅(1559~1623) 사례도 빼놓을 수 없다.

어떤 신하가 유달리 장수하고 군주가 단명한다면 몇 대에 걸쳐 여러 군주를 섬길 수 있었다. 이에 비해 효의 대상인 부모는 유일하여 논란의 여지조차 없다고 생각하기 쉽다. 하지만 실제로는 꼭 그렇지도 않았다. 양자로 입적한다면 부모가 둘이 되기 때문이다. 주자학적 종법으로는 양부모가 진짜 부모이고, 친부모는 사친私親으로 밀린다. 하지만 방계에서 보위에 오른 군주치고 사친을 어떤 식으로든 추숭追崇하지 않은 사례가 거의 없었다. 추숭의 상한을 놓고 그만큼 논란도 많았다. 명나라 가정제嘉靖帝(r. 1521~1566)가 생부의 황제 추존을 고집하여 발생한 대례의大禮議 사건은 그 좋은 예다. 조선왕조에서도 인조의 아버지인 원종元宗(정원군) 추숭 문제를 놓고 종법 논쟁까지 맞물려 한동안 조정이 시끄러웠다. 아주 분명해 보이는 충과 효의 대상이 실제 현실에서는 간단한 문제가 아니었음을 알 수 있다.

충과 효의 대상을 적시하는 데도 이렇듯 논란의 여지가 있었다면, 충과 효가 정면으로 충돌하는 경우는 과연 어땠을까? 동서고금을 막론하고 범죄를 저지른 피의자는 거의 다 성인이었고, 그래서 대개 누군가의 부모였다. 자식이 부모의 범죄 사실을 인지했다면, 그는 효의 가치를 우선하여 나라에 신고하지 말아야 할까, 아니면 충을 중시하여 일단 신고는 해야 할까? 이런 사례가 매우 많았기 때문인지는 몰라도 중국에서는 전국시대 때 이미 여러 답안이 나와 서로 경쟁하였다. 예를 들어, 유가에서는 신고하지 않는 쪽을 선호하였지만, 법가에서는 마땅히 신고해야 한다고 설파하였다. 이는 충과 효의 상충이 일반적인 장삼이사라 해도 언제든지 경험할 수 있는 '일상적' 고민이었음을 잘 보여준다.

일반 범죄가 아니라 군주를 겨냥한 반역에 부모가 연루되었다면 어떨까? 부모가 사형당할 줄 뻔히 알면서도 자식으로서 부모의 역모를 나라에 고해야 할까, 아니면 부모의 역모에 동참해야 할까? 이쯤 되면 문제가 한층 더 어려워질 수밖에 없다. 부모가 군주에 대한 충을 정면으로 범한 상황이기 때문에 자식의 고민도 그만큼 클 수밖에 없기 때문이다. 이런 사례에 대해서는 유가 안에서도 시대와 상황에 따라 답이 엇갈렸다. 그런 까닭에, 7장에서 살폈듯이 대비 폐위론자나 반대론자나 자기에게 유리한 중국 사례를 확보하는 데 별로 어려움이 없었다. 그만큼 사례가 많고 다양하였다. 이는 유교적 범주 안에서도 시공을 초월하는 절대 정답은 존재하지 않았음을 보여준다.

역사상 정치무대에서는 반역이 끊이지 않았고, 유교국가도 다를 바 없었다. 자식이 아버지를 제거하고 권좌를 차지한 사례는 너무 많아 일일이 거론하기도 힘들 지경이다. 조선만 보아도 1차 왕자의 난(1398, 태조 7)이 그에 해당하는 사례다. 이와는 반대로 아버지가 권좌의 자식을 몰아내려고 역모한 일도 있었다. 멀리 다른 나라 사례를 기웃거릴 것도 없다. 자기 자식인 고종을 몰아내기 위해 역모를 주도한 흥선대원군이 대표적인 사례다. 아비뿐이 아니었다. 어미(모후·대비)가 군주인 자식을 상대로 반역을 꾀한 일도 적지 않았다. 그렇다면 그 아들은 국왕으로서 반역의 수괴인 모후를 어떻게 처리해야 할까? 중국 역사에는 이런 사례가 적지 않으며, 조선왕조에서도 하나 찾을 수 있다. 바로 국왕 광해군이 인목대비의 반역죄를 공포하고, 그 처결로 대비를 궁에 유폐한 사건이다.

자식이 어머니를 처벌한 사건은 내용과 상황 전개가 워낙 극적이기에, 역사적 고찰에 앞서 일찍부터 문학의 소재로 널리 회자하였다. 『계축일기』라는 소설이 이미 18세기부터 널리 읽히다 보니,[1] 이 사건은 조선 후기에서 현대에 이르기까지 소설이나 드라마의 형태로 반복해 소비되었다. 마침 정변(반정)을 통해 광해군이 쫓겨나는 극적인 반전 요소까지 제대로 갖춘 까닭에, 조선시대 사람들은 이를 나위도 없고 근현대 역사가들조차 광해군의 처결을 패륜으로 단정하는 데 별다른 이견을 제시하지 않았다.

그렇지만 인목대비 폐위 논쟁과 대비의 유폐라는 결말을 단순히 패륜의 문제로만 단정해버린다면 몰역사적이다. 인류 역사상 어떤 가치나 이

---

1 『계축일기』의 장르적 성격이나 저자 및 저작 연대에 대해서는 국문학계에서도 논란이 있다. 여기서는 18세기 초 무렵에 소설 형식으로 나왔으리라는 정병설의 견해를 따른다. 필자가 읽은 관련 연구들 가운데 가장 타당성이 높다고 판단하기 때문이다. 정병설, 「계축일기의 작가 문제와 역사소설적 성격」, 『고전문학연구』 15, 1999 참조.

념도 시간의 흐름에 따라 변하게 마련이기 때문이다. 시공을 초월하여 불변하는 가치는 없다. 모든 문명권에서 살인 행위를 범죄로 보고 엄벌하지만, 전쟁에서 '살인'을 많이 한 병사를 포상하는 역설은 얼마든지 가능하다. 그만큼 상황적이자 상대적이라는 의미다. 충과 효도 마찬가지였다. 정치무대에서 충과 효는 언제라도 충돌할 수 있는 이율배반적 개념이었다. 반역을 꾀한 모후를 처벌하는 일은 주자학적 유교 범주 안에서도 얼마든지 논의할 수 있는 주제였다. 한 가정이 깨지는 것과 한 종묘사직(왕조)이 무너지는 것은 중량감부터 확연히 달랐다. 주희에 따르면, 반역을 도모한 정상이 분명하다면 비록 모후라 할지라도 처형해야 하늘이 기뻐한다고 하였다.[2]

조선시대 사람들이 '반정'을 통해 광해군의 모후 핍박을 패륜으로 낙인찍은 것은 그렇다고 쳐도, 근현대 역사학자들마저 인목대비 유폐 사건을 무조건 패륜으로 전제하고 논의를 전개하는 것은 큰 문제다. 모후 처벌이 패륜이라는 인식은 광해군을 변호하건 비난하건 관계없이 거의 모든 학자가 공유하였다. 그러나 이런 인식은, 자식이 어미를 처벌하는 일은 시공을 초월하여 무조건 잘못이라는 조선 후기의 인식에 붙잡힌 결과일 뿐이다. 시공을 초월한 해석을 내리는 순간, 그것은 철학일지는 몰라도 사학일 수는 없다. 오히려 몰역사적일 뿐이다. 역사학의 생명이랄 수 있는 시간성과 공간성을 무시한 해석이기 때문이다. 역사가라면 충과 효가 충돌할 때 어떤 가치를 우선할 것인가의 문제가 시대와 상황에 따라 달랐음을 염두에 두고 논쟁의 추이를 살필 필요가 있다. 또한 폭력을 수반한 극적인 결말이 반정 이후 조선왕조의 진화 과정에 어떤 방향으로 영향을 끼쳤는

2 이 책의 7장 '05. 당나라의 무태후' 참조.

지, 그 이전의 정치 상황과는 어떤 다름이 발생하였는지 등을 통시적으로 고찰할 필요가 있다.

요컨대, 인목대비 폐위 문제는 단선적·일회성의 돌발 사건이라기보다는 조선왕조의 장기 진화 과정에서 불거진, 그래서 국가의 성격을 새롭게 조정한 중대 사건이었다. 국왕인 자식이 모후를 반역죄로 유죄판결하여 유폐하였는데, 신하들은 그것을 돌이켜 바로잡겠다면서(反正) 무력 정변을 일으켜 왕을 내쫓고 새 시대를 열었다. 이런 점만 보아도 이 사건은 조선왕조의 진화 방향에 중요한 이정표를 제공했음이 분명하다. 어떤 이정표였을까? 이 책은 바로 이런 문제의식에서 출발한 조그만 결과물이다.

## 02

# 이 책의 핵심 내용 정리

인목대비가 누린 권력의 현실적 원천은 영창대군이었다. 그러나 전인살해甸人殺害 방식으로 영창대군이 영원히 사라진 후에는 권력에 직접 도전할 존재는 아니었다. 유교국가 조선에서 여성은 어떤 경우에도 왕좌에 오를 수 없었기 때문이다. 수렴청정을 할 수 있는 상황도 아니어서 날개를 잘린 새와 같은 신세였다. 선왕의 계비로서 왕실 서열 1위라는 지위는 여전하더라도 실권은 하나도 없는 여인, 말 그대로 뒷방 대비였을 뿐이다.

왕위에 오른 광해군은 생모 공빈 김씨를 공성왕후로 완벽하게 추숭하였다. 이제 광해군은 처음부터 선조의 둘째 왕비의 몸에서 태어난 적자(대군)로서 대통을 이은 셈이었다. 영창대군을 제거하고 생모를 왕후로 완벽하게 추숭한 이상 광해군에게 인목대비는 별로 위협적인 존재가 아니었다. 그런데도 그는 무리하게 대비 폐위 논쟁을 일으키고 끝내 유폐하기에 이르렀다. 가만두어도 괜찮았을 인목대비를 광해군은 왜 굳이 반역죄로 몰아 유폐하려 했을까? 광해군이 이렇게 무리수를 둔, 아니 그럴 수밖에 없었던 이유는 무엇일까?

이에 답하기 위해서는 광해군의 인생 전체를, 특히 16년에 걸친 세자 시절 내내 일상처럼 감내한 그의 정치적 굴곡에 주목할 필요가 있다. 어떤 특별하고도 반복적인 아픈 경험은 누구라도 이후 인생 전체에 다양한 영향을 끼치게 마련이다. 세자 시절 광해군의 가슴에 대못을 박은 것은 바로 장자도 적자도 아니라는 비아냥 섞인 뭇 시선들이었다. 전쟁과 파천이라는 매우 특별한 상황에 힘입어 세자가 된 광해군의 지위는 늘 불안하였다. 국왕 선조의 견제와 명나라의 세자 책봉 승인 거부 때문이었다.

세자 광해군에 대한 부왕 선조의 견제는 혹독하였다. 아침 문안을 온 세자를 문밖에 세워놓은 채 황제의 책봉을 받지 못한 세자는 세자도 아니라는 극언을 서슴지 않았다. 선조의 이런 언동은 거의 실시간으로 궁궐과 장안에 퍼져나갔다. "너는 정식 세자도 아니니 앞으로는 문안하러 오지 말라"는 노기 서린 질타에 쓸쓸히 돌아서던 나날이 광해군에게는 형언하기 힘든 아픈 일상이었다.

부왕 선조의 견제는 임진왜란 초기에 광해군을 세자로 임명한 직후부터 나타났다. 이 시기에 분조分朝 활동을 통해 민심을 얻은 세자 광해군과 달리 국왕 선조는 망명을 고집하는 등 권위를 완전히 상실하였다. 이런 상황은 본능적으로 세자를 미워하고 견제하도록 선조를 몰아붙였다. 말년에 손녀뻘인 새 왕비의 처소를 거의 병적으로 자주 방문하여 영창대군을 낳은 것은 오로지 선조 개인의 집착 때문이었으며, 광해군의 세자 지위에 위해를 가할 불씨를 만든 셈이었다. 이 불씨가 일으킨 이후의 사건은 종법 문제에서 비롯되었다기보다는 정치적 이합집산과 정쟁이 극심하던 당시 정국의 동향 때문이었다. 영창대군이 태어난 후로 광해군에게 적자가 아니라는 태생적 한계는 늘 그의 가슴을 후벼 파는, 어떤 진통제도 듣지 않는 격통 그 자체였다.

설상가상으로 명나라가 광해군의 세자 책봉을 무려 다섯 차례나 거절한 일도 광해군으로서는 폐부가 찢겨나가는 아픔이었다. 책봉의 거절 사유는 광해군이 장자가 아니라는 것이었다. 2장에서 상세히 살폈듯이, 한중관계사에서 전무후무한 이런 연이은 거절은 오로지 당시 명나라 내부의 문제 때문이었다. 하지만 광해군에게는 하루하루가 고통의 심연에 빠지는 나날이었다. 국왕·왕비·세자·세자빈은 무조건 명나라 황제의 공식 책봉을 받아야 조선 국내에서도 정통성을 확보할 수 있었다. 그런데 세자 광해군은 끝내 명나라 황제의 승인을 받지 못했을 뿐 아니라, 심지어 보위에 오른 후에도 국왕 책봉을 한 차례 더 거절당했다. 단지 장자가 아니라는 이유였다. 북경에서 파견한 특별조사관의 대질심문까지 거친 후에야 비로소 조선 국왕으로 책봉을 받을 수 있었다. 조선의 국왕 가운데 이런 수모와 치욕을 장기간에 걸쳐 당한 이는 단 한 사람, 광해군뿐이었다.

조선의 어떤 세자나 국왕도 겪은 적이 없는 이런 격통의 수모를 즉위 후까지 포함하여 무려 17년 이상 감수하면서 광해군의 심리적 아킬레스건은 장자도 적자도 아니라는 출신 문제로 수렴할 수밖에 없었다. 선조의 질타뿐만 아니라 비아냥거리며 수군대는 궁궐 분위기는 광해군에게 그 자체로 날카로운 송곳이었고, 이는 곧 그의 심각한 트라우마로 남았다. 우여곡절 끝에 보위에 오르고 명나라의 책봉까지 받은 후에도 국왕 광해군은 자신의 출생 신분에 관련된 사안만큼은 매우 단호하고도 공격적으로 대처하였다. 그의 심리 기저에 장자도 적자도 아니라는 트라우마가 격랑처럼 복류하고 있었기 때문이다. 현대 의학으로 보자면 광해군은 자신의 출신 문제에 관한 한 일종의 정신질환자였던 셈이다. 너무 아픈 사랑은 사랑이 아니라는 노래 가사도 있듯이, 심한 상처는 아물지 않는 법이다. 부왕 선조와 명나라로부터 거듭해서 당한 너무 아픈 상처는 이후 국왕 광해군의 심리를 지배하다시피 하였다.

세자 때부터 자신의 지위에 민감할 수밖에 없었던 광해군은 보위에 오른 후에도 왕좌에 연연하며 예민하였다. 즉위하자마자 발생한 임해군 '역모' 사건부터 시작하여 한 해에도 두어 차례씩 벌어진 숱한 역모 옥사는 광해군의 불안한 심리 때문에 일어나고 확대되었다고 해도 과언이 아니다. 물론 왜란이라는 미증유의 사태를 겪은 후 민심이 땅에 떨어진 상황에서 왕이 바뀌었기 때문에, 누가 선조의 뒤를 이어 즉위하더라도 왕위를 위협한 역모를 다스리는 옥사는 빈번할 수 있는 일이었다. 아무리 뛰어난 현군이 등극한다고 해도 큰 전쟁 뒤의 사회적 불안함과 피폐상을 단숨에 회복하기란 어렵기 때문이다. 그런데 새 국왕 광해군은 오래전부터 자신의 출신과 지위에 편집증적으로 집착하는 심리를 갖고 있었고, 그것이 역모 사건의 확대와 밀접한 관련이 있었다. 그의 정신적 상처를 깊게 만든 장본인이 부왕 선조임은 두말할 필요도 없다.

왕조국가에서 왕위 계승을 놓고 본의건 타의건 간에 어떤 식으로든 경쟁한 사이라면, 경쟁자 가운데 누군가 마침내 보위에 올랐을 때 다른 경쟁자는 목숨을 부지하기 어려웠다. 새 국왕이 관대함을 베풀면 살아남겠지만, 그것은 그저 희망 사항일 뿐이었다. 태생적으로 반역자의 추대를 받을 수 있는 위치에 있는 점만으로도 새 국왕에게는 눈엣가시가 되기 때문이다. 언제라도 보위를 노릴 수 있는 잠재적 정적을 그대로 방치한 채 국정을 제대로 장악한 군주는 인류 역사에서 거의 없다. 즉위한 후에 잠재적 경쟁자를 차례차례 제거한 광해군의 정치도 이런 맥락에서 조명할 필요가 있다. 임해군과 영창대군을 제거하기 위해 마련한 특별 무대의 장막 뒤에서 정적 제거 프로젝트를 총지휘한 핵심 인물은 다름 아닌 국왕 광해군이었다. 4장에서 살폈듯이, 이는 인목대비 폐위 논쟁 기간 내내 광해군이 대간을 거의 완벽하게 좌지우지한 사실을 통해서도 쉽게 간파할 수 있다. 특히 대비의 폐위 정청에 불참한 신료들을 복수의 경로로 파악하는 등 거의 실시간으로 '모니터링'하여 불참자 명단을 대조하면서 폐위 정청을 사실상 강제한 사실은 광해군이 그 막후의 당사자였음을 생생히 보여주기에 부족함이 없다.

광해군의 첫 프로젝트는 장자 임해군의 제거였다. 장자가 아니라는 자신의 태생적 약점을 해소하기 위해서는 친형 임해군을 제거하는 수밖에 없었다. 형제를 합법적으로 죽이는 일은 반역죄로 엮는 방법이 유일하였다. 위리안치 판결 후에 광해군은 전인살해 방식으로 임해군을 제거하였다. 현왕의 경쟁자였던 왕자의 운명은 경쟁에서 승리하여 보위에 오른 새 국왕의 손에 달려 있었으므로 새 왕이 은전을 베풀면 목숨을 부지할 것이요, 그렇지 않다면 죽음뿐이었다. 이 같은 이유로 광해군의 임해군 제거는 패륜이라는 낙인도 받지 않았으며, 후유증도 없었다.

그다음은 영창대군이었다. 영창대군 제거도 광해군에게는 필수 코스였다. 광해군이 대범했다면 살려둘 수도 있었겠지만, 인류 역사에서 보면 자신을 위협할 경쟁자는 아예 확실하게 죽여버리는 일이 다반사였다. 죽이는 것보다 더 확실한 안전장치는 없었기 때문이다. 영창대군은 스스로 아무 일도 안 하고 그저 숨만 쉬며 두문불출 살아갈지라도, 그가 자연적 나이를 먹으면서 성인으로 성장하는 그 자체로 국왕 광해군에게는 날이 갈수록 심각한 정적일 수밖에 없는 운명적 상대였다. 신료들 앞에서 광해군은 국왕으로서 도저히 어린 아우를 죽일 수 없다며 눈물을 흘렸다. 하지만 그와 동시에 영창대군을 죽이라는 정청庭請을 배후에서 조종하였다. 백관은 죽이라고 하는데도 국왕은 겉으론 은덕을 과시하는 태도로 일관하였고, 그러다가 전인살해 방식으로 영창대군을 제거해버렸다.

그런데 임해군 제거 때와는 달리 이번에는 후유증이 있었다. 정온鄭蘊의 사직 상소가 그 기폭제였다. 영창대군은 당시 여덟 살의 어린아이였으므로 역모와 무관하다는 인식이 조야와 항간에 널리 퍼져 있었다. 하지만 가뜩이나 세자 시절의 트라우마에 휩싸여 있던 광해군에게 영창대군의 나이는 중요하지 않았다. 오히려 시간을 끌면 끌수록 호랑이를 키우는 꼴일 수도 있었다. 어떤 역모 사건이 발생하더라도 추대 후보 1순위로 호명을 당할 것이 자명한 영창대군은 사실상 모든 역모 사건에 엮일 수밖에 없는 존재였다. 그래도 역시 여덟 살 아이라는 점은 정적 제거의 후유증을 남기는 주요 원인이 되었다. 정온 외에도 곽재우郭再祐 등 북인 계열 안에서조차 영창대군 제거에 반대하는 목소리가 나올 지경이었다.

영창대군 제거의 후유증은 다른 쪽으로도 옮아갔다. 어린 영창대군을 죽였으니 이제는 그 어미인 인목대비마저 폐위할 것이라는 항간의 수군거림이었다. 특히 영의정 이원익李元翼이 그런 소문에 근거해 대비 보호를 노골적으로 강조한 상소를 올리면서, 이 사안은 자연스레 인목대비에게로 불똥이 튀었다. 그렇다면 왜 그런 소문이 자자하였을까? 이에 답하기 위해서는 계축옥사(1613, 광해군 5)의 혐의 내용을 제대로 알 필요가 있다.

계축옥사는 크게 세 개의 주요 혐의로 구성되었다. 김제남의 역모, 영창대군 추대, 그리고 인목대비의 내응이었다. 이 혐의가 사실인지는 그다지 중요하지 않다. 왜냐하면 중세 사회의 정치무대에서 발생한 거의 모든 재판 결과는 정치적 판결이자 정치적 행위였기 때문이다. 문제는 이 세 가지 혐의가 인목대비에게 끼칠 영향의 정도를 가늠하는 일이다. 사실 계축옥사의 불똥은 옥사 진행 중에 이미 인목대비에게까지 강하게 튀었다. 인목대비가 만약 대비가 아니었다면, 다른 말로 국왕 광해군의 모후가 아니었다면, 그는 계축옥사 때 부친 김제남과 함께 바로 처형당했을 것이다.

부친이 사형당하고 아들이 위리안치당하는 상황에서도 인목대비가 아무런 위해를 당하지 않은 이유는 바로 국왕의 모후이기 때문이었다. '효'라는 가치가 보호막 역할을 한 것이다.

그런데 계축옥사를 마무리하려면 광해군으로서는 관련 교서를 반포해야 했다. 김제남도 그 죄목을 교서로 반포하여 처형하였고, 영창대군에 대해서도 교서를 반포하고 위리안치 판결을 내렸다. 영창대군은 역모를 모를 어린아이라 죄가 없으나, 그의 존재 자체가 왕조의 화근이 될 것이므로 위리안치에 처한다는 교서 내용은 차라리 솔직한 판결문이었다. 이에 비해 인목대비의 역모 동참(부친과 내응 및 일련의 저주 행위)은 옥사 중에 크게 불거진 사안임에도 최종 처결을 알리는 교서 반포 없이 시간만 끌었다. 하지만 그렇게 옥사를 흐지부지 끝낼 수는 없었다. 인목대비에 대한 교서 없이 계축옥사를 종결해버린다면, 그동안 대비전의 수많은 나인과 궁노를 고문하여 받아낸 공초 내용이 허위임을 국왕 스스로 인정하는 꼴이 될 수도 있었다. 따라서 계축옥사를 공식적으로 종결하기 위해서는 어떤 식으로든 인목대비에 대한 교서 반포(판결)와 그 집행(처벌)은 필수였다.

이원익을 중도부처에 처하는 결정으로 1차 폐위 논쟁(1614~1615)을 일단 덮은 광해군은 인목대비에 대한 중간 판결 성격의 교서를 반포하였다. 교서에 적시한 선고 내용은 대비전에서 행한 수많은 저주 행위, 곧 반역 행위로 가득하였다. 이 교서에는 인목대비를 전혀 언급하지 않았다. 하지만 저주 행위가 대비전에서 발생했으니 대비가 그에 대해 모를 리 없고 따라서 그 사건의 주동자임을 행간에 강하게 드러내었다. 이렇게 하여 광해군은 대비의 반역죄는 인정하지만 모후이기에 처벌하지는 않는 잠정적 절충을 선택하였다. 즉, 완전히 끝낸 사안이 아니라 추후 어떤 식으로든 대비의 죄를 묻기 위해 잠시 한 보 물러섰을 뿐이다.

1차 폐위 논쟁을 진화한 후 광해군은 생모 추숭 작업에 박차를 가하였다. 신료들의 거센 반대를 하나하나 누른 광해군은 7년에 걸친 집요한 노력 끝에 명나라 황제로부터 생모의 왕후 추숭을 받아내고야 말았다. 특히 적비嫡妃가 아니라서 하사할 수 없다던 관복까지 세 차례 주청 끝에 받는 데 성공함으로써 생모를 명실공히 부왕 선조의 두 번째 왕비의 반열에 올렸다. 인목대비가 현재 생존해 있는 유일한 모후이기는 하지만, 광해군의 생모는 '정식' 왕비가 되었고 그 서열도 인목대비보다 앞서게 된 것이다.

생모를 추숭하기 전까지 광해군의 모후는 둘이었다. 한 명은 이미 죽은 의인왕후이고, 살아있는 다른 모후는 자기보다 아홉 살이나 어린 인목왕후(대비)였다. 광해군은 매일 대비전에 문안을 드리면서 어린 대비 앞에 꿇어앉아야 했으며, 그럴 때마다 자신이 비록 국왕이지만 후궁의 몸에서 태어난 존재임을 체감했을 터였다. 이런 상황은 적자도 장자도 아니라는 트라우마가 그의 마음속에서 계속 흙탕물을 일으키도록 만들었다.

생모를 공성왕후로 완벽하게 추숭한 시점을 기준으로 광해군은 더 이상 인목대비를 모후라 부르지 않았고, 심지어 대비라고도 부르지 않았다. 그가 공개 석상에서 입에 올린 모후는 모두 생모 공성왕후였다. 광해군에 대한 모권母權이 인목대비에서 공성왕후로 확실하게 넘어갔음을 국왕이 직접 드러내 공언한 셈이었다. 이는 인목대비 사안을 최종 처결하려는 광해군으로서는 매우 중요한 가시적 '제스처'였다. 국왕이 모후를 처벌하는 것과 자기보다 나이 어린 '한갓' 대비를 처벌하는 것은 그 무게감에서 확연한 차이가 나기 때문이다. 주자학 종법상으로는 계모도 엄연히 어머니지만, 본처의 나이 많은 아들에 대하여 나이 어린 계모가 갖는 모권은 말 그대로 종법상의 모권일 뿐 현실에서는 힘이 턱없이 약하기 마련이었다.

결국 생모 추숭 작업은 국왕 광해군이 인목대비를 처벌하더라도 자식이 부모를 처벌한다는 윤리적 부담을 다소나마 줄이는 효과를 노린 것이다. 7년에 걸친 추숭 작업을 완벽히 달성한 지 불과 달포 만에 인목대비에 대한 공격을 재개하고, 대비 폐위 여론을 뒤에서 적극적으로 후원하며, 종국에는 대비 유폐 처결을 내린 타이밍은 결코 시간적 우연으로 볼 수 없다.

광해군의 생모 추숭이 완결된 직후, 조정에서는 인목대비 폐위 논쟁이 다시 거세게 일었다. 발단(전개) 과정을 보면, 먼저 광해군이 승정원을 거치지 않은 채 포도대장을 불러 비밀리에 김계남金季男 일당을 체포하도록 지시하였다. 김계남은 김제남金悌男의 얼제孼弟로, 계축옥사 때 지명수배되었으나 4년이 넘도록 체포하지 못한 자였다. 그런데 이런 지시가 승정원을 무시하고 은밀하게 이루어진 것이 문제였다. 이 같은 비정상적인 왕명하달 방식에 대해 당시 대북 계열의 도승지 한찬남韓纘男은 100여 년 전 중종이 남곤南袞과 심정沈貞을 통해 조광조趙光祖 등을 제거할 때처럼 왜 승정원도 통하지 않고 남몰래 명령을 내리느냐며 거세게 항의하였다. 하지만 광해군은 이를 묵살하고 계축옥사의 종결을 위한 수배자 체포와 심문을 속전속결로 밀어붙였다. 김계남 무리가 정말로 수배 상태였는지도 불분명하지만, 그 진위는 중요하지 않다. 교서만 반포한 채 그 후속 조치, 곧 실질적인 사건 종결과 처벌을 2년 남짓 유보하던 상태에서 김계남 무리에 대한 전격적인 기습 체포는 이제 계축옥사의 완전 종결을 위한 광해군의 포석이었다.

김계남을 먼저 급하게 처형하고 나머지 무리에 대한 혹독한 심문이 계속되는 상황에서 인목대비 폐위 상소가 광해군의 집무 책상으로 빗발치듯 쏟아져 들어왔다. 상소를 올린 이들은 한양에 거주하던 유생이었는데, 주로 당시 형조판서 허균許筠의 식객 또는 문객이었다. 이런 사실과 함께, 그 무렵 발생한 남대문 괘서 사건의 배후가 허균으로 지목되자 허균은 국문을 당하는 처지로 내몰렸다. 살벌한 친국 현장에서 허균은 할 말이 많았으나, 광해군은 공초도 제대로 받지 않은 채 서둘러 그를 처형해버렸다. 피의자의 자백이나 최후진술도 없이 바로 형장으로 보낸 셈이다. 그런데 6장에서 자세히 살폈듯이, 유생들이 올린 인목대비 폐위 상소를 뒤에서 지휘한 자가 허균이었고, 그런 허균의 배후에는 바로 국왕 광해군이 있었다. 결과적으로 허균은 광해군에게 이용당한 꼴이었다.

계축옥사가 진행되던 중 대비논쟁이 처음 일어났을 때 광해군은 난데없이 신덕왕후 사안을 상고하라는 명을 내렸다. 신덕왕후는 태조 이성계의 둘째 부인이었다. 첫째 부인 한씨가 이성계의 등극 전에 죽었으므로 조선왕조의 공식적인 첫 왕비는 신덕왕후 강씨였다. 신덕왕후는 두 아들을 남기고 4년여가 지난 1396년에 병사하였다. 태조는 창건 직후 신덕왕후 소생인 막내 이방석을 세자로 삼았다. 그러나 한씨 소생의 왕자들이 정변을 일으켜 신덕왕후 소생의 두 왕자를 죽이고 태조마저 하야시켰다. 이른바 1차 왕자의 난(1398)이었다.

이후 공정왕(정종) – 태종 – 세종 대(1398~1450)를 거치면서 신덕왕후는 공식적으로 폐위되지는 않았지만 사실상 폐위나 다름없는 취급을 받았다. 종묘를 비롯하여 왕궁 내의 어디에도 신덕왕후의 흔적은 남지 않았다. 능도 도성 밖으로 내치고 봉분마저 없앴으며, 승지를 보내 의례적으로 올리던 제사마저 폐지하였다. 이 상태로 세월이 흐르다 보니 16세기 후반에 이르러서는 그 무덤이 어디 있는지조차 알 수 없는 지경이 되었다. 공식적인 폐위 절차를 밟지는 않았어도 사실상 폐위에 준하게 처리한 것이다. 인목대비 폐위 논쟁과 관련해 광해군이 참고한 조선왕조의 유일한 전례가 바로 이 신덕왕후 사안이었다. 광해군은 이 전례를 그대로 따랐다. 인목대비를 공식적으로 폐위하지는 않되 궁에 유폐함으로써 대비 자격을 사실상 박탈한 것이다.

어려서부터 역사 공부를 좋아한 광해군은 중국의 여러 사례도 꼼꼼하게 참고하였다. 2차 폐위 논쟁(1617~1618)의 한 특징으로는 중국의 유사 사례를 다양하게 인용한 '전례前例 논쟁'을 꼽을 수 있다. 폐위론자들과 폐위반대론자들이 각기 자기에게 유리한 전례를 나열하며 격한 논쟁을 벌였는데, 광해군은 그 모두를 거의 실시간으로 모니터링하며 지켜보았다. 7장에서 상세히 고찰했듯이, 순舜을 비롯하여 문강文姜과 애강哀姜부터 측천무후則天武后에 이르기까지 중국에서 발생한 충과 효의 다양한 충돌 사례가 논쟁을 수놓았다. 순이나 양태후 사례는 폐위반대론자들이 좋아하였고, 문강·애강이나 무태후(측천무후) 또는 장황후 사례는 폐위론자들이 즐겨 인용하였다.

폐위론자들의 핵심 논지는 아무리 모자 관계가 중요하다고 해도 그것이 종사를 위협할 때는 사은(효)을 굽히고 공의(충)를 엄히 세워야 한다는 것이었다. 그 이론적 바탕은 춘추대의 및 무태후에 대한 주희의 서릿발 같은 논평이었으며, 법률적 근거는 『대명률』에서 명시한 10악惡이었다. 반역죄를 범했다면 비록 왕의 어머니라도 처벌을 면할 수 없다는 것이었다. 요컨대 인목대비가 친정아버지의 역모에 가담하여 저주를 행하고 영창대군의 옹립을 기도했다는 죄목이 사실이라면, 광해군이 국왕으로서 대비를 폐위하는 것은 주자학적 유교 사회에서도 당연히 밟아야 할 수순이었다. 주희에 따르면, 사형에 처하지 않는 것이 오히려 미흡한 처결이었다.

주자학의 시조인 주희가 이처럼 명쾌한 답을 제시했는데도 17세기 초 조선에서 대비 폐위 문제가 치열한 논쟁으로 발전한 것은 인목대비의 죄목이 사실이 아닐지도 모른다는 의심이 팽배하였기 때문이다. 모후의 반역 정상이 매우 분명한 중국 사례들과는 달리, 인목대비가 과연 부친의 반역에 공모했는지, 또한 일련의 저주 행위를 지휘했는지는 제대로 입증되지 않았다. 이런 까닭에 광해군의 교서 내용에 선뜻 수긍하기보다는 고개를 갸우뚱하는 사람이 많았다.

또 다른 문제는 인목대비를 막다른 골목으로 심하게 몰아붙인 핵심 장본인이 바로 국왕 광해군이었다는 점이다. 국왕이 앞장서서 계축옥사를 총지휘하고 영창대군과 관련이 있는 김제남 집안의 인물을 발본색원하는 상황에서, 인목대비에 대한 국왕의 판결에 공개적으로 의문을 제기할 만큼 용감한 신료나 유생은 별로 없었다. 그것은 곧 계축옥사의 처리 과정을 진두지휘한 국왕에 대한 정면 도전 행위로, 불충이자 역적 비호로 몰리기 십상이었다. 의심의 낌새를 조금이라도 보이면 이원익이나 이항복처럼 바로 유배를 떠나는 판국에, 폐위반대론자라 해도 옥사 자체와 국왕의 판결에 대놓고 이의를 제기하기는 어려웠다.

바로 이 때문에 논쟁의 쟁점과 성격에 큰 변화가 일어났다. 일단은 국왕의 판결이 옳다는 전제하에, 반대론자들은 어떤 경우에도 자식이 부모를 처벌할 수 없다는 극단적인 방어 논리를 펼쳤다. 설사 어미가 자식인 국왕을 겨냥하여 반역을 꾀했을지라도 그 어미 곧 모후를 처벌할 수는 없다고 못 박은 것이다. 따라서 이 논쟁은 인목대비의 반역 사실 여부를 가리는 합리적 과정에서 탈선하여 유교의 양대 가치인 충과 효가 충돌할 때 어느 것을 우선해야 할지를 둘러싼 격한 논쟁으로 성격이 변할 수밖에 없었다. 당나라 중종은 반정에 성공한 직후 바로 생모인 무태후를 처형하고 그 사실을 태묘에 고했어야 마땅하다고 논평했던 주희의 해석에서 완전히 이탈한 것이다. 문강과 애강을 심히 정죄한 송대 정주학자들의 논평에서도 크게 벗어나 '조선만의 새 논리'를 세웠다.

요컨대, 16세기를 지나면서 주자학 근본주의 사회로 진입한 이래 17세기 초엽의 조선왕조에서 주희의 논평과는 전혀 다른 조선의 충효 논리가 새롭게 탄생하였다. 이런 논리는 주희를 비롯한 송대 정주학자들의 관점과 다른, 매우 극단적인 해석이었다. 결과적으로, 성리학 범주 안에서 얼마든지 서로 양립하거나 조화를 이룰 수 있었던 처벌론(폐위)과 은혜론(폐위 불가)이 폐위 논쟁을 거치면서 서로 양립할 수 없는 불구대천의 적대적 논리로 새롭게 자리매김한 셈이었다. 이는 이후 역사 진행 과정에서 조선 성리학의 운신 폭이 그만큼 좁아지고 학풍도 배타적으로 경직될 것임을 예시하기에 충분하다.

이뿐만 아니라 폐위 논쟁은 격렬한 권력투쟁과 밀접한 관련이 있었다. 이 점은 논쟁 자체가 처음부터 자유로운 분위기 속에서 전개될 수 없었음을 뜻한다. 광해군의 후원을 받는(또는 전위부대 역할을 맡은) 폐위론자들은 논쟁의 와중에 반대론자들을 대거 숙청하였다. 숙청의 이유는 그들이 '이상한 논리로 역적을 비호하므로 그들 또한 역적'이라는 단순 논리였다. 반대 논리를 펴는 상대방을 역적으로 취급했다면, 더 이상의 토론은 불가능하였다. 유교 사회 조선에서 어떤 사안이 충역忠逆이나 정사正邪 논쟁으로 비화하는 순간, 이미 타협이나 절충은 이룰 수 없었다. 둘 가운데 한쪽이 궤멸해야만 논쟁의 종결이 가능하였다.

계해정변(인조반정, 1623)을 계기로 폐위반대론자들이 폐위론자들을 대거 보복 숙청함으로써 이런 구도는 더욱 심화하였고 강고한 뿌리를 깊숙이 내렸다. 극적인 반전이 토론을 통해 확보한 논리적 우위의 결과라기보다는 무력 정변을 통한 보복적 숙청의 형태로 나타났기 때문이다. 특히 정변 주도 세력이 반정의 명분을 광해군의 폐모廢母와 배명背明 행위로 분명하게 천명한 결과, 이제 조선에서 자식이 어미를 처벌하는 행위는 어떤 경우에도 용납될 수 없었다. 처벌 가능성을 입에 올리는 순간 바로 패륜이라는 낙인이 찍히는 구도였다. 효의 가치가 충을 제치고 '절대' 강상綱常의 경지로 올라선 것이다. 주희를 공맹과 같은 성인의 반열에 올리고 숭모하던 조선에서 발생한 매우 획기적이고도 특이한 전환기적 사건이었다. 조선 성리학의 '홀로서기' 움직임으로 볼 수도 있겠으나, 이후에도 주자학 근본주의가 18세기가 지나도록 맹위를 떨친 점을 고려하면 단순히 그렇게만 볼 수도 없다.

그런데 약 4년 후에 발생한 정묘호란(1627)과 그에 따른 후금과의 맹약은[3] 광해군의 모후 핍박, 곧 폐모를 금수 만도 못한 패륜의 극치로 몰아가는 데 중요한 추가 변수로 작용하였다. 8장에서 살폈듯이, 정묘·병자호란 이후에 광해군 대를 기술한 관찬·사찬 사서나 수필 등을 두루 일람하면, 반정의 명분이 죄다 광해군의 폐모 행위로 수렴되었음을 어렵지 않게 간파할 수 있다. 거사 바로 다음 날 반포한 반정교서에서 폐모와 배명을 거사의 양대 명분으로 분명히 천명했는데도, 이후로 배명은 사라지고 폐모만 반정의 명분으로 재생산되어 널리 회자하는 형국이었다.

거사 4년 만에 인조 정권이 후금의 침입을 받고 강화한 것은 자신들이 내세운 반정의 정당성을 뒤흔든 크나큰 사건이었다. 후금과 맹약을 맺은 인조는 광해군보다 훨씬 더 심한 패륜을 저지른 꼴이었기 때문이다. 광해군은 누르하치와 우호 관계를 유지하려 하기는 했지만 누르하치에게 굴복하지는 않았다. 반면 인조는 군부君父(명)를 해치려는 강도(후금)에 맞서 끝까지 싸우기는커녕 오히려 맹약을 체결해버렸다. 명나라 황제에 대한 충

3 학계에서는 '화약和約'이라고도 부르지만, 엄밀히 보자면 후금의 관습에 따라 강요받은 '맹약盟約'이었다. 이에 대해서는 남호현, 「조청관계의 초기 형성 단계에서 '맹약'의 역할: 정묘호란기 조선과 후금의 강화 과정을 중심으로」, 『조선시대사학보』 78, 2016 참조.

(君)과 효(父)를 동시에 범한 극악한 패륜을 저지른 것이다.[4] 이처럼 정묘호란은 정변을 통해 탄생한 인조 정권의 정당성을 심각하게 흔들었고, 그 결과 내부 통치력에도 위기를 맞았다. 빗발치는 척화 상소에 대하여 인조는 후금과의 강화(맹약)가 전쟁을 완화하기 위한 임시 계책일 뿐 화친이 아니라고 여러 차례 변명하였다. 하지만 손바닥으로 하늘을 가리는 격이었다. 그런 구차한 변명으로 비난 여론을 무마하기도 어려웠다. 광해군보다 더 심하게 배명하여 춘추의리를 저버렸다는 인식이 조야에 팽배하였다. 명나라 황제와 군부-신자 관계에 있는 제후, 곧 조선 국왕이 충효 덕목을 저버림으로써, 광해군에게 들씌운 패륜을 인조 자신이 저지른 아이로니컬한 상황이 벌어졌다.[5]

반정의 양대 명분은 광해군의 배명과 폐모에 대한 응징이었는데, 전자에 대해서는 되도록 함구하고 후자에 대해서는 더욱 목청을 높여 강조하는 분위기가 자연스럽게 조성되기 시작한 것은 바로 이때부터였다. 후금과의 마지못한 강화 때문에 불거진 문제를 폐모라는 다른 명분으로 상쇄시켜 반정의 정당성을 계속 유지하고자 한 것이다. 인조의 행장을 비롯하여 호란 이후에 편찬된 거의 모든 문헌 자료에서 반정의 명분을 광해군의 폐모 행위에 맞추고, 배명 행위를 제대로 거론하지 않은 점은 이런 변화를

---

4 두 차례의 호란과 강화에 따른 조선왕조의 심각한 고민에 대해서는 계승범, 『조선시대 해외파병과 한중관계』, 푸른역사, 2009, 215~222쪽; 계승범, 「삼전도 항복과 조선의 국가정체성 문제」, 『조선시대사학보』 91, 2019 참조.

5 이런 문제는 병자호란과 삼전도 항복(1637)을 통해 극에 달했다. 피란지 남한산성에서 후금군에 포위된 인조 정권의 이념적 딜레마와 삼전도 항복이 갖는 충격의 본질에 대해서는 위 4번 각주에 제시한 글 외에도 계승범, 「같은 전쟁 다른 기록: 병자호란 초기 홍타이지의 국서와 조선왕조의 국가정체성 문제」, 『동양사학연구』 147, 2019 참조.

알려주는 결정적 증거이다.

이런 전환은 쉽게 성공할 수 있었다. 반정의 또 다른 명분인 폐모 또한 양반 사회의 폭넓은 공감대를 얻고 있었기 때문이다. 그렇지만 인조 정권의 이념적 양 날개라 할 수 있는 반정의 양대 명분 중에서 한쪽을 잃고 다른 한쪽만으로는 정상적으로 비행하기가 어려웠다. 이에 대한 해결책으로, 아직 붙어 있는 한쪽 날개(폐모→효도)를 더욱 소중히 여겨 강조하는 한편, 이미 없어진 다른 한쪽 날개(배명→사대)도 마치 있는 것처럼 선전하고 이론화하는 작업이 필연적으로 뒤따랐다. 이를테면 청나라가 주도하는 동아시아의 새 국제질서를 부정하면서 외부 세계로부터 스스로 고립시키고, 이미 망해 없어진 명나라를 국내에서는 여전히 군부로 받들며 북벌론·대명의리론·조선중화론 등을 발전시킨 것은 바로 현실에서 이미 잃어버린 한쪽 날개를 이념적으로나마 되찾기 위한 자구책이었다.[6]

1623년(계해정변, 인조반정)에 이어 1627년(정묘맹약)과 1637년(삼전도 항복) 이후로 효의 가치는 어떠한 경우에도 범할 수 없다는 명제가 조선 유학의 철옹성처럼 굳어졌다. '폐모=패륜'이라는 등식이 완전하게 성립된 까닭이다. 정치의 요체로 효를 강조한 표현으로는 '이효리국以孝理國', '이효위치以孝爲治', '솔일국이효率一國以孝' 등이 널리 쓰였는데, 조선의 정치무대에서 효를 이전보다 훨씬 더 특별하게 강조하기 시작한 시점은 16세기였다.[7] 16세기 전반 중종 대에 이르면 그 표현의 사용 빈도가 급증했으며, 이는 이른바 '사림운동'과 불가분의 관계에 있었다고 볼 수 있다.[8]

---

6 계승범, 「계해정변(인조반정)의 명분과 그 인식의 변화」, 『남명학연구』 26, 2008.

7 조광, 「조선조 효 인식의 기능과 그 전개」, 『한국사상사학』 10, 1998.

8 계승범, 『중종의 시대: 조선의 유교화와 사림운동』, 역사비평사, 2014, 146쪽.

조선왕조 건국 직후부터 광범위하게 장려한 『소학小學』은 사림이 좋아한 수양서로, 이 책의 목차는 부자지친父子之親이 군신지의君臣之義보다 앞에 배치되었을 뿐만 아니라 그 관련 역사적 사례도 더 풍부하다. 각종 국가시험에서 『소학』이 주요 과목에 오른 이유도 바로 그런 정책의 산물이자, 시대 흐름의 적극적 반영이었다. 이에 더해 『소학』의 폭넓은 보급을 위한 언해서도 16세기에 나왔다. 한글로 풀이한 첫 번역서인 『번역소학飜譯小學』(1518)과 『소학언해』(1587)가 나온 시대는 바로 사림운동이 장기적으로 이어지던 16세기를 통으로 아우르기에 부족함이 없다.[9] 인목대비 폐위 논쟁은 조선왕조가 '사림의 시대'로 완전히 진입한 즈음에 발생한, 그래서 언제라도 정치무대에서 불거질 수 있는 사안이었다. 더욱이 광해군의 '폐모' 행위를 문제 삼은 '반정'이야말로 이런 시대적 흐름을 결정적으로 강화하였다.

충과 효가 충돌할 때 어떤 가치를 우선할 것인지는 주자학의 테두리 안에서 얼마든지 토론이 가능한 주제였다. 하지만 17세기 초·중반을 지나면서부터는 아예 토론 자체가 불가능해졌다. 이와 유사한 성격의 유교적 논쟁을 표방한 정치적 충돌이 발생할 때마다 조선의 성리학은 점점 더 유연성을 잃어갔다. 17세기 후반에 이르러 유교 해석과 예법을 둘러싼 예송논쟁 및 피의 숙청이 반복해 발생한 것은 이런 역사적 추세의 산물이자 방증이라 할 수 있다.

---

9 이와 관련하여 16세기에 주목한 연구로는 정호훈, 『조선의 소학: 주석과 번역』, 소명출판, 2014, 15~16쪽 참조. 한편, 16세기의 사림과 소학을 연관 지은 연구로는 윤인숙, 『조선 전기의 사림과 《소학》』, 역사비평사, 2016 참조.

# 03

## 효치국가의 탄생과 조선 후기의 왕권

대비논쟁의 여파는 17세기 이래 조선왕조의 진화 방향에 중대한 영향을 끼쳤다. 효가 어떤 경우에도 흔들릴 수 없는 절대 가치로 자리를 굳혔고, 주자학적 종법에 따른 가족과 가문을 극단적으로 중시하는 분위기가 심화하는 데 어느 정도의 추동력을 제공하였다.[10] 16세기까지만 해도 대개 정치 분야에 머물던 유교화 추이가 17세기부터 거의 모든 분야에 걸쳐 전방위적으로 확산하는 과정에서 새로운 견인 장치로 작용한 것이다. 반면에 충은 점차 관념적 개념으로 변질하여 주로 원론적 미사여구(rhetoric)

---

**10** 가족제도의 유교화 현상을 17세기라는 시대상에 주목하여 살핀 연구로는 최재석, 「17세기의 친족구조의 변화」, 『정신문화연구』 24, 1985; Martina Deuchler, *The Confucian Transformation of Korea: A Study of Society and Ideology*, Cambridge: Council on East Asian Studies, Harvard University, 1992.(이훈상 옮김, 『한국사회의 유교적 변환』, 아카넷, 2003); Mark A. Peterson, *Korean Adoption and Inheritance: Case Studies in the Creation of a Classic Confucian Society*, Ithaca: East Asian Program, Cornell University, 1996.(김혜정 옮김, 『유교사회의 창출』, 일조각, 2000); 계승범, 「한국의 유교화와 17세기」, 『한국사학사학보』 20, 2009 등 참조.

쪽으로 수렴하였다. 가족·가계 집단 내의 상하 위계질서와 결속을 국왕에 대한 충성보다 더 중요시하는 사회로 서서히 탈바꿈해갔다.

흥미로운 사례가 있다. 대한제국 시기에 13도 의병 총대장을 맡은 이인영李麟榮(1867~1909)은 일본군과 교전 중 부친의 부고를 듣자마자 군영을 떠나 바로 낙향하였다.[11] 그의 행동은 시사점이 크다. 구국(충)의 깃발을 휘날리며 거병한 장수가 부모의 상례(효)를 치르기 위해 긴박한 교전 현장을 떠난 일을 과연 어떻게 이해해야 할까? 이후에도 다른 지휘관들의 설득을 물리치고 삼년상을 고집한 이인영의 속내는 무엇이었을까? 어떤 가치를 지고의 위치에 두었기에 그런 선택을 할 수 있었을까? 조선 전기 16세기까지만 해도, 아니 임진왜란(1592~1598) 때만 해도 생각하기 힘든 상황이 조선왕조의 마지막 시기에는 어찌 가능했을까? 그 사이에 무슨 가치의 변화가 조선에서 발생했기 때문일까?

이 책에서는 후기 조선왕조의 성격 가운데 하나로 '효치국가의 탄생'이라는 개념을 새롭게 제시하고자 한다. 충·효를 강조함은 조선 후기에도 이전과 큰 차이가 없었으나, 정치무대의 현실에서는 둘 사이의 우선순위가 뒤바뀌는 현상이 조선식 주자학의 교조화와 함께 등장하여 편만하였다. 이 같은 의미로 효치국가라 칭한 것인데, 바로 그런 국가의 탄생 시점이 계해정변(인조반정, 1623)이었다. 환언하면 명실공히 충·효를 강조하던 유교국가 조선에서 계해정변을 기점으로 충의 깃대는 꺾인 데 비해 효라는 깃발만 힘차게 나부끼는 '이상한' 유교국가로 변했다는 의미다. 이런 의미의 '효치국가' 개념은 오래전 고대부터 유교 사회에서 회자한 효치孝治라는 용어의 함의와는 사뭇 다르다.

11 오영섭, 「한말 13도창의대장 이인영의 생애와 활동」, 『한국독립운동사연구』 19, 2002.

효치라는 개념어의 시원은 아마도 『효경』의 「효치장孝治章」일 것이다. 여기서 말하는 효치는 바로 앞에서 필자가 후기 조선왕조의 한 특징으로 든 '효치국가'의 효치와 달리 정치의 한 방법일 뿐이다. 『효경』에서 강조한 효치란 군주가 자신의 정치 행위 대상이 되는 다양한 존재로부터 환심歡心을 끌어내는 지름길, 곧 교화와 덕치를 이루는 전제조건이자 방법의 의미였다.

> 공자께서 이르기를 "옛날에 현명한 왕(明王)은 효로써 천하를 다스렸다. (그래서) 소국小國의 제후(臣)라도 함부로 버려두지 않았다. 하물며 공公·후侯·백伯·자子·남男에게 (그렇게 하겠는가?) 그러므로 만국의 환심을 얻음으로써 선왕을 섬겼다."라고 하였다.[12]

「효치장」의 첫 문단에 나오는 구절로, 『효경』에서 말하는 효치의 의미가 천하만국의 제후를 효과적으로 통솔하는 방법임을 잘 보여준다. 천자가 만국 제후들로부터 충을 자발적으로 끌어내는 통치 수단이 바로 효였다. 효가 충을 밀어내고 그 자리를 차지하는 것이 아니라, 충을 진정으로 유도해내기 위한 첩경이 효의 실천이라는 의미다.

위 구절 뒤에 바로 이어지는 문단의 문장구조도 동일하다. 내용만 '치천하治天下'에서 '치국治國'으로 한 단계 내려왔을 뿐이다. 즉, 나라를 다스리는 자라면 어떤 민民이라도 홀대하지 않아야 백성의 환심을 산다는 내용이다. 그다음 문단은 한 단계 더 내려와 치가治家의 요체를 말하는데, 문

12 『효경』「孝治章」. "子曰, 昔者, 明王之以孝治天下也. 不敢遺小國之臣, 況於公侯伯子男乎. 故得萬國之歡心 以事其先王."

장구조는 역시 같다. 「효치장」의 마지막 문단은 수미상관법을 따라 아래와 같은 문장으로 끝난다.

> 그러므로 현명한 왕이 효로써 천하를 다스림이 이와 같다. 『시경』에 이르기를 "덕행을 드러냄이 있으면 사방의 나라들이 따른다."라고 하였다.[13]

이 구절에서도 효는 '교화 정치'를 제대로 시행하기 위해 군왕이 솔선수범해야 할 최고의 덕목, 곧 덕행의 으뜸이라는 의미로 쓰였다. 「효치장」에 반복해 나오는 환심이라는 단어는 자발적인 귀속歸屬, 다시 말해 충심忠心을 의미한다. 따라서 『효경』에서 사용한 효치는 정치의 제일 '방법'을 가리킨다.

『효경』을 특히 중시하여 보급한 한漢나라는 일반 서민에게까지 효제孝悌를 강조한 것으로 유명하다. 이른바 효치를 전면에 내세웠다고 할 수 있다. 한나라에서 효제를 강조한 이유이자 목적도 통치의 안정을 보증하는 공순한 인간의 창출이었으며, 이는 사실상 충을 요구하기 위한 전제였다. 즉, 집안으로부터 시작하여 모든 단계에서 국가(왕조·군주)에 대한 충성을 독려하는 복종의 윤리였다고 해도 과언이 아니다. 효는 충을 보증하는 치국의 요체요, 효의 실천을 통해 충을 완성하는 구조였다.[14] 다른 말로, 효치를 통해 기대할 수 있는 반대급부, 곧 자발적 충과 같은 공효功效를 염

---

13 『효경』「孝治章」. "… 故明王之以孝治天下, 如此. 詩云, 有覺德行, 四國順之."

14 이성규, 「한대 효경의 보급과 그 이념」, 『한국사상사학』 10, 1998.

두에 둔 치국治國·치천하治天下의 방책이었다.[15]

이런 쓰임새는 한국에서도 마찬가지였다. 동시대 당나라의 과거제도를 수용하기 싫어서 일종의 절충안으로 탄생한 신라의 독서삼품과讀書三品科에 『효경』을 포함한 것이나,[16] 불교국가 고려에서도 효치를 강조한 점[17] 등은 효치의 의미와 용례가 한반도에 들어와서도 거의 그대로 유통되었음을 에둘러 보여준다. 이러한 흐름은 고려를 이은 조선왕조에서도 다를 바 없었다.[18]

『조선왕조실록』에서 '효치孝治'를 원문 검색하면 인명 2건을 제외하고 모두 44건이 나온다. 세종 재위 기간에 상대적으로 많이 몰려 있기는 하지만 거의 전 시기에 걸쳐 꾸준히 나온다. 그 용례를 일일이 조사하면 선정善政의 정도正道이자 방법이라는 의미뿐이다. 대표적 표현으로는 이광효치以光孝治, 이명효치以明孝治, 이돈효치以敦孝治, 익광효치益光孝治, 누어효치累於孝治, 성대지효치聖代之孝治 등과 같이 분명하게 명사로, 곧 개념어로 쓰인 사례가 대부분이다. 또한 대부분 부모 봉양을 이유로 올리는 사직서나 상중에 기복起復의 명을 받은 신하가 완곡하게 벼슬을 사양하는 상소문에 등장한다. 이 밖에도 이효치국以孝治國을 포함하여 다른 표현들이 더러 있으나 역시 다들 매한가지다. 요컨대 실록을 통해 보자면 조선시대에 사용한 효치의 의미는 『효경』에서 전혀 벗어나지 않았다.

---

15 문호선, 「조선 후기 효행의 건립: 松棲公遺稿를 일례로」, 『동양문화연구』 20, 2015.

16 이현주, 「신라 효경의 수용과 활용」, 『한국사상사학』 64, 2020.

17 박주, 『조선시대의 효와 여성』, 국학자료원, 2000, 379~422쪽; 문호선, 「고려 효행록과 세종조 삼강행실효자도 비교」, 『한국사상과 문화』 98, 2019.

18 조광, 「조선조 효 인식의 기능과 그 전개」, 『한국사상사학』 10, 1998.

효치 개념의 이런 용도는 조선 후기에 정치 현안과 관련하여 개인이 거론한 '효치론'에서도 확인할 수 있다. 인목대비를 보호하려는 의도로 올린 이항복의 상소에 나오는 '이효치국가以孝治國家'라는 표현,[19] 인조의 원종 추숭에 찬성한 박지계朴知誡(1573~1635)의 효제孝悌 강조,[20] 김육이 효치를 강조하기 위해 『효경』과 『충경忠經』의 요체를 묶은 『효충전서孝忠全書』의 편찬,[21] 예송논쟁 중에 국왕 중심의 경장을 꾀한 윤휴尹鑴(1617~1680)의 『효경』 강조와 효치론,[22] 충을 목표로 효를 더욱더 강조한 영조의 정치 및 『효경』과 『충경』의 간행,[23] 부친 사도세자(1735~1762)의 추숭과 능행에 심혈을 기울인 정조의 효치 실천[24] 등을 다룬 기존 연구들을 종합해보면 조선 전기(15~16세기)에 비해 후기(17~18세기)에 효치를 전면에 내세우는 경향이 새로운 흐름이었음을 짐작할 수 있다.

하지만 이들 모두는 충을 위한 효의 강조, 곧 선사부모善事父母(부모를 잘 섬기는 것)를 제대로 실천하면 그것이 바로 국가사회 차원에서는 충을 보장한다는 한나라 때의 인식과 같았다고 할 수 있다. 아무리 효를 강조하고 효치를 전면에 내세울지라도 그 최종 목적은 자발적인 충을 모든 신료와 백성에게서 끌어내기 위함이었다. 효는 충을 실현하기 위한 전제조건이자 출발점이지, 종착점은 아니었다. 이론상으로나 현실적으로나 항상 최

19 장숙필, 「백사 이항복 경세설의 사상적 특징」, 『한국인물사연구』 8, 2007.

20 김용흠, 「잠야 박지계의 효치론과 변통론」, 『역사와 현실』 61, 2006.

21 우경섭, 「조선 후기 효경·충경 이해와 효치론」, 『정신문화연구』 126, 2012.

22 정호훈, 「윤휴의 경학사상과 국가권력강화론」, 『한국사연구』 89, 1995.

23 우경섭, 「조선 후기 효경·충경 이해와 효치론」, 『정신문화연구』 126, 2012.

24 김지영, 「1795년 整理通考 편찬과 '整理'의 의미」, 『역사학보』 228, 2015.

종 무게중심은 충에 있었다. 그렇기에 효는 충의(of the allegiance), 충에 의한(by the allegiance), 충을 위한(for the allegiance) 가치였다. 곧 모든 효는 충으로 수렴하는 구조였다. 이것이 바로 동북아 역대 왕조국가에서 효치를 강조한 이유였다.

그런데 인목대비 폐위 논쟁과 정변(반정) 이후 조선에서 벌어진 상황은 사뭇 달랐다. 폐위반대론자들이 '어떠한 경우에도' 자식이 어미를 폐할 수 없다는 논리를 세운 것이다. 이는 매우 획기적인 사건이었다. 말 그대로 효가 충을 제압해버렸기 때문이다. 그러다 보니 정치무대에서 충의 가치를 공개적으로 부정할 수는 없을지라도 실제로는 군위신강君爲臣綱과 군신지의君臣之義에 기초한 충은 점차 관념화하였다. 원론적으로는 여전히 충이 최고의 가치였으나, 이제는 충을 실천적 가치의 최고봉이라 신봉하는 양반 지배엘리트가 현저히 감소하였다. 조선 후기의 충은 경전의 텍스트로만 존재할 뿐 현실의 정치무대에서는 그 힘을 심각하게 상실하였다. 이 책에서 제기한 '효치국가의 탄생'에서 '효치'란 바로 충을 이루기 위한 수단이나 과정이 아니라, 충 개념의 형해화와 효의 전면적인 부각 현상을 의미한다.

충 개념의 실천적 가치가 쇠락한 요인으로는 나날이 격화하던 당쟁을 간과할 수 없다. 붕당의 발생 자체가 이미 왕에 대한 충보다 붕당의 우두머리에 대한 충을 더 중시하는 풍조의 산물이었다. 고대 중국에서 붕당을 결성한 죄를 심각한 불충으로 간주하여 사형에 처한 이유가 바로 그 때문이었다. 조선왕조에서도 16세기 초 조광조 일파의 죄목이 바로 붕당 결성이었다. 그런데 16세기 후반 선조 때 동서 분당이 발생하면서 상황이 일변하였다. 특히 조선 후기가 무르익을수록 붕당·학맥·가문 등이 거의 일치함에 따라, 국가 통치이념의 근간이던 국왕에 대한 충은 현실에서 그 힘을 점차 잃어가고 추상적으로 흐를 수밖에 없었다.

흔히 18세기 영·정조 대의 정치적 성격을 '탕평 정치'로 규정하지만,[25] 이런 담론은 마치 18세기에 영조와 정조가 당쟁을 척결하고 탕평을 이룬 것처럼 호도할 소지가 있다. 국왕이 전면에 내세운 탕평이라는 간판과 그 간판 뒤의 실제 상황은 얼마든지 다를 수 있다. 역사에서 보면 간판(명분, cause)과 실제 내용이 완전히 일치한 사례가 없다고 해야 차라리 솔직하다. 그만큼 인간사에서 명분과 실제는 곧잘 엄연히 다르게 나타났기 때문이다. 비유하자면, 요즘도 정치인이라면 누구나 민생을 입에 달고 살지만, 그렇다고 하여 민생이 실제로 이루어졌는지는 전혀 별개의 문제다.

실상 노론과 소론의 격렬한 정쟁이 '돌아올 수 없는 다리'를 건넌 상황은 18세기 영·정조 시대 내내 이어졌다. 양계兩界(평안도의 북계와 함경도의 동계를 통칭) 지역을 제외하면 지방 거점의 대규모 반란이 전무하던 조선 왕조에서 현왕(영조)의 정통성을 문제 삼으며 일어난 무신란戊申亂(1728)은 다른 부연 설명이 필요 없는 좋은 증거이다. 이후로도 호론계 노론의 노골적인 탕평 반대, 영조의 탕평 정책에 호응한 일군의 신료를 아예 '탕평당'이라고 하여 마치 새로운 붕당의 출현으로 인식한 분위기, 노론-소론 간 치열한 당쟁의 와중에 국왕이 세자를 공개적으로 살해한 참사인 임오화변壬午禍變(1762), 즉위한 지 얼마 안 되었을 때 자신을 죽이려 침입한 자객의 배후를 캐지 않고(즉, 사건을 확대하지 못하고) 덮을 수밖에 없었던 국왕 정조의 현실, 국왕의 정통성을 문제 삼은 이들을 확실하게 제거하지 못한

25 영·정조 대의 정치를 탕평 정치로 특징지은 대표적인 저서로는 김성윤, 『조선 후기 탕평정치 연구』, 지식산업사, 1997; 박현모, 『정치가 정조』, 푸른역사, 2001; 김백철, 『조선 후기 영조의 탕평정치: 속대전의 편찬과 백성의 재인식』, 태학사, 2010; 최성환, 『영·정조 대 탕평정치와 군신의리』, 신구문화사, 2020 등 참조.

채 일종의 조제보합調劑保合으로 정국을 타개하고자 한 정조의 기본적 한계 등은 18세기 '탕평 정치'라는 장막 뒤에서 극심하고 처절하고 지속적으로 벌어진 정쟁을 여실히 보여준다. 이런 분위기에서 국왕(왕조)에 대한 충의 실천이 설 자리는 별로 없었다. 자신이 속한 붕당에 대한 충이 훨씬 더 중요하였다.

『국어國語』에 처음 등장한 군사부일체君師父一體라는 전통적 유교 가치 체계에서도 이제는 충의 대상으로서의 '보편적·절대적 군君'이 점차 형해화의 길을 걸었다. 사승師承 관계나 정치적 후원 관계에 기초한 사적私的 의리는 시공을 초월하여 어느 나라에나 있는 현상인데, 특히 17세기 이래 조선에서는 그런 사적 의리가 공공연하게 거론할 수 있는 사안으로 자리를 잡았다. 정치적 격변이 발생했을 때 이제 개인이 끝까지 의리를 지켜야 할 대상은 국왕이 아니라 붕당의 우두머리였다. 자신은 비록 죽임을 당할지라도 대를 이어가며 사후의 자기를 기억하고 추모할 주체는 후대의 평가도 아니고, 바로 그렇기 때문에 춘추필법의 준엄한 역사서도 아니며, 누가 왕위를 이을지 불분명한 미래의 국왕도 아니고, 결국은 자신의 붕당 구성원들뿐이었다. 18~19세기에 다양한 당론서가 앞다퉈 나온 사실만 보아도 조선 후기 당쟁의 격렬성과 지속성을 어렵지 않게 감지할 수 있다.

이를 다른 말로 풀어보면, 조선 후기에는 군사부일체에서 '군'은 점차 탈락하고 '사'와 '부'에 대해서만 의리를 실천하면 충분한, 그래서 '이상한' 유교국가로 진화한 것이다. 현재 학계에서는 숙종의 군사부일체론 수용과[26] 영조가 누린 군사부君師父적 군왕의 위상,[27] 그리고 정조의 군사君師

26 이상식, 「조선 숙종 대 군사부일체론의 전개와 왕권강화」, 『한국사학보』 20, 2005.

27 최근의 대표적 저서로는 JaHyun Kim Haboush, *The Confucian Kingship in Korea:*

적 지위와 효치론[28] 등을 왕권 강화와 관련하여 해석하는 경향이 압도적이다. 이들 연구에 보이는 공통의 요체는 이전과는 달리 숙종·영조·정조 시기에 국왕이 군君과 사師 또는 군·사·부를 겸하면서 왕권이 강해졌거나, 적어도 상당한 수준의 안정을 누렸다는 것이다. 그런 면도 분명히 있지만, 다른 해석의 여지도 있다.

여기 에필로그에서는 구체적 논증보다는 가벼운 담론처럼 되새김질해 보자. 이전에는 군이라는 한 가지 조건만으로도 왕권의 행사가 얼마든지 가능했는데, 이제는 사師의 덕목까지 겸비해야 그나마 왕의 권위를 인정받을 수 있는 형세가 도래했다는 해석은 불가능할까? 성리학적 지식의 '홍수 시대'가 열린 16세기 후반에 이미 이황과 이이는 『성학십도聖學十圖』와 『성학집요聖學輯要』를 저술하여 군君의 사師(교화의 주체) 역할을 강조하였다. 국왕의 이런 새 역할에 대해서는 왜란과 호란의 후유증을 수습하고 왕조를 재건하던 17세기에는 대체로 잠잠하다가, 18세기에 접어들면서 정치무대의 큰 화두로 떠올랐다. 영조와 정조는 마침 공부에 관심과 능력을 갖추어서 경연을 통해 왕의 권위를 드러낼 수 있었지만, 그것은 뒤집어 생각하면 이제 국왕이 사의 '역할'까지 떠안은, 아니 반드시 갖춰야 하는 시대로 접어든 셈이기도 하였다.

한편, 국왕이 사師의 실력을 갖추었다고 하여 왕권이 이전보다 현저하

---

*Yŏngjo and the Politics of Sagacity*, New York: Columbia Uiversity Press, 1988.(김백철 옮김, 『왕이라는 유산: 영조와 조선의 성인군주론』, 너머북스, 2017); 김백철, 『두 얼굴의 영조: 18세기 탕평군주상의 재검토』, 태학사, 2014; 이근호, 『조선 후기 탕평파와 국정운영』, 민속원, 2016 등을 참조.

**28** 박현모, 『정치가 정조』, 푸른역사, 2001; 김문식, 『정조의 제왕학』, 태학사, 2007; 김해영, 「정조의 효치사상 연구」, 성균관대학교 박사학위논문, 2018; 윤정, 「정조의 대학 이해와 군사 이념: 재정정책과의 상관성을 중심으로」, 『역사문화연구』 65, 2018.

게 강화되었다고 단정하기도 어렵다. 숙종·영조·정조의 실제 왕권은 조선 전기의 태종·세종·성종보다 무엇이 얼마나 더 강했을까? 왕권의 정도를 가늠하는 통시적 기준은 무엇이며, 그런 기준은 어떤 면에서 타당한가? 이런 데까지 주의를 기울이고 나서 영조나 정조의 왕권을 논한 연구는 거의 찾아볼 수 없다. 조선 전기(15~16세기)와 달리 18세기에 이르러 군주가 군사부일체를 수용했다면, 그것은 단순히 왕권 문제의 차원을 넘어 그만큼 '지식 권력' 기반이 새롭게 등장했다는 의미로 해석할 수도 있다. 군왕이라도 지식을 갖추지 못하면 신료들(지식인)을 제대로 제어할 수 없는 새로운 세상으로 진화해 들어섰다는 말이다. 조선 전기의 왕권에 근접하기 위해서 18세기 조선의 국왕들은 앞 시기에는 반드시 갖춰야 할 조건은 아니었던 사의 덕목까지 겸비해야 했다는 통시적 비교사 차원의 고민이 별로 없이 왕권의 강화만을 강조하는 18세기 왕권 논의는 좀 더 외연을 넓혀 보강하고 균형을 잡을 필요가 있다.

조선 후기에 가장 강한 왕권을 누렸다는 영조를 보아도 그 실상은 유교적 군주다운 학식을 갖추었기 때문이요,[29] 재위 후반기에는 신료들보다 연배나 정치 경력에서 월등하게 앞섰기 때문이었다. 유럽의 군왕들처럼 친위대를 보유하였거나 강병책을 밀어붙였기 때문은 아니었다. 정조를 유럽의 계몽절대군주에 견주기도 하지만,[30] 정조가 실제로 유럽의 절대군주

---

29 JaHyun Kim Haboush, *The Confucian Kingship in Korea: Yŏngjo and the Politics of Sagacity*, New York: Columbia Uiversity Press, 1988.(김백철 옮김, 『왕이라는 유산: 영조와 조선의 성인군주론』, 너머북스, 2017)

30 이태진, 「정조, 유교적 계몽절대군주」, 『한국사 시민강좌』 13, 1993; 김성윤, 「만천명월주인옹: 계몽군주 정조」, 이태진 교수 정년기념논총 간행위원회 편, 『국왕, 의례, 정치』, 태학사, 2009; Christopher Lovins. *King Chŏngjo, An Enlightened Despot in Early Modern Korea*, Albany: State University of New York Press, 2019. 크리스토퍼 로

같은 권력을 휘둘렀는지에 대한 고증은 미흡한 편이다. 만천명월주인옹萬川明月主人翁(만 개의 냇물을 밝게 비추는 달의 주인, 곧 만백성을 밝게 비추는 성군이라는 뜻)이라는 선언만으로 마치 절대권력을 휘두른 군주로 단정하면 곤란하다. 선언이야 누구라도 할 수 있기 때문이다. 문제는 그런 선언이 현실에서 얼마나 그대로 작동했는가이다. 이뿐 아니라 계몽군주의 반열에 오르려면 무엇보다 먼저 새로운 계몽사상을 습득해야 한다. 그런데 정조가 기존의 중세적 주자학보다 더 중시해서 학습한 새로운 사상 체계는 무엇이었을까? 만만치 않다.[31]

---

빈스의 책에 대한 국내 유일의 수준 높은 서평으로는 정다운, 「'절대군주' 정조와 18세기 조선」, 『한국사학사학보』 41, 2020 참조.

31 정조를 계몽절대군주로 보는 견해에 대한 비판으로는 계승범, 『정지된 시간: 조선의 대보단과 근대의 문턱』, 서강대학교출판부, 2011, 162~170쪽 참조.

## 04

# 폐위 논쟁의 역사성

19세기 중반, 이른바 근대의 문턱에서 조선이 제국주의 공격으로부터 살아남기 위해서는 강력한 국가 리더십의 구축이 필요했다. 그런데 철저한 유교 사회이던 조선은 양반층의 사적 영역을 아우르고 국왕을 정점으로 강력한 통치 질서를 구축하는 데 필요한 이론적 근거인 충忠 이데올로기를 이미 꽤 상실한 상태였다.[32] 19세기 조선에 필요했던 것은 신분을 초월한 동류의식과 그것에 기초한 내셔널리즘 움직임과 국민국가 건설이었다. 마침 조선은 내셔널리즘이 태동할 수 있는 좋은 여건을 오래전부터 갖추고 있었다. 같은 종족, 같은 언어, 고유문자, 중앙집권, 문화 공유 등등, 동시대 유럽에서는 찾아보기 힘들 정도로 국가 구성원 사이의 동질성

---

**32** 19세기 조선에서 왕이나 중앙정부가 강력한 리더십을 발휘할 수 없었던 상황에 대해서는 James B. Palais, *Politics and Policy in Traditional Korea*, Cambridge: Harvard University Press, 1975, pp. 6~16.(이훈상 옮김, 『전통한국의 정치와 정책』, 신원문화사, 1993, 20~37쪽) 참조. 팔레는 그 원인을 왕과 신료들 사이에 형성된 관료제적 견제와 균형에 초점을 두어 제도적인 관점에서 설명하였다.

(homogeneity)이 강하였다. 그런데도 독립협회(1896~1898) 이전까지는 별다른 움직임을 감지하기 어렵다. 식민지 경험을 거쳐 현재에 이르기까지 3·1운동을 제외하고는 참다운 민족주의를 찾기 힘들고 진정한 의미의 국가주의 역시도 약했다. 좌우합작은커녕 분열과 분단으로 치달린 한국 현대사는 좌우 이념을 초월한 민족주의가 사실상 불가능했음을 역으로 보여준다.

이런 현상은 특히 이른바 배웠다는 지식인층에서 더 심했다. 그 이유는 한 국가(왕조)의 인간관계를 설정해줄 거의 유일한 전통 사상이 충과 효인데, 그 충의 실천적 개념이 이미 오래전에 추상화되었기 때문이다. 다른 말로, 충을 실현하기 위한 조건에 불과하던 효가 충을 물리치고 중앙의 정치무대를 접수하면서 발생한 필연적 산물이었다. 이에 따라 충의 실질적 대상도 바뀌었는데, 가족 내에서의 충(=효) 및 조직(우두머리)에 대한 충만 강조하는 정치·지성적 동향이 강해졌다. 한국사에서 조국과 민족이라는 이름으로 충을 강조하고, 그것으로 온 국민을 하나로 묶는 작업을 본격화한 시점은 한국전쟁(1950~1953) 후에 남북한이 별도로 추진한 '국민국가 만들기'였다.

이런 점에서 볼 때, 인목대비 폐위 논쟁 및 정변(반정)을 통한 극적인 반전은 조선 사회에서 충과 효의 관계가 자리바꿈하는 결정적 계기였다고 할 수 있다. 충을 위한 효의 실천 차원을 넘어 충에 대한 효의 최종 승리는 필연적으로 조선 사회의 정치·지성사 흐름을 바꾸기에 충분하였다. 정변(반정)의 후예들이 배타적으로 독점 지배한 조선 후기 사회에서 붕당을 초월하여 그러한 흐름에 의문을 제기할 사람은 아무도 없었다. 세계에서 가장 철저한 유교국가 조선에서 그 유교적 근간인 충의 가치가 현실에서 사실상 실종된 역설적인 상황은 이렇게 가능하였다. 17세기 전반 조선 조정에서 벌어졌던 인목대비 폐위 논쟁이 한국 역사에서 갖는 위상과 중요성은 이러한 거시적 시각으로 새롭게 조명할 필요가 있다.

부연하자면, 유교 사회와는 거리가 멀던 일본이 유교의 충효 이데올로기를 이용하여 천황제의 틀로 국민국가를 형성하는 데 성공한 점은 흥미로운 대조를 이룬다.[33] 일본은 충과 효의 대상을 천황이 독점하는 중세적 가족국가(family-state) 프레임을 통해 근대적 국민국가(nation-state)를 건설한 '역사적 역설'을 만들어냈다. 더욱 역설적인 사례는 사회주의 국민국가를 건설한 김일성(1912~1994, p. 1948~1994)이 빨치산 게릴라로서 자신의 특별한 경험 및 일본의 천황제를 일부 벤치마킹하여 '어버이 수령'이라는 개념을 창안하고 의식화한 것인다. 다시 말해 충과 효를 완전히 동일시하여 충과 효의 대상을 홀로 독점함으로써 북한에 기형적인 사회주의적 '가족국가'를 구축한 것이다.[34] 이는 단순히 우연이라기보다는 조선 후기 근 300년을 거치며 한반도에 켜켜이 쌓인 역사적 경험, 곧 충은 쇠락하고 효가 급부상하던 현상의 부산물로도 볼 수 있다. 가족주의가 중앙의 정치

---

**33** 일본의 근대화 과정에서 사용된 유교적 가치에 대해서는 Samuel Hideo Yamashita, "Confucianism and the Japanese State, 1904~1945," in Tu Wei-Ming, ed., *Confucian Traditions in East Asian Modernity: Moral Education and Economic Culture in Japan and the Four Mini-Dragons*, Cambridge: Harvard University Press, 1996, pp. 132~154; Kurozumi Makoto, "Tokugawa Confucianism and Its Meiji Japan Reconstruction," in Benjamin A. Elman, et al., ed., *Rethinking Confucianism*, UCLA Asian Pacific Monograph Series, 2002, pp. 370~396 참조. 특히 메이지유신 과정에서 유교의 영향은 의외로 컸다. 이에 관한 최근의 저서로는 박훈, 『메이지유신과 사대부적 정치문화』, 서울대학교출판원, 2019 참조.

**34** 참고로, 북한 지배 구조의 가족적 특성을 김일성의 특별한 빨치산 경험에서 찾은 연구로는 Hongkoo Han, "Wounded Nationalism: The Minsaengdan Incident and Kim Il Sung in Eastern Manchuria," Ph.D. dissertation, Seattle: University of Washington, 1999, pp. 347~368 참조.

무대까지 접수해버린 것이다. 그런가 하면, 메이지 일본을 본보기로 삼아 남한에 변형적인 국민국가를 성립시킨 박정희(1917~1979, p. 1963~1979)가 유신 독재 체제를 구축하면서 다시금 충을 강조한 사실은, 어쩌면 17세기 초에 충이 효에게 양도했던 권위를 약 350년 후에 되돌려놓은 사건으로도 볼 수 있다. End

참고문헌

찾아보기

# 참고문헌

## 1차 자료


『經國大典』, 한국법제연구원, 1993.
『經國大典註解』, 단국대학교출판부, 1987.
『公私見聞錄』, 세종대왕기념사업회, 1983.
『恭聖王后祔廟都監儀軌』, 규장각. (奎14939)
『國語』
『國朝寶鑑』, 민족문화추진회, 1994.
『國朝人物考』, 세종대왕기념사업회, 2002.
『黨議通略』, 조선광문회, 1912.
『大東史綱』, 대동사강사, 1929.
『大東野乘』, 경희출판사, 1969.

| 『癸亥靖社錄』 | 『光海朝日記』 | 『寄齋史草』 | 『己丑錄續』 |
|---|---|---|---|
| 『亂中雜錄』 | 『默齋日記』 | 『聞韶漫錄』 | 『延平日記』 |
| 『雲巖雜錄』 | 『柳川箚記』 | 『丁戊錄』 | 『竹窓閑話』 |
| 『荷潭破寂錄』 | | | |

『大學衍義』, 臺北: 中國子學名著集成編印基金會, 1977 및 서울대학교출판문화원, 2018.
『東國朋黨源流』, 을유문화사, 1973.
『東國史略』, 학민문화사, 1994.
『東史約』, 국사편찬위원회, 1989.

『萬家譜』, 민창문화사, 1992.
『孟子』
『孟子集註』, 上海: 商務印書馆, 1936.
『明律目箋』, 臺北: 臺灣常務印書館, 1976.
『明史』, 臺北: 國防研究院明史編纂委員會, 1963 및 中央研究院 漢籍電子文獻 온라인 자료.
『明實錄』, 臺北: 中央研究員歷史言語研究所, 1964.
『白沙集』, 민족문화추진회, 1999.
『白軒集』, 민족문화추진회, 1992.
『璿源錄』, 민창문화사, 1994.
『松江集』, 송강유적보존회, 1988.
『燃藜室記述』, 민족문화추진회, 1985.
『列朝通紀』, 『順菴叢書』, 성균관대학교 대동문화연구소, 1970.
『禮記』
『禮記今註今譯』, 臺北: 臺灣常務印書館, 1974.
『豫章學案』, 『宋元學案』 臺北: 臺灣商務印書館, 1973.
『月沙集』, 『影印標點韓國文集叢刊』 70, 민족문화추진회, 1991
25史 자료
　『舊唐書』, 臺北: 鼎文書局, 1989.
　『宋史』, 臺北: 鼎文書局, 1991.
　『新唐書』, 北京: 中华书局, 1975.
　『晉書』, 北京: 中华书局, 1974.
　『後漢書』, 香港: 中华书局, 1971.
『資治通鑑』, 臺北: 藝文印書館, 1955.
『資治通鑑綱目』, 臺北: 商務印書館, 1976.
『朝鮮王朝實錄』 국사편찬위원회 온라인 자료.
『尊周彙編』, 『朝鮮事大·斥邪關係資料集』 1·2, 여강출판사, 1985.
『佐傳注疏』, 臺北: 臺灣中華書局, 1965.
『周禮正義』, 北京: 中华书局, 1987.
『朱子語類』, 臺北: 正中書局, 1982.
『追崇都監儀軌』, 규장각 온라인 자료 (奎 14880).
『推案及鞫案』, 아세아문화사, 1984 및 흐름출판사, 2014.
『春秋經傳集解』, 北京: 文学古籍刊行社, 1955.
『春秋事義全考』, 臺北, 臺灣商務印書館, 1973.
『春秋左傳』, 『春秋經傳集解』, 北京: 文学古籍刊行社, 1955.

『春秋左傳注』, 北京: 中华书局, 1981
『海東名臣錄』, 조선고서간행회, 1915.
『孝經』

## 2차 자료

강주진, 『이조당쟁사 연구』, 서울대학교출판부, 1971.
계승범, 「광해군대 말엽(1621~1622) 외교노선 논쟁의 실제와 그 성격」, 『역사학보』 193, 2007.
계승범, 「공빈 추숭 과정과 광해군의 모후 문제」, 『민족문화연구』 48, 2008.
계승범, 「계해정변(인조반정)의 명분과 그 인식의 변화」, 『남명학연구』 26, 2008.
계승범, 『조선시대 해외파병과 한중관계』, 푸른역사, 2009.
계승범, 「한국의 유교화와 17세기」, 『한국사학사학보』 20, 2009.
계승범, 『정지된 시간: 조선의 대보단과 근대의 문턱』, 서강대학교출판부, 2011.
계승범, 「임진왜란 중 조명관계의 실상과 조공책봉관계의 본질」, 『한국사학사학보』 26, 2012.
계승범, 「조선 후기 조선중화주의와 그 해석 문제」, 『한국사연구』 159, 2012.
계승범, 「세자 광해군: 용상을 향한 멀고도 험한 길」, 『한국인물사연구』 20, 2013.
계승범, 『중종의 시대: 조선의 유교화와 사림운동』, 역사비평사, 2014.
계승범, 「광해군, 두 개의 상반된 평가」, 『한국사학사학보』 32, 2015.
계승범, 「같은 전쟁 다른 기록: 병자호란 초기 홍타이지의 국서와 조선왕조의 국가정체성 문제」, 『동양사학연구』 147, 2019.
계승범, 「삼전도항복과 조선의 국가정체성 문제」, 『조선시대사학보』 91, 2019.
계승범, 「정묘호란의 동인 재고」, 『열상고전연구』 71, 2020.
구덕회, 「선조대 후반(1594~1608) 정치체제의 재편과 정국의 동향」, 『한국사론』 20, 서울대학교 국사학과, 1988.
권인호, 「내암 정인홍의 지치주의적 학문경향성과 개혁사상」, 『남명학연구논총』 6, 1998.
김돈, 「조선중기 사림의 공론과 그 구현 형태: 광해군 대의 초야언론을 중심으로」, 『국사관논총』 86, 1999.
김명수, 「《연려실기술》의 「光海君條」 서술에 대한 검토」, 국민대학교 교육대학원 석사학위논문, 1987.
김문식, 『정조의 제왕학』, 태학사, 2007.
김백철, 『조선 후기 영조의 탕평정치: 속대전의 편찬과 백성의 재인식』, 태학사, 2010.

김성균, 「조선중기의 對滿 관계」, 『백산학보』 24, 1978.
김성우, 「광해군 집권 3기(1618~1623) 국가재정 수요의 급증과 농민경제의 붕괴」, 『대구사학』 118, 2015.
김성윤, 『조선 후기 탕평정치 연구』, 지식산업사, 1997.
김성윤, 「만천명월주인옹: 계몽군주 정조」, 이태진교수 정년기념논총 간행위원회 편, 『국왕, 의례, 정치』, 태학사, 2009.
김영민, 「조선중화주의의 재검토, 이론적 접근」, 『한국사연구』 162, 2013.
김영민, 『중국정치사상사』, 사회평론아카데미, 2021.
김용덕, 「소현세자 연구」, 『사학연구』 18, 1964.
김용덕, 『한국제도사연구』, 일조각, 1983,
김용숙, 「계축일기 연구: 광해군의 성격 분석을 주로」, 『논문집』 7, 숙명여자대학교, 1968.
김용흠, 「잠야 박지계의 효치론과 변통론」, 『역사와 현실』 61, 2006.
김용흠, 『조선 후기 정치사 연구 I: 인조대 정치론의 분화와 변통론』, 혜안, 2006.
김종수, 「1610년(광해군 2) 공빈 추숭과 광해군사친추숭도감의궤」, 『규장각 소장 의궤 해제집 2』, 서울대학교규장각, 2004.
김지영, 「1795년 整理通考 편찬과 '整理'의 의미」, 『역사학보』 228, 2015.
김해영, 「정조의 효치사상 연구」, 성균관대학교 박사학위논문, 2018.
김호, 「1616년(광해군 8)의 선조 묘호 추상 및 공성왕후의 추숭과 선조묘호도감의궤」, 『규장각 소장 의궤 해제집 2』, 서울대학교규장각, 2004.
남도영, 「임진왜란시 광해군의 활동 연구」, 『국사관논총』 9, 1989.
남호현, 「조청관계의 초기 형성단계에서 '맹약'의 역할: 정묘호란기 조선과 후금의 강화과정을 중심으로」, 『조선시대사학보』 78, 2016.
류승주, 「西坰 柳根의 관계교유인맥과 인조반정세력 연구」, 『한국인물사연구』 18, 2012.
문호선, 「조선 후기 효행의 건립: 松棲公遺稿를 일례로」, 『동양문화연구』 20, 2015.
문호선, 「고려 효행록과 세종조 삼강행실효자도 비교」, 『한국사상과 문화』 98, 2019.
박경, 『조선전기의 입양과 가족제도』, 혜안, 2011.
박주, 『조선시대의 효와 여성』, 국학자료원, 2000.
박현모, 『정치가 정조』, 푸른역사, 2001.
박훈, 『메이지유신과 사대부적 정치문화』, 서울대학교출판원, 2019.
설석규, 「광해조 儒疏 동향과 대북정권의 사회적 기반」, 『조선사연구』 2, 1993.
설석규, 『조선시대 유생상소와 공론정치』, 선인, 2002.
신명호, 『조선의 왕: 조선시대 왕과 왕실문화』, 가람기획, 1999.
신명호, 「임진왜란 중 선조 직계가족의 피난과 항전」, 『군사』 81, 2011.
신병주, 「광해군시기 의궤의 편찬과 그 성격」, 『남명학연구』 22, 2005.

양야, 「조선 후기 중화의식의 변용과 그 성격: 조선중화의식의 실상에 대하여」, 『학림』 43, 2019.
어혜순, 「광해군과 대북세력의 정치운영 연구」, 연세대학교 교육대학원 석사학위논문, 1999.
오수창, 「인조대 정치세력의 동향」, 『한국사론』 13, 1985.
오영섭, 「한말 13도창의대장 이인영의 생애와 활동」, 『한국독립운동사연구』 19, 2002.
오이환, 「대북정권 시기의 정인홍」, 경상대학교 인문학연구소 엮음, 『동북아문화의 과거와 현재』, 박이정, 2010.
오항녕, 『광해군: 그 위험한 거울』, 너머북스, 2012.
오항녕, 「광해군대 경제정책에 대한 교과서 서술: 대동법과 양전을 중심으로」, 『조선시대사학보』 83, 2017.
우경섭, 「송시열의 화이론과 조선중화주의의 성립」, 『진단학보』, 101, 2006.
우경섭, 「조선중화주의에 대한 학설사적 검토」, 『한국사연구』 159, 2012.
우경섭, 「조선 후기 효경·충경 이해와 효치론」, 『정신문화연구』 126, 2012.
윤두수, 「신덕왕후에 관한 연구」, 『석당논총』 15, 1989.
윤인숙, 『조선 전기의 사림과 《소학》』, 역사비평사, 2016.
윤정, 「조선후기 정계의 정인홍 인식과 그 정치적 함의」, 『진단학보』 100, 2005.
윤정, 「정조의 대학 이해와 군사 이념: 재정정책과의 상관성을 중심으로」, 『역사문화연구』 65, 2018.
이근호, 『조선 후기 탕평파와 국정운영』, 민속원, 2016.
이기순, 『인조·효종대 정치사 연구』, 국학자료원, 1998.
이범직, 「조선후기 왕실구조 연구: 인조대를 중심으로」, 『국사관논총』 80, 1998.
이병도, 「광해군의 대후금 정책」, 『국사상의 제문제』 1, 국사편찬위원회, 1959.
이상식, 「조선 숙종대 군사부일체론의 전개와 왕권강화」, 『한국사학보』 20, 2005.
이성규, 「한대 효경의 보급과 그 이념」, 『한국사상사학』 10, 1998.
이순구, 「『계축일기』에 나타난 궁중생활상」, 『사학연구』 55·56, 1998.
이영춘, 『조선후기 왕위계승 연구』, 집문당, 1998.
이장희, 「임진왜란 중 민간반란에 대하여」, 『향토서울』 32, 1968.
이정철, 「정개청 옥사와 그 배경」, 『역사학연구』 61, 2016.
이태진, 『조선후기의 정치와 군영제 변천』, 한국연구원, 1985.
이태진, 「정조, 유교적 계몽절대군주」, 『한국사 시민강좌』 13, 1993.
이현주, 「신라 효경의 수용과 활용」, 『한국사상사학』 64, 2020.
이현진, 「조선시대 신덕왕후 부묘론의 의의」, 『인문논총』 54, 서울대학교 인문학연구원, 2005,

이형석, 『임진전란사』 상, 임진전란사간행위원회, 1974.
이희환, 「광해군대의 정국과 이이첨」, 『전북사학』 38, 2011.
장숙필, 「백사 이항복 경세설의 사상적 특징」, 『한국인물사연구』 8, 2007.
정다운, 「'절대군주' 정조와 18세기 조선」, 『한국사학사학보』 41, 2020.
정두희, 『조선시대의 대간 연구』, 일조각, 1994.
정병설, 「癸丑日記의 작가문제와 역사소설적 성격」, 『고전문학연구』 15, 1999.
정옥자, 『조선 후기 조선중화사상 연구』, 일지사, 1998.
정은임, 『인목왕후와 인현왕후』, 채륜, 2012.
정은임, 『계축일기 연구』, 국학자료원, 2015.
정호훈, 「윤휴의 경학사상과 국가권력강화론」, 『한국사연구』 89, 1995.
정호훈, 『조선의 소학: 주석과 번역』, 소명출판, 2014.
조광, 「조선조 효 인식의 기능과 그 전개」, 『한국사상사학』 10, 1998.
조인희·최윤오, 「임진왜란기 分朝 구성원의 행적에 관한 고찰: 공신 선정 문제를 중심으로」, 『역사와 실학』 73, 2020.
지두환, 『조선전기 의례연구: 성리학 정통론을 중심으로』, 서울대학교출판부, 1994.
지두환, 「선조·광해군 대 대동법 논의」, 『한국학논총』 19, 1997.
지두환, 『(조선의 왕실 14-1) 선조대왕과 친인척—왕과 비』, 역사문화, 2002.
지두환, 『(조선의 왕실 14-2) 선조대왕과 친인척—선조후궁』, 역사문화, 2002.
지두환, 『광해군과 친인척 1』, 역사문화, 2002.
지두환, 「조선시대 정치사와 삼강」, 『동방사상과 문화』 1, 동방사상문화학회, 2007.
차인배, 「광해군 전반 역옥사건과 포도청의 활동」, 『역사민속학』 27, 2008.
최석기, 「망우당 곽재우의 절의정신」, 『남명학연구』 6, 1997.
최성환, 『영·정조 대 탕평정치와 군신의리』, 신구문화사, 2020.
최소자, 「호란과 조선의 대명청 관계의 변천: 사대교린의 문제를 중심으로」, 『이대사원』 12, 1975.
최재석, 「17세기의 친족구조의 변화」, 『정신문화연구』 24, 1985.
한명기, 「광해군대의 대북세력과 정국의 동향」, 『한국사론』 20, 1988.
한명기, 「폭군인가 현군인가: 광해군 다시 읽기」, 『역사비평』 44, 1998.
한명기, 『임진왜란과 한중관계』, 역사비평사, 1999.
한명기, 『광해군: 탁월한 외교정책을 펼친 군주』, 역사비평사, 2000.
허태용, 『조선후기 중화론과 역사인식』, 아카넷, 2009.

런스잉任士英 지음, 류준형 옮김, 『황제들의 당제국사』, 푸른역사, 2016.
미조구치 유조溝口雄三 지음, 정태섭 외 옮김, 『중국의 공과 사』, 신서원, 2004.

우지앙吳江 지음, 권용호 옮김, 『측천무후』, 학고방, 2011.
홍희洪熹, 「廢主光海君論」, 『靑丘學叢』 20, 1935.
Baker, Donald, "A Different Thread: Orthodoxy, Heterodoxy, and Catholicism in a Confucian World," JaHyun Kim Haboush and Martina Deuchler, eds., *Culture and State in Late Chosŏn Korea*, Cambridge: The Harvard University Asian Center, 1999.
Deuchler, Martina, *The Confucian Transformation of Korea: A Study of Society and Ideology*, Cambridge: Council on East Asian Studies, Harvard University, 1992. 이훈상 옮김, 『한국사회의 유교적 변환』, 아카넷, 2003.
Duncan, John B., "The Problematic Modernity of Confucianism: The Question of 'Civil Society' in Chosŏn Dynasty Korea," in Charles K. Armstrong, ed., *Korean Society: Civil Society, Democracy, and the State*, New York: Routledge, 2002.
Haboush, JaHyun Kim, *The Confucian Kingship in Korea: Yŏngjo and the Politics of Sagacity*, New York: Columbia University Press, 2001. 김백철·김기연 옮김, 『왕이라는 유산: 영조와 조선의 성인군주론』, 너머북스, 2017.
Han, Hongkoo, "Wounded Nationalism: The Minsaengdan Incident and Kim Il Sung in Eastern Manchuria," Ph.D. dissertation, Seattle: University of Washington, 1999.
Huang, Ray, "The Lung-ch'ing and Wanli Reigns, 1567~1620," *The Cambridge History of China*, Vol. 7, New York: Cambridge University Press, 1988.
Huang, Ray, *1587, A Year of No Significance: The Ming Dynasty in Decline*, New Heaven: Yale University Press, 1981. 김한식 옮김, 『1587, 만력 15년 아무 일도 없었던 해』, 새물결, 2004.
Fairbank, John K. and Teng Ssu-yü, *Ch'ing Administration, Three Studies*, Cambridge: Harvard University Press, 1960.
Fitzger, C. P., *The Empress Wu*, London: The Cresset Press, 1968.
Lovins, Christopher, *King Chŏngjo, An Enlightened Despot in Early Modern Korea*, Albany: State University of New York Press, 2019.
Makoto, Kurozumi, "Tokugawa Confucianism and Its Meiji Japan Reconstruction," Benjamin A. Elman, et al., ed., *Rethinking Confucianism: Past and Present in China, Japan, Korea, and Vietnam*, UCLA Asian Pacific Monograph Series, 2002.
Mote, Frederick W., "The Ch'eng-hua and Hung-chih reigns, 1465~1505," Frederick Mote and Denis Twitchett, eds., *The Cambridge History of China*, Vol. 7, New York: Cambridge University Press, 1988.
Palais, James B., *Politics and Policy in Traditional Korea*, Cambridge: Harvard University

Press, 1975. 이훈상 옮김, 『전통한국의 정치와 정책』, 신원문화사, 1993.

Peterson, Mark, *Korean Adoption and Inheritance: Case Studies in the Creation of a Classic Confucian Society*, Ithaca: East Asian Program, Cornell University, 1996. 김혜정 옮김, 『조선 중기 입양제와 상속제의 변화』, 일조각, 2000.

Robinson, David M., "Korean Lobbying at the Ming Court: King Chungjong's Usurpation of 1506," *Ming Studies*, Vol. 41, 1999.

Spencer, Jonathan D., *Ts'ao yin and the K'ang-hsi Emperor, Bondservant and Master*, New Heaven: Yale University Press, 1966.

Spencer, Jonathan D., *Emperor of China: Self-Portrait of K'ang-Hs*i, New York: Vintage Books, 1975. 이준갑 옮김. 『강희제』, 이산, 2001.

Tillman, Hoyt Cleveland, "Reflections on Classifying 'Confucian' Lineages: Reinventions of Tradition in Song China," Benjamin A. Elman, et al., eds., *Rethinking Confucianism: Past and Present in China, Japan, Korea, and Vietnam*, Los Angeles: UCLA Asian Pacific Monograph Series, 2002.

Yamashita, Samuel Hideo, "Confucianism and the Japanese State, 1904~1945," Tu Wei-Ming, ed., *Confucian Traditions in East Asian Modernity: Moral Education and Economic Culture in Japan and the Four Mini-Dragons*, Cambridge: Harvard University Press, 1996.

# 찾아보기

## ㄱ

## ㄴ



## ㄷ

## ㅁ



## ㅂ

## ㅅ

## ㅇ

## ㅈ

ㅊ



ㅌ



ㅍ

## ㅎ